한 국 의
정치·행정

한국정치행정연구회 총서 ❶

한국의 정치·행정

| 박재창 엮음 |

HU:iNE

한 국 의
정치·행정

서문
진화형 민주주의 시대의 정치·행정 연구

급진 민주주의 시대의 도래

정통행정학의 일반적인 연구는 실로 오랫동안 관행적 민주주의(conventional democracy)를 가정적 전제로 삼았다. 산업사회의 도래와 함께 국민주권과 평등주의의 시대가 열리면서 대리인에게 참정권을 위임하는 간접 민주주의(indirect democracy)가 너무나도 당연한 정치 제도로 간주되었다. 표의 등가성에 기초한 일인일표주의를 근간으로 운영되는 대의제 민주주의(representative democracy)를 규범적 당위로 여기게 된 것이다. 그런 정체가 어떤 결론을 보다 용이하게 도출하기 위해서는 다수결 민주주의(majoritarian democracy)가 제격이라는 인식도 폭넓게 수용되었다.

이는 간접 민주주의의 인식론적 프레임이 기계론에 기초한다는 점에서 뉴턴식 민주주의(Newtonian democracy)를 말하는 것에 다름 아니다. 뉴턴은 중력의 법칙을 통해 어떤 물체가 지구 중심부를 향해 낙하하는 것과 같이 자연 현상 속에는 일정한 질서가 내재해 있으며 그 질서는 잘 변하지 않고 일정한 방향을 향해 유동하고 점진적인 변화를 거듭한다고 보았다. 사회관계도 이처럼 예정성, 확실성 내지는 예측 가능성을 토대로 결정론적으로 작동한다고 보고 그에 따라 선형체계론(linear system theory)을 지배적인 인식 프레임으로 삼았다.

이런 인식 프레임이 대의제의 논리적 토대가 되었으며 다수결의 원리를 정당화하는 근거가 되었다. 국민의 의견이나 선호를 대리해서 국정운영에 반영하는 일이나 다수의 의견을 형성하는 과정을 집적 민주주의(aggregative democracy)의 눈으로 접근하고 이해하게 되었음을 뜻한다. 이렇듯 부분의 단순 집적을 전체로 보고자 하는 기계론적 접근 시각은 삼권분립론에 있어서도 그의 인식론적 토대가 되었다. 이는 입법부와 행정부를 분리해서 다루는 정치행정 이원론을 당연시하게 되었음을 뜻한다. 정통행정학이 정치적 환경과의 관계를 무시하거나 외면하고 웨버리언 모델에 심취하게 되는 근인인 셈이다.

그러나 정보사회의 도래와 함께 후기 근대의 문이 열리면서 기계론적 인식 프레임에 대한 해체주의적인 도전이 시작되고 사회관계의 근간을 에너지의 떨림이나 비산의 체계로 다루려는 비선형체계론(non-linear system theory)이 지배적인 인식 프레임으로 자리 잡게 되었다. 사회관계의 결정론적 예정성이나 일방향성이 부정되는 변화를 가져온 것이다. 이는 더 이상 제삼자의 눈으로 관조하는 객관의 세계 내지는 대서사의 일반성이나 보편성을 수용하기 어렵게 되었음을 뜻한다. 사회관계의 관찰자와 주도자를 일치시키지 않고서는 현상의 인식 자체가 불가능하다고 판단하는 간주관주의적 창조와 변증법적 재결합의 시대에 들어선 것이다.

이런 경우 현상의 주체가 현장에 있어야 하다는 점에서 직접 민주주의(direct democracy)에 대한 수요가 팽대하게 될 것은 당연한 이치이다. 오랫동안 관행처럼 여겨온 대리인 체제를 적극적으로 부정하고 새로운 대안을 모색한다는 점에서 급진 민주주의(radical democracy) 시대의 문을 열게 된 것이다. 그런데 급진 민주주의는 시민의 정치적 판단과 선호를 보다 적극적으로 그리고 직접적으로 국정운영에 반영하고자 한다는 점에서는 참여 민주주의(participatory democracy)의 다른 이름에 해당된다. 보다 광범위한 국민의 여망을 수렴하기 위해 정치적 대화와 소통의 공간을 열고자 한다는 점에서는 숙의 민주주의(deliberative democracy)를 뜻한다. 그런 참여와 숙의를 가능케 하는 물리적, 기술적 토대가 자기 주도형 개인 미디어 같은 SNS의 확산에 힘입은 바 크다는 점에서는 전자 민주주의(e-democracy)를 시사하는 것에 다름 아니다.

그러나 급진 민주주의가 그의 운영 실제에 있어 간접 민주주의를 직접 민주주의로 단순에 대체하게 되는 것은 아니다. 다만 인식의 프레임이 그렇다는 것이며 운영 실제에 있어서는 양자를 점진적으로 혼합하면서 실로 다양한 양식으로 구체화하는 실험을 거듭하고 있다. 유동적인 민주주의 또는 액상 민주주의(liquid democracy) 시대의 등장을 말하게 되는 이유이다. 관행적 민주주의가 다수결의 원리 내지는 집적 민주주의에 기초하는 일원적인 대표성을 중시하는 것이라고 한다면 급진 민주주의는 대표성을 인정하지 않는데 반해, 양자를 혼합하는 액상 민주주의는 부분적인 직접 참여와 부분적인 대리인 참여를 선택적, 전략적으로 혼용한다는 점에서 다원적인 대표성에 기초한다.

이런 민주정체의 급진적인 변화는 관행적 민주주의 아래에서 당연시되던 정치와 행정의 이분법적 구분이나 그 구분된 정치와 행정 사이의 상호작용을 통해 국정운영 과정을 설명하려는 접근 전략이 이제는 더 이상 유지되기 어렵게 되었음을 뜻한다. 정치와 행정은 처음부터 상호 구분 가능한 것이 아니며 서로 융합되어 있어 혼합론적 시각(hybrid perspective)에서나 접근 가능한 과제로 인식되기에 이르렀다. 참여 민주주의를 통해 국가와 시민사회, 정부와 일반 시민 사이의 기능적 경계가 무너지고, 숙의 민주주의를 통해 정치적 합리성과 경제적 합리성이 성찰적 융합을 거듭하며, 전자 민주주의를 통해 참여와 숙의 과정의 시간 공간이 증발하는 경우 가치판단과 물리적 현실 사이의 경계가 무너질 것은 너무나도 당연한 일이다.

한국의 "촛불 민주주의"와 진화형 민주주의

이런 급진적인 변화는 한국 사회에서도 예외가 아니다. 현대 한국 정치의 전개 과정에 등장한 중요 변곡점으로는 흔히 1987년의 6월 항쟁과 그로부터 30년만인 2016년 가을에 불 붙어 2017년 봄까지 이어지면서 박근혜 정부의 퇴진을 불러온 촛불 시위를 들 수 있다. 6월 항쟁이 법적, 절차적 차원의 민주화를 통해 군부 권위주의 체제를 마감하고 87년 체제를 탄생시켰다면, 2016년 가을과 2017

년 봄에 걸쳐 일어난 촛불 시위는 87년 체제의 한계를 초극하는 대안 모색을 주문한 것에 다름 아니다. 촛불 시위가 "광장"을 통해 주문한 것은 단순히 박근혜 정부의 퇴진만이 아니었던 것이다.

현행 헌법대로라면 대통령의 탄핵이 필요할 경우 국정의 정치적 대리인들에 의해 구성되는 국회가 먼저 나섰어야 옳다. 헌법이 대통령 탄핵권을 국회에만 부여하고 있기 때문이다. 그럼에도 불구하고 연인원 천만 명 이상이 광장에 나가 박근혜 정부의 퇴진을 직접 요구한 것은 그런 대리인 체제의 실효성을 더 이상 믿을 수 없다고 판단했기 때문이다. 국가와 시민사회를 이어주는 정치적 신뢰의 연결 핀이 끊겼다는 점에서 국회는 사실상 박근혜 정부의 몰락 이전에 이미 "탄핵"된 것이나 같다.

또한 촛불 시위는 87년 체제가 마련한 헌법에 따라 선출된 대통령을 그 헌법이 정한 임기 만료 이전에 퇴진시켰다는 점에서 이 나라의 최고 법규범이 이제 더 이상 우리의 실질 권력 관계를 규율하지 못한다는 사실을 확인시켜준 것이나 다름없다. 87년 체제의 기본 정신을 제도적으로 구체화한 것이 현행 헌법이라고 한다면 87년 체제는 명목상으로만 우리의 사회관계를 다루는 정치적 질서일 뿐 실질적으로는 권력 관계 규율 장치로써의 권능이나 정당성 기반을 크게 상실하게 되었음을 뜻한다.

이렇듯 2016~2017년의 촛불 시위는 기존의 국정운영 양식에 대해 단순히 이견을 제시하는 정도를 넘어 권력 레짐의 전복을 통해 국가로부터 시민사회 친화적인 양식으로 권력이 이동하는 결과를 낳았다. 더 나아가 그 과정이 시민의 직접 참여와 "광장" 민주주의를 통해 진행되었다는 점에서 "촛불 민주주의"의 본질은 87년 체제가 의존하던 간접 민주주의의 한계를 넘어 직접 민주주의로의 이행을 촉구한 것에 다름 아니다.

따라서 87년 체제가 제도와 절차의 민주화를 통해 근대 산업사회의 사회적 관계에 기초한 관행적 민주주의의 정상화를 겨냥한 것이었다고 한다면, 촛불 민주주의는 그런 관행적 민주주의의 한계를 뛰어넘는 대안으로 급진 민주주의의 길을 열고자 한 셈이다. 전자가 국가 중심주의의 관점에서 국정운영의 산출 단계에 주목하려는 것이라고 한다면, 후자는 시민사회 중심주의의 시각에서 투입 단계에 강조점을 두려는 것으로 여겨진다. 전자가 뉴턴식 민주주의 내지는 기계론적 세계관에 기초한 것이라고 한다면, 후자는 비선형체계론 내지는 후기 근대의 인식론적 프레임에 정초한다는 점에서 대비된다.

이렇듯 촛불 민주주의는 관행적 민주주의가 결코 유일한 규범적, 당위적 선택지가 아니며 시대의 성격과 수요의 변화에 따라 실로 다양한 양식의 민주주의가 가능하고 또 그렇기 때문에 그런 민주주의를 찾아 나서야 한다는 사실을 일깨워 주었다. 민주주의가 지향하는 목적 가치가 -- 예컨대 자유, 평등, 정의, 행복 등 -- 통시적으로 불변적이라고 하더라도, 그런 목적 가치를 구현하기 위한 수단으로써의 민주주의는 시대 성격의 변화에 따라 유동적이며 또 그렇기 때문에 진화한다는 인식의 문을 열었다. 그렇기 때문에 AI 시대에는 또 거기에 합당한 민주주의를 모색해야 한다는 사실을 환기시켜주는 일이기도 하다.

이렇듯 촛불 민주주의가 물꼬를 튼 87년 체제 이후의 대안 민주주의(alternative democracy)는 그의 본질적 특성에 있어 지속적으로 유동하고 생성되는 가변형 민주주의에 다름 아니다. 이를 자기 진화형 민주주의라고 한다면 촛불 민주주의가 지향하는 바는 바로 이 진화형 민주주의의 구현에 있는 셈이다. 이런 유동적인 정체 아래에서는 정치와 행정이 분화되기 이전에 이미 서로 연동되어 움직이고 변화하는 만큼 양자를 구분해서 다루기가 쉽지 않게 된다. 정치행정 일원론이 행정 현상 연구의 지배적인 패러다임으로 작동하지 않을 수 없는 이유이다.

진화형 민주주의와 정치와 행정의 관계 변화

기실 행정학 연구에서 드러나는 정치와 행정의 관계는 이 책의 제6장(권기헌)에서 잘 정리하고 있는 것처럼 시대 성격에 따라 변화를 거듭해 왔다. 아니 사회구조의 변화에 따라 민주정체의 성격이 바뀌고 그에 따라 정치와 행정의 관계 자체가 변화를 거듭해 왔다고 해야 보다 더 직접적인 설명이 된다. 관행적 민주주의 아래에서 출범한 행정과학은 정치행정 이원론에 기초했다. 잭슨식 민주주의(Jacksonian democracy)로 인해 정당을 매개로 정치와 행정이 권력적으로 융합하는 현상에 대한 반동의 결과였다. 이후 1960년대에 들어서면서 생태론적 패러다임과 시민권 운동의 영향을 받아 미노부룩 세대가 신행정학(NPA: New Public Administration)의 기치를 들었으나 이는 단지 행정에 의한 일방주의를 고발하는 것 이상의 변화를 불러오는 것은 아니었다. 행정고객에 대한 현상학적 배려를 주문하는 것일 뿐 행정과정에 대한 시민의 직접적인 참여 공간을 여는 것은 아니었다. 쇼윈도우 행정이나 슈퍼마켓 행정이 인구에 회

자하게 된 이유이다. 전문가 중심주의의 폐쇄적인 시각에서 벗어나 행정고객의 수요와 선호를 반영하는 공적 서비스를 고안해야 한다는 주문이지만 그 서비스의 생산과정에 시민의 직접적인 참여 기회가 열리지는 않았다. 따라서 정부로서는 자신들만의 논리가 아니라 행정고객의 선호와 수요를 감안하여 마치 슈퍼마켓에 진열할 상품을 생산하는 것처럼 행정고객 친화적인 국정운영에 나서야 한다는 주문을 의미했다. 반면에 일반 시민에게는 여전히 고객의 지위를 벗어나지 못한 채 소극적으로 진열된 상품 가운데 어느 하나를 선택하는 정도의 수동적 배려가 용인될 뿐이었다. 그런데 1980년대에 들어서면서 신자유주의의 광풍과 세계경제체제의 등장이라는 초유의 현상에 직면하면서 신공공관리론(NPM: New Public Management)의 눈으로 행정 현상을 재규정하도록 강요되었다. 정치와 행정을 격리하면서 행정과 시장이 융합하는 관점을 불러온 것이다. 행정의 일방주의에 반기를 드는 것이기는 했지만 시민을 참정의 주체가 아니라 고객으로 바라보는 시선은 여전했다. 그것도 저가 상품을 고대하는 피동적 행정고객으로 다루어졌다고 해야 보다 정교한 설명이 된다.

그러나 1990년대의 중심축으로 등장한 신거버넌스 모형(NGM: New Governance Model)은 기존의 행정학 연구와 기본적인 인식의 프레임을 달리했다. 행정과정에 대한 시민 참여의 공간을 열면서 정치와 행정의 상호작용을 시대의 당위로 여기게 된 것이다. 그러나 신거버넌스가 정부와 일반 시민이 서로 같은 비중과 권위를 가지고 상호작용한다는 것은 규범적, 당위적 상상의 결과일 뿐이며 운영 실제에 있어 그런 관계를 유지하기는 어렵고 나아가 정부 친화적으로 편향되는 관계를 형성하는 일이 불가피하다는 인식이 싹트게 되었다. 정통행정학이 의존해온 계서적 질서에 대한 반동으로 네트워크 체제에 기반하는 거버넌스의 개념을 개발했지만 그의 운영 실제에 있어 정부 중심의 권력적 편향성 내지는 계서적 관계를 벗어나기는 어렵다는 평가의 결과이다. 이런 판단은 제5장(조성환)에서 상술하는 바와 같이 메타거버넌스 프레임의 개발을 향도하게 되었다. 이렇듯 거버넌스에 참여하는 구성 인자들 사이에서 개입의 크기에 따라 권력적 계서의 관계가 형성된다는 인식은 다시 거버넌스 참여자들 사이를 매개하는 매타 거버너(meta-governor)를 개념화하는 전기가 되었다. 거버넌스 플랫폼의 구성은 누가 담당하는가의 문제에 답하기 시작한 것이다.

이렇듯 메타거버너가 국가와 시민사회 내지는 정부와 일반 시민 사이를 매개한다는 인식은 다시 정치와 행정의 상호작용을 변증법적으로 중개하는 과정에 대한 설명변수의 등장을 가능케 하는 인식의 문을 열었다. 그런데 시민사회의 이해관계 조정 양식이 정치이고 정치는 정서적 선호나 감정적 만족을 지향하는 데 반해 국가의 본질적 특성이 행정이라면 행정은 합리적 판단이나 이성적 논리를 지향한다는 점에서 서로 대비된다. 따라서 정치와 행정을 변증법적으로 매개한다는 것은 감성과 합리를 융합함으로써 성찰적 판단에 이르고자 한다는 것에 다름 아니다. 이렇듯 국가의 운영을 단순히 정부 내부의 관리 문제가 아니라 정부와 일반 시민 사이의 상호작용이 어떤 바람직한 방향을 향해 나아가도록 유도하는 일이라고 이해하는 경우 어떤 방향을 지향할 것인가가 국정운영의 핵심적 과제로 제기될 것은 당연한 이치이다. 성찰의 준거가 무엇이냐를 다루는 일로 행정의 본질이 치환되기에 이르렀다는 뜻이다. 제3세대 정부론으로 공공가치관리론(PVM: Public Value Management)이 부상한 이유이다.

이렇듯 정치와 행정을 융합하는 문제를 가치창조의 과제로 인식하는 경우 격동기 사회의 진화형 민주주의 내지는 액상 민주주의가 동반하는 역동성, 불확실성, 복잡성, 다원성에 민첩하게 대응해 나가기 위해서는 정치에 대한 행정의 예측적, 선제적 대응이 불가피하고, 이런 대응이 가능하기 위해서는 행정의 정치에 대한 성찰력이 전제되어 있어야 한다는 문제에 봉착하게 된다. 제6장(권기헌)에서 상술하는 바 제4세대 정부의 등장이 불가피해진다는 뜻이다.

돌이켜 보면, 젝슨식 민주주의에 대한 반동으로 정치행정 일원론이 등장하던 시기에는 정치와 행정의 관계를 사실상 입법부와 행정부의 관계를 통해 파악하는 것에 다름 아니었다. 제도론적 접근 시각의 결과였던 것이다. 이후 등장하는 신행정학은 생태론의 연장선상에서 조직과 환경를 구분하고 그런 프레임을 통해 정치와 행정을 구분했다. 정치를 행정의 외부 환경으로 인식했다는 뜻이다. 나아가 행정고객의 만족도 제고에 유의했다는 점에서는 인간관계론의 연정선상에서 정치와 행정을 파악한 것이기도 했다. 그러나 신공공관리론에 이르면 국정운영의 수단 가치에 대한 평가를 통해 정치와 행정을 구분한 셈이 된다. 정치가 공공성이나 민주성을 지향한다면 행정은 경제성이나 효율성을 지향하는 존재로 이해되었다. 보다 엄밀히 말하자면 국정운영의 목적 가치를 달성하기 위한 기술적 수단 가치의 차이로 정치와 행정을 구분한 셈이다. 이때 신공공관리론이 정치에 비해 행정에 비중을 두고자 했을 것은 물론이다. 그러나 신거버넌스의 프레임이 등장하면서부터는 국가와 시민사회 내지는 정부와 일반 시민을 통해 정치와 행정을 구분하게 되었다. 이때 신거버넌스는 신공공관리론과는 달리 행정에서 벗어나 정치에 비중을 두고자 했다. 이는 국가가 시민사회의 대리인에 의해 구성된다는 점에서 볼 때 간접 민주주의에서 직접 민주주의로의 이행이 이루어지고 있음을 뜻한다. 준직접 민주주의(semi-direct democracy) 내지는 액상 민주주의의 시대가 열리고 있다는 의미이다. 바로 그런 점에서는 대표성의 정도 내지는 다원성의 정도에 따라 정치와 행정을 구분하고자 하는 셈이다. 정치를 행정의 원류로 인식하거나 아니면 정치와 행정을 동일 가치선상에 놓여 있는 양극단으로 파악하게 되었다는 의미이다. 이렇듯 정치와 행정을 서로가 각각 지향하는 목적 가치로 파악하는 관점은 공공가치관리론에서 만개했다. 이런 가치론적 관점에서 정치와 행정을 구분하는 인식의 프레임은 제4세대 정부론에 이르러 정치와 행정을 초극하는 성찰성으로 융합된다. 이제 정치와 행정은 성찰의 대상이자 관조의 수단 가치에 해당된다.

한국의 행정학 연구와 정치행정 상호작용론

이렇듯 다차원에 걸쳐 이루어진 행정학 연구에서의 정치와 행정의 관계는 신거버넌스 이래로 상호작용 내지는 융합적 관계를 구축하는 것으로 이해하는 일이 일반화 하게 되었다. 한국의 행정학 연구 공동체 내부에서도 이런 관점의 연장 선상에서 행정학 일반이론을 다루는 데 있어 정치와 행정의 상호작용적 관계에 주목해야 한다는 인식은 진작부터 있었다. 그런 생각을 가진 이들의 모임 가운데 하나가 한국정치행정연구회(정행회) 이다. 1996년 11월 8일에 처음 주비회가 소집되었으니까 2019년 현재 23년 동안 활동해 온 셈이다. 정통행정학이 지나치게 정치행정 이원론에 함몰되어 있다고 보고, 이를 개선해 보자는 것이었지만 그렇다고 해서 정치행정 일원론이나 상호작용론을 교조주의적으로 신봉하자는 것은 더더욱 아니었다. 오히려 특정 관점의 틀에 갇히는 일을 거부하고 열린 논전의 장을 열자는 것에 방점을 두었다.

그런데 정치와 행정의 상호작용이라는 프레임을 통해 행정 현상에 접근하는 경우 ㉠ 정치조직론(political organization theory)의 연장 선상에서 행정 현상을 권력론적으로 다루게 되거나, ㉡ 거버넌스의 관점을 통해 정치과정과 행정과정을 융합하고자 하게 되고, ㉢ 의회행정론 같이 기관종단적 비교연구(institutional comparative studies)의 관점에서 정치과정을 관리론적 시각에서 접근하거나, ㉣ 정치와 행정을 통섭적으로 인식함으로써 정책학의 시각을 포괄하게 된다. 이런 관점은 정치와 행정이 선험적으로 어떤 관계 도식을 결정론적으로 구축하고 있다고 보려는 것이 아니라 시·공간의 변화에 따라 부단히 유동하고 형성되는 창조적 변용의 결과물이라는 인식에 토대를 둔다. 그런 점에서는 ㉤ 후기 근대의 프레임에 주목하려는 것이기도 하다. 다원적 패러다임의 공존을 지향하거나 수용하고자 하는 셈이다.

이런 점을 감안하여 이 책에서는 정행회 회원들이 다루어 온 연구성과물을 모아 한국의 행정학 연구에서 나타나는 "정치와 행정의 관계"를 예시해 보고자 한다. 이를 위해 먼저 정치와 행정의 관계를 행정과정에 대한 권력론적 접근, 정치와 행정의 상호작용을 통한 융합론적 접근, 정치과정에 대한 관리론적 접근으로 나눠 다루고자 한다. 그런데 국정의 운영과정을 이스톤 모델(Eastonian model)의 관점에서 조망하는 경우 투입, 전환, 산출의 단계로 나누어 구분해 볼 수 있게 된다. 따라서 정치와 행정의 관계를 국정운영의 단계별로 나누는 경우 아래의 <표 1>과 같은 관계 유형의 도출이 가능하게 된다.

<표 1> 정치와 행정의 관계 모형

정치행정 관계 / 국정운영 단계	행정의 권력론	정치행정 융합론	정치의 관리론
투입	I	IV	VII
전환	II	V	VIII
산출	III	VI	IX

위의 <표 1>에서 제 I 유형은 이 책의 제1장(은재호)에서 보는 바와 같이 행정과정의 투입단계에 대해 권력론적으로 접근하는 경우에 해당된다. 은재호는 어떤 정책이 사회문제 해결로 연결되기 위해서는 먼저 문제의 성격이 규정되어야 하며 이는 일종의 인지적 행위에 해당된다고 보았다. 사회문제는 객관적으로 존재하는 중립적 실체가 아니라 정책 공간에 개입하는 행위자들 사이의 거래와 타협 같은 정치적 상호작용에 의해 잉태되는 산출물, 곧 사회적 구성물임을 강조한다. 따라서 전문가 집단이 사회문제를 어떻게 규정하느냐가 정책 변동과정의 투입자원을 결정하는 핵심 변인이라는 것이다. 이를 실증하기 위해 프랑스의 대 AIDS 정책 변동과정을 언론

에 나타나는 AIDS 관련 문제의식의 변화와 연계하여 분석하고자 한다.

제 II 유형은 행정과정의 전환단계에 대해 권력론적으로 접근하는 경우이다. 제2장(고대유·강제상)이 여기에 해당된다. 고대유와 강제상에 의하면 행정조직 운영과정에서 발생하는 구성원의 침묵은 단순히 발언의 부재를 말하는 것이 아니라 그것이 가져올 결과를 고려한 선택적, 의도적, 전략적 행동이라는 것이다. 그렇기 때문에 소극적 저항의 한 양식 같은 부정적 개념으로 해석되는 것이 보통이다. 또 다른 형태의 정치적 발언 양식이자 권력 관계에 영향을 미치려는 수단 가운데 하나라는 뜻이다. 그러나 한국의 행정문화 속에서 발견되는 순응적 침묵은 조직 구성원의 긍정적 직무 태도 형성은 물론이고 질서유지에도 긍정적 영향을 미친다고 보았다. 이를 실증하기 위해 경찰 공무원을 상대로 설문조사를 실시했다.

제 III 유형은 행정과정의 산출단계에 대해 권력론적으로 접근하는 경우이다. 제3장(강문희)이 여기에 해당된다. 강문희는 한국 도시정치의 지배구조를 파악하기 위해 이 문제를 다룬 선행연구의 분석과 종합을 시도한다. 이를 위해 우선 도시정치의 지배구조를 도시 내부의 권력 구조와 의사결정 과정 그리고 주변 도시, 상위정부, 외부단체(중앙 정당, 전국규모의 기업, 시민단체, 언론, 외국자본 등) 같은 외연적 요인의 상호작용이 빚어내는 결과물로 보고자 한다. 분석의 결과 선행연구가 누진적으로 어떤 경향성을 확인해주지는 못한다고 보았다. 그럼에도 불구하고 한국의 도시는 다원주의적인 지배구조가 아니라 엘리트들의 정책 선호에 따라 지배되는 특성을 지니고 있으며, 그중에서도 공식적인 정치·행정 엘리트 특히 시장의 지배력이 매우 강하다는 추론은 가능하다고 보았다.

제 IV 유형은 정치와 행정의 상호작용을 거버넌스의 투입단계에서 파악하고자 한 경우이다. 이 책의 제4장(정정화)이 여기에 해당된다. 정정화는 사용후핵연료 공론화위원회와 신고리 5·6호기 공론화위원회의 활동을 중심으로 숙의민주주의를 통한 사회적 합의도출의 한계와 제도 설계상의 과제를 파악하고자 한다. 그런데 공론화는 정책 결정 과정에 대한 이해당사자들의 참여와 논의를 통해 합의를 형성함으로써 갈등 해결에 기여하고자 하는 의견 투입 장치에 해당된다. 참여, 숙의, 합의를 핵심 구성요소로 삼는다는 점에서 공론화는 거버넌스의 한 양식이자 정책 집행의 전단계에서 정책의 수용성 정도를 높이려는 기제로 이해된다.

제 V 유형은 정치와 행정의 상호작용을 거버넌스의 전환단계에서 파악하고자 한 경우이다. 제5장(조성한)이 여기에 해당된다. 조성한은 거버넌스의 참여자들이 수평적 관계를 유지한다는 것은 당위적, 규범적 주장일 뿐이며 운영 실제에 있어 동원 자원의 우위를 점하는 정부의 계층제가 네트워크 거버넌스의 실질적인 관리자일 수밖에 없다고 보고 메타거버넌스 개념의 유용성을 강조한다. 이를 토대로 메타거버넌스의 운영 실제를 미국의 '고속도로 입양사업'과 한국의 행복홀씨사업 중 '경상남도'의 사례와 '서울시'의 사례를 중심으로 비교 평가하고 그 결과 메타거버넌스 집행과정의 실패 요인과 성공 요인이 무엇인지를 밝히고자 한다.

제 VI 유형은 정치와 행정의 상호작용을 거버넌스의 산출단계에서 파악하고자 한 경우이다. 제6장(권기헌)이 여기에 해당된다. 권기헌은 행정학 연구 과정에 나타난 국정운영 모형의 패러다임 변화를 추적, 제시하는 가운데 4차 산업사회의 패러다임으로 제4세대 정부모형을 제시한다. 후기 거버넌스로써의 제4세대 정부는 기존의 정부모형을 통섭한 결과물이다. 정부 중심의 추진 드라이브, 시장 중심의 인센티브, 정부-시장-시민사회 간의 협업형 거버넌스 가운데 어느 하나만을 주목하고자 하지 않는다. 역할 주체가 누구냐가 아니라 속도, 융합, 소통 및 보다 높은 수준의 윤리성 확보가 관건이라고 보기 때문이다. 이를 위해서는 성찰성을 통해 다양한 요소들을 융합하고 인간 존엄의 가치를 거양하는 일이 핵심적 과제라고 보았다.

제 VII 유형은 정치과정의 투입단계에 대해 관리론적으로 접근하는 경우이다. 이 책의 제7장(주지예·박형준)이 여기에 해당된다. 주지예와 박형준은 국회에서 법안심의가 이루어지기 전단계인 법안발의 네트워크의 운영과정에서 동물보호 관련 법안의 발의라는 입법 과정에 대한 투입 활동을 주도적으로 수행한 액터와 중개자의 위치에서 활동한 액터를 추출해 보고자 한다. 이후 이들 액터 간의 상관관계 분석을 통해 공동발의를 이끈 정책 혁신가와 네트워크 참여자 사이의 이견을 중재하고 타협을 유도하며 절충안을 제안하는 등 갈등조정 역할을 수행하는 정책 중개자를 각각 선정하여 실제 법안 발의 과정에서 강력한 영향력을 행사하는 핵심 인물이 누구이고 핵심역할은 무엇인지를 밝히고자 한다.

제 VIII 유형은 정치과정의 전환단계에 대해 관리론적으로 접근하는 경우이다. 제8장(박재창)이 여기에 해당된다. 박재창은 입법 과정을 시민사회로부터 국회로 정치적 투입자원이 전달되고 이 전달된 투입자원을 국회 내부의 심의과정을 통해 입법산출물로 전환하고 그 결과물을 다시 시민사회를 통해 국회로 환류하는 단계로 구분하여 다룬다. 이런 프레임에 따라 국회 입법 과정의 정상화를 위해서는 투입과 환류 단계에서는 심의성 그리고 전환단계에서는 대표성을 제고하기 위한 대안 모색에 나서야 한다고 보았다. 특히 전환단계에 주목하면서 그런 대안에는 어떤 것들이 있는지를 살펴보고자 한다.

제 IX 유형은 정치과정의 산출단계에 대해 관리론적으로 접근하는 경우이다. 제9장(오수길)이 여기에 해당된다. 오수길은 지방의회 의원이 수행하는 입법활동, 예산심의, 집행부에 대한 감시 감독 기능 가운데 지방의회가 지방정부의 업무를 평가하는 역할에 주목한다. 이는 지역주민의 요구를 지방정부 운영과정에 연결시켜주는 정치활동가로서의 역할 수행을 당위로 삼아야 하는 지방의회 의원을 정책평가자라는 관리기능의 수행자로 파악하고자 하는 것에 다름 아니다. 이런 인식을 토대로 서울시 의회에 대한 사례조사를 통해 지방정부에 대한 지방의회 의원의 평가 활동을 개선, 발전시킬 수 있는 대안이 무엇인지를 모색해보고자 한다.

이렇듯 행정학 일반이론을 정치와 행정의 상호작용적 관계를 규명하는 데에 동원하는 일은 실로 다차원에서 가능한 일이다. AI 시대가 도래하면서 행정학 연구의 전략적 패러다임이 급진적인 변화를 거듭해야 한다는 데에 이의를 제기할 사람을 찾아보기도 쉽지 않다. 무엇보다도 중요한 것은 한국적 특성에 대한 고려이다. 한국은 행정과정의 정치화와 정치과정의 관료화가 그의 구조적 특성이라고 해야 할만큼 두르러지게 나타나 있다. 제도적인 차원에서 정치행정 이원론에 기초하는 대통령제를 채택하고 있으면서 그 운영의 실제에 있어서는 정치행정일원론에 기초한 내각책임제와 유사한 관행과 비공식적인 질서가 똬리를 틀고 있다. 정행회가 지향해 온 관점과 전략에 주목하게 되는 이유이다. 이런 관점의 공유와 확산을 위해 앞으로도 이 책과 같이 정행회 회원들의 업적물을 간헐적으로 엮어낼 수 있게 되기를 고대한다. 그러나 그렇다고 해서 정행회가 어떤 목적성을 가지고 전통적인 조직구성의 양식을 취거나 지향하는 곳은 아니다. 보다 느슨한 네트워크, 회원 간의 우정과 연대를 통해 동학자의 공동시 같은 역할을 수행하고자 할 뿐이다. 연구자의 삶을 지나치게 이성의 세계로 내몰아 기계론의 프레임에 빠지도록 압박하는 나머지 현상의 역동성, 유연성, 임시성, 가변성을 놓치게 되는 점을 우려한 결과이다. 인간의 삶은 이성과 감성, 과학과 유희, 지성과 본능 내지는 영성을 넘나들며 영위된다고 보고, 학문 공동체의 기관 계속성이 유지되기 위해서는 자기 진화적인 여백이 있어야 하며, 이는 느슨한 조직구성을 통해 담보된다고 보기 때문이다. 객관화에 따른 외부 프레임보다는 자기 성찰에 따른 주관적 판단과 성숙이 탐구자의 본질이라는 생각도 지녔다.

사실 학문적 탐구의 세계를 부유하는 연구자의 순례 길은 끊임없이 남에게 상처를 주거나 상처를 입는 숙명 위에서 떨게 된다. 전이론(pre-theory)을 다루도록 운명 지워진 학문의 세계는 비판과 수정, 도전과 응전의 칼끝이 난무하는 비정의 협곡을 지나는 일상의 연속이기 때문이다. 이를 위로하고, 부드러운 감성의 만남을 통해 안식하고, 피폐해진 상처를 힐링하는 일이야말로 연구자의 삶을 풍요롭게 하고 연구의 깊이를 더 하는 데 있어 필수불가결적인 과제라고 생각한다. 정행회는 그런 점에서 마음의 저작거리 같은 곳이다. 아무쪼록 이 책 발간을 통해 시대의 요구를 선제적으로 대응해 나간다는 인식과 각오가 보다 더 크고 넓게 수용되기를 기대한다. 행정학 연구의 신 지평을 여는 일에 동참한다는 뜻에서 출판을 맡아주셨을 도서출판 휴인의 관계자 여러분께도 감사의 말씀을 드린다.

2019년 11월

정행회 회원들을 대신하여

초대 회장 박 재 창

목차

제1편

행정과정의 권력론적 접근

제1장
문제 정의와 정책변동

은재호

I. 서론

1. 문제 제기 및 연구의 목적

정책(policy)이란 무엇인가? 정책학의 여러 저작은 이와 관련하여 다양한 정의를 제시하고 있지만 일반적으로 '특정 사회 문제의 해결을 목적으로 이를 수행하기 위해 여러 가지 수단을 동원하는 공공기관의 계획적인 행동'(Lasswell et al, 1970: 70-75)이 정책이라는데 별다른 이의가 있는 것 같지 않다. 그렇다면 정책은 어떤 이유로, 어떤 과정을 거쳐 변화하는가? 정책변화 혹은 정책변동 (policy change)을 연구하는 이론적 정향은 크게 정책변동 기제에 초점을 맞춘 연구와 정책변동 유형에 초점을 맞춘 연구로 양분해 볼 수 있다.

Lindblom의 연구가 전자의 대표적인 예로써 Lindblom(1959, 1979)은 정책 결정에 주어지는 여러 가지 제약 곧, 정보 부재와 정보수집에 따른 비용, 환경의 제약 등과 함께 다원주의 결정 시스템에 내재하는 사회적 교환과 흥정에 따른 비용이 정책변동의 점증적 성격을 가중시킨다고 결론지었다. 그 이후 정책변동 연구는 일반적으로 Lindblom 류의 고전적인 점증주의(incrementalism)[1]와 경로 의존성(path dependance),[2] 이 두 가지 모형 가운데 하나로 귀결되고 있다.

후자의 예로는 서구사회의 정책변동이 대부분의 경우 완만한 변화에 그친다는 Hogwood와 Peters(1983)의 연구를 들 수 있다. Hogwood와 Peters는 정책변화 양상을 추적하며 정책 혁신, 정책 계승, 정책 유지, 정책 종결, 이렇게 네 개의 유형을 제시한 바 있다.[3] 그런데 여기에서 주목할 부분은 오늘날의 서구에서 정책 혁신이 드문 경우이며, 정책 계승 또는 유지가 주된 정책 결정 유형이 되고 있다는 저들의 언급이다. 곧, 사회구조가 안정되고 정부의 기

---

1) Wildavsky(1979)는 점증주의적 관점의 연장 위에서 예산 관련 결정이 대부분의 경우 기존 결정의 범위에서 크게 벗어나지 못함을 보여주고, Lowi(1972) 또한 '관료적 집행'(bureaucratic execution)이 엄격하게 규정된 게임규칙에 따라 진행됨에 따라 외부에서 주어지는 변화의 시도를 대부분 무력화시킨다고 결론짓는다. 정책 결정은 이처럼 일정하게 '방수효과'(Bourdieu, 1982; Favre, 1992) 또는 '검열효과'(Gaxie et al, 1984)에 사로잡혀 점증적인 변동에 머무른다는 것이다.

2) North(1990)는 경제학의 혁신이론을 차용하여 경로 의존성이라는 개념을 발전시켰다. 경로 의존성은 기존의 제도가 정책적 선택의 여지를 제한함을 보여준다. 제도는 인지적 차원에서 '의미의 항구화'(routinization of sens)(Wilsford, 1994)를 담당하는 매개자 (agent)로 드러나 혁명이나 전복과 같은, 공식적인 단절조차 결코 단절적일 수 없음을 보여준다는 것이다. 경로 의존성은 특히 역사적 제도주의를 차용하는 일단의 연구자들로 하여금 제도를 주요 변수로 하는 변동론을 확립토록 하기에 이르렀다.

3) 정책 혁신(policy innovation)은 정부가 새로운 문제를 발굴하고 해당 영역에 개입하는 것을, 정책 계승(policy succession)은 기존의 정책영역에서 동일한 목적을 지향하되 새로운 프로그램을 개발하여 적용하는 것을, 정책 유지 (policy maintenance)는 동일한 목적과 프로그램을 추구하고 시행하며 상황 변화에 적응해가는 것을, 정책 종결(policy termination)은 정책이 목적을 달성했거나 더 이상 불필요하다고 판단되어 관련 법규와 조직을 폐지하고 재정지출을 중단하는 것을 의미한다.

능과 역할이 이미 미시적인 사회구조 깊숙이 침투한 서구 다원주의 사회의 경우엔 새로운 정책의제가 상대적으로 소수이고, 따라서 새로운 정책의 창안 보다는 기존 정책의 유지와 계승이 정부의 주된 임무로 떠오른다는 것이다.[4]

이처럼 정책변동에 관련된 연구는 정책 과정(policy cycle)에 나타나는 정책 결정 기제에 초점을 맞춘 연구와 정책변동 유형에 초점을 맞춘 연구로 나누어 볼 수 있지만, 어느 것이 되었든 정책변동의 완만한 성격을 강조하는 점증주의를 정책변동론의 주류 이론으로 확립하는 데 기여하기는 마찬가지인 것으로 보인다. 점증주의는 현대 다원주의 사회에서 일어나는 정책변동의 제한적 성격을 명쾌하게 보여주며, 특히 급격한 개혁의 시도가 어느 지점에서, 어떤 요소들로 인해 실패하는지를 설명하는 데 높은 적실성을 가진다. 그러나 다른 한편 점증주의는 경험적 현실에서 자주 관찰되는 정책의 급격한 변화를 설명하지 못하는 한계를 가진다. 단적인 예로, 한국의 성매매 관련 법 및 매매춘 규제 정책은 2003년에 들어 1961년 이래 큰 변화 없이 지속적으로 유지되어 온 성매매 규제 현실을 급격하게 바꾸었다(김명환 외, 2006). 그렇다면 지난 42년 동안 정책 현장에서 주변적 문제에 불과하던 성매매가 갑자기 정책 결정자들의 주요 관심사로 떠오르고, 기존의 접근방식을 급격하게 붕괴시킨 기제는 무엇인가라는 질문을 피할 수 없게 된다.

---

4) 정책변화 또는 정책변동(policy change)이란 특정 분야에서 이미 성립되어 있는 어떤 정책이 시간과 상황의 변화에 따라 함께 변화하는 것을 의미한다고 하겠다. 다만 특정 사회 문제를 해결하기 위한 정부 정책이 언제나 행위(action)와 결정(decision)의 형태로만 나타나는 것이 아니라 무행위(inaction)와 비결정(non-decision)의 형태로도 나타날 수 있음을 고려한다면(Bachrach et al, 1963), 존재하지 않던 정책이 새로 생기는 것 역시 정책변동의 범주에 포함되어야 할 것이다.

이와 관련하여 국가의 상대적 자율성과 전문가 집단의 역할을 강조하는 학습모형(learning model)은 정책변동의 점증적 성격과 급진적 성격을 함께 설명할 수 있는 동태적 모델을 제시하고 있다는 점에서 주목할 만하다. 특히 1970년에서 1989년에 이르는 기간 동안의 영국 경제정책 동향을 분석한 Hall(1993)은 Heclo의 시도/실패(trial and error) 모형[5]을 차용하여 정책변동의 수준을 가늠하며 정책변동의 세 차원을 도출하였다. 첫째, 동일한 정책수단을 동원하되 정책수단의 개입 수준만이 변동되는 1차적 변동(일상적인 점증주의적 의사결정) 둘째, 정책목표에는 변화가 없으나 목표달성을 위해 동원하는 정책수단을 바꾸는 2차적 변동(새로운 정책수단 개발) 셋째, 새로운 정책 환경이 대두됨에 따라 정책수단은 물론 정책목표가 급격히 변동하는 3차적 변동(정책 패러다임의 변동)이 그것이다. 바꿔 말하자면 정책이란 점증주의가 주장하는 바와 달리 훨씬 더 자주 변화에 직면하며 그 변화의 속도와 폭, 깊이 역시도 시기에 따라 달라진다는 것이다. 이는 곧 Baumgartner와 Jones(1993, 1994)가 Krasner(1984)의 개념을 차용해 단절적 평형(punctuated equilibrium)이라고 이름하였던, 장기간에 걸친 점증적 변화와 단기간에 걸쳐 빠르게 이루어지는 급격한 변화의 교차를 의미하는 것으로, 우리의 경험적 현실에 보다 근접하는 관찰이라고 하겠다.

그러나 Hall의 학습모형이 급격한 정책변동이 패러다임의 변화

5) Heclo(1974)는 고전적인 점증주의가 주장하는 바와 달리 정책이 훨씬 더 자주 변화에 직면함을 지적하며, 정책변동의 주요 요소로 학습 기제를 제시했다. 학습모형은 Bennett와 Howlet(1992)에 이르러 government learning(기술적 적응), lesson-drawing(문제 재정의 및 새로운 해결 수단의 동원), social learning(패러다임의 변화)의 3차원으로 확대되며, 정책변동의 내생적 변수와 외생적 변수를 매개하는 연구로 발전되었다.

에서 기인되고, 패러다임의 변화는 지식과 지식을 생산하는 전문가 집단의 역할에 의존한다는 점을 지적하며 급격한 정책변동의 가능성을 열어두고 있지만, 전문가 집단 내부에서 패러다임의 변화가 어떻게 일어나며, 그것이 어떤 경로로 정책 결정자들의 인식을 변화시키는지에 대한 미시적인 연구가 결여됨으로 말미암아 장기간에 걸친 점증적 변화와 단기간에 급속도로 이루어지는 급격한 변화의 교차를 설명할 수 있는 이론적 장치가 부재하는 아쉬움을 남긴다. 때문에 이 장(章)에서는 점증주의적 접근이 논증하는 정책변동의 제한적 성격과 급격한 정책변동이 종종 관찰되는 경험적 현실과의 모순 사이에서 정책변동의 내적 동인을 찾고자 하며, 그 가운데서도 특히 기존의 연구가 상대적으로 소홀하게 다루어 온 의미론적 차원의 연구를 진행함으로써 전문가 집단의 패러다임 변화가 어떤 경로를 통하여 정책 패러다임의 변화로 이어지는지, 그 경로를 밝혀보고자 한다.

2. 연구 대상 및 범위

정책변동의 단절적 평형을 설명할 수 있는 이론적 기제는 다양하게 발전되어 왔지만,[6] 그 가운데에서도 특히 문제의 정의(problem definition)를 둘러싼 최근의 논의는 고전적인 정책변동 연구가 간과했던 정책변동의 동태적 연구를 가능하게 해준다. Spector

6) Haas(1992)의 인식 공동체(epistemic community), Sabatier와 Jenkins-Smith(1993)의 지지연합모형(ACF: advocacy coalition framework), Litfin(1994)의 지식 중개자(knowledge broker), Kingdon(1995)의 정책의 창(policy windows) 등이 그것이다.

와 Kitsuse(1974)의 표현을 빌려 '문제 정의적 접근'(definitional approach)이라고 통칭할 수 있는 이 논의는 먼저 정책 결정이 문제 해결(problem-solving)에 앞서 문제 정의(problem definition)를 포함하는 인지적 행위(cognitive action)임을 보여준다. 사회구성주의(social constructivism)에 인식론적 기반을 두고 있는 문제 정의적 접근은 먼저 모든 문제가 객관적 실체(substance)가 아니라 정책 결정 공간에 개입하는 행위자들의 상호작용에서 잉태되는 산출물, 곧 사회적 구성물임을 강조한다.[7] 따라서 주어진 특정 문제에 대해 정통성을 확보한 정의(legitimate definition)란 반드시 객관적 조건의 반영이 아닐 수 있을뿐더러, 오히려 다양한 행위자들 사이의 거래와 타협의 결과로 주어질 수 있다는 것이다. 그리고 이렇게 정당성을 확보한 문제 정의는 그 자체로 다음 세 수준에서 향후의 정책 내용과 형태에 직·간접적으로 영향을 미치게 마련이라고 주장한다.

- **의미의 수준** : 문제 정의는 인식의 차원에서 필연적으로 문제의 원인과 결과를 조응시키는 작업이며 따라서 그 논리적 결과로 해법 또한 내포하기 마련이다. 따라서 문제 정의 자체가 정책 결정 과정(decision-making process) 이전에 이미 주어진 문제

7) 정책 문제 정의적 접근을 취하는 연구는 현상학을 기점으로 문학을 통해 정치학과 행정학에 이르기까지 다양한 분포를 보인다. Schütz(1962)에 지적 기반을 두고 현상학을 사회과학의 구성주의로 승화시킨 Berger와 Luckmann(1966)의 저작에 힘입어 전개된 정책 문제 정의적 접근은 정치학과 행정학에서 크게 두 갈래의 경향으로 나누어지며, 특히 1990년대에 활발한 연구가 이루어졌다. 첫째는 Blumer(1971), Spector & Kitsuse(1974), Gusfield(1981) 등의 저작에 기대어 수행된 '사회 문제학파'이다. 둘째는 Edelman(1977, 1988), Cobb, Ross & Ross(1976), Cobb & Elder(1983) 등의 저작에서 촉발된 '아젠다 형성이론' 이다.

에 대한 정책 결정자의 인지 범위와 정책대안의 선택지를 제한함으로써 정책 내용의 범위와 정책수단의 선택을 사전에 결정지을 수 있다(Gusfield, 1981; Kingdon, 1984; Hogwood et al, 1984; Rochefort et al, 1993, 1994; Stone, 1988, 1989; Litfin, 1994).

- **전략의 수준** : 문제 정의 방식이 그 자체로 주어진 문제의 인과성을 밝히는 작업이라면, 이는 다시 구체적인 정책대상집단(target population)을 문제의 '유발자' 또는 '피해자'로 규정할 수 있는 근거가 된다(Ingram et al, 1991; 김명환, 2004). 따라서 문제 정의는 동원의 기제가 될 수 있으며, 집단행동을 유발하고 나아가 그를 조직할 수 있는 전략적 무기가 될 수 있다(Schatschneider, 1960). 곧, 문제 정의는 즉시 동원 가능한 전략적 기제일 뿐 아니라 가장 비용이 적게 드는 동원 기제가 될 수 있는 것이다(Weiss, 1989).
- **체계의 수준** : 문제 정의가 비교적 짧은 시간에 이루어지는 집단행동을 조직하고 그에 필요한 자원을 동원하는 데 필요한 전략적 수단이 될 수 있다면, 이를 통하여 보다 안정적이며 장기간 지속될 수 있는 정책공동체(policy community)를 형성하는 유효한 수단이 되기도 한다. 곧, 문제 정의 방식이 기존의 정책공동체를 해체하고 새로운 정책공동체를 형성하는 데 기여함으로써 정책변동을 효과적으로 이끌어낼 수 있는 것이다(Blumer, 1971; Bosso, 1994; Sabatier et al, 1993).

이 장(章)에서는 이상의 3수준에서 정책형성과 변동에 개입하는 정책 문제 정의의 모든 기능을 논하는 대신 첫 번째 수준 즉, 의미론적 수준에서 제기되는 기능을 중심으로 그것이 정책변동에 미치는 영향이 무엇인지를 살펴보고자 한다.[8)] 이를 통하여 앞서 제기했던 정책변동의 '단절적 평형'을 설명할 수 있는 문제 정의적 접근의 이론적 기제를 살펴보고자 한다. 실제로 기존의 문제 정의적 접근은 정책변동보다 정책형성 과정에 과도하게 집중함으로써 정책변동을 설명하지 못하는 한계를 가진다. 정책변동에 관심을 가진 연구자들조차 이 지점에 이르러서는 이론적 성찰 내지 단편적인 아이디어의 제시에 머무를 뿐, 체계적인 연구를 진행한 적이 없다는 것이 한계로 지적될 수 있을 것이다. 예컨대 Blumer(1971: 301)는 '문제 정의는 문제의 형성과 해결 방식, 그리고 그 방식의 변화 양상을 규정지을 수 있다'고만 말할 뿐 구체적인 연구를 진행한 적이 없다. 그로부터 23년이 지난 시점에서 Bosso(1994: 201) 역시 '공공 문제가 구성되는 문제 정의 과정을 살펴보면 정책변동의 원인과 과정을 도출할 수 있다'라고만 언급할 뿐 정책변동과 문제 정의적 접근을 연계시킨 구체적인 결과물을 산출하지 못했다. 이는 곧 문제 정의적 접근을 통하여 정책변동의 단절적 균형을 설명할 수 있는 분석 틀의 개발이 필요한 시점에 와 있음을 의미할 것이다.

3. 문제 정의적 접근에 따른 정책변동의 분석틀

여기에서는 문제 정의적 접근을 통하여 정책변동의 단절적 균형

8) 정책 문제 정의적 접근(definitional approach)이 함축하는 전략적 수준과 체계적 수준에 대한 논의는 후속 논문에서 다루고자 한다. 이 두 수준에 대한 논의는 의미론적 수준에서 구축된 다양한 행위자 집단의 지각과 인식 틀이 서로 협력하고 대립하며 규정하는 구체적인 상호작용 양태 곧, 다양한 정치·사회세력의 협력과 대립의 동학에 관한 논의이다.

을 설명할 수 있는 분석 틀로 다음 두 가지의 개념적 장치를 동원하며, 각각의 개념적 장치를 통해 두 가지 가설을 상정한다.

- **문제 정의의 경쟁적 차원(Competitive dimension)** : 첫 번째로 기존의 연구에서 항용 간과되는 문제 정의의 경쟁적 차원에 주목하고자 한다. 기존에 전개된 대부분의 연구는 문제 정의에 따라 도출된 문제의 '본질'이 무엇이며 그 '본질'의 내용이 정책형성에 미치는 영향만을 주요 분석대상으로 삼음에 따라 주어진 특정 시점에서의 문제 정의를 주요 연구대상으로 하였다(Edelman, 1977, 1988). 비교 분석의 경우에도 예외는 아니어서 다양한 문제의 정의 양상과 그로부터 파생되는 정책 내용을 언제나 공시적 분석에 의존하여 진행한 것이 특징이다(Cobb, Ross & Ross, 1976; Cobb & Elder, 1983; Cobb & Ross, 1997). 이 연구는 이와 달리 특정한 단일 문제의 통시적 접근을 통하여 동일한 문제의 정의가 시간의 흐름에 따라 어떻게 발전하는지를 살펴보고자 한다. 모든 문제 정의가 그 자체로 정책 결정에 영향을 미치는 것이 아니라 집단적으로(사회적으로) 정당성을 인정받는 정의만이 공식적인 정책 결정 공간에 유입하여 정책 결정자의 인식 양태를 규정하게 된다면, 한 시점에서 정당성을 인정받은 문제 정의라고 할지라도 언젠가는 경쟁적인 지위에 있는 문제 정의에 그 정당성을 빼앗길 수 있을 것이다. 그러할 경우 그 논리적 결과로서 정책변동을 수반하리라는 것이 이 연구의 첫 번째 가설이다.
- **문제 정의의 계서적 차원(Hierarchial dimension)** : 두 번째로 이 연구는 기존 연구가 상정하는 바와 달리 특정 시점에 특정

문제에 대하여 정당성을 확보하는 정의란 대부분의 경우 복수로 존재한다는 사실에 주목하며, 기존의 연구에서 충분히 다루어지지 못한 문제 정의의 계서적 차원에 주목하고자 한다. 곧, 특정한 시기에 집단적 정당성을 획득함으로써 지배적 지위를 독점하는 문제 정의란 기존의 연구가 상정하듯 단일한 하나의 요소로 구성되지도 않을뿐더러, 또 동시에 복수로 존재할 수 있다는 것이다(Hogwood et al, 1984). 때문에 여기에서 말하는 문제 정의의 계서적 차원이라 함은 특정한 문제에 대하여 다양한 정의가 주어졌을 때 그 각각의 정의는 의미론적 차원에서 동질적이지 않으며, 따라서 가장 높은 수준의 정의로부터 가장 낮은 수준에 이르기까지 서열화가 가능함을 의미한다. 그렇다면, 주어진 어느 한 시점에서 정당성을 획득한 문제 정의의 수준에 따라 정책변동의 양상 곧, 정책변동의 폭과 깊이가 달라질 수 있다는 것이 이 연구의 두 번째 가설이다.

위의 두 가설을 검증하기 위하여 이 장(章)에서는 1982년부터 1994년 사이에 입안된 프랑스의 AIDS[9] 정책을 사례 분석하고자 한다. 이 기간의 프랑스 AIDS 정책은 다음 두 가지 이유로 인해 문제 정의적 접근을 적용하여 정책변동의 '단절적 평형'을 관찰할 수 있는 이상적인 사례로 보인다. 첫째, 프랑스 AIDS 정책은 1980년대부터 1990년대에 이르는 약 20년의 기간 동안 점증적인 변동과 급격한 변동이 교차되는, 정책변동의 대표적인 단절적 평형 사례이다.

9) Acquired Immuno-Deficiency Syndrom (후천성면역결핍증)

둘째, 이 기간에 프랑스에서는 전문가 집단과 일반인들이 AIDS 정책은 물론 보건 정책 일반에 높은 관심을 보여 전례 없이 엄청난 양의 담론을 생산하였다. 따라서 AIDS '문제'에 대한 행위자들의 인식 양태를 독립변수로, 정책변동 양상을 종속변수로 상정한다면 두 변수 사이의 상관성을 측정하고 그 의미를 추론할 수 있게 할 것임을 시사한다.

이 연구는 두 변수 사이의 상관성을 측정하기 위한 분석 절차로 (1) 먼저 AIDS 정책변동 양상을 추적하고,[10] (2) 이어서 AIDS 문제 정의의 변화 양상을 추적한 다음, (3) 두 변수를 교차시켜 정량적, 정성적 관점에서 상관성을 측정하는 3단계의 관찰을 진행하였다. 이 연구를 위한 경험적 자료로는 (1) 1982년에서 1994년에 이르는 13년 동안 프랑스에서 발표된 345개 AIDS 관련 법령과 (2) 같은 기간에 생산된 2,184꼭지의 르 몽드(*Le Monde*) 기사를 사용하였다. 전자가 AIDS라는 문제의 공식적 정의(official definition)라면, 후자는 AIDS 문제를 둘러싼 다양한 갈등을 중계하는 사회적 정의(social definition)라는 점에서 다양하게 전개된 AIDS 문제의 의미론적 차원을 알 수 있게 할 뿐 아니라, 양자의 비교는 두 변수 사이의 상관성을 시사하는 실증 지표가 될 수 있을 것이다.

---

10) 정책의 변동 양상을 문제 정의의 변화 양상보다 우선하여 추적하는 것은 그렇지 않을 경우에 발생할 수 있는 방법론적 오류를 피하기 위함이다. 곧 연구자가 문제 정의의 변화 양상을 먼저 추적할 경우, 주어진 문제 정의에 조응하는 정책변동 양상을 선택적으로 재구성할 가능성이 높거니와 이는 곧 경험적 사실을 주어진 문제 틀에 비추어 선택적으로 조작하는 것에 다름 아닐 것이다.

*Le Monde*를 분석의 자료로 삼게 된 것은 '객관적 보도', '정론지' 등, *Le Monde*가 누리는 사회적 통념상의 우월한 지위 때문이 아님을 밝혀둔다. 오히려 *Le Monde* 역시 정보라는 상품을 생산하고 유통하는 언론기업이라는 사실에 주목하고자 한다. 그럼에도 불구하고 *Le Monde*를 분석의 자료로 삼은 까닭은 다음 두 가지 이유 때문이다. 첫째, *Le Monde*는 1980년대 초반부터 지면에 보건·의료 코너를 주 1회 정기적으로 할애하며, 보건·의료 분야를 프랑스 최초로 특집기사가 아닌 일반 기사로 다룬 신문으로써 보건·의료 분야의 연구에 필요한 자료를 가장 많이 축적한 매체라는 기술적인 이유이다. 둘째, 최소한 1980년대의 10년 동안은 보건·의료 관련 분야에 있어서 어떤 사건의 뉴스 가치 여부를 판단하는 선도적 역할 곧, 뉴스 아젠다의 gate-keeper 역할을 많은 경우에 *Le Monde*가 수행했다는 프랑스 언론계 내부의 작동 논리 때문이다. 실제로 프랑스 언론인들은 이 시기의 1일 뉴스 (특종) 생산과 소비의 흐름이 *Le Monde* (16시) ▶ *France Inter* 라디오 뉴스 (18시) ▶ TV 프라임 뉴스 (20시) ▶ 익일 조간 (04시) 순으로 보도되는 경향이 있었음을 증언한 바 있다(cf. 프랑스 언론인 인터뷰 12건).

이 같은 선택에 암묵적으로 내재하는 가정은 *Le Monde*라는 매체의 현실 인식과 프랑스 언론의 일반적인 인식이 큰 편차를 보이지 않을 것이며, 따라서 AIDS 문제의 집단적 정의를 재구성하는 준거 틀로 *Le Monde*를 취할 경우 과거 사실의 재구성이 보다 현실에 더욱 가까워질 것이라는 기대였다. *Le Monde* 가 AIDS 문제에 대하여 프랑스 언론계 내부의 일반 인식과 크게 편차를 보이지 않는다는 점은 '기사 가치'를 따질 때 고려하는 첫 번째 요소, 곧 기사 생산량을 비교해 보면 극명하게 드러난다. 첫째, 1982년에서 1994년에 이르는 14년 동안 통신사로서 AIDS에 관하여 가장 다양한 내용을 타전했던 AFP가 생산한 전문(telex)의 건수 및 월별 빈도와 *Le Monde*의 기사 생산 건수 및 월별 빈도는 놀라우리만치 일치한다. 둘째, *TF1* (민영방송)과 *A2* (국영방송)의 20시 프라임 뉴스에 보도된 AIDS 관련 기사 역시 *Le Monde*의 취재 빈도와 밀접한 상관성을 보인다 (cf. 그림 1-1).

<그림 1-1> 매체별 AIDS 뉴스 처리 빈도*

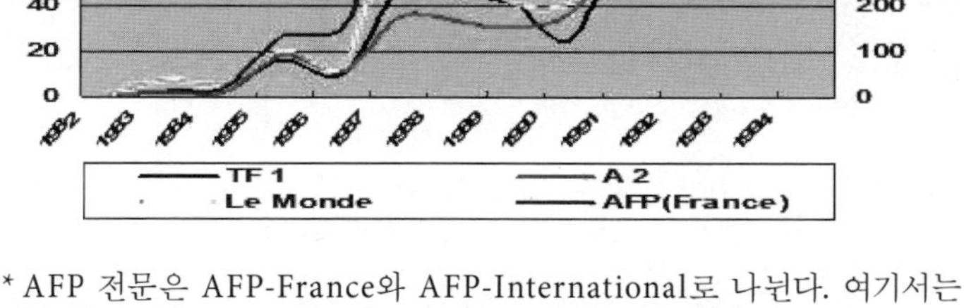

* AFP 전문은 AFP-France와 AFP-International로 나뉜다. 여기서는 AFP-France의 전문만을 비교 자료로 사용했다. TF 1과 A2는 20시 프라임 뉴스만을 분석 자료로 삼았다.

II. 프랑스 AIDS 정책의 변동 양상

프랑스 AIDS 정책은 1982년 1월에서 1995년 6월에 이르는 기간에 다음 그림이 보여주는 바와 같이 불균등하게 수립, 전개되었다. 이를 그 빈도에 따라 분류하자면 다음과 같은 3시기로 구별할 수 있다[11](cf. 그림 1-2).

- **제1기(1982년 초-1986년 중반)** : AIDS라는 질병의 사회적 반향은 크지 않으나 환자들과 동성애자, 그리고 의약계와 정부를 중심으로 예방정책의 수립과 적극적인 정부개입의 필요성이 대두되는 시기이다. 이 시기에 집권한 사회당 정부와 동성애자 단체, 공중보건 전문의들의 정책공동체가 협력하여 이끌어낸 가시적인 성과는 1983년 6월과 1985년 6월에 내려진 2건의 정책 결정이다. 전자는 AIDS의 확산을 우려한 보건 당국이 임상 인터뷰를 통하여 보균 가능성이 있는 헌혈자를 헌혈 단계에서 격리시키라는 지침을 내린 것인데, 이는 AIDS 문제가 처음으로 공식적인 정책 결정의 대상이 되었다는 점에서 의미를 찾을 수 있겠다. 후자는 헌혈을 포함한 모든 혈액에 대하여 AIDS 감염 여부

11) 모든 시기 구분은 인식론적 관점에서 분석의 대상을 구성(construction)하고 개념화(conceptualization)하려는 시도이기 때문에 이 연구에서 채택한 시기 구분의 근거를 밝히는 것도 무의미하지는 않을 것이다. 이 연구에서 정책변동의 3시기를 구분한 근거로는 (1) 사회 문제가 정책 문제로 전환되는 시점과 정책 결정 심급(instance)이 이동하는 시점, (2) 정책 결정자들이 항용 정책 결정의 공식적·합리적 근거로 천명하는 보건·의학적 패러다임이 변화하는 시점, 두 요소에만 의존했다. 또 하나 생각할 수 있는 시기 구분의 근거는 주어진 문제에 대한 정책 결정자들의 인식도인데 이는 이 연구의 기본 가설인 까닭에 의도적으로 배제하였다.

를 사전에 검사할 것을 법제화하는 것으로, AIDS 문제가 최초로 정부 정책 결정의 최상위 직급 곧, 수상의 결재사항이 되었다는 점에서 의미를 가진다고 하겠다.

- **제2기(1986년 중반-1991년 중반) :** 이 시기는 좌·우파 정당 사이에 정권교체가 일어나는 시기이지만 좌·우파 정부는 공통되게 AIDS 환자의 격리수용보다는 이들에 대한 사회적 차별을 금지하는 한편, 예방에 중점을 두는 정책 기조를 유지한다. 따라서 TV, 라디오, 영화, 만화, 포스터 등의 다양한 대중매체를

<그림 1-2> AIDS 정책 변화 추이

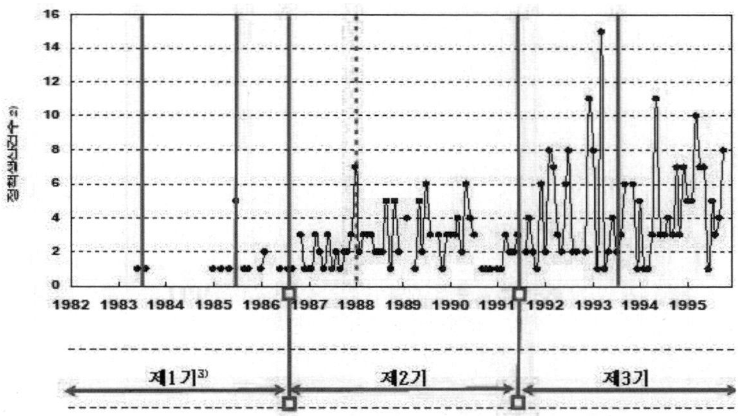

1) 총345건의 AIDS관련 법령(행정명령 및 행정조치 포함)

2) 1995년 12월 1일자 Bulletin officiel(*Infection par le VIH*, 프랑스 보건복지부)의 재구성

3) 그래프 안의 막대 6개는 AIDS와 관련하여 중요한 결정이 내려진 시점을 의미한다. 점선으로 그려진 네 번째 막대는 중요한 정책 결정이 내려진 시점으로써 그 이전과 비교할 때 자원동원의 측면에서 훨씬 규모가 큰 예방정책의 시작을 의미하지만, 보건·의학적 패러다임의 측면에서 보자면 예방·홍보에 의존하는 정책 기조의 변동이 없었다는 것을 의미한다.

통하여 AIDS 예방법을 대대적으로 홍보하는가 하면, AIDS 환자들에 대한 사회적 차별 방지 정책을 양산하는 시기이다. 고용, 진학, 주거, 치료 등의 분야에서 종종 발생하는 사회적 차별이 보균자(séropositif)들로 하여금 자신의 성적 정체성과 보균 사실을 숨기고, 음성적인 행태를 보이게 함에 따라 예방에 역행한다는 인식의 반영이다(Got, 1988). 실제로 이 같은 정책수단은 비단 프랑스의 경우뿐 아니라 세계보건기구(WHO)를 비롯한 모든 국제기구들이 선택한 정책수단으로, 2007년 12월 현재까지도 여전히 유효한 정책 방안으로 권고되고 있다.

- **제3기(1991년 중반-1995년 초)** : 1991년 중반에 발생한 '혈액 오염 사건[12)]'으로 인해 혈액 수급관리체제의 문제점이 지적되고

12) 혈액오염사건 (contaminated blood scandal)을 구성하는 사실(事實)들은 1989년부터 2005년 최종 판결에 이르기까지, 한결같이 대립되는 두 관점을 제시하며 진실(眞實)을 다투었다. 이 사건의 피해자인 일단의 혈우병 환자들은 행정당국이 AIDS의 전염성이 '명백한' 상황에서 그에 필요한 보건 대책을 지연시킴으로써 무고한 인명을 희생시켰다고 주장한다. AIDS 검사기법을 둘러싸고 미국과의 경쟁관계에서 뒤지고 있던 프랑스 제약업계의 이익을 보장하기 위하여, 미국에서 먼저 개발된 검사기법의 도입을 '의도적으로' 미뤘다는 것이다. 따라서 본 사건은 국민의 정치적 결의에 따라 국민보건에 관한 제 권한을 위임받은, 국립혈액원 의사들로부터 장관과 수상에 이르는 국가공무원들 및 정치인들이, 국익이라는 미명하에 개인보다는 전체를, 생명의 존엄성보다는 기업의 이익을 우선시킨 '독직' 사건이며, '독살' 사건이고, 따라서 5공화국 최대의 '반인륜적' 사건을 구성한다고 주장한다. 정책 담당자들은 이에 맞서, 논란의 진원시기가 되는 1985년 당시에는 오늘날처럼 AIDS의 전염경로 및 치사율에 대해 정확히 알지 못하였고, 가열처리방식이 AIDS에 대한 살균 효과가 있는 것으로 믿어지지도 않았을뿐더러, 오염된 혈액이 오염의 매개물이라는 증거도 없을 때임을 주장한다. 그럼에도 불구하고 여타 주변국들이 가열처리방식을 채택한 1985년이면 프랑스에서도 이를 채택했을뿐더러, 이와 함께 모든 헌혈자에 대한 AIDS 검사를 의무화하는, 신속한 대책을 세웠다고 주장한다. 때문에 본 사건은, 과학적 지식이 결여된 대중의 '무지'와 피해자의 '원한'이 '과학적 불확실성'의 논리를 몰이해, 또는 왜곡한 채, 공중보건을 위해 헌신한 국민의 공복을, 자신들 감정의 '희생양'으로 삼으면서 '무고'한 사건에

전임 장관들과 수상의 도의적, 형사적, 정치적 책임론이 제기되는 시기이다. AIDS 정책이 비로소 의회에 상정되어 정치적 쟁점으로 부각되고, 심각한 사회적 갈등의 매개체가 되어 혈액 수급체계와 전염병 예방체계의 대대적인 개선작업이 이루어진다. 이 시기에 들어 프랑스의 전통적인 보건 패러다임이라 할 '개인 질병 관리 시스템', 곧 연구-진료-교육의 3개 기능을 통합하는 대학병원 중심 체제에 대한 의존을 버리고 '공중보건 시스템'을 도입하는 획기적인 변화를 수용한다. 곧 더 이상 개인이 아니라 국민 전체를 하나의 집단군으로 설정하고 특정 질병의 분포와 확산을 관찰함으로써 전염병의 조기 파악과 치료 시스템을 구축하는 것이다.

이상의 AIDS 정책변동 양상을 살펴볼 때 정책변동 양상이 각 시기별로 동질적이지 않음을 발견할 수 있다.

첫째, 1982년에서 1985년 중반에 이르는 기간(1기) 동안엔 매우 완만하고 점증적인 양식으로 정책이 생성되는 반면, 1986년에서 1991년 중반에 이르는 기간(2기) 동안엔 보다 다양한 형태와 내용의 정책이 더욱 빈번하게, 그리고 더욱 역동적으로 양산된다. 특히 1983년 6월과 1987년 1월은 기존의 정책 기조를 포기하고 새로운 정책 기조를 채택하는 급격한 전환기로 기록된다(Setbon, 1993). 그

불과하다고 주장한다. 사실의 실체가 무엇인가와는 상관없이 이 사건은 프랑스 정부에 정당성의 위기를 연출하여 당시 언론은 이를 '공화국의 이념적 근간을 뒤흔든 일대 사건' (*Le Figaro*), '제2의 드레퓌스 사건' (*Le Monde*)으로 그리고 있다. 프랑스에서는 이로 인해 보건복지부 고위공무원들과 장관 및 수상이 탄핵재판과 형사재판에 회부되어 정치적 책임과 사법적 책임을 동시에 지게 되는, 5공화국 헌정 사상 초유의 사태를 빚었다.

리고 1991년 중반을 기점으로는(3기) 그 이전의 두 시기와 비견할 수 없을 정도로 다양한 정책이, 급속히 증가함을 알 수 있다. AIDS와 관련하여 생산된 128개 법령(20개 법률, 61개 법규, 47개 부령) 가운데 68%에 해당하는 87개 법령이 3기에 생산되었으며, 1기엔 단 2개의 법령만이 생산되었음이 이 같은 사실을 단적으로 보여준다. 이는 곧, 정책변동이 Lindblom(1959, 1979) 등이 주장한 바와 같이 점증적인 변화에만 의존하는 것이 아니라, 점증적인 변화와 급격한 변화의 교차에 의하여 이루어짐을 의미한다.

둘째, 정책변동의 폭과 내용의 강도 역시 시기별로 균등하지 않으며, 동원되는 정책수단 또한 동질적이지 않다. 제1기에는 주로 개인적인 행태를 예방의 중심적인 대상으로 삼고, 혈액 수급체계 및 보건업 종사자들의 교육·훈련에 초점을 맞추는 반면, 제2기에는 AIDS 예방을 위한 정책수단으로 대규모 홍보를 통한 여론과 대중의 계몽을 정책목표로 한다. 특히 1987년은 AIDS를 개인 질병의 관점에서 보는 이전 시기의 정책 기조를 완전히 포기하고, '사회적 질병'(전염병)으로 규정하며 그에 상응하는 정책수단을 동원하는, AIDS 예방의 원년으로 기록된다. 사회적 가시성(social visibility)을 높이기 위하여 라디오, TV, 잡지, 신문, 영화, 포스터, 만화 등의 다양한 여론 매체를 동원하며 그를 위한 법적, 제도적 장치들을 구축하는 것이다. 제3기는 헌법 개정에까지 이르는 대대적인 법령 정비로 혈액 오염 사건에 대한 제도적 대응[13]과 효과적인 전염병 예방체계를 구축하기 위한 본격적인 제도 정비에 돌입한다. 이 모든 제

13) 관련법 개정을 통한 혈액 수급·관리기구의 개편과 헌법 개정을 통한 고위 정치·행정책임자들의 탄핵심사제도 변경

도는 AIDS 자체에 대한 대응책이라기보다 AIDS를 포함하는 혈액 및 전염병 관리체계 일반을 겨냥한다는 점에서, 프랑스에서 질병 관리의 새로운 패러다임을 모색하는 시기로 기록된다(Steffen, 1995).

III. AIDS 문제 정의의 의미론적 변동 양상

프랑스 AIDS 정책은 일관된 변화 양상을 보여주지 않으며, 오히려 앞서 살펴본 바와 같이 불균등하고 불규칙하게 전개되었다. 그렇다면 이 같은 불규칙성은 어디서 기인하는 것일까? 이 연구의 가설은 이 같은 변화의 주요 동인으로 AIDS에 대한 집단적 정의(collective definition)를 상정했다. 사회적으로 정당성을 획득한 AIDS 문제의 집단적 정의가 정책 결정에 영향을 미친다면, 집단적 정의의 내용과 형태를 분석할 때 정책변동의 양상을 추적할 수 있을 것이라는 가정이다. AIDS에 관한 집단적 정의의 변화를 추적하기 위하여 이 연구는 프랑스의 유력 일간지 *Le Monde*에 나타난 AIDS 관련기사 2,184꼭지를 분석하였다. 그를 통하여 얻은 첫 번째 분석 결과는 AIDS에 대한 사회적 인식 역시 불균등하게 발전하고 분포된다는 것이다. AIDS 문제에 대한 집단적 정의의 변동 양상을 정리하면 그림 3과 같다.

AIDS 발병 원년으로 기록되는 1982년을 기점으로 *Le Monde*에 나타난 AIDS 문제는 무엇보다도 동성애자를 비롯한 소수자 집단, 곧 혈우병 환자들과 수혈환자들을 대상 집단으로 하는, '과학적으로 미확인된 질병'으로 규정된다. 따라서 정책당국의 적극적인 개입 대상이라기보다는 대학병원 중심의 전통적인 개인 질병 관리시스

<그림 1-3> Le Monde (1982-1994)에 나타난 AIDS 문제 정의 변화양상*

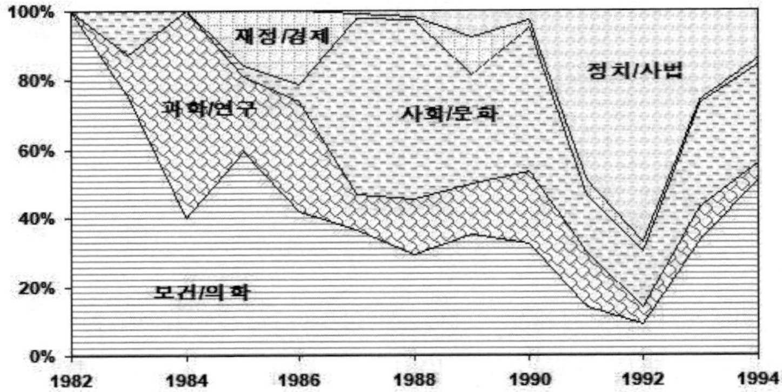

* 이 연구가 제시하는 5개 분류는 *Le Monde*의 자체 분류가 아닌, 필자의 문제틀에 따른 분류이다. 여기에서 필자는 각 기사의 주요내용을 독해한 후 문제정의의 의미론적 수준을 보여줄 수 있는 5개 테마 (Themes)를 선정했다.

템이 담당해야 할 임상관찰 및 연구대상으로 인식된다. 1987년 초까지 생산되는 AIDS 관련 기사는 대부분 AIDS의 병리학적 특성과 백신 개발 가능성 여부, AIDS 바이러스 발견과 특허권을 둘러싸고 프랑스와 미국 사이에 발생한 분쟁(Montagnier-Gallo Affair)에 초점이 맞추어진다. 따라서 이 시기에는 환자들이나 정책 담당자들이 아니라 의사와 연구자들이 주요 행위자, 곧 주요 담론 생산자로 등장한다.

1987년 초를 전후한 시점에 있어서는 AIDS가 더 이상 개인의 보건·위생에 관련된 질병이 아니라 개인 간 관계 곧, 사회적 관계를 위협하는 전염병(epidemic/pandemia)으로 인식되어 사회 문제로 비등하는 시기이다. 한편에서는 가톨릭교회와 학부모 단체가 AIDS라는 질병을 '도덕적 해이'에서 오는 사회적인 문제로 보고 성(性) 풍속을 규제하는 등, 정부의 강력한 대응을 요구하는가 하면 국민

전선(Front National)으로 대표되는 극우파 정당은 AIDS가 당시의 정치·경제·사회 문제의 함축적 표상이라고 주장하며 이를 대대적인 '사회혁명'의 단초로 삼아야 한다는 주장을 펼친다. 다른 한편에서는 동성애자 단체 및 보건·의료 전문가 집단이 주축이 되어 AIDS는 보건상의 문제일 뿐이며 성적 소수자와 환자들의 인권에 관련된 문제라고 주장하며, 그 대응책 역시 정부의 억압적 개입을 통한 배제(exclusion)의 구조가 아니라 개인의 합리성과 자율성을 존중하는 포용 (inclusion)의 구조로 문제를 풀어야 한다는 두 관점이 첨예하게 대립한다.

1991년 중반에 발생한 혈액오염사건은 AIDS의 사회적 의미를 완전히 뒤바꾼다. 곧, 1985년에 창간된 주간지 『목요일의 사건』(L'Evènement du Jeudi)이 1985년도의 혈액 수급관리 실태를 폭로하며, 당시의 보건행정 책임자들이 국민들의 건강 보다 보건재정의 균형을 위하여 의도적으로 AIDS 바이러스에 감염된 혈청, '제8요소'를 대량 유통시켰다는 혐의를 확산한다. 특종 경쟁에 편입된 *Le Monde*는 한 걸음 더 나아가 보다 충격적인 기사를 전한다. 혈청의 오염 여부를 판독할 수 있는 검사기법(Elisa)이 미국에서 개발되었음에도 불구하고, 자국의 생화학산업이 이로 인해 위축될 것을 우려한 최고 결정권자(수상)가 이의 도입을 고의적으로 지연시킴으로써 자국 기업으로 하여금 독자적인 검사기법(Test HIV2)을 완성할 수 있는 시간을 제공해 약 2,500여 명의 혈우병 환자와 수천 명에 이르는 수혈환자를 AIDS에 감염시켰다는 것이다. 이렇게 촉발된 혈액오염사건으로 인해 문제의 '소유권'(Gusfield, 1981)은 이제 더 이상 일반 보균자도, 시민단체도, 연구자들에게도 아닌 기자들 자신과 직접적인 이해당사자 곧, 국가를 상대로 소송을 제기한 AIDS 환자들과 법조계 인사들에게 이전된다. AIDS 문제 역시 더 이상 보건·의학에 관련된 문제도, 사회적 차별과 인권의 문제도 아닌 비윤리적인 정치·행정 시스템의 문제, '공화국의 이념적 근간'을 위협하는 문제로 인식되기에 이른다.

이상과 같이 AIDS 문제의 집단적 의미 변화를 추적할 때 다음과 같은 두 가지 특징을 발견할 수 있다.

첫째, Le Monde라는 신문을 매개로 추적한, AIDS 문제에 대한 집단적인 관심은 결코 총체적이지 않으며, 대단히 단편적이다. 오히려 시기별로 AIDS 문제의 구성요소 자체가 변화함을 알 수 있다. 처음에는 보건·의학의 문제였으나 점차 보건·사회의 문제로 전환되며, 급기야는 정치 및 사법적인 문제로 전환되는 것이다. 이처럼 AIDS 문제 역시 - 다른 모든 사회 문제들이 그러한 것처럼 - 단일한 내용으로 구성되는 것이 아니라, 여러 가지 다양한 하위 요소로 구성되며 그 각각의 요소들이 결합하는 양식에 따라 새로운 의미망을 형성하는 중층적 구조를 보인다고 하겠다. 다음의 <표 1-1>은 이 같은 문제 정의의 중층적 구조를 정리한 것으로, 이 표를 보면 AIDS 문제가 크게 다섯 가지 테마로 구성되고, 각각의 테마는 다시 하위의 다양한 테마를 포함함을 알 수 있다. 곧 단일한 문제라 할지라도 문제를 바라보는 시점과 주관에 따라 다양한 구성요소가 개입하며 문제의 경계가 확장되며 문제의 '본질' 또한 변화하는 것이다.

<표 1-1> AIDS 문제 정의의 구성요소

AIDS 문제 유형	세부 구성요소
보건 · 의학	특정한 성적 정체성과 행태를 보이는 소수자 집단의 개인적인 문제 (1982) ; 임상 인터뷰를 통한 헌혈자 선별이 AIDS 예방방안으로써의 적실성 문제 (1983) ; 전 국민을 위협할 수 있는 전염병 문제 (1985 이래) ; AIDS 보균자 또는 환자를 격리수용할 것인가의 문제 (1985-1988) ; 콘돔 사용이 AIDS 예방책으로 유효한가의 문제 (1987-1988) ; 홍보가 AIDS 예방책으로 유효한가의 문제 (1988-1991) ; 고위험지역 (교정시설 및 거리)에서의 헌혈자 모집 여부 문제 (1991) ; 환자의 의료 비밀 준수 여부를 둘러싼 의사와 환자 사이의 신뢰 문제 (1991-1992) AIDS의 전염 속도와 범위를 실시간으로 파악할 수 있는 경보시스템이 부재하는 보건 시스템의 문제 (1992-1994)
과학 · 연구	현대 의학에 대한 도전 (1982) ; 현대 의학연구의 우선순위 결정과 그에 필요한 자원배분 결정에 대한 도전 (1982 이래); AIDS 원인 발견을 둘러싼 미국과의 경쟁 · 국가적 자존심의 문제 (1984-1991); AIDS 백신 개발을 위해 환자 대상의 임상실험이 초래하는 의학 윤리 문제 (1985 이래)
재정 · 경제	보균 여부 판독법 및 백신 개발에 필요한 투자 및 재정 문제 (1984 이래) ; 보균 여부 판독 및 예방 홍보가 초래하는 재정상의 부담 문제 (1985 이래) ; 치료과정에서 aids에 감염된 혈우병 환자 및 수혈환자에 대한 보상 문제 (1988 이래) ; 보균자들의 의료보험 수가 조정 및 국가지원 문제 (1990)

AIDS 문제 유형	세부 구성요소
사회·문화	'비정상적' 성벽을 가진 동성애자들의 도덕성 문제 (1982) ; 개인 간 관계에 영향을 미치는 집단적 문제 (1983) ; 도덕적 해이로 인해 위협받는 건전한 풍속의 보전 문제 (1983) ; 개인 간 애정관계에서 신뢰보다 불신이 우선하는 사회문화의 문제 (1985) ; AIDS 예방을 위하여 전 국민을 대상으로 의무적 보균여부 테스트를 실시할 경우 발생할 수 있는 의료 비밀보호법 침해 및 전체주의 문화 확산 우려의 문제 (1985) ; 전염병 예방과 소수자 인권보호의 원칙 사이에서 발생하는 윤리의 문제 : AIDS 보균자 또는 환자의 격리수용의 경우 발생할 수 있는 인권의 문제 (1985 이래) ; 고의적으로 AIDS 바이러스를 전염시키는 보균자들에 대한 처벌 문제 (1988 이래) ; AIDS 바이러스에 감염된 아동들과 일반 아동들을 같은 학교에 수용할 것인가의 문제 (1988) ; AIDS 바이러스에 감염된 교사의 교육권을 존중할 것인가의 문제 (1988) ; AIDS 보균자 또는 환자에 대한 치료 거부, 고용 거부, 주거지 임대 거부, 보험 환불 거부 등의 사회적 권리 침해 문제 (1986 이래) ;
정치·사법	대중동원을 위한 총선 전략으로 AIDS를 이용하는 정치적 문제 (1986 이래) ; 국립혈액원 책임자들의 부패 문제 (1991) ; 구멍 뚫린 보건 시스템의 문제 (1991) ; '제8요소'의 오염 여부를 알면서도 환자들에게 계속 처방전을 발행한 혈우병 전문의들의 윤리 문제 (1991) ; 시민의 생명을 보호할 책임을 천명하는 공화주의의 이념적 근간을 부정함으로 발생한 정치·사법의 문제 (1991 이래) ; 국가 재정의 건전성을 위해 소수자의 공중 보건을 희생시킨 현대 정치의 합리성에 의문을 제기하는 문제 (1991 이래)

둘째, 시기별로 다르게 형성되는 문제 정의는 결코 동질적이지 않다. 보건·의학과 관련되는 경우 AIDS는 전통적인 보건의료 시스템과 환자 자신이 개인적인 차원에서 관리해야 할 어느 질병의 하나로 환원되는 반면, 1986년 전·후부터는 AIDS로 인해 발생하는 집

단적 책임과 윤리, 인권의 문제로 그 경계가 확장된다. 나아가 혈액 오염사건이 발생한 1991년 중반 이후에는 보건의료 시스템의 유효성에 대한 논란이 일뿐 아니라, 국가와 정부의 이념적 정당성과 정치·사회체제의 정당성까지 의문시되는, 보다 높은 수준의 문제로 전환된다. 문제의 구성요소가 조합되는 양식에 따라 그 의미론적 차원이 달라지는 것인데, 여기에서 더욱 중요한 것은 이러한 의미론적 차원이 그 사회적 함의와 파장에 따라 계서화(hierarchization) 될 수 있다는 것이다. Baumgartner와 Jones (1994)의 표현을 빌리자면 전자를 'macro-definition'으로 후자를 'micro-definition'이라고 할 수 있는데, 전자는 정책 기조의 근간을 이루는 원리와 철학, 이데올로기와 관계되는 정의이며, 후자는 선택된 정책 기조를 실현하는 데 필요한 정책 방안의 기술적(技術的), 과정적 부분과 관계되는 정의를 의미한다고 하겠다.

IV. 정책변동과 정책 문제 정의의 상관성

지금까지 우리는 각각 AIDS 정책변동 양상과 정책 문제 정의의 변동 양상을 추적하여 보았다. 그런데 여기에서 한 가지 놀라운 사실은 정책 문제 정의의 변동 양상을 추적하기 위해 경험적 자료로 선택한 Le Monde 기사의 양적 변화 추이와 관계 법령 생산 추이가 최소한 AIDS 사례의 경우에는 놀라우리만큼 일치한다는 사실이다(cf. 그림 1-4).

시기에 따라서는 관계 법령의 생산 건수가 미디어 보도보다 앞서 가는 경우도 있지만(특히 1980년대 초반이 그러한데), 보도 건수가 증가

<그림 1-4> *Le Monde* 기사 빈도와 정책변동 상관성

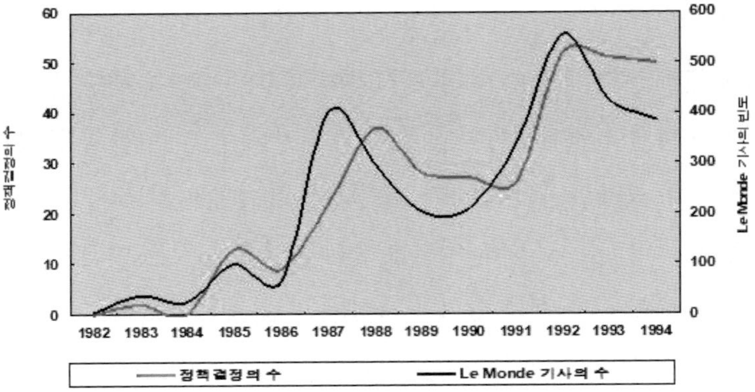

<그림 1-5> 문제 정의의 변동과 정책변동의 상관성

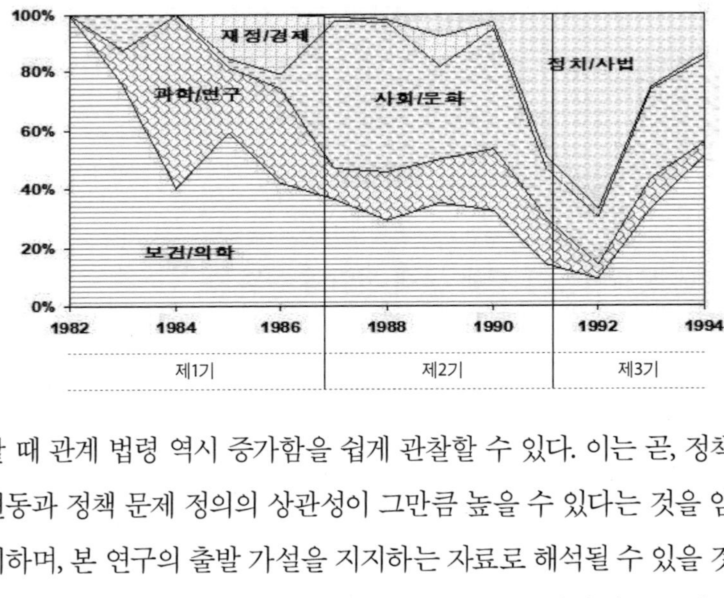

할 때 관계 법령 역시 증가함을 쉽게 관찰할 수 있다. 이는 곧, 정책변동과 정책 문제 정의의 상관성이 그만큼 높을 수 있다는 것을 암시하며, 본 연구의 출발 가설을 지지하는 자료로 해석될 수 있을 것이다. 그렇지만 이 같은 양적(量的) 계측은 양자의 상관성을 보여주되, 그 구체적인 내용을 보여주지 못하는 한계를 가진다. 따라서 정책 문제 정의의 구체적인 내용과 정책변동의 상관성을 유추할 수 있는 경험적 자료를 질적(質的)으로 재구성할 필요가 있다고 하겠

<표 1-2> Le Monde (1982-1994)에 나타난 AIDS 문제의 의미구성

문제의 범주 기간	보건·의학	과학·연구	사회·문화	재정·경제	정치·사법	기타*	총계	문제정의
제1기 (82.1-86.12)	41 (52 %)	24 (30,3 %)	5 (6,3 %)	9 (11,4 %)	0 (0 %)	0 (0 %)	79 (100 %)	보건·연구
제2기 (87.1-91.6)	308 (34,3 %)	127 (14,1 %)	340 (37,8 %)	29 (3,2 %)	22 (2,5 %)	73 (8,1 %)	899 (100 %)	보건·사회
제3기 (91.7-94.12)	241 (18,6 %)	78 (6 %)	285 (22 %)	62 (4,8 %)	540 (41,6 %)	91 (7 %)	1297 (100 %)	사회·정치
총계	590 (26 %)	229 (10 %)	630 (27,7 %)	100 (4,4 %)	562 (24,7 %)	164 (7,2 %)	2275 (100 %)	보건·사회·정치

* 기타 항목에 포함되는 기사는 외국 사례, 칼럼, 가십 등 5개 테마 전반에 걸친 기사이거나 이 가운데 어느 하나에 분류하기 어려운 기사들이다.

다. 이를 위하여 이 연구는 문제 정의의 질적 변동 양상을 정책변동의 3시기와 교차하여 <그림 1-5>와 같이 양자의 상관성을 시각화하였다.

<그림 1-5>는 <표 1-1>과 <그림 1-2>를 교차하여 시각화한 것으로 1982년에서 1994년에 이르는 13년 동안, 매 1년마다 생산된 Le Monde 기사를 절대량과 상관없이 100으로 잡아 그 값을 상대가치로 전환한 것이다. 그림의 긴 막대는 정책변동의 3시기를 구분하는 것으로 첫 번째 막대는 1987년 1월 전후에 우파 정당의 집권과 함께 시작한 정책 기조의 첫 번째 변화를 시사한다. 두 번째 막대는 1991년 6월을 전후하여 촉발된 혈액오염사건과 그에 따른 일련의 후속 조치를 시사한다. <표 1-2>는 정책변동의 3시기를 기준으로 해당 시기에 Le Monde가 표상한(represent) AIDS 문제 정의이다.

<그림 1-5>와 <표 1-2>를 통하여 추론할 수 있는 정책 문제 정의와 정책변동 양상의 상관성은 다음과 같다.

첫째, 정책 문제 정의의 수준이 높아질수록 정책변동의 정도와 폭이 더욱 깊어지고 넓어진다. 정책 문제 정의의 수준이 조금씩 올라감에 따라 정책 내용 또한 더 많은 가용자원을 동원하며 보다 근본적인 해결책을 찾게 되는 것이다. 앞서 살펴본 바와 같이 2기의 정책변화는 1기의 정책변화 보다 훨씬 근본적인 변화를 지향하며, 3기의 정책변화 역시 2기의 그것보다 훨씬 근본적인 변화를 지향한다. 그런가 하면, 2기에 제기된 정책 문제 정의는 1기의 그것보다 의미론적 차원에서 훨씬 높은 수준을 보이며, 3기의 그것 역시 2기의 그것보다 더 높은 차원의 의미론적 내용을 구성하고 있다. 곧, 개인적 차원에서 집단적 차원으로, 집단적 차원에서 원리적 문제로

전환되면 될수록 더욱 다양한 사회 행위자 집단이 개입함에 따라 문제의 범위와 파장이 더욱 넓어지며, 정책변동의 폭과 깊이도 비례하여 더해간다고 결론지을 수 있다.

둘째, 새로운 정책 문제 정의가 정당성을 확보하는 속도와 정책변화의 속도 사이에 일정한 상관성이 있음을 관찰할 수 있다. 1987년과 1991년 중반에 새로운 정책 문제 정의가 대두하는데, 이때 대두하는 문제 정의의 내용은 그 이전의 그것보다 훨씬 높은 수준의 것일뿐더러 그것이 정당성을 획득하는 속도가 같은 시기의 다른 문제 정의보다 훨씬 빠르게 진행됨을 알 수 있다. 그리고 이렇게 더 높은 수준의 정책 문제 정의가 빠른 속도로 정당성을 획득할 때, 정책기조 또한 빠르게 변함을 알 수 있다. AIDS가 경제·재정 또는 보건·의학과 과학적 연구주제로 인지되는 1기의 경우를 보자면 1982년에서 1987년 초반에 이르는 5년 동안 이 세 가지 주제가 혼재되어 문제 정의의 정당성을 독점하기 위해 다투는 동안 AIDS 정책을 구성하는 여러 가지 정책 내용의 변동은 다분히 점증주의적 성향을 보인다. 그러나 1986년 벽두부터 힘을 얻기 시작한 새로운 문제 정의 곧, AIDS가 사회·문화적 문제라는 인식이 1년 만에 정당성을 획득하자 정책당국은 기존의 정책 기조를 포기하고, AIDS 정책의 패러다임을 개인주의적 접근에서 집단적 접근으로 바꾸는, AIDS 정책 제2기로 진입하는 것이다. 마찬가지로 AIDS가 사회·문화적 문제로 인지되던 제2기에서는 1987년 초반에 디자인된 새로운 패러다임을 지지하는 여러 가지 정책수단이 4년여 동안 점증적으로 전개되지만, 1990년 중반부터 힘을 얻기 시작한, AIDS는 정치·사법의 문제라는 새로운 인식 틀이 6개월여 만에 사회적인 정당성을 급속하게 획득하자 1991년 초·중반에 들어 정책 기조 또한 급격하게 변화하는 것을 관찰할 수 있는 것이다.

V. 결론 및 연구의 함의

이 장(章)에서는 기존의 점증주의적 시각에서 벗어나 문제 정의적 접근을 차용하여 프랑스 AIDS 정책을 사례분석 함으로써 정책변동 양상과 문제 정의가 의미론적 수준에서 밀접한 상관성이 있음을 보여주었다. 주어진 어느 한 시점에서 정당성을 획득한 문제 정의의 의미론적 수준이 높을 경우(macro할 경우) 그로 인해 파생되는 정책변동의 정도(폭과 깊이)가 커지고, 낮을 경우엔 (micro할 경우엔) 그 정도도 작아진다는 것이다. 뿐만 아니라 원래의 출발 가설에서 기대하지 않았던 정책변동의 속도 역시 문제 정의적 접근으로 설명될 수 있음을 발견했다. 정책변동의 속도는 새로운 문제 정의가 정당성을 획득하는 속도에 좌우될 수 있다는 것이다.

이처럼 정책변동 양상과 문제 정의가 의미론적 수준에서 밀접한 상관성을 가지고 있다면, 이는 또한 집단적인 갈등과 위기의 관리 기제를 의미론적 수준에서 찾을 수 있음을 시사하는 것으로 보인다. 현대 다원주의 사회에서 발생하는 집단적인 갈등과 이로 인해 초래되는 정치적 위기가 구체적인 정책 현장에서 표출되고 또, 참여정부의 부동산 정책 '실패' 사례에서 볼 수 있듯이 정책실패가 부분적으로나마 정치적인 '위기'를 결과할 수 있다면 정책변동이 이 같은 갈등과 위기의 조정자 역할을 할 수 있을 것이기 때문이다. 바꿔 말하자면 공공정책이란 지금까지 흔히 논의되어 온 바와 같이 구체적인 문제해결을 위한 시행 프로그램에 불과한 것이 아니라 사회적 갈등을 완화하고 그로 인해 발생할 수 있는 잠재적 위기를 제어하는 안전판으로 기능할 수 있다는 것이다.

따라서 갈등과 위기를 관리하고자 하는 정책 주체나 혹은 그와 반대로 갈등과 위기를 조장하고자 하는 대항 엘리트는 문제 정의를 통하여 정책변동을 통제함으로써 갈등과 위기의 진행(내용과 방향)을 부분적으로나마 통제할 수 있을 것이다. 곧, 갈등의 재생산을 최소화함으로써 정책변동의 정도를 최소화하고자 한다면 그와 관련되는 문제 정의를 가능한 한 기술적인(technical) 전문 용어로 설명함으로써 문제 정의의 수준을 낮은 차원에 위치시키는 한편 이해당사자라 할지라도 전문 지식이 없는 '대중'으로부터 격리시켜 참여자의 수를 제한하는 것이 통제를 용이하게 할 것이다. 반면, 갈등과 위기를 확대 재생산함으로써 정책변동의 정도를 최대화하고자 한다면 그와 관련되는 문제 정의를 가능한 한 이데올로기적인 혹은 가치(價値) 지향적인 보편 용어로 설명함으로써 문제 정의의 수준을 높은 차원에 위치시키는 한편, 일반 대중도 쉽게 논쟁에 참여할 수 있도록 하는 것이 유효한 동원전략이 될 것이다.

문제 정의는 이 단계에 이르러 정책 결정을 둘러싼 사회적 상호작용의 핵심을 이룬다고 해도 과언이 아닐 것이다. 문제 정의야말로 결정권(decision power) 곧, 가장 넓은 의미의 권력에 접근하는 효과적인 수단으로 기능할 수 있기 때문이다. 문제 정의는 주어진 특정 문제에 대해 상대적으로 전문지식을 갖지 못하는 '제4부' 곧 언론의 권력을 통제하거나, 특히 주어진 문제에 상대적으로 관심의 정도가 약한 '제3자' 곧 일반 대중의 동원을 조장하거나 제한하는 데 더욱 유효한 수단이 될 것이다.

끝으로 이 연구는 문제 정의의 의미론적 차원에 집중됨에 따라 문제 정의가 정책공동체(policy community)의 붕괴와 형성에 영향을 미치는 경로에 대한 분석이 미흡하였음을 밝혀둔다. 따라서 후속 연구는 구체적으로 어떤 유형의 문제 정의가 자원과 대중의 동원을 보다 용이하게 하는지, 혹은 보다 어렵게 하는지에 대한 정성적인 관찰에 주력함으로써 문제 정의의 전략적 차원과 그로부터 파생하는 체계적 차원을 더욱 명확히 하고자 한다.

제2장
행정문화와 순응적 침묵

고대유·강제상

I. 서론

지난 20여 년 전부터 한국에서는 "구성원은 조직의 현상이나 특정 사안에 대한 의견이 있음에도 불구하고 상관에게 발언하지 않는다."라는 명제가 지지되고 있다(강제상·고대유, 2014a; 황인경·박지원, 2008). 이러한 현상은 조직침묵으로 정의될 수 있는데, 이는 "조직이나 직무를 개선할 수 있는 의견, 정보, 견해, 아이디어 등을 의도적·전략적으로 표출하지 않는 태도"로 정의된다(Morrison & Milliken, 2000; 고대유, 2014). 그동안 조직침묵은 학계의 관심을 크게 끌지 못했다. 이는 침묵 현상으로 발생되는 부정적 결과에 대한 인식이 부족하고, 침묵은 단순한 발언의 부재(absent)로 간주되며, 침묵 현상에 대한 측정이 어렵다는 점 등이 주된 이유였다(Vakola & Bouradas, 2005; Van Dyne et al, 2003).

그러나 Morrison와 Milliken(2000)은 침묵 태도가 결과를 고려한 선택적 행동이며 단순한 발언의 부재가 아니라는 점을 강조하고, 조직과 구성원에게 부정적 영향을 미친다는 내용을 부각함에 따라 조직침묵은 학자들의 주목을 받기 시작했다.

이에 따라 2000년대 이후 해외를 중심으로, 침묵의 부정적 현상을 실증적으로 검증하는 연구가 증가하고 있다(Mojtaba et al, 2014; Vakola & Bouradas, 2005). 최근에는 조직침묵의 발생 원인을 검증한 실증연구(Wang & Hsieh, 2013; Whiteside & Barclay, 2013), 조직침묵의 개념과 척도를 확장하려는 연구(Knoll & Van Dick, 2013; Brinsfield, 2013; Van Dyne et al, 2003)들도 있다.

특히 서구에 비해 관료제적 성향이 강한 한국의 공공조직 내 침묵 현상은 더욱 두드러지고 심각할 수 있다는 점에서 연구의 중요성이 강조될 수 있다(강제상·고대유, 2014a). 국내 공공조직을 대상으로 한 침묵 현상 연구가 향후에도 지속될 것이라는 점에서 현재까지 진행된 국내 선행연구들을 살펴보고 한국적 조직침묵의 측정도구를 개발하는 것은 학계의 중요한 과업이라 볼 수 있다.

조직침묵과 관련한 국내 선행연구의 한계는 다음과 같다. 우선, 조직침묵의 개념과 특징을 제시함에 있어 한국적 맥락에 주목하지 않고 외국의 개념을 제시하고 나열하는 데 그치고 있다. 다음으로, 조직침묵 현상을 측정함에 있어 외국 학자들에 의해 개발된 측정도구를 그대로 번안하여 사용하고 있다. 조직침묵은 구성원의 인지와 지각을 통해 측정되는 변수로서 문화적 차이에 따라 그 양상이 크게 달라질 수 있다는 점에서 외국의 측정도구를 한국의 공공조직에 그대로 적용한다면 문항의 신뢰도와 타당도를 확보하기 어려울 수 있다(고대유, 2014). 또한 경험적·합리적 사고를 중요시하는 서구와는 달리 한국의 행정조직은 대인 관계를 중요시하고 위계적·권위적 특성이 강하기 때문에, 구성원의 침묵 풍토를 형성시키는 동기와 구조는 서구와 다를 수 있다. 따라서 한국적 특징에 기반한 조직침묵의 개념화와 재해석이 필요하다.

이에 이 장(章)에서는 한국의 공공조직 내에서 발생하는 침묵 현상이 서구와 다른 부분이 있을 것이라는 문제의식에 기반하여 논의를 진행하고자 한다. 구체적 연구 질문은 서구와 구분되는 한국 행정문화의 특징은 무엇인가? 이러한 특징에 기반한 한국적 조직침묵의 개념은 무엇인가? 등이며, 궁극적으로는 한국적 조직침묵의 척도를 개발하고자 함이다. 이를 위한 연구 대상은 경찰조직으로 선정하였다. 경찰조직은 한국의 공공조직 중 위계적 특성이 강하여, 조직 내 침묵 현상이 빈번히 발생하고, 그 효과도 두드러질 것이라고 예상되기 때문이다.

II. 이론적 논의

1. 조직침묵(organizational silence)의 기존 개념

1) 조직침묵의 개념화 동향

조직침묵이라는 용어는 Morrison과 Milliken(2000)이 처음으로 개념화하였다. 그들은 조직 내 구성원이 의도적으로 침묵하는 이유를 조직차원에서 입체적으로 설명하고자 하였다. 그리고 조직침묵(organizational silence)을 직무수행과정에서 구성원이 문제를 지각함에도 불구하고 발언으로 인한 부정적 결과 우려 등을 이유로 침묵하려는 태도가 집단적으로 만연해 있는 현상이라고 정의하였다. 이후 Pinder와 Harlos(2001)는 조직 내 침묵 현상은 개인적 차원에서 비롯된다는 점을 강조하며, 종사원 침묵(employee silence)을 제안하였다. 종사원 침묵의 핵심 개념은 '조직 상황에 대한 개선 필요성을 지각함에도 불구하고, 구성원의 정서적·행위적 이유 등으로 인해 발언하지 않는 현상'이다.

Morrison과 Milliken(2000)과 Pinder와 Harlos(2001)가 조직침묵과 종사원 침묵을 제안한 이후, 침묵 현상으로 인한 부정적 결과들에 주목하는 연구가 진행되기 시작하였다. 하지만 침묵 현상에 대한 측정이 어려웠다는 점에서 다양한 조직에서의 적용은 한계가 있었다. 이후 Van Dyne, Ang과 Botero(2003)는 침묵 현상을 측정하기 위한 구체적 설문 문항을 제시함으로써, 조직 내 침묵 현상을 실증분석하기 위한 토대를 마련하였다. 그들은 침묵 현상을 측정하기 위해 다음과 같은 대전제를 설정하였다. 첫째, 조직 구성원은 특정 사안이나 현상에 대해 문제의식을 가지고 있다는 것, 둘째, 조직 내 의사소통 상황에서 구성원이 고의적으로 침묵한다는 것이다. Van Dyne, Ang과 Botero(2003)는 개인의 인식을 측정한다는 점에서 조직 내 침묵 현상을 종사원 침묵이라고 개념화하고, 구성원이 비합리적 상황에 체념하거나 예상되는 불이익을 회피하기 위해 고의적으로 침묵하는 행동이라 정의하였다. Van Dyne, Ang과 Botero(2003)가 제시한 척도는 현재까지 진행된 조직침묵 실증연구의 대부분에서 활용되고 있는 추세이다(Mojtaba et al, 2014; Whiteside & Barclay, 2013).

이후 조직침묵의 개념을 세분화하려는 시도들이 있었다.

Brinsfield(2013)는 '조직이나 동료들에게 피해를 주기 위한 목적'으로 침묵하는 일탈적 침묵(deviant silence)을 제시하였다. 그리고 Knoll과 Van Dick(2013)은 '일탈적 침묵(deviant silence)'의 개념을 보다 세분화하여 다른 구성원에게 손해를 입히며 자신의 목적을 달성하기 위해 침묵하는 '기회주의적 침묵(opportunistic silence)'을 제시하였다.

그러나 '기회주의적 침묵'과 '일탈적 침묵'은 개인의 부도덕성을 측정하는 개념인 만큼, 정직한 응답을 기대하기 어려울 뿐만 아니라, 이기심에 기반한 능동성을 가진다는 점에서 방어적 침묵과 중복되는 개념이라는 점에서 큰 주목을 받고 있지 못한 상황이다.

이상을 통해 제시된 침묵 현상은 각각 조직적 차원(조직침묵)과 개인적 차원(종사원 침묵)으로 구분되어 개념화되어 왔다. 그러나 각각의 학자들에 의해 제시된 개념들은 조직침묵과 종사원 침묵을 혼용하여 사용하며, 상호 교환이 가능한 개념으로 수용되어 왔다(Brinsfield, 2013). '조직침묵'과 '종사원 침묵'의 현상을 정량적으로 진단한 연구들은 결국 개인의 주관적 인식도에 기반하였는데, 이는 조직차원이든 개인차원이든 침묵 현상이 결국 개인에서 비롯된다는 인식이 강했기 때문이다. 이러한 점에서 조직침묵과 종사원 침묵은 맥락을 같이하며, 양자 간은 동일한 개념으로 정의되는 것이 바람직할 것이라고 판단된다.

다만 여기에서는 조직 내 침묵 현상을 조직침묵이라고 명명하고 논의를 진행하고자 한다. 이 연구의 주된 목적이 한국적 조직침묵의 개념화와 유형의 재정립이라는 점을 고려할 때, 종사원 침묵보다 좀 더 거시적 의미를 가진 조직침묵이라는 용어가 적합하다고 판단되었기 때문이다. 이상의 내용을 종합하면, 조직침묵 혹은 종사원 침묵이란 조직이나 직무를 개선할 수 있는 의견, 정보, 견해, 아이디어 등을 의도적·전략적으로 표현하지 않는 것으로 정의할 수 있다.

<표 2-1> 조직침묵의 개념화에 대한 연구동향
<Table 2-1> Research Trends on Conceptualization of Organizational Silence

학자	용어	개념
Morrison & Milliken (2000)	조직침묵 (organizational silence)	직무수행과정에서 구성원이 문제를 지각함에도 불구하고, 발언으로 인한 부정적 결과 우려 등을 이유로 침묵하려는 태도가 집단적으로 만연해 있는 현상
Pinder & Harlos (2001)	종사원 침묵 (employee silence)	조직 상황에 대한 개선 필요성을 지각함에도 불구하고, 구성원의 정서적·행위적 이유 등으로 인해 발언하지 않는 현상
Van Dyne, Ang & Botero(2003)	종사원 침묵	구성원이 비합리적 상황에 체념하거나 예상되는 불이익을 회피하기 위해 고의적으로 침묵하는 행동
Brinsfield (2013)	종사원 침묵	동료들에게 피해를 주기 위한 목적으로 침묵하는 '일탈적 침묵(deviant silence)'을 제시
Knoll & Van Dick (2013)	종사원 침묵	'일탈적 침묵(deviant silence)'의 개념을 보다 세분화하여 다른 구성원의 손해를 입히며 자신의 목적을 달성하기 위해 침묵하는 '기회주의적 침묵(opportunistic silence)'을 제시

자료: 고대유(2014) 참조.

2) 조직침묵의 유형

조직침묵의 유형은 침묵동기와 구성원의 특성에 따라 구분된다. 수동적인 구성원은 체념적 침묵(acquiescent silence), 능동적 구성원

<표 2-2> 조직침묵의 유형-침묵동기와 구성원의 특성에 따라 구분
<Table 2-2> Types of Organizational Silence-Silence Based on the motivations and characteristics of the members

태도	발현 동기		행동양식
수동적 태도	방관	이기심	체념적 침묵
능동적 태도	자기보호		방어적 침묵
	협력	이타심	친조직적 침묵

자료: Van Dyne et al(2003) 참조.

은 방어적 침묵(defensive silence)과 친조직적 침묵(prosocial silence)[1]을 선택한다(Van Dyne & Botero, 2003).

첫째, 체념적 침묵은 발언해도 상황은 달라지지 않을 것이라는 비관적 동기로 선택되는 침묵이다. 둘째, 방어적 침묵은 발언으로 예상되는 부정적 결과를 우려하는 자기 보호적 동기로 선택되는 침묵이다. 셋째, 친조직적 침묵은 조직의 민감한 정보나 기밀 사항을 지키기 위해 선택되는 침묵이다. 능동적 태도의 구성원이 선택하는 침묵이라는 점에서 친조직적 침묵은 방어적 침묵과 공통점을 가지나, 침묵의 선택 동기가 이타심에서 비롯된다는 점에서 이기심에 기반한 방어적 침묵과 구별된다.

1) 기존에는 친사회적 침묵으로 번역되었으나, prosocial silence의 의미를 살펴보면 전체적인 사회보다는 조직 내 이익을 위해 침묵하는 것이기에 친사회적이라는 용어가 독자들에게 혼란을 줄 수 있다. 본질적 의미를 충분히 고찰한 결과, 이 연구는 prosocial silence를 친조직적 침묵으로 번역하기로 했다.

2. 한국의 행정문화를 고려한 조직침묵의 현상과 개념

1) 서구와 구별되는 한국 행정문화의 특징과 조직침묵에 미치는 영향

한국의 행정문화와 관련한 기존 연구는 유교적 관념에서 비롯되는 전통문화의 개선이 필요함을 제시하는 내용이 주축을 이루고 있다(김태룡, 2012).

기존 연구를 통해 강조되는 한국 행정문화의 특징은 다음과 같다. 첫째, 권위주의는 상관과 하급자 간의 수직적 관계를 강조하는 구조로서 지배-복종의 관계를 최우선시하는 특징을 가진다. 둘째, 족벌 연고주의는 조직 내 인간관계에서 공식적 관계보다 1차적 유대관계(혈연, 지연, 학연 등)가 우선시 되는 것을 의미한다. 셋째, 가족주의와 온정주의는 직무수행의 장을 가정 분위기와 동일시하여 사적 관계와 공적 관계의 혼돈을 조장하는 의식구조를 의미한다. 넷째, 순응주의는 조직구성원이 상관의 방식과 기존의 질서를 수동적으로 수용하는 보수적·현상유지적 태도를 의미한다(강제상·고대유, 2014b; 고대유, 2014; 박천오, 2008).

물론 이러한 특징들은 세방화, 민주화, 정보화 등으로 인해 완화되고 있다는 의견들이 있다. 하지만 권위주의, 가족주의 및 온정주의, 족벌 연고주의, 순응주의 등의 특징이 서구에 비해 두드러진다는 내용에 이의를 제기하는 학자들은 거의 없다(박천오, 2008).

제시된 한국 행정문화의 특징들이 조직 내 구성원의 침묵 태도에 미칠 수 있는 영향은 다음과 같다. 첫째, 권위주의는 구성원들이 상관에게 과잉 충성하려는 태도를 유발함으로서, 상관의 의견에 무조건 추종하려는 태도를 가질 수 있다. 둘째, 족벌 연고주의는 공사의 관계가 불분명하기 때문에, 직무 수행과정에서의 공식적 견해의 표현을 어렵게 만든다. 셋째, 가족주의 및 온정주의는 조직 내 상급자를 중심으로 한 가부장적 분위기가 형성되기 때문에, 구성원은 발언으로 예상되는 관계 갈등을 회피할 가능성이 많다. 넷째, 순응주의는 어떠한 사안에 대한 의견을 구성원이 소신 있게 개진하기보다는 상관의 방식을 추종하고 따를 가능성이 많다(강제상·고대유, 2014a; 고대유, 2014). 이상 논의된 내용을 종합하고 요약하여 정리한 내용은 <표 2-3>과 같다.

<표 2-3> 한국 행정문화의 특징
<Table 2-3> Characteristics of Korean administrative culture

구분	주요특징	침묵과의 관계
권위주의	상관과 하급자간의 수직적 관계를 강조하는 구조로서 지배 복종 관계 강화	상관에게 과잉 충성하려는 태도를 유발함으로써, 상관의 의견을 무조건 추종
족벌 연고주의	조직 내 인간관계에서 공식적 관계보다 1차적 유대관계(혈연, 지연, 학연 등)가 우선시 됨	공사의 혼동 조장하여, 공식적 의견개진을 어렵게 함
가족주의 및 온정주의	직무수행의 장을 가정 분위기와 동일시하여 사적 관계와 공적 관계의 혼돈을 조장	조직 내 가부장적 분위기 형성발언으로 예상되는 관계 갈등을 회피
순응주의	조직구성원이 상관의 방식과 기존의 질서를 수동적으로 수용하는 보수적·현상유지적 태도	상관의 방식을 침묵으로 추종

자료: 고대유(2014), 김태룡(2012), 박천오(2008) 내용 참고.

2) 한국 행정문화에서 순응적 침묵의 개념화

기존의 해외 연구들은 조직침묵을 부정적 현상으로 간주하고 주된 개념을 이기심에 기반한 방어적·체념적 침묵에 초점을 두었다.

소극적 태도를 가진 구성원은 '조직의 상황에 체념', 능동적 태도를 가진 구성원은 '발언으로 인해 예상되는 불이익 회피'를 이유로 침묵하게 된다는 것이다(Morrison & Milliken, 2000; Van Dyne & Botero, 2003). 그밖에 최근의 연구들은 침묵을 선택하게 되는 동기 요인을 보다 확장하려는 시도들이 증가하고 있다. 방어적 침묵의 개념을 보다 세분화한 '기회주의적 침묵'과 '일탈적 침묵'의 개념 등장이 대표적이다. 한편, 조직침묵 현상의 긍정적 측면도 강조되고 있는 추세인데, 동료와 조직을 배려하기 위한 이타적 태도에서 비롯되는 '친조직적 침묵'의 개념이 바로 그것이다.

이렇듯 조직침묵의 개념의 세분화 및 다차원화가 시도되는 추세 속에 서구와 구분되는 한국적 침묵의 특징을 개념화하고 유형화하는 것은 매우 큰 의미가 있을 것이다.

앞서 살펴보았듯이 서구와 구별되는 한국행정 문화의 특징들은 '권위주의', '족벌 연고주의', '가족주의 및 온정주의', '순응주의' 등이 대표적이라 할 수 있다. 한국적 문화의 특징들은 '상명하복', '관계지향', '보수적·패쇄적 문화'의 형태로 종종 나타나 침묵 풍토를 형성할 가능성이 많다. 이러한 풍토로 인해 한국의 행정조직 내 구성원들은 이기심에 기반한 체념적 침묵과 방어적 침묵을 선택하고, 이타심에 기반한 친조직적 침묵을 선택할 것이라는 추측이 가능하다.

특히, 한국적 문화의 특징 중 순응주의는 언급한 침묵의 3가지 유형(체념적·방어적·친조직적 침묵)과는 다른 차원의 침묵 형태로 나타날 수 있다. 상대적으로 경험적·합리적 사고가 중요시되는 서구에 비해, 한국은 순응주의 문화가 다분히 강하다 볼 수 있다. 이 풍토에서 구성원은 순응적 동기에 기반한 침묵 태도를 갖게 될 것이다. 그러므로 순응적 문화와 결합된 침묵 행태는 한국적 조직침묵으로 고려해볼 만하다.

구체적으로 살펴보면, 우선 한국은 전통적으로 모든 인간관계를 상하로 나누어 생각하는 계서의식이 강하다. 한국 사람들은 두 사람만 모여도 서열을 따지고 누가 더 순종해야 하는가를 결정한다. 즉, 권위주의와 족벌 연고주의에서 비롯되는 상명하복을 중시하기 때문에 조직 구성원은 상관을 존중하고 이해하는 것을 미덕으로 여기는 경우가 많다. 둘째, 가족주의적 성향은 조직 내 가부장적 지배체제를 강화하고 '눈치'와 '체면'을 강조하여 자식이 아버지의 눈치를 살피듯, 구성원은 상급자의 체면이 상하는 발언을 자제하는 것을 예의라고 생각한다. 셋째, 온정주의적 성향은 상급자와 하급자 간의 관계에 있어 공식적 과업 관계에 '정(情)'을 개입시킨다. 구성원은 직무수행과정에서 상관이 비합리적 판단을 하더라도 이에 반하는 발언을 하기보다 침묵을 통해 지지할 것이고, 그것을 의리 있는 행동이라 여기게 될 것이다.

한국의 조직문화 특징인 '권위주의 및 족벌 연고주의', '가족주의', '온정주의' 등은 '상급자의 권위와 체면을 존중', '상급자에 대한 정과 의리를 중시' 등을 통해 구성원이 상관에 순응하는 풍토를 조성할 것이다. 이상의 논의를 통해 순응적 침묵의 개념은 다음과 같이 정의될 수 있다.

순응적 침묵이란 조직 내 특정사안에 대해 상급자와 다른 의견이나 정보가 있음에도 불구하고 '상관의 권위존중, 상·하간의 정과 의리' 등을 이유로 구성원이 침묵을 선택하는 현상을 의미한다.

즉 순응적 침묵은 조직 구성원들이 상관에 충성하기 때문에, 상관의 결정과 다른 의견은 발언하지 않는 현상을 의미한다. 이를 기존에 제기된 침묵의 유형과 '순응적 태도의 침묵'을 비교하면 다음 <그림 2-1>과 같은 설명이 가능하다. '순응적 침묵'은 조직 풍토에 자신을 편승시킨다는 점에서 방어적 침묵과 유사하나 침묵을 통해 이룹고자 하는 대상이 자신이 아니라 상관이라는 점이 방어적 침묵과 대비되는 개념이다. 또한 순응적 침묵은 '상황을 개선하려는 의지'가 약하다는 점에서 체념적 침묵과 다소 유사하나 기존의 질서를 중요시 여기고 자신의 발언을 자제한다는 점에서 체념적 침묵에 비해 상대적으로 충성심이 내재되어 있다고 볼 수 있다. 순응적 침묵은 이타심에서 비롯된다는 점에서 친조직적 침묵과 유사하나 조직을 보호하기 위한 능동적 태도가 아닌 상황에 따르는 수동적 태도라는 점에서 대비되는 개념이다. 이렇듯 조직 구성원이 상관의 결정이나 방식을 존중하고 추종하는 충성심에서 비롯되는 '순응적 침묵'은 기존의 개념과 구별되는 침묵 현상이라 볼 수 있다.

한편, 이 연구는 Hirschman(1970)의 충성(loyalty)과 연관지어 기존 침묵의 개념 영역을 확장하고 구분하고자 한다. 원래 조직침묵을 제시한 Morrison과 Milliken(2000)은 벌거벗은 임금님의 우화를 들어 조직이나 상관에게 해가 될 것을 알면서도 발언하지 않는 부정적 행태에 초점을 두었다. Hirschman(1970)은 조직이 쇄락하는 가운데 충성심(loyalty)이 있는 구성원은 발언(voice)을 통해 조직을 되살리려 노력하지만, 충성심(loyalty)이 없는 구성원은 이탈(exit)한다 하였다. Hirschman(1970)은 충성과 발언의 긍정적 관계에 초점을 두었다면, 이 연구는 충성과 침묵의 긍정적 관계에 주목하고자 한다. 구성원의 충성심이 발언으로까지 이어지지 못한다 해도 충성심이 침묵의 형태로 표출될 여지가 충분하기 때문이다. 이에 우리는 충성심을 기준으로 긍정적 침묵과 부정적 침묵을 구분하고자 한다. 즉 Morrison과 Milliken(2000)의 침묵의 부정적 측면(체념적·방어적 침묵)과 더불어 긍정적 측면(순응적·친조직적 침묵)을 논하고자 한다.

<그림 2-1> 순응적 태도의 침묵 유형과 특징[2]

<Figure 2-1> Categorization and Characteristics of Adaptive Silence

3) 순응적 침묵의 의의, 직무 태도에 미치는 영향

기존의 조직침묵 척도가 제시되고 있음에도 불구하고 순응적 침묵 척도의 개발은 다음과 같은 의의가 있다.

한국의 행정문화는 권위주의, 집단주의, 관계지향적 성향 등이 서구에 비해 강하게 나타난다는 점에서 공공조직 구성원의 침묵 태도는 서구와 다른 형태로 발현될 가능성이 많다(고대유, 2014). 하

2) 이 연구에서는 이타심과 이기심을 보다 구체화하여 충성심(loyalty) 정도로 설명하고자 한다. 앞서 설명한 바와 같이, 조직 문화 내에서 침묵의 원인이 되는 이기심과 이타심은 상관과 조직에 대한 충성심 정도에 따라 형성된다 할 수 있기 때문이다.

지만 조직침묵과 관련한 기존연구들은 외국의 설문 문항을 그대로 번안하고 이를 적용함으로써 한국의 조직문화를 고려하지 못했다는 한계가 있다. 이에 이 연구는 서구에서 제시된 조직침묵의 개념을 한국적 정서나 성격적 측면에서 재정립하고 이를 세부 유형화함으로써 한국적 침묵 현상을 제시한다는 점에서 큰 의미가 있다.

기존 국내 연구들은 조직침묵의 부정적 현상에 주목하여 체념적·방어적 침묵으로 조직을 진단하여왔다. 즉, 발언을 해도 달라질 것이 없다고 여기는 체념적 침묵, 발언으로 예상되는 부정적 결과 우려를 의미하는 방어적 침묵은 한국의 관료주의적 조직문화 내에서 구성원의 직무 태도에 악영향을 미치는 것으로 보고되고 있다. 하지만 이 연구는 다음과 같은 연구문제를 제기하면서 순응적 침묵의 개념과 척도를 제시하고자 한다. 조직 내 구성원의 침묵 태도가 반드시 부정적인가? 한국의 행정조직 문화는 부정적 침묵 풍토만을 조성하는가?의 질문이 그것이다.

앞서 언급한 바와 같이, 한국의 순응주의는 구성원의 이타적 태도와 소극적 태도가 결합된 독특한 침묵 풍토를 조성할 수 있다. 이러한 순응적 침묵은 구성원의 높은 충성심에서 비롯된다는 점에서 직무 태도에 긍정적인 영향을 미친다고 볼 수 있다. 이타심에 기반한 여타 변수(조직시민행동, 조직신뢰, 조직헌신 등)들은 직무 태도에 긍정적으로 작용한다는 점에서, 상관에 대한 정(情)과 의리에 기반한 순응적 침묵 태도는 조직에 대한 신뢰를 형성시키고, 대면적 갈등을 저감시켜 구성원의 직무 태도에 긍정적 영향을 미칠 수 있기 때문이다. 이는 조직침묵의 유형 중 이타심에 기반한 친조직적 침묵은 조직몰입, 이직의도, 조직시민행동에 긍정적 영향을 미친다는 연구결과들을 통해서도 충분히 뒷받침 될 수 있다(고대유·강제상·김광구, 2015b; 고대유·김영곤·강제상, 2015). 그리고 Morrison과 Milliken(2000)에 의하면, 조직침묵은 '대인 갈등 저감', '조직 내 정보나 기밀 보호 강화' 등과 같이 긍정적 기능도 내포한다 하였다.

Ⅲ. 순응적 침묵의 척도개발 및 타당화

1. 순응적 침묵의 척도 개발 과정

순응적 침묵을 기존의 조직침묵 개념과 차별화하고 이론화하기 위해서는 순응적 침묵을 측정할 수 있는 도구의 개발이 우선적으로 필요하다. 일반적으로 측정도구의 개발은 연구 목적에 따른 '개념화 및 척도 개발', '문항정제', '측정 모형 및 타당도 검증'으로 구분된다(유민봉 외, 2012).

우선 '개념화 및 척도 개발'은 측정하고자 하는 개념에 대한 내용을 명확히 정의하고 이를 구체적 설문으로 도출하는 작업이다. 이 단계에서는 이론적 논의를 토대로 도출된 개념의 경계를 설정하고 문항을 설계한다. 그리고 관련 분야 전문가들을 통해 문항의 유사성, 구성개념과의 연관성을 검토하거나 예비조사를 실시함으로서 문항의 내용, 스케일(scale), 문항 수 등을 확정하고 실제 설문양식으로 완성시킨다. 이 단계에서는 질적 연구방법이 주로 활용되며, 내용타당도(content validity)를 확보하는 것이 주된 목적이다(Hensley, 1999; Spector, 1992).

둘째, '문항정제'는 '개념화 및 척도 개발'로 도출된 문항을 계량적으로 분석함으로써 몇 개의 하위 차원으로 구분되는가를 검토하고, 동일하다 보기 어려운 문항을 제거 시켜나가는 과정이다. 문항정제 과정에서 주된 방법은 탐색적 요인분석(exploratory factor analysis)이다. 이 단계에서는 대표성 있는 표본을 확보하고 요인구조를 확인함으로서 척도의 신뢰도와 타당도를 확인한다.

셋째, '측정 모형 및 타당도 검증'은 확인적 요인분석(confirmatory factor analysis)을 통해 측정모형의 적합도를 판단하고, 이를 통해 얻은 통계치를 바탕으로 수렴 타당도(convergent validity)와 판별 타당도(discriminant validity)를 검증한다. 끝으로 이해타당도(nomological validity)는 개발된 변수와 이론적 연관성을 가지는 변수를 파악하고 이들 간의 관계를 검증함으로써 타당성을 확인하는 것이다.

이 연구는 전술한 방법에 따라 한국적 조직침묵의 개념화와 측정도구 개발을 진행하였으며, 각 연구과정과 내용을 정리하면 아래 <그림 2-2>와 같다.

<그림 2-2> 단계별 연구 요약

<Figure 2-2> Summary of research procedure

과정	문항개발		문항정제		측정모형 및 타당도 검증
주요 분석 내용 →	• 설문 문항 구성 - 전문가 면접 - 이론적 논의 - 내용적 타당도	→	• 탐색적 요인분석 • 신뢰도 분석	→	• 확인적 요인분석 • 수렴/판별 타당도 • 이해타당도

2. 순응적 침묵의 척도 개발 및 타당화

1) 1단계: 문항개발

(1) 1단계: 문항개발

최초의 설문 문항 발굴 단계 절차는 다음과 같다. 기존에 개발된 조직침묵의 문항과 대비·중첩되는 특성을 고려하여 순응적 침묵의 척도를 5문항으로 도출하였다. 우선, 기존에 개발된 조직침묵 척도(체념적·방어적·친조직적 침묵, 총 15문항-각각 5문항)는 Van Dyne, Ang과 Botero(2003)에 의해 개발되고 고대유(2014)에 의해 재검증되어 한국적 의미로 정제된 문항을 활용하였다. 앞서 살펴본 바와 같이 순응적 침묵 척도는 기존의 조직침묵 요인과 매칭(matching)되는 특성을 가진다(<그림 2-1> 참고). 순응적 침묵은 충성심에 기반한다는 점에서 친조직적 침묵과 공통된 속성, 체념적·방어적 침묵과 대조적 특성을 가진다. 또한 순응적 침묵은 수동적 태도에 기반한다는 점에서 체념적 침묵과 공통된 속성, 친조직적·방어적 침묵과 대조적 특성을 가진다. 이에 따라 순응적 침묵의 1차적 문항 설계는 기존의 조직침묵 문항을 토대로 구성하였다. 이에 따라, 체념적·방어적·친조직적 침묵의 각각 5문항들 중 유사한 속성으로 대비되는 문항을 매칭하였다. 아래 <표 2-4>를 통해 설명하면, 친조직적 침묵 6번 문항, 체념적 침묵 11번 문항, 방어적 침묵 16번 문항은 타 문항에 비해 유사한 내용과 구조라 할 수 있다. 다음으로 6, 11, 16번 문항을 토대로 공통되는 내용과 대조되는 내용을 도출하고 종합하여 순응적 침묵 문항 1번을 제작하였다.[3] 이러한 방법을 통해 기존의 조직침묵 요소와 의미차이가 분명하게 드러날 수 있게 순응적 침묵 5문항(Likert 5점 척도)을 구성하였다.

1차적으로 제작된 순응적 침묵 5문항의 내용타당도 및 표현타당도를 검증하기 위해 2015년 1월부터 3월까지 조직·인사 전공교수 5명, 중앙행정공무원 3명, 시의원 1명, 구의원 1명, 행정학전공 석·박사 과정생 10명, K대학 교직원 11명에게 pilot test와 내용에 대한 검토를 요청하였다. 이 연구를 통해 제시된 조직침묵의 이론적 내용과 기존의 개념을 고려할 때, 부적합하거나 익숙하지 않다는 평가를 받은 문항은 구체적 의견을 자문하고 재수정 하였다.[4] 조직침묵 개념검토, 기존 문항과의 차별성, 전문가 자문을 통해 도출된 문항은 <표 2-4>와 같다.

2) 2단계: 문항정제 및 측정모형 검증

(1) 자료수집

순응적 침묵 척도의 타당성을 통계적으로 검증하기 위해 설문조사를 실시하였다. 조사대상은 경찰교육원 직무교육 과정을 이수하

---

3) 기존의 침묵문항 7, 12, 17번을 통해 순응적 침묵 2번 문항, 8, 13, 18번을 통해 순응적 침묵 3번 문항, 9, 14, 19번을 통해 순응적 침묵 4번 문항, 10, 15, 20번을 통해 5번 문항을 도출하였다. 사실 각 요인별 문항이 완전 매칭된다 할 수 없으나, 상대적 비교에 따라 구분하였음을 밝혀둔다.

4) 수정한 문항의 대표적 예시는 다음과 같다. "나는 상관에 순응하는 마음에서, 상관이 먼저 묻지 않는 한 굳이 나의 의견을 말하지 않는다."는 "나는 상관에 순응하는 마음에서 불편한 발언을 하지 않는다."로 수정되었다. 그리고 "나는 상관의 연륜과 경험을 중요시하기 때문에, 상관과 다른 나의 의견은 말하지 않고 넘어간다."는 "나는 상관의 권위를 중요시하기 때문에, 좋은 아이디어가 있어도 상관의 결정과 상충되는 경우 발설하지 않는다."

<표 2-4> 조직침묵관련 문항(순응적 침묵 포함)
<Table 2-4> Organizational silence questionnaires(including adaptive silence)

	수동적 태도			능동적 태도
이타심 - 높은 충성심	1. 나는 상관에 순응하는 마음에서 불편한 발언을 하지 않는다.	순응적 침묵	친조직적 침묵	6. 나는 조직에 협조하는 마음에서 기밀사항은 숨긴다.
	2. 나는 상관의 권위를 중요시하기 때문에, 좋은 아이디어가 있어도 상관의 결정과 상충되는 경우 발설하지 않는다.			7. 나는 조직의 이익을 지키기 위해서 조직이 독점적으로 소유한 정보는 보호한다.
	3. 내 생각보다 상관의 결정이 더 우선이기 때문에, 문제에 대한 해결책을 제시하지 않는 경우가 있다.			8. 나는 조직을 위하는 마음에서, 조직의 기밀 정보는 적절히 보호한다.
	4. 나는 상관의 체면이 상할 것을 우려하여, 업무처리를 향상시킬 수 있는 방안을 제시하지 않을 때가 있다.			9. 나는 조직에 해가 될 것 같은 정보는 누설하지 않는다.
	5. 상관의 입장이 난처해질 것이 걱정되어, 어떤 정보를 일부러 빠뜨리고 이야기하지 않을 때가 있다.			10. 나는 조직의 기밀사항을 캐내려는 외부의 압력에 굴하지 않는다.
이기심 - 낮은 충성심	11. 나는 조직에 대해 별로 관여하고 싶지 않기 때문에 조직을 변화시킬 수 있는 아이디어를 제시하지 않는다.	체념적 침묵	방어적 침묵	16. 나는 '상관 혹은 동료'와의 관계악화를 우려하여, 내 생각을 다른 사람에게 이야기하지 않는다.
	12. 나는 조직을 떠날 마음이 있어 좋은 아이디어가 있어도 발설하지 않는다.			17. 어떤 정보를 발설한 후의 결과가 두려워서 그 정보를 나만 알고 넘어갈 때가 있다.
	13. 나와 관련된 문제에 대한 해결책을 남들에게 이야기하지 않는다.			18. 부정적인 피드백이 돌아올 것이 염려되어, 문제에 대한 해결책을 제시하지 않는다.
	14. 나는 조직에 별로 관여하고 싶지 않기 때문에 업무처리를 향상시킬 수 있는 방안을 제시하지 않는다.			19. 내 입장이 난처해질 것이 걱정되어, 업무처리를 향상시킬 수 있는 방안을 제시하지 않는다.
	15. 나는 업무능력이 부족하다고 생각하기 때문에, 나 자신을 개선시킬 수 있는 아이디어를 사람들에게 말하지 않는다.			20. 내 입장이 난처해질 것이 걱정되어, 어떤 정보를 일부러 빠뜨리고 이야기하지 않을 때가 있다.

고 있는 “현직 경찰”이며, 조사기간은 2015년 3월 3일~2015년 4월 15일 동안 설문 조사를 진행하였다. 설문은 총 300부를 배포하여 205부를 회수하였고, 불성실한 응답 8부를 제외한 197부를 분석에 활용하였고, 통계프로그램은 SPSS와 AMOS를 이용하였다. 조사 대상자의 특징은 다음과 같다(<표 2-5> 참고).

<표 2-5> 인구통계학적 특성
<Table 2-5> Demographic characteristics

구분		명(%)	구분		명(%)
성별	여자	12(6.1%)	직위	순경	20(10.2%)
	남자	185(93.9%)		경장	19(9.6%)
연령	20대	22(11.2%)		경사	50(25.4%)
	30대	42(21.7%)		경위	101(51.3%)
	40대	98(49.7%)		경감	4(2.0%)
	50대 이상	34(18.3%)		기타	3(1.5%)
학력	고졸	49(24.9%)	근무기관	경찰청	21(10.7%)
	전문대졸	32(16.2%)		경찰서	101(51.3%)
	대졸	105(55.3%)		파출소	63(32.0%)
	대학원졸	5(2.5%)		기타	12(6.1%)
재직	1~5년 미만	39(16.2%)			
	5년~10년	16(8.1%)	급지	1급지	126(64.0%)
	10년~15년	18(9.1%)		2급지	24(12.2%)
	15년~20년	46(23.4%)		3급지	35(17.8%)
	20년~25년	47(23.9%)	입직경로	특채	13(6.6%)
	25년~30년	26(13.2%)		공채	183(92.9%)
	30년이상	5(2.5%)			

(2) 탐색적 요인분석(Exploratory Factor Analysis) 및 문항 정제

'기존의 조직침묵 척도(15개 문항)'와 새롭게 개발된 '순응적 침묵 척도(5개 문항)'를 포함한 총 20개 문항이 조직침묵의 측정도구로서 타당한지 검토하기 위해 탐색적 요인분석을 실시하였다. 적합한 요인구조를 확인하기 위해, 특정 성분으로 적재가 이루어지지 않은 문항(요인부하량 0.5 이하)이나 두 요인 이상에서 유사하게 높은 부하량 등을 축소하는 과정을 진행하였다. 20개 요인에 대한 적재 값을 산출한 후 다시 회전된 행렬 구조는 <표-2-6>을 통해 확인할 수 있다.[5]

순응적 침묵의 하위 문항인 침묵5(상관의 입장이 난처해질 것이 걱정되어, 어떤 정보를 일부러 빠뜨리고 이야기하지 않을 때가 있다.)의 요인부하량(factor loading)은 다른 변수들에 비해 현저하게 미치지 못하므로, 요인분석에 적합하지 않다고 볼 수 있다. '침묵 5'를 삭제한 후 회전된 요인행렬 구조는 다음과 같다. 요인제거 후 개별 문항의 부하량은 0.599~0.950으로 양호하였으며, 잠재요인별 크론바하 알파도 0.868~0.914로서(기준치 0.7 이상) 매우 높은 신뢰도를 나타냈다.

결론적으로 조직침묵의 기존 잠재변수(체념적·방어적·친조직적 침묵)와 새롭게 개발된 침묵 변수(순응적 침묵)의 총 20개 문항 중 1개 문항을 제외하면, 요인구조가 안정적임을 확인할 수 있다.

5) 요인분석은 주축요인추출과 프로맥스 회전방법이며, KMO(Kaiser-Meyer-Olkin) 측도 및 Bartlett 구형 검정치는 기준치를 충족하였다.

<표 2-6> 요인회전 후의 요인 행렬 구조(1)

<Table 2-6> Factor matrix structure after factor rotation(1)

구분			성분			
			1	2	3	4
방어적 침묵	침묵19	내 입장이 난처해질 것이 걱정되어, 업무처리를 향상시킬 수 있는 방안을 제시하지 않는다.	0.906	-0.037	0.580	0.627
	침묵18	부정적인 피드백이 돌아올 것이 염려되어, 문제에 대한 해결책을 제시하지 않는다.	0.902	0.005	0.569	0.589
	침묵20	내 입장이 난처해질 것이 걱정되어, 어떤 정보를 일부러 빠뜨리고 이야기하지 않을 때가 있다.	0.812	-0.034	0.537	0.568
	침묵16	나는 '상관 혹은 동료'와의 관계악화를 우려하여, 내 생각을 다른 사람에게 이야기하지 않는다.	0.777	-0.014	0.645	0.604
	침묵17	어떤 정보를 발설한 후의 결과가 두려워서 그 정보를 나만 알고 넘어갈 때가 있다.	0.751	0.082	0.507	0.594
친조직적 침묵	침묵9	나는 조직에 해가 될 것 같은 정보는 누설하지 않는다.	-0.054	0.882	0.104	-0.169
	침묵8	나는 조직을 위하는 마음에서, 조직의 기밀 정보는 적절히 보호한다.	-0.001	0.864	0.164	-0.104
	침묵7	나는 조직의 이익을 지키기 위해서 조직이 독점적으로 소유한 정보는 보호한다.	-0.014	0.829	0.179	-0.103
	침묵10	나는 조직의 기밀사항을 캐내려는 외부의 압력에 굴하지 않는다.	-0.063	0.752	0.079	-0.140
	침묵6	나는 조직에 협조하는 마음에서 기밀사항은 숨긴다.	0.206	0.599	0.279	0.065

구분			성분			
			1	2	3	4
순응적 침묵	침묵2	나는 상관의 권위를 중요시하기 때문에, 좋은 아이디어가 있어도 상관의 결정과 상충되는 경우 발설하지 않는다.	0.580	0.139	0.853	0.506
	침묵4	나는 상관의 체면이 상할 것을 우려하여, 업무처리를 향상시킬 수 있는 방안을 제시하지 않을 때가 있다.	0.588	0.164	0.846	0.418
	침묵1	나는 상관에 순응하는 마음에서 불편한 발언을 하지 않는다.	0.582	0.164	0.845	0.444
	침묵3	내 생각보다 상관의 결정이 더 우선이기 때문에, 문제에 대한 해결책을 제시하지 않는 경우가 있다.	0.494	0.190	0.783	0.351
	침묵5	상관의 입장이 난처해질 것이 걱정되어, 어떤 정보를 일부러 빠뜨리고 이야기하지 않을 때가 있다.	0.211	0.070	0.418	0.150
체념적 침묵	침묵14	나는 조직에 별로 관여하고 싶지 않기 때문에 업무처리를 향상시킬 수 있는 방안을 제시하지 않는다.	0.560	-0.107	0.403	0.950
	침묵11	나는 조직에 대해 별로 관여하고 싶지 않기 때문에 조직을 변화시킬 수 있는 아이디어를 제시하지 않는다.	0.584	-0.025	0.447	0.743
	침묵15	나는 업무능력이 부족하다고 생각하기 때문에, 나 자신을 개선시킬 수 있는 아이디어를 사람들에게 말하지 않는다.	0.664	-0.202	0.545	0.723
	침묵13	나와 관련된 문제에 대한 해결책을 남들에게 이야기하지 않는다.	0.509	-0.113	0.356	0.702
	침묵12	나는 조직을 떠날 마음이 있어 좋은 아이디어가 있어도 발설하지 않는다.	0.562	-0.177	0.378	0.675

<표 2-7> 요인회전 후의 요인 행렬 구조(2)

<Table 2-7> Factor matrix structure after factor rotation(2)

구분			성분			
			1	2	3	4
친조직적 침묵	침묵9	나는 조직에 해가 될 것 같은 정보는 누설하지 않는다.	0.883	-0.059	0.106	-0.172
	침묵8	나는 조직을 위하는 마음에서, 조직의 기밀 정보는 적절히 보호한다.	0.864	-0.007	0.166	-0.107
	침묵7	나는 조직의 이익을 지키기 위해서 조직이 독점적으로 소유한 정보는 보호한다.	0.830	-0.018	0.173	-0.105
	침묵10	나는 조직의 기밀사항을 캐내려는 외부의 압력에 굴하지 않는다.	0.752	-0.068	0.081	-0.143
	침묵6	나는 조직에 협조하는 마음에서 기밀사항은 숨긴다.	0.598	0.201	0.284	0.062
방어적 침묵	침묵19	내 입장이 난처해질 것이 걱정되어, 업무처리를 향상시킬 수 있는 방안을 제시하지 않는다.	-0.041	0.908	0.589	0.625
	침묵18	부정적인 피드백이 돌아올 것이 염려되어, 문제에 대한 해결책을 제시하지 않는다.	0.000	0.902	0.582	0.587
	침묵20	내 입장이 난처해질 것이 걱정되어, 어떤 정보를 일부러 빠뜨리고 이야기하지 않을 때가 있다.	-0.038	0.812	0.548	0.565
	침묵16	나는 '상관 혹은 동료'와의 관계악화를 우려하여, 내 생각을 다른 사람에게 이야기하지 않는다.	-0.019	0.773	0.657	0.600
	침묵17	어떤 정보를 발설한 후의 결과가 두려워서 그 정보를 나만 알고 넘어갈 때가 있다.	0.078	0.748	0.525	0.591

구분			성분			
			1	2	3	4
순응적 침묵	침묵2	나는 상관의 권위를 중요시하기 때문에, 좋은 아이디어가 있어도 상관의 결정과 상충되는 경우 발설하지 않는다.	0.133	0.568	0.860	0.499
	침묵1	나는 상관에 순응하는 마음에서 불편한 발언을 하지 않는다.	0.158	0.570	0.851	0.436
	침묵4	나는 상관의 체면이 상할 것을 우려하여, 업무처리를 향상시킬 수 있는 방안을 제시하지 않을 때가 있다.	0.159	0.578	0.835	0.412
	침묵3	내 생각보다 상관의 결정이 더 우선이기 때문에, 문제에 대한 해결책을 제시하지 않는 경우가 있다.	0.184	0.483	0.782	0.343
체념적 침묵	침묵14	나는 조직에 별로 관여하고 싶지 않기 때문에 업무처리를 향상시킬 수 있는 방안을 제시하지 않는다.	-0.110	0.558	0.417	0.950
	침묵11	나는 조직에 대해 별로 관여하고 싶지 않기 때문에 조직을 변화시킬 수 있는 아이디어를 제시하지 않는다.	-0.029	0.581	0.460	0.742
	침묵15	나는 업무능력이 부족하다고 생각하기 때문에, 나 자신을 개선시킬 수 있는 아이디어를 사람들에게 말하지 않는다.	-0.206	0.662	0.550	0.722
	침묵13	나와 관련된 문제에 대한 해결책을 남들에게 이야기하지 않는다.	-0.116	0.507	0.367	0.702
	침묵12	나는 조직을 떠날 마음이 있어 좋은 아이디어가 있어도 발설하지 않는다.	-0.180	0.563	0.381	0.676

3) 3단계: 측정모형 및 수렴·판별 타당도 검증

(1) 모형적합도 검증-확인적 요인분석

탐색적 요인분석을 통해 검증된 조직침묵의 4개 하위 요소, 체념적·방어적·친조직적·순응적 침묵의 구조적 관계를 탐색하고 측정모형의 적합도를 검증하기 위해서 확인적 요인분석을 실시하였다. 연구모형 적합도는 2개의 모형(모형1-기존에 제시된 15개 침묵 문항, 모형2-이 연구를 통해 개발된 순응적 침묵을 포함한 19개 문항)을 구성하여 분석하였으며, 아래 <표 2-8>과 같이 각 모형의 절대적합도, 증분적합도, 간명적합도 지수를 비교하였다. 검증 결과, 모형2는 모형1과 대체적으로 유사한 수준을 나타내고 있다. 모형 2의 모형적합도는 증분적합도 TLI 값(0.922), IFI 값(0.934), CFI 값(0.934)은 허용치보다 높은 수준을 나타내고 있으며, 절대적합도인 RMSEA값(0.077), 간명적합도 PNFI 값(0.755), PCFI 값(0.797)은 모형 1에 비해 높게 나타나는 것으로 분석되었다.

<표 2-8> 확인적 요인분석 결과

<Table 2-8> Confirmatory factor analysis

모형	절대적합도			증분 적합도				간명적합도	
	X^2	X^2/df	RMSEA	NFI	TLI	IFI	CFI	PNFI	PCFI
기존 15개 문항(모형1)	213.022 (df=87, p=0.00)	2.449	0.086	0.897	0.922	0.936	0.936	0.743	0.775
순응적 침묵 포함 19개 문항(모형2)	317.500 (df=146, p=0.00)	2.175	0.077	0.885	0.922	0.934	0.934	0.755	0.797
기준치	p>0.05		<0.08	>0.9	>0.9	>0.9	>0.9	큰값	큰값

결과적으로 체념적 침묵, 방어적 침묵, 친조직적 침묵, 순응적 침묵의 19개 문항 4요인 모델은 한국의 조직 내 침묵 현상을 측정하는데 적합한 모형이라 판단할 수 있다.

<그림 2-3> 최적 측정 모형

<Figure 2-3> Optimal measurement mode

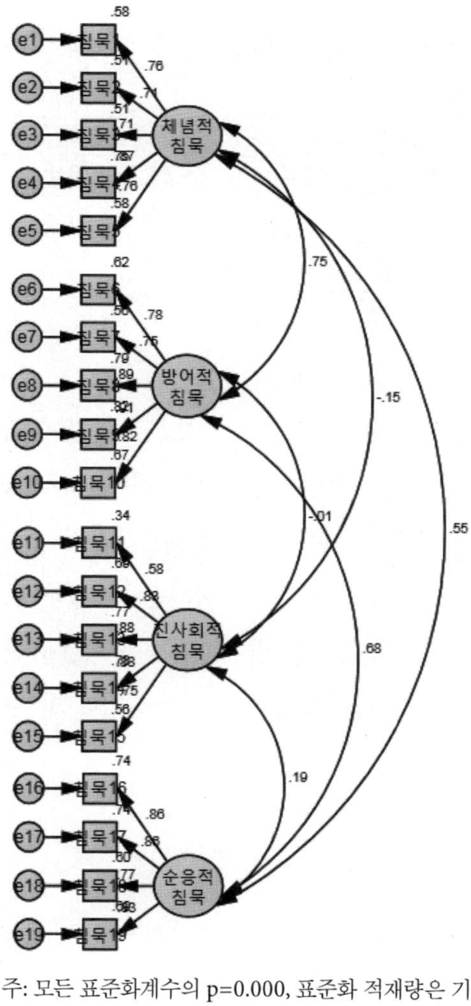

주: 모든 표준화계수의 p=0.000, 표준화 적재량은 기준인 0.5 이상을 나타냄

(2) 타당도 검증: 수렴·판별 타당도

수렴 타당도 검증을 위해 개념신뢰도와 평균분산추출을 검토하였다. 조직침묵 4개 요인의 개념신뢰도[6]와 평균분산추출[7] 값은 각각 0.7 이상, 0.5 이상으로 나타나 각 요인들 모두 수렴 타당도가 있음을 확인하였다.

<표 2-9> 수렴 타당도: 평균분산추출 및 개념신뢰도
<Table 2-9> Convergent validity: AVE & CR

구분	개념신뢰도	평균분산추출
	판단기준: 0.7이상	판단기준: 0.5 이상
체념적 침묵	0.901	0.646
방어적 침묵	0.926	0.716
친조직적 침묵	0.890	0.622
순응적 침묵	0.910	0.717

판별 타당도 검증을 위한 첫 번째 방법은 평균분산추출값의 제곱과 각 잠재변수 간의 상관관계 계수의 제곱합 비교이다(Fomell & Larcker, 1981). 각 잠재요인별 평균분산추출값이 잠재요인간의 상관계수 제곱보다 더 크면 판별 타당도가 확보된 것이라 할 수 있다. 분석 결과 각 요인 간 상관계수의 제곱값은 잠재요인들의 평균분산추출값보다 작은 것으로 나타나 판별 타당도가 확보되었다 할 수 있다(<표 2-10> 참고).

6) (표준화된 요인부하량 합의 제곱)/(표준화된 요인부하량 합의 제곱+오차항 분산의 합)
7) (표준적재값을 제곱한 값들의 합)/(표준적재량의 제곱합+오차분산의 합)

<표 2-10> 요인 간 상관계수의 제곱 값 및 평균분산추출
<Table 2-10> The square of correlation coefficient between factors & AVE

구분	체념적 침묵	방어적 침묵	친조직적 침묵	순응적 침묵
체념적 침묵	0.646			
방어적 침묵	0.557	0.716		
친조직적 침묵	0.022	0.000	0.622	
순응적 침묵	0.305	0.458	0.036	0.717

주: 대각선 아래 부분은 요인간 상관계수의 제곱값, 대각선(음영표시)은 각 요인별 평균분산추출값(AVE)

두 번째 방법은 잠재요인간의 상관계수와 표준오차를 활용하여 서로 동일하다는 가설을 채택하는지 여부로 판별 타당도를 검증하는 것이다(Anderson & Gerbing, 1988). 즉, 잠재요인 간 상관계수의 신뢰구간이 1을 포함하지 않으면,[8] 판별 타당도가 확보되었다고 할 수 있다. 분석결과, 모든 잠재요인의 상관관계 신뢰구간은 1을 포함하고 있지 않은 것으로 나타나 판별 타당도는 확보되었다고 볼 수 있다.

8) (상관계수 값±2*표준오차)의 값이 1을 포함하지 않으면, 판별 타당도가 확보되었다 할 수 있음

<표 2-11> 판별 타당도 분석

<Table 2-11> Analysis of discriminant validity

구분	상관관계	S.E.	판별상위	판별하위	판별 타당도
체념적<-->방어적	0.746	0.049	0.844	0.648	확보
체념적<-->친조직적	-0.149	0.037	-0.075	-0.223	확보
체념적<-->순응적	0.552	0.045	0.642	0.462	확보
방어적<-->친조직적	-0.009	0.043	0.077	-0.095	확보
방어적<-->순응적	0.677	0.058	0.793	0.561	확보
친조직적<-->순응적	0.191	0.047	0.285	0.097	확보

4) 4단계: 외적 관계 구성타당도 검증

(1) 연구문제 및 연구 방법

이 연구를 통해 개발된 순응적 침묵이 제대로 측정되었는지에 대한 이해타당도(nomological validity)를 판단하기 위해 권위주의와의 상관관계, 조직몰입과의 인과관계를 검증하고자 한다. 김태룡(2012), 박천오(2008) 등은 기존 연구자들이 제시한 특징을 종합 정리하였는데, 권위주의는 모든 학자들이 공통적으로 지적하는 한국 행정문화의 특징으로 제시되고 있다. 따라서 한국적 문화의 대표적 특징을 권위주의로 선정하고 순응적 침묵과의 연관성을 살펴보고자 한다.[9]

나아가 순응적 침묵의 종속변수로 조직몰입을 선정하여 회귀분석을 실시하고자 한다. 다수의 선행연구를 통해 조직몰입은 조직침묵의 결과변수로 검증되어왔기 때문이다.[10]

---

9) 권위주의 문항은 Cheng & Jiang(2000)이 개발한 '조직 내 권위주의에 대한 7개 항목'을 번안하여 측정하였다.

10) 조직몰입 문항은 Mowday et al.(1979)의 15개 문항을 축약하여 9개 문항(단일요인)으로 제시한 Tetrick & Farkas(1988)의 문항을 번안하여 사용하였다.

4단계 연구는 순응적 침묵과 여타 변수의 관계검증을 통해 외적 구성타당성을 검증한다는 점에서 측정도구 자체의 내적 구조를 검증한 2·3단계 연구와 차별화된다 할 수 있다.[11] 이상의 변수들의 관계는 이론적 맥락과 선행연구를 검토하고 아래와 같은 가설을 제안한다.

우선 한국적 행정문화의 주된 특징인 권위주의는 조직침묵과 강한 연관성을 가질 것이라 볼 수 있으며, 이는 앞선 이론적 검토를 통해 충분히 논의 되었다.

> 가설1. 순응적 침묵은 권위주의와 강한 정적(+) 상관관계를 가질 것이다.

그리고 조직침묵의 하위 요인과 조직몰입의 관계는 앞서 논의한 내용(순응적 침묵과 조직몰입의 관계)과 기존 연구결과(체념적·방어적·친조직적 침묵과 조직몰입의 관계)를 토대로 다음과 같이 가설을 설정하였다.

> 가설2. 낮은 충성심에 기반한 구성원의 침묵 태도(체념적·방어적 침묵)는 조직몰입에 부적(-) 영향을 미칠 것이다(고대유·강제상·김광구, 2015a; 강제상·고대유, 2014c; 고대유, 2014; 박종철, 2013; 신규희 외 등의 연구결과 참고).

11) Benson(1998)에 따르면, 측정도구의 타당성을 검증하는 절차는 크게 2가지, 척도의 내적구조를 검토하는 구조적 단계(structural stage)와 외적 관계를 검증하는 외부단계(external stage)로 구분된다(Benson, 1998; 유민봉 외, 2012 재인용).

가설3. 높은 충성심에 기반한 구성원의 침묵 태도(친조직적·순응적 침묵)은 조직몰입에 정적(+) 영향을 미칠 것이다(고대유·강제상·김광구, 2015b; 고대유·김영곤·강제상, 2015; 곽원준 외, 2014 등의 연구결과 참고).

(2) 분석 결과

'순응적 침묵을 포함한 조직침묵의 하위요인 4개'와 '권위주의' 간의 상관관계를 설정한 구조모형 적합도를 검증한 결과, 절대적합도는 표준 X^2=1.945(p=0.000)로 나타나 기준치에 미치지 못하였으나, RMSEA=0.061로 양호한 수준이다. 증분적합도는 IFI=0.923, CFI=0.922, TLI=0.912로 기준치를 충족하였으며, NFI=0.853로 수용할만한 수준으로 나타났다. 간명적합도는 PNFI=0.759, PCFI=0.820로 나타났다.

분석 결과, 조직침묵의 4가지 하위 요인 중 체념적·방어적·순응적 침묵이 유의미한 정(+)의 상관관계를 나타냈다. 특히 순응적 침묵은 방어적 침묵 다음으로 권위주의와 높은 연관성이 있음을 확인할 수 있었다.

<표 2-12> 조직침묵과 권위주의 상관관계 분석 결과
<Table 2-12> Organizational silence and authoritarian correlation analysis

구분			공분산	상관관계	표준오차	C.R.	P
체념적	<-->	권위주의	0.123	0.325***	0.034	3.651	0.000
방어적	<-->	권위주의	0.197	0.423***	0.043	4.573	0.000
친조직적	<-->	권위주의	0.069	0.143	0.038	1.792	0.073
순응적	<-->	권위주의	0.195	0.399***	0.045	4.355	0.000

* p<0.05, ** p<0.01, *** p<0.001

다음으로 조직침묵이 조직몰입에 미치는 영향을 분석한 결과는 아래 <표 2-14>와 같다.[12] 조직침묵의 4가지 하위요인 모두 조직몰

12) 조직침묵과 조직몰입간의 관계를 검증하기에 앞서 탐색적 요인분석(주축요인분석과 프로맥스 회전)을 실시한 결과, KMO 척도는 0.901이며, 구형성 검증 역시 유의미한 수준으로 나타났다. 요인회전 결과 총 5개 요인(체념적·방어적·친조직적·순응적 침묵, 조직몰입) 모두 각각의 단일 요인으로 적재되었다.

<표 2-13> 조직침묵과 조직몰입의 요인분석 결과
<Table 2-13> Factor analysis of organizational silence and organizational commitment

구분		성분				
		1	2	3	4	5
조직몰입	몰입2	0.885	0.070	0.361	-0.227	-0.271
	몰입9	0.881	-0.058	0.338	-0.276	-0.321
	몰입7	0.836	-0.079	0.281	-0.243	-0.233
	몰입4	0.828	-0.063	0.391	-0.250	-0.257
	몰입5	0.813	-0.008	0.305	-0.212	-0.329
	몰입1	0.804	-0.068	0.325	-0.262	-0.238
	몰입6	0.799	0.034	0.361	-0.250	-0.315
	몰입8	0.794	0.005	0.346	-0.201	-0.315
	몰입3	0.634	-0.057	0.339	-0.237	-0.301
순응적 침묵	침묵2	-0.017	0.857	0.137	0.557	0.494
	침묵1	-0.040	0.848	0.159	0.567	0.421
	침묵4	0.035	0.839	0.160	0.573	0.395
	침묵3	-0.025	0.785	0.187	0.478	0.327
친조직적 침묵	침묵9	0.373	0.106	0.878	-0.062	-0.177
	침묵8	0.360	0.161	0.868	-0.018	-0.101
	침묵7	0.322	0.169	0.831	-0.027	-0.101
	침묵10	0.413	0.084	0.752	-0.067	-0.157
	침묵6	0.151	0.277	0.598	0.199	0.061
방어적 침묵	침묵19	-0.257	0.586	-0.038	0.909	0.616
	침묵18	-0.276	0.578	0.005	0.896	0.582
	침묵20	-0.212	0.543	-0.035	0.816	0.556
	침묵16	-0.248	0.655	-0.015	0.775	0.585
	침묵17	-0.216	0.522	0.086	0.743	0.584
체념적 침묵	침묵14	-0.318	0.410	-0.105	0.558	0.948
	침묵11	-0.249	0.454	-0.027	0.578	0.748
	침묵15	-0.366	0.551	-0.202	0.658	0.717
	침묵12	-0.264	0.374	-0.178	0.562	0.686
	침묵13	-0.242	0.365	-0.111	0.513	0.680

입에 유의미한 값을 나타내고 있다. 순응적 침묵과 조직몰입의 관계는 부(-)의 관계로 앞서 제시한 내용과 일치하는 결과이며, 체념적·방어적·친조직적 침묵과 조직침묵의 관계도 기존 연구결과들을 지지한다고 볼 수 있다. 이를 통해, 정과 의리에 기반한 구성원의 순응적 침묵은 긍정적인 직무 태도를 갖게 하는 변수임을 확인할 수 있었다.

<표 2-14> 순응적 침묵과 조직몰입의 인과관계 분석 결과

<Table 2-14> Analysis of Causal Relationship between Adaptive Silence and Organizational Commitment

구분	비표준화 계수	표준 오차	표준화 계수	t값	p-value
순응--->몰입	0.241	0.090	0.236	2.682**	0.008
친사회--->몰입	0.358	0.065	0.351	5.531***	0.000
방어--->몰입	-0.320	0.101	-0.318	-3.168**	0.002
체념--->몰입	-0.218	0.086	-0.218	-2.544*	0.012
R^2=0.325, 수정된 R^2=0.311					

* p<0.05, ** p<0.01, *** p<0.001

IV. 논의

순응적 침묵 도구의 개발과 타당도 검증을 통해 도출된 순응적 침묵 척도의 주요 내용을 정리하면 다음과 같다.

첫째, 순응적 침묵 개념 자체의 내적 요인을 통해 도출된 문항(1개 요인, 5개 문항)과 기존에 제시된 조직침묵(3개 요인, 15문항)을 결합하여, 요인구조의 신뢰도와 타당도를 검증한 결과, 공공조직 내 침묵 현상을 측정하는 문항은 4개 요인, 19개 문항으로 완성되었다.

이를 통해 한국의 행정문화 특징을 고려하여 도출된 순응적 침묵 5개 문항은 통계적 분석을 통해 4개 문항이 타당함이 검증되었다. 또한 수렴 타당도와 판별 타당도 분석을 통해 순응적 침묵은 기존 조직침묵의 3개 하위 요인과 구분되는 요인이라는 것이 입증되었다.

검증과정에서 제외된 순응적 침묵 문항 5번 "상관의 입장이 난처해질 것이 걱정되어, 어떤 정보를 일부러 빠뜨리고 이야기하지 않을 때가 있다."의 경우 다른 문항에 비해 요인부하량이 낮게 나타났다. 이는 여타 순응적 침묵 문항에 비해 순응주의의 개념을 잘 반영하지 못한 결과라 생각된다. 다른 문항의 경우 순응적 침묵의 주된 특징인 소극적 태도가 비교적 잘 반영되어있는 반면, 제외된 20번 문항의 경우 "....어떤 정보를 일부로 빠뜨리고 이야기하지 않는다."는 적극적 태도로서의 의미가 강해 동일 요인으로 간주되기 어려웠다고 결론 내릴 수 있다. 따라서 보다 소극적 태도에 가깝게 문항을 수정할 필요가 있다. 가령, "20. 상관의 입장이 난처해질 것이 걱정되어, 특정 정보에 대한 발언을 주저한다."로 수정할 것을 제안한다.

다음으로, 순응적 침묵과 권위주의, 순응적 침묵과 조직몰입 관계 검증을 통해 순응적 침묵의 외적 타당도를 확인할 수 있었는데, 주요 근거는 다음과 같다. 첫째, 순응적 침묵은 한국 행정문화의 대표적 특징이라 할 수 있는 권위주의와 정(+)의 상관이 높은 것으로 나타나 한국 문화의 특수성을 반영하는 침묵 현상임을 확인할 수 있었다.

둘째, 순응적 침묵은 충성심에 기반한 속성으로서 조직몰입에 긍정적 영향을 미칠 것이라는 가설이 지지되었다. 특히 인과관계

분석에 있어, 기존 조직침묵의 영향력을 고려하고자 체념·방어·친조직적 침묵을 함께 독립변수로 투입하여 도출한 결과라는 점에서, 순응적 침묵의 외적 타당도는 더욱 확보되었다 볼 수 있다. 권위주의는 일반적으로 구성원의 직무 태도에 부정적 영향을 미치는 것으로 알려져 있지만, 한국의 권위주의를 통해 발현되는 순응적 침묵은 구성원의 직무 태도에 긍정적 영향을 미칠 수 있음을 시사한다. 이를 통해 한국의 권위주의 및 그로 인한 침묵 태도를 부정적 현상으로만 간주하는 기존 연구와의 차별성을 제기할 수 있다.

V. 결론

이 연구를 통한 학문적 함의점은 다음과 같다. 기존의 조직침묵과 관련한 국내·외 연구들은 조직침묵의 부정적 효과에 주목해왔다. 특히, 기존의 국내 연구들은 서구의 개념에 근거하여 조직침묵 현상을 논함으로써 한국적 상황에서 일반화의 한계가 있었다. 하지만 이 연구는 한국적 조직침묵을 순응이라는 요소를 통해 발굴하고 순응적 침묵의 긍정적 효과를 입증함으로써 기존의 조직침묵을 보다 다차원적 개념으로 재정립하였다는데 큰 의미가 있다. 즉, 한국적 조직침묵의 개념화와 측정도구 개발을 통해 한국적 특성을 가진 긍정적 의미의 침묵을 발견했다는 점에서 조직침묵 연구의 저변 확대에 기여했다는 것이다.

이론적 의의와 더불어 조직관리적 측면의 함의점은 다음과 같다. 한국의 공공조직 내 침묵 현상은 서구의 침묵 현상과 차별적 요소가 내재됨을 확인함으로써, 한국 공공조직 내 구성원의 인지, 지각,

행태에 대한 이해를 돕고 보다 세분화된 침묵 행태 관리가 필요함을 제시하였다. 특히, 한국의 순응적 침묵은 구성원의 침묵 태도에 긍정적 영향을 미치는 요소로 작용하였는데, 이는 서구의 행정조직에서도 충분한 시사점을 제공한다. 가령 미국의 연방수사국(FBI, Federal Bureau of Investigation), 중앙정보국(CIA: Central Intelligence Agency)과 같이 상명하복이나 위계질서가 중요시되는 조직의 경우 한국의 행정조직에서 나타나는 권위주의와 유사한 특성을 내포할 것이라 판단된다. 이는 서구의 일부 조직에서도 순응적 형태의 침묵이 발생할 가능성을 시사한다. 따라서 순응적 침묵은 서구의 조직 내 구성원의 긍정적 직무 태도 형성은 물론 질서유지에도 중요한 역할을 할 것이라 짐작해 볼 수 있다.

향후 한국적 조직침묵을 측정하기 위한 안정적 측정도구를 확보하기까지는 많은 연구가 추가되어야 하겠지만, 순응주의가 한국의 조직문화에 두드러진 현상이라는 것을 고려할 때, 순응적 침묵은 한국적 침묵을 보다 타당하게 대표할 수 있다는 점에서 상당히 의미 있는 연구라 볼 수 있을 것이다.

이상의 학문적·조직관리적 함의점에도 불구하고 이 연구가 내포한 한계점도 있다. 첫째, 표본의 대표성 확보의 한계이다. 이 연구는 한국적 조직침묵 척도를 개발하기 위해 경찰조직을 분석대상으로 선정하고, 다분히 편의적 추출로 자료를 수집하였다. 이로 인해 표본의 대표성 확보에서 상당한 한계가 있을 것이라 짐작된다. 향후에는 연구대상을 일반 행정조직으로 확대할 필요가 있으며, 표본추출 방식을 제고하여 대표성 확보에 주력할 필요가 있다.

둘째, 일반화의 한계이다. 확인적 요인 분석과정에서 설문 조사대상을 달리하고 반복적 검증을 하지 못했다는 점에서 일반화의 문제점을 내포하고 있다. 그러나 이 연구의 순응적 침묵 척도는 기존의 침묵 척도를 통해 파생되고 매칭되었기 때문에, 단일 설문을 통해 개발된 척도임에도 불구하고 발굴된 순응적 침묵 문항 구조가 비교적 안정적, 논리적이었다고 판단된다. 그럼에도 불구하고 향후 후속연구를 통한 추가적 검증은 필수적이라 판단되며, 조직몰입 이외에도 여타 결과변수들을 발굴할 필요가 있다.

셋째, 순응적·친조직적 침묵의 영향력을 깊이 있게 규정하지 못했다. 정과 의리에 기초한 구성원의 순응적 침묵 태도가 단지 조직몰입에 긍정적인 영향을 미쳤다고 과연 이것을 바람직한 행태로 바라보아야 하는가의 문제이다. 상관을 위해 침묵하는 공무원의 순응적 태도는 국민의 공익을 침해하는 행위가 될 수 있기 때문이다. 친조직적 침묵도 이타적 태도이지만 사회 전체의 이익에 반하여 침묵한다면 다분히 부정적이다. 이 연구는 조직 내부 차원에서 순응적·친조직적 침묵을 긍정적으로 규정하였지만, 향후에는 조직 외부 차원에서 순응적·친조직적 침묵이 재규명될 필요가 있다.

제3장 도시정치의 지배구조

강문희

I. 서론

1995년 단체장 직선과 더불어 본격적인 지방자치제가 실시된 이후 한국 도시정치의 현장에서 나타난 가장 두드러진 특징은 크게 두 가지로 집약된다. 하나는 개별도시별로 각각의 관할권 내에서 나타난 정치의 활성화 현상이며, 다른 하나는 가속화되는 세방화(glocalization)의 물결 아래 개방체제로서 겪게 된 역동적 관계의 강화 현상이다. 전자가 도시 내의 다양한 행위자들 사이에 벌어진 상호작용의 분출로 특징지어진다면, 후자는 주변 도시는 물론 상위정부와 외부단체(중앙 정당, 전국규모의 기업, 시민단체 및 언론 그리고 외국자본 등) 그리고 국제환경과의 교류 과정에서 나타난 갈등과 협력 그리고 자율성의 동학과 관련되어 있다. 이 두 가지 특징적 변화 양상은 마치 별개의 과정처럼 보이지만 사실상 서로 긴밀하게 연관되어 있다. 요컨대 도시의 내부 권력 구조와 의사결정 과정은 도시의 한계를 벗어난 외연적 요인에 의해 영향을 받게 되며, 동시에 외연적 요인과의 관계에서 발생되는 갈등과 협력 및 자율성의 범위 또한 도시의 지배구조에 따라 다르게 나타날 수 있기 때문이다. 즉 도시 내적 정치행위와 외연 요인은 서로 영향을 주고받는 상호작용 관계(interactive relationship)를 지니고 있으며, 이들의 상호작용은 도시정치의 지배구조를 결정하는 최종 변수라고 할 수 있다.

그렇다면 과연 지난 16년간 다섯 차례의 지방선거를 거치면서 이러한 두 가지의 특징적 국면을 가파르게 경험해 온 우리나라 도시의 지배구조는 구체적으로 어떤 모습으로 나타나고 있을까? 그러나 지금까지 각 도시에 대한 개별사례연구나 도시 간 비교연구 등을 통해 밝혀진 모습들은 우리를 혼미하게 할 만큼 다양하고 엇갈린 내용으로 가득하다. 혹자는 관료집단 중심의 지배구조를 지적하고 있는가 하면, 혹자는 강력한 시장(Mayor) 중심의 후견체제를 확인하고 있기도 하다. 또는 지역 엘리트들이 실제 도시의 주요 결정에 강한 영향력을 행사하고 있다는 사실을 확인하거나 추론하고 있기도 하다. 또한 정책사례별로 선출직 시장이 다양한 이익집단의 영향력에 부응하는 다원주의적 특성이 나타나고 있다는 증거가 제시되기도 한다. 한편 정당공천을 통한 단체장의 정치적 충원이나 중앙정부의 재정지원 및 각종 통제 메커니즘이 여전히 지방 도시의 자율성을 구속함으로써 도시의 지배구조가 이들에 의해 좌우될 수밖에 없다는 추론이 제기되는가 하면, 반대로 단체장의 자율적 정책 의지나 정치적 이해관계가 도시의 정책 방향을 결정하는 절대

적 변수임을 입증하는 연구도 나타나고 있다.[1)]

이상의 예시에서 간파할 수 있듯이 지금까지 국내사례연구에서 밝혀지고 있는 다양하고 엇갈린 발견내용들은 우리나라 도시의 지배구조가 도시의 특성에 따라 그리고 시간의 변화에 따라 각각 다르게 나타나고 있을 것이란 추론을 가능케 하고 있다. 과연 상충성과 다양성으로 그려지고 있는 한국 도시정치의 지배구조를 우리는 어떻게 이해해야 하며, 또 앞으로 어떻게 연구해야 할까? 도시정치의 지배구조는 정말 도시마다, 시간의 진전에 따라 다르게 나타나는 것일까? 이 장(章)에서는 위의 두 가지 질문들에 대한 해답을 얻고자 함을 목적으로 하고 있다. 이를 위해 여기에서는 지금까지 국내의 사례연구들이 보여주고 있는 다양하고 엇갈린 조각 조각의 발견내용들을 특징별로 조합해 봄으로써 한국 도시정치의 지배구조에 관한 전체적인 그림을 맞추어보고자 한다. 이러한 작업은 현재까지 진행된 지배구조 연구의 총체적인 특징을 파악할 수 있도록 하는 한편, 기존의 연구에서 다루어지지 못했던 새로운 연구가설과 과제를 도출할 수 있는 근거를 제시해 줄 수 있을 것으로 기대된다.

---

1) 보다 자세한 국내사례연구의 상충된 발견내용에 대한 서술은 강문희·박재욱 (2006) 참조.

II. 분석의 기준 및 방법

본 연구의 조각 그림 맞추기 작업은 기본적으로 세 가지의 가설적 의혹에 바탕을 두고 있다. 첫째는 실제 우리나라 도시의 지배구조는 도시의 규모나 특징에 따라 다르게 나타날 수 있을 것이란 점이다. 대부분의 사례연구가 단일 도시 혹은 몇 개의 도시들을 대상으로 하고 있는데, 선정된 도시사례의 특성에 따라 각기 다른 발견과 추론으로 엇갈리고 있다. 또한 다수의 도시를 총괄적으로 포함시킨 횡단면분석연구의 경우에도 도시의 지배구조에 대한 발견내용은 다소 엇갈리고 있다. 도시마다 각기 정치·경제·사회·문화 및 지리적 배경을 달리하고 있다는 점에서 이러한 상충된 발견은 어쩌면 당연한 귀결일지도 모른다. 도시의 규모나 구조적 특성에 따라 권력 구조의 변이가 나타날 수 있을 것이라는 추론은 이미 다수의 학자들에 의해 개진된 바 있다. 특히 박종민(1999)은 5개 도시(청주, 진주, 평택, 성남, 부천)에 대한 사례연구를 종합한 분석을 통해 도시별로 다를 수밖에 없는 시장(市場)의 영향력과 시민사회의 조직화 정도, 시의회와 관료기구의 조직화, 중앙정치와의 정치적 제휴 관계 등은 시장독주체제의 상대적 변이를 가져올 수 있음을 예측한 바 있다. 귀납적 논리에 입각한 그의 이러한 지적이 실제 우리의 사례연구들 속에서 어떻게 규명되고 있는지는 아직 미지수다. 국내사례연구가 대상으로 하고 있는 도시의 유형을 살펴본 결과 대체로 이들의 대상도시가 인구 규모에 따라 다르게 나타나고 있다는 점에 주목하여, 본 연구는 대도시와 중도시 그리고 소도시에 따른 연구 결과상의 차이나 유사성, 그리고 그사이에 일정한 경향성이 존재할 것이라는 전제를 해본다. 이러한 전제는 인구 규모가 클수록 다양한 행위 주체의 존재와 영향력이 커질 뿐 아니라 인구구성 역시 다양한 분포로 희석됨에 따라 소수의 엘리트나 공식적 권력의 소유자인 시장보다 다원주의적 권력 구조의 특성을 보일 가능성이 높을 것이라는 가설을 바탕으로 하고 있다. 분석의 편의상 이를 가설의 형태로 다시 표기하면 아래와 같다.

> 가설 1. 우리나라 도시의 지배구조는 도시 규모에 따라 각각 다른 특징을 나타낼 것이다. 대도시의 경우 보다 다원주의적인 특성을 보이고 있을 것이며, 중도시 그리고 소도시의 경우 시장이나 지역 엘리트들에 의해 권력이 집중되는 특징을 나타낼 것이다.

위의 가설검증을 위한 구체적인 분석기준으로는 일단 도시 규모와 발견내용이 활용될 것이다. 또한 도시 간 비교를 위한 사례분석 방법에 따라 과연 실질적인 발견내용의 차이가 발생하는지를 살피기 위해 각 연구들이 취하고 있는 분석모형을 유형화해 볼 것이다. 분석모형은 Gerring(2004)에 의해 분류된 사례분석의 유형에 따라 분류하기로 한다. 그는 개별사례연구가 가지는 일반화 및 인과관계 검증의 한계와 다수의 도시 간 비교연구가 지니는 심층적 설명의 한계에 대해 지적한 바 있다. 즉, 전자가 관찰단위(N)의 단일성 혹은 소수성 문제로 인해 발견내용의 일반화나 변수 상호 간의 인과관계를 검증하는 작업의 어려움을 가지고 있다면, 후자의 경우에서는 통계적 관계나 역사적 맥락의 보편성에 몰입된 나머지 개별

사례의 특수성이나 정치과정에 대한 구체적 설명의 한계가 나타날 수 있다는 것이다. 본 연구는 Gerring에 의해 분류된 기준[2)]에 따라 단일 사례분석 연구와 다수 사례분석의 차이에 따른 결과해석의 차이가 존재하는지를 살피게 될 것이다.

두 번째 의혹은 시간의 변화에 따라 실제 우리나라 도시의 지배구조는 변화되어 왔을지도 모른다는 점이다. '95년 이후 나타난 각종의 정치·행정적 제도변화와 중앙-지방 관계의 변화, 성장을 위한 도시 간 경쟁의 강화, 시민단체의 급속한 성장, 공공부문의 효율성과 투명성에 대한 사회적 담론의 확산 그리고 특히 참여정부 이후에 급속히 진행된 분권의 추진 정책 등은 직접 혹은 간접적으로 도시 지배구조의 변화를 초래했을 것이며, 이러한 일련의 변화들이 개별 도시에게 미친 영향력은 각각 다르게 나타날 수 있을 것이라는 의혹에 충분한 개연성을 주고 있다. 레짐이론을 주창한 Stone(1989)의 연구에서도 간파할 수 있듯이 도시의 지배구조나 통치양식은 고착되어 있는 것이 아니라 시간의 흐름에 따라 나타나는 내외부의 환경변화에 따라 연대 세력의 구성이나 통치이념 또한 변화하기 때문이다. 편의상 본 연구는 기존연구들이 선정한 연구대상 시점을 단체장의 임기를 기준으로 민선 1대, 2대, 3대 및 4대로 구분하고 이를 다시 도시 규모와 대비함으로써, 이상 세 시기와 도시 규모에 따른 연구 결과에서의 유사점이나 차이가 존재하는지를 살피게 될 것이다. 일단 본 연구는 우리의 지방자치가 점차 정착되면서 도시의 지배구조 또한 중앙권력이 지배하는 집권적 체제나

---

2) Gerring(2004)에 의해 분류된 사례분석의 유형에 대한 설명은 후술할 <표 3-4>의 메모로 대체하기로 한다.

시장독주체제로부터 점차 다양한 행위 주체들의 영향력이 강화되는 다원주의적 체제로 변화되어 왔을 것이라는 전제를 바탕으로 아래의 가설 2를 구축해보기로 한다.

> 가설 2. 우리나라의 도시 지배구조는 민선 1대의 경우 중앙권력과 시장독주가 강하게 나타날 것이며, 민선 2대 및 3대, 4대에 이를수록 점차 다원주의적 구조로 변화되어 왔을 것이다. 또한 이러한 변화는 도시 규모에 따라 각각 다르게 나타날 것이다. 대도시의 경우 다양한 행위 주체의 성장과 영향력이 크다는 점에서 좀 더 빠르게 다원주의 구조로 전이될 것이며, 중소도시의 경우 전이 속도는 느리게 나타날 것이다.

세 번째 의혹은 연구 방법의 차이에 따른 연구 결과의 차이점이다. 연구 방법의 선택이 정치 현상의 해석에 미치는 영향에 대해서는 이미 여러 학자에 의해 지적되어 온 바 있다. 일찍이 Bachrach와 Baratz(1962)는 지역사회 권력 구조의 연구 방법과 관련하여 "방법론이 연구 결과를 이미 결정하고 있다"는 방법론상의 결정주의(methodological determinism)를 지적한 바 있다. 즉, 지위법이나 평판법 혹은 의사 결정법 중 어떤 방법을 사용하느냐에 따라 이미 결과의 해석은 엘리트 구조 혹은 다원주의 구조로 결정될 수밖에 없다는 것이다. 물론 그의 이러한 지적은 후속연구들의 다양한 실증연구를 통해 부인되고 있기는 하지만, 여전히 연구 방법의 선정이 해석의 편견에 미칠 수 있는 오류의 위험성은 배제할 수 없다. 본 연구에서는 연구 방법을 지금까지 지배구조 연구에 주로 활용되어 왔던 지위법, 평판법, 의사 결정법, 연결망 분석[3] 그리고 이들을 상호 조합한 형태로 구분하고 이들에 따른 발견내용에 유의미한 차이가 있는지를 살펴보기로 한다. 분석의 편의상 이 세 번째 의혹을 가설의 형태로 표기하면 아래와 같다.

> 가설 3. 연구 방법은 각각 일관된 발견내용으로 연결될 것이다. 즉, 지위법과 평판법의 경우 주로 엘리트론적 구조를 발견하게 될 것이며, 의사 결정법은 다원주의적 특성을 발견하게 될 것이다.

요컨대 본 연구에서 시도될 조각 그림 맞추기 작업은 도시별 다양성과 시기별 가변성(환경변화의 총체적 영향력 및 개별 도시의 특성에 따른 선별적 영향력), 그리고 연구 방법상의 차이라는 세 가지 기준에 따라 진행된다. 이상 세 가지 기준에 의해 시도될 조각 그림 맞추기 작업은 두 가지의 가능성을 지닐 것이라고 예상된다. 하나는 각 기준의 분류에 따른 일관된 설명이 전혀 나타나지 않을 가능성이다. 다른 하나는 일정한 형태의 모자이크 그림이 부분적으로 나타날 가능성이다. 이 두 가지 가능성 모두 우리의 도시정치연구가 머물고 있는 현주소이며, 이에 대한 판별은 향후의 과제를 시사해 줄 것이라고 판단된다. 본 연구는 기본적으로 이러한 문제의식에서 출발하며, 궁극적으로는 우리나라 도시정치의 지배구조에 관한 적실한 이론 도출에 필요한 방법론상의 과제를 조명하고자 함을 목적으로 한다.

---

3) 지위법, 평판범, 의사 결정법, 연결망 분석에 관한 자세한 설명은 박대식 외(2004: 15-23) 및 박종민 외(1999: 13-18) 참조.

분석의 대상에 포함된 국내사례연구는 1차적으로 학술지 수록 논문의 원문정보를 비교적 포괄적으로 제공해주고 있는 한국학술정보(주)의 검색시스템(http://kiss.kstudy.com)을 통해 탐색되었다. 수집범위는 자치제가 본격화된 1995년 이후부터 2009년까지로 한정하였으며, 시론적 논의나 이론적 고찰에 머무는 연구는 제외하고 실제 도시의 사례를 중심으로 연구된 경험적 연구들만을 포함시켰다.[4] 2차적으로는 1차의 검색과정에서 연구자의 주관적 판단으로 누락시킨 연구가 있는지를 확인하기 위해 기존의 대표적인 문헌 고찰연구(강명구, 1997; 이달곤·강은숙, 2001; 이준원, 2002; 박재욱, 2004b; 박재욱, 2004c; 박대식, 2004; 김의영, 2006; 강문희·박재욱, 2006) 및 본 연구가 분석대상으로 포함시킨 개별사례연구들에서 인용되고 있는 국내연구를 1차 검색목록과 대조하는 과정을 거쳤다. 이 과정에서 한국학술정보(주)의 키워드 검색시스템에서는 탐색되지 않는 중요한 단행본들과 연구논문들을 확인할 수 있었다. 석·박사학위 논문은 대개의 경우 재구성되어 학술지에 수록되는 관행이 나타나고 있다는 점에서, 별도의 탐색 과정 없이 기존연구에서 언급하고 있는 주요 연구들에 한정하여 선별적으로 수집하였다. 이를 통해 최종적으로 분석대상에 포함시킨 국내연구는 모두 38편이다. 지면 관계상

4) 관련 연구에 관한 1차 탐색작업은 주요 키워드를 기준으로 1995년 이후 발표된 논문의 검색 결과를 원문 내용과 일일이 대조하는 과정을 통해 이루어졌다. 도시정치(143), 지방정치(404), 거버넌스(239), 로컬거버넌스(21), 엘리트(118), 다원주의(84), 성장연합(4), 레짐(86) 등 총 1,099건의 원문검색 결과 중 학술지 수록 논문에 한정시키고 또 도시정치의 지배구조와 통치양식에 관한 국내 사례연구에 한정시키는 기준으로 선별하였다. '95년 이후에 발표된 논문이라 하더라도 연구 대상 시기가 '95년 이전에 해당되는 경우 제외하였다. 여기서 학술지 수록 논문이란 포괄적으로 대학논문집 이상의 모든 논문집에 수록된 논문을 의미한다.

이들 연구내용을 일일이 열거하기는 힘들다.[5] 대신 앞서 제시한 두 가지 기준에 따른 연구 결과의 전반적인 특징을 파악하는데 집중할 것이다.

III. 지배구조에 관한 국내사례연구의 조각 그림 맞추기

본 연구가 대상으로 한 총 38편의 국내사례연구는 기본적으로 한국 도시의 권력이 특정 정치·경제·행정 엘리트 계층이나 집단에 집중되어 있는지 아니면 다양한 집단에 의해 분산되어 있는지에 대한 연구라고 할 수 있다. 우선 이들 연구를 본 연구에서 설정한 분석기준을 중심으로 총체적인 특성을 살펴보면 아래의 <표 3-1>과 같다.

<표 3-1> 국내사례연구의 총체적 특성

기준	유 형	건 수	계
도시 규모	대도시	13	38
	중도시	12	
	소도시	11	
	대+중+소	2	
연구 시점	민선1대	9	38
	민선2대	3	
	민선3대	13	
	1대-2대	10	
	1대-3대	2	
	1대-4대	1	

5) 개별연구의 특징에 대해서는 <부록>의 요약을 통해 예시하기로 한다.

기준	유 형	건 수	계
연구 방법	지위법	2	38
	평판법	10	
	의사 결정법	12	
	지위법+평판법	2	
	지위법+평판법+의사 결정법	1	
	지위법+평판법+연결망 분석	11	
분석모형	단일 도시 분석	27	38
	다수 도시 비교분석	11	

연구대상으로 하고 있는 도시 규모의 경우 대도시가 13건, 중도시가 12건, 소도시가 11건, 그리고 세 가지 규모의 도시 모두를 포괄한 연구가 2건으로 나타나고 있어 비교적 도시 규모 전반에 대한 연구들이 골고루 분포되어 있다고 할 수 있다. 또한 <부록>을 통해 예시되고 있는 바와 같이 일단 이들이 대상으로 하고 있는 도시는 서울, 부산, 대구, 대전, 광주, 인천 등 대도시에서부터 전주, 수원, 성남, 부천, 진주, 청주, 천안 등 중간 규모의 도시, 평택, 밀양, 원주, 춘천, 순천, 태안, 구리, 공주, 충주, 남원, 영천, 김해, 고한, 사북 등 소도시에 이르기까지 전국적으로도 다양한 분포를 보이고 있다. 연구대상으로 한 시점의 경우는 민선 3대가 모두 13건으로 나타남으로써 가장 많았고, 민선 1대가 9건, 그리고 2대 및 1대~2대를 포괄한 연구가 13건으로 나타나고 있어 주로 민선 1대부터 3대에 이르는 시점에 연구가 집중되어 나타났다. 1대부터 3대 그리고 4대에 이르는 비교적 장기적인 시점을 관찰한 연구는 불과 3건으로 나타나고 있어 시계열분석에 의한 지배구조변화에 관한 연구가 아직은 미진하다는 점을 보여주고 있다. 그러나 일단 이들의 연구 시점이

1995년부터 2006년까지 비교적 장기적인 기간에 걸쳐 있다는 점에서 시기상의 변화를 감지할 수 있는 가능성은 열어두고 있다. 그러나 4대 이후에 대한 연구는 아직 발견되지 않고 있어 지배구조에 대한 연구자들의 관심이 이 시기 이후 급격히 냉각되었음을 유추해 볼 수 있다. 연구 방법의 경우 주요 정책사례들을 중심으로 영향력의 크기를 살펴본 의사 결정법이 12건으로 가장 많이 나타났으며, 뒤를 이어 시민이나 공무원, 사회지도층 및 단체장들에게 직접 지배구조의 핵심주체를 물어보는 평판법이 10건으로 나타났다. 지위법과 평판법 그리고 연결망 분석까지를 시도한 연구가 무려 11건으로 나타나고 있는데, 이는 2003년 당시 한국학술진흥재단 과제로 진행된 박대식 외(2004)의 연구에서 함께 참여한 공동연구자들이 각각 총 9개 도시에 대한 연구를 동일한 방법에 의해 시도한 때문이다. 분석모형의 경우 단일 도시를 대상으로 한 경우가 모두 27건으로 나타났으며, 두 도시 이상을 비교한 연구가 11건으로 나타나고 있어 도시 간의 차이에 대한 설명의 가능성도 열어두고 있다.

한편 38편의 연구를 총괄하여 살펴보면 우리나라 도시의 지배구조는 <표 3-2>에 나타난 바와 같이 정치적으로 충원된 시장(mayor)에 의해 주도되고 있음이 밝혀지고 있다. 총 38편의 연구 중 24편의 논문이 시장을 지목하고 있으며, 6편이 엘리트, 4편이 중앙정부, 그리고 3편이 정책사례별로 다양한 이익집단이 영향력을 행사하고 있음을 밝히고 있고 이례적으로 전문 관료의 영향력을 지목하고 있는 논문이 1편 발견되고 있다. 이를 다시 크게 묶어보면, 시장과 엘리트, 그리고 전문 관료가 모두 정치, 행정, 경제 엘리트에 포함된다는 점에서 우리나라의 도시는 여전히 다원주의적인 지배구조가 아니라 엘리트들의 정책 선호에 따라 지배되는 특성을 지니고 있으며, 그중에서도 특히 공식적인 정치·행정 엘리트의 지배력이 매우 강하게 나타나고 있다는 추론이 가능하다.

<표 3-2> 지배구조의 핵심주체에 대한 발견내용

핵심주체	빈도	비율
시장	24	63.2%
엘리트	6	15.8%
중앙정부	4	10.5%
다원주의(이익집단)	3	7.9%
전문 관료	1	2.6%
계	38	100%

과연 이들에 의해 밝혀지고 있는 한국 도시정치의 지배구조가 도시의 규모나 특성 그리고 관찰시점 및 연구 방법에 따라 어떤 모습으로 그려지고 있는지를 항목별로 살펴보고 각각의 모습 속에서 시사점을 도출해 보면 아래와 같다.

1. 도시의 규모 및 특성에 따른 발견내용

<표 3-3>은 지배구조에 관한 국내연구를 연구 대상 도시의 규모에 따라 분류하고 이들의 발견내용을 지배구조의 핵심주체를 중심으로 정리한 것이다. 일단 이 표에 따르면 우리나라 도시의 지배구조는 도시 규모가 작아짐에 따라 공식적 권력의 소유자인 시장의 지배력이 훨씬 강하게 나타나고 있음을 시사해 주고 있다. 대도시 및 광역 정부의 경우는 시장 이외의 엘리트나 중앙정부의 영향력

그리고 이익집단의 영향력을 인정하는 다원주의에 대한 발견이 절반 이상을 차지하고 있는데 반해, 중도시 및 소도시에 관한 연구의 경우 시장의 지배력을 인정하는 연구가 압도적으로 많이 나타나고 있다. 앞서 가설 1에서 유추한 바와 같이 도시의 규모가 클수록 권력 구조에 영향을 미칠 수 있는 행위 주체(예컨대, 대기업, 시민사회단체, 주민집단 등)들이 다양하게 존재하고 있을 뿐 아니라 그 세력 또한 크게 성장되어 있는 반면, 도시의 규모가 작을수록 시장의 공권력에 대항할만한 행위 주체의 숫자나 영향력의 크기가 작아질 수밖에 없기 때문이라는 추론이 가능하다.

<표 3-3> 도시 규모에 따른 연구자와 지배구조의 발견내용

도시 규모	발견내용의 유형		연구 건수
	연 구 자*	발 견 내 용(숫자)**	
대도시 및 광역정부	1, 2, 3, 4, 5, 17, 19, 22, 29, 30, 31, 32, 36	시장(6), 엘리트(3), 중앙정부(2), 다원주의(2)	13
중도시	6, 8, 12, 13, 14, 15, 16, 23, 26, 34, 35, 37	시장(8), 엘리트(2), 중앙정부(1), 다원주의(1)	12
소도시	7, 9, 18, 20, 21, 24, 25, 27, 28, 33, 38	시장(9), 전문 관료(1), 엘리트(1)	11
대+중+소	10, 11	시장(1), 중앙정부(1)	2
계			38

* : 연구자의 번호는 <부록>에 표기한 일련번호를 의미함.

** ( ) 안의 숫자는 발견내용의 연구 총 숫자를 의미함.

대도시 : 서울·부산·대구·대전·광주·인천(광역시)

광역정부 : 경상북도

중도시 : 전주·수원·성남·부천·진주·청주(인구 50만 이상 100만 미만)

소도시 : 평택·밀양·원주·춘천·순천·태안·구리·공주·충주·남원·영천·김해·고한·사북 (인구 50만 이하)

중+소 : 전국 시군구 기초통계자료 이용

대+중+소 : 광역시도 포함 인구 50만 이상 도시 및 소도시 그렇다면 실제의 분석에서도 이와 같은 도시 규모와 지배구조 차이의 상관성이 나타나고 있을까? 그러나 분석모형에 따른 발견 내용의 추이를 보여주는 <표 3-4>는 이 두 가지 변수의 상관성이 전혀 나타나지 않는다는 사실을 드러내고 있다. 다수의 도시를 비교하고 있는 사례분석들이 거의 대부분 시장의 절대적인 지배력을 지목하고 있기 때문이다. 이 표에 따르면 다수의 도시를 비교한 총 11건의 연구 중 오직 2건만이 각각 중앙정부와 엘리트를 지목하고 있으며, 9건의 연구가 시장이 도시지배구조의 핵심이라는 점을 밝히고 있다. 단일 도시사례에 국한한 연구들이 중앙정부나 엘리트 그리고 이익집단 등과 같은 비교적 다양한 권력 주체를 지목하고 있는 것과는 다른 양상인 것이다. 그렇다면 과연 도시 규모나 특성의 차이는 도시지배구조의 변화와 전혀 상관이 없는 것일까? 이에 대한 본 연구의 잠정적인 답변은"그렇지 않다"이다. 오히려 국내 사례연구들이 시도한 분석내용의 추이를 자세히 살펴보면 여전히 도시의 규모나 특성변수가 아직 검증되지 않은 중요한 설명변수로 남아있기 때문이다. 다시 말해 다수의 도시 간 비교를 시도한 대부분의 연구가 전체적인 빈도 분포에 초점을 두어 우리나라 도시 전체를 일반화하려는 의욕에 몰입된 나머지, 도시의 규모나 정치, 경제, 사회적 특성에 대한 차이를 유효한 설명변수로 활용하지 않고 있는 것이다.

<표 3-4> 분석모형에 따른 지배구조의 발견내용

<table>
<tr><th colspan="2" rowspan="2">분석단위</th><th colspan="2">연구자 및 발견내용의 유형</th><th rowspan="2">연구 건수</th></tr>
<tr><th>연 구 자*</th><th>발 견 내 용 (숫자)**</th></tr>
<tr><td rowspan="3">사례분석 : 단일 도시분석[1]</td><td>사례분석I</td><td>2, 9, 13, 16, 17, 22, 23, 30, 31, 35, 38</td><td>시장(4), 중앙정부(2), 엘리트(2), 다원주의(3)</td><td>11</td></tr>
<tr><td>사례분석II</td><td>1, 3, 4, 5, 6, 7, 8, 10, 15, 19, 21, 26, 29, 32, 33, 34</td><td>시장(11), 엘리트(3), 중앙정부(1), 전문 관료(1)</td><td>16</td></tr>
<tr><td>사례분석III</td><td>-</td><td>-</td><td>0</td></tr>
<tr><td rowspan="4">비교 분석 : 다수의 도시비교[2]</td><td>횡단면분석</td><td>11, 20, 24, 28, 36, 37</td><td>시장(5), 중앙정부(1)</td><td>6</td></tr>
<tr><td>시계열 횡단면분석</td><td>12, 14, 18, 25</td><td>시장(4)</td><td>4</td></tr>
<tr><td>계층적 분석</td><td>-</td><td>-</td><td>0</td></tr>
<tr><td>계층시계열 or 비교역사적 분석</td><td>27</td><td>엘리트(1)</td><td>1</td></tr>
<tr><td colspan="4">계</td><td>38</td></tr>
</table>

* : 연구자의 번호는 <부록>에 표기한 일련번호를 의미함.

** ( ) 안의 숫자는 발견내용의 연구 총 숫자를 의미함.

1 : single unit or within-unit analysis

2 : across-unit analysis

▶ 사례분석I : 단일 도시 및 단일 사례를 대상으로 지배구조의 시간적 변화를 추론한 연구

▶ 사례분석II : 단일 도시를 대상으로 복수의 사례비교나 하위변수 간 상호관계 측정을 통해 일정 시점에서의 지배구조를 측정한 연구

▶ 사례분석III : 단일 도시를 대상으로 복수 사례의 시간적 경과를 비교하여 지배구조의 변화를 분석한 연구

▶ 횡단면분석(cross-sectional analysis) : 특정 시점에서 다수의 도시에서 발생하는 변수상호 간의 인과관계분석

▶ 시계열횡단면분석(time-series cross-sectional analysis) : 여러 시점에서 다수의 도시에서 발생하는 변수 상호 간의 인과관계분석

▶ 계층적 분석(hierarchical model) : 하나의 연구 설계 안에서 특정 시점에서의 두 도시 이상 그리고 각 도시 내에서의 하위분석단위에서 발생하는 인과관계를 분석한 연구

▶ 계층시계열(hierarchical time-series) or 비교역사적 분석(comparative historical) : 계층적 분석을 시간변수를 대입하여 인과관계를 분석한 연구. 계층시계열은 계량적 자료를 활용한 분석을 의미하며, 비교역사적 분석은 질적 자료를 사용한 분석을 의미함.

우선 유재원(2003)은 도시의 규모나 수도권·비수도권의 차이는 지배구조의 특성에 별다른 영향을 미치지 않고 있다는 점을 역설하고 있다. 2001년도에 실시한 전국 232개 기초자치단체의 실무과장을 대상으로 한 설문조사를 통해 그는 지방 관료제에 영향을 미치는 외부행위자의 영향력의 크기를 측정하고 있는데, 선출직 시장은 그 어떤 외부행위자(기업, 지역유지, 이익집단, 정당, 언론을 비롯한 지방도시의 사회경제적 세력은 물론 심지어 상위정부)보다도 시·군·구라는 행정계층의 차이나 수도권과의 근접 거리에 상관없이 가장 강력한 영향력을 행사하고 있다고 주장하고 있다. 그러나 이 연구는 기초단체 전체를 연구대상에 포함시킴으로써 우리나라 지배구조의 특성을 총괄적으로 조명했다는 공헌에도 불구하고, 여전히 232개 기초자치단체 사이에 존재하는 인구 규모의 다양성이나 사회경제적 구조의 특성이라는 변수를 무시하고 있다는 한계를 드러내고 있다. 6개 도시를 대상으로 한 박재욱(2004)의 연구 역시 모든 도시 응답자들의 총괄적인 응답 결과만을 통해 중앙정부가 시장보다 상위의 권력주체라는 점을 제시하는데 그치고 있고 도시 간 차이는 검증하지 않고 있다. 이 외에 횡단면 분석 및 시계열횡단면 분석을 시도한 박종민(2000b), 소순창·유재원(2005), 신진(2006a), 이승종(1998), 박종민·최승범·신수경(2001), 박대식·최진혁(2004)의 경우에도 도시 규모나 특성은 설명변수로 채택되지 않고 있다.

그러나 도시의 규모나 특성이 지배구조의 차이를 가져올 것이라는 추론적 가정은 여전히 다수의 연구 속에서 향후의 검증과제로 암시되고 있음이 발견되고 있다. 우선 박종민(1999)은 5개 도시(성남, 진주, 청주, 평택, 부천)에 대한 사례분석을 종합한 논의를 통해 대상이 된 도시가 모두 기본적으로는 "시장이 압도하는 권력 구조를 보여주지만 각 도시의 역사적, 정치적, 사회적 및 경제적 조건에 따라 시장의 독주성에 약간의 차이"(박종민, 1999: 361)가 나타나고 있음을 지적하고 있다. 이러한 조건들은 구체적으로 각 도시의 시장이 보여주는 리더십, 시민단체의 조직화 정도, 도시의 역사, 시장의 정당 배경 및 시의회와의 관계 등으로 예시되고 있다. 그러나 아쉽게도 그의 이러한 지적은 사례연구를 통한 귀납적 결론에 그치고 있어 이에 대한 연역적 검증은 차후의 과제로 남겨지고 있다. 대구와 인천 그리고 광주 3개 광역시의 권력 구조를 연구한 홍덕률(1997)의 연구는 각 도시의 인구 규모와 인구구성의 동질성과 이질성의 정도, 지리적 입지, 지역경제, 중앙권력과의 관계, 그리고 여야를 둘러싼 정치지형이라는 변수들이 도시 권력 구조의 특징을 구분할 수 있는 중요한 단서가 될 수 있음을 탐색적 차원에서 보여주고 있다. 박대식·최진혁(2004)의 연구는 총 9개 도시(인천, 수원, 춘천, 청주, 대전, 전주, 광주, 대구, 부산)에 대한 지배구조의 특성을 종합적으로 비교한 분석에서 엘리트들의 지역 집중성(특정 지역의 성장지, 출신고교 및 출신대학에 엘리트가 집중되어 있는 현상)과 시장 연계성(시장과 주요 엘리트 간의 성장지, 출신고교, 출신대학이 일치하는 현상)이라는 두 가지 기준에 따라 엘리트의 권력 집중성 정도의 도시 간 차이를 보여주고 있다. 이들은 "춘천, 전주 및 청주는 상대적으로 엘리트의 권력 구조가 집권적이고, 수원과 인천은 상대적으로 분권적이고, 여타 도시들은 중간 수준에 있다"(박대식·최진혁, 2004: 280)고 지적하고 있다.[6] 설명하기 힘든 의외의 결과에 대해 이들은 도시마다 다르게 나타나는 엘리트 간 권력 집중도의 차이는 실질적으로 도시의 규모나 수도권과의 물리적인 거리에 따라 다르게 나타나게 되며 이는 궁극적으로 도시지배구조의 특성을 다르게 나타나게 할 수도 있을 것이라는 가설적 추론을 제기하고 있다. 즉, 도시가 서울에 근접할수록 자기 지역 출신의 엘리트가 서울에 흡수됨과 동시에 서울의 인구 유입에 의해 엘리트 집중도가 희석되는 반면, 멀리 떨어져 있는 경우 엘리트 유출은 물론 서울엘리트의 유입이 어렵다는 것이다. 또한 도시의 규모가 커질수록 주변 지역의 인구 유입으로 인해 엘리트의 응집력이 떨어지는 반면, 규모가 작은 경우 자기 지역 출신 인구 비중을 계속 높게 유지함으로써 응집력을 강화할 수 있을 것이라는 것이다.

한편 8개 도시를 비교분석한 신진(2006a)의 연구는 단순히 도시의 규모뿐만 아니라 엘리트 상호 간 연결망의 응집력 정도나 시장 개인이 발휘할 수 있는 정치적 역량 및 리더십의 크기가 지배구조의 차이를 나타낼 수 있을 것이라는 추론의 단서를 제공하고 있다. 그는 2003년도에 실시한 전국 8개 도시(구리, 원주, 충주, 공주, 남원, 순천, 영천, 밀양)의 시민대상 설문조사자료와 엘리트의 구성을 확인한

6) 물론 이들이 이야기하고 있는 권력의 집중성이란 엘리트들 상호 간의 연결망 분석을 토대로 하고 있다는 점에서 이러한 결과를 곧바로 시장지배력의 크기 차이로 해석할 수는 없다. 사실상 이들의 연구는 "누가 가장 영향력 있는 엘리트인가?"라는 현직 엘리트 대상의 설문조사를 통해 연구대상이 된 9개 도시 모두 획일적으로 현직 시장/부시장이라는 동일한 결과를 내놓고 있다. 이들의 연구설계는 애초부터 도시 규모나 특성을 설명변수로 채택하고 있지도 않다.

지위법의 조사자료를 바탕으로 5개 도시(원주, 남원, 순천, 영천, 밀양)에서는 시장주도형 지배구조가 나타나고 있음을 확인하고 있으나, 3개 도시(구리, 충주, 공주)에서는 오히려 전문가 주도형(과장급 및 계장급 공무원과 당해 업무 담당공무원) 지배구조가 나타나고 있음을 밝히고 있다. 이와 같은 차이는 엘리트 상호 간 네트워크의 중심성의 차이에 의해 설명되고 있다. 즉, 이들 세 도시에서는 네트워크 중심성이 다른 도시들에 비해 낮게 나타나고 있어 어떤 엘리트도 독점적인 영향력을 행사하지 못하고 있으며, 권한이 전문 관료들에게 광범위하게 분산되어 있다는 것이다. 또한 시장의 리더십 역시 지배구조의 변이에 중요한 변수로 작동하고 있음을 공주의 사례를 통해 암시하고 있기도 하다. 즉, 공주의 경우는 민선 1대와 2대에 걸쳐 당시 현직 시장이 두 차례에 걸쳐 뇌물수수와 선거법 위반으로 법정구속 당하는 사태를 경험함으로써 시장을 대신할 수 있는 분야별 전문 관료가 지배구조의 핵심으로 등장했다는 것이다. 일단 공주의 사례에서 엿볼 수 있는 것은 시장의 공식적인 지위가 법적·정치적으로 위협을 받을 경우 도시의 지배구조는 충분히 변화될 수 있다는 점이며, 이는 시장 개인의 리더십이나 정치적 역량의 크기가 중요 설명변수로 활용될 수 있음을 시사하고 있다.

이선향(2005)의 연구는 도시의 경제적 상황이나 산업구조의 특성 또한 지배구조 형성의 주요 변수로 작동할 수 있음을 암시하고 있다. 그녀는 강원도의 대표적인 폐광지역인 고한과 사북지역에 대한 사례연구를 통해 이 두 지역이 1980년 이후 2000년대에 이르기까지 급격한 사회경제적 변동을 겪어나가면서 노조 대표와 시민활동가들의 영향력이 강화되고 급기야는 이들이 자신들만의 이념과 정책 선호에 따라 정치적 영향력을 행사하는 지역 엘리트로 성장해 나가는 과정을 보여주고 있다. 그녀의 분석에 따르면 지역 엘리트들은 지역 문제의 아젠다 형성 및 정책 결정과 집행과정에서 막강한 영향력을 행사했음은 물론 실제 이익의 분배과정에서도 자신들의 이해와 관련된 가치와 정책에 몰두함으로써 대다수 지역주민들의 정치경제적 소외를 심화시켰다는 것이다. 이 연구를 통해 유추할 수 있는 것은 특정 도시의 경제적 상황이나 산업구조의 위기 또는 번영은 특정 계급의 권력을 강화하는 요인으로 작동할 수 있다는 점이다. 세입자와 자가주택 소유자의 시정부에 대한 정책신뢰와 효능감 그리고 참여행태의 차이를 조사한 박종민·최승범·신수경(2001)의 연구 역시 이러한 경제적 변수의 중요성을 간접적으로 시사하고 있다. 물론 이들의 연구에서 조사대상인 5개 도시(성남, 부천, 평택, 청주, 진주)의 경제적 특성이 직접적인 설명변수로 활용된 것은 아니지만, 이들은 자가주택 소유자가 상대적으로 시정부에 대해 훨씬 긍정적인 태도를 지향하고 있다는 점을 밝혀냄으로써 시정부의 정책방향 역시 자신에게 우호적인 경제적 상위계층의 이익에 훨씬 더 민감하게 반응할 것이라는 다소 엘리트론적 결론을 도출하고 있다. 이선향(2005)과 박종민·최승범·신수경(2001)의 연구 결과를 조합해 보면, 도시의 경제적 수준과 지배구조 사이에 일정한 가설적 상관관계가 존재하고 있음을 유추해 볼 수 있다.

이상 기존 국내사례연구들 속에서 하나의 추론으로 제시된 각종의 미검증 변수들은 결국 우리의 학계가 계속 추진해야 할 연구과제로 남아있음을 시사하고 있다.

2. 연구 시점에 따른 발견내용

연구 시점에 따른 발견내용의 추세는 대체로 민선 1대로부터 민선 2대를 거쳐 3대로 진전되면서 점차 시장의 지배력을 지목하는 연구 숫자의 비중이 높게 나타나고 있음을 발견하게 된다. <표-5>에 나타난 바와 같이 민선 1대의 경우 시장과 중앙정부 그리고 엘리트를 지목한 연구가 각각 3건으로 나타나고 있는데 반해 민선 3대에 초점을 둔 연구들은 압도적으로 시장의 영향력을 지적하고 있는 것이다. 민선 1대와 2대에 걸친 연구들 역시 시장의 지배력을 지목하고 있다. 이러한 추세는 본 연구가 설정한 가설 2와는 달리 일단 민선 1대의 경우 초대 민선시장의 권력 장악력이 크게 발현되지 못하다가 점차 권력의 핵심주체로 자리를 잡게 된 것이라는 추론을 가능케 하고 있다. 즉, 민선 1대의 경우 장기적인 중앙집권적 영향이 그대로 시의 지배구조에 잔존되어 있거나, 이미 지방의회에 포진하고 있던 지역의 실세 엘리트들의 영향력이 강하게 작동했던 반면 시간이 경과함에 따라 이들의 영향력이 수그러들면서 시장이 지배구조의 정점으로 등장했을 것이라는 추론이다.

이러한 경향은 <표 3-6>에 나타난 바와 같이 도시 규모와 연구 시점을 동시에 비교한 발견내용의 추이에서도 잘 드러나고 있다. 즉, 민선 3대에 초점을 둔 13건의 연구들 중 12건의 연구가 거의 획일적으로 시장 중심의 지배구조를 입증해 주고 있는 것이다. 민선 1대와 2대에 관한 연구들이 중앙정부나 엘리트를 산발적으로 지목했던 것과는 사뭇 다른 모습이라고 할 수 있다.

<표 3-5> 연구 시점별 연구자와 지배구조의 발견내용

연구 시점	발견내용의 유형		연구 건수
	연 구 자*	발 견 내 용(숫자)**	
민선1대	2, 4, 8, 15, 19, 23, 28, 30, 36	시장(3), 중앙정부(3), 엘리트(3)	9
민선2대	11, 24, 37	중앙정부(1), 시장(2)	3
민선3대	1, 3, 5, 6, 7, 10, 20, 21, 26, 29, 32, 33, 34	시장(12), 전문 관료(1)	13
1대-2대	12, 13, 14, 16, 18, 22, 25, 31, 35, 38	시장(6), 엘리트(1), 다원주의(3)	10
1대-3대	9, 27	시장(1), 엘리트(1)	2
1대-4대	17	엘리트(1)	1
계			38

* : 연구자의 번호는 <부록>에 표기한 일련번호를 의미함

** ( ) 안의 숫자는 발견내용의 연구 총 숫자를 의미함.

<표 3-6> 도시 규모 및 연구 시점에 따른 지배구조의 발견내용

	민선1대	민선2대	민선3대	1대-2대	1대-3대	1대-4대	계
대도시 및 광역정부	중앙정부(1) 엘리트(2) 시장(1)	-	시장(6)	다원주의 (2)	-	엘리트(1)	13
중도시	중앙정부(1) 시장(1) 엘리트(2)	시장(1)	시장(2)	시장(4) 엘리트(1) 다원주의 (1)	-	-	12
소도시	시장(1)	시장(1)	시장(3) 전문 관료 (1)	시장(2)	시장(1) 엘리트(1)	-	11
대+중+소	-	중앙정부 (1)	시장(1)	-	-	-	2
계	9	3	13	10	2	1	38

( ) 안의 숫자는 발견내용의 연구 총 숫자를 의미함.

그러면 과연 위의 표에 나타난 바와 같이 우리의 도시는 점차 시장주도적인 지배구조로 정착된 것일까? 이에 대한 본 연구의 잠정적인 대답은 역시 "그렇지 않다"이다. 왜냐 하면 일단 이러한 추론이 확증되기 위해서는 개별도시에 대한 시기별 분석 결과의 추이가 일관된 경향성을 보여줄 수 있어야 하기 때문이다. 아래의 <표 3-7>은 개별 도시별로 연구 시점에 따라 발견내용이 어떻게 나타나고 있는지를 총괄적으로 보여주고 있다.

일단 이 표에 나타난 개별 도시의 시기별 분석내용의 분포는 결코 도시의 지배구조가 시간의 진전에 따라 새로운 형태로 진화했을 것이라는 일반적 추론을 허용하지 않고 있다. 빈도 분포의 통계적인 적실성만을 놓고 볼 때도 각각의 도시에 대한 연구의 숫자는 최대 4건을 넘지 않고 있고 대부분은 2~3건과 1회의 사례연구로 한정되고 있기 때문이다. 다시 말해 통계적 경향치를 추정하기에는 채워지지 않은 빈 칸들이 너무 많다. 또한 각 도시에 대한 연구는 거의 모든 경우 각각 다른 연구자들에 의해 전혀 다른 연구 방법이나 분석모형에 따라 배타적으로 진행되고 있어, 상충된 인과관계 사이의 논리적 연결고리를 찾기가 매우 힘들다. 실제 동일한 도시를 대상으로 한 연구들의 경우에도 후속연구가 선행연구의 분석결과나 연구 방법을 구체적으로 검토한 경우는 거의 발견되지 않고 있다. 이와 아울러 민선 3대에 대한 연구 결과가 시장주도적인 지배구조로 집약되고 있는 또 다른 이유는 앞서 지적한 바와 같이 박대식 외(2004)의 한국학술진흥재단 과제를 통한 공동연구자들의 9대 도시에 대한 개별 연구가 동일한 결과를 내놓고 있기 때문이다. 따라서 <표 3-5>와 <표 3-6>에 나타난 경향성은 실제로 우리

<표 3-7> 개별도시에 대한 연구자별 발견내용

도시		연구시점					
		민선1대	민선2대	민선3대	1대~2대	1대~3대	1대~4대
대도시	서울	중앙정부(2)	중앙정부(11)	-	-	-	-
	부산	엘리트(4)	중앙정부(11)	시장(1, 10)	-	-	-
	대구	엘리트(19) 시장(36)	-	시장(10, 29)	-	-	-
	대전	-	-	시장(3, 10)	-	-	엘리트(17)
	광주	시장(36)	중앙정부(11)	시장(10, 32)	-	-	-
	인천	중앙정부(30)	-	시장(5, 10)	-	-	-
	경북	-	-	-	엘리트(22) 이익집단(31)	-	-
중도시	전주	-	중앙정부(11)	시장(10, 26)	-	-	-
	수원	-	중앙정부(11)	시장(6, 10)	-	-	-
	성남	엘리트(15)	시장(37)	-	시장(13, 14)	-	-
	부천	-	-	-	시장(12, 14, 37) 이익집단(35)	-	-
	진주	-	-	-	시장(12, 14) 엘리트(16)	-	-
	청주	중앙정부(8)	-	시장(10, 34)	시장(12, 14, 23)	-	-
소도시	춘천	-	-	시장(7, 10)	-	-	-
	순천	-	중앙정부(11)	시장(20, 33)	-	-	-
	평택	-	시장(37)	-	시장(12, 14, 38)	-	-
	구리	-	-	전문 관료(20)	-	-	-

도시		연구시점					
		민선1대	민선2대	민선3대	1대~2대	1대~3대	1대~4대
소도시	원주	-	-	시장(20)	-	시장→ 이익집단(9)	-
	공주	-	-	전문 관료 (20, 21)	-	-	-
	충주	-	-	전문 관료 (20)	-	-	-
	남원	-	-	시장(20)	-	-	-
	영천	-	-	시장(20)	-	-	-
	밀양	-	-	시장(20)	-	-	-
	고한	-	-	-	-	엘리트(27)	-
	사북	-	-	-	-	엘리트(27)	-

* ( )의 숫자는 <부록>에 나타난 연구자의 일련번호를 의미함.

의 도시들이 민선 1대 이후 보여준 전반적인 지배구조 변화의 추세가 아니라 연구자들의 쏠림현상에 따른 우연한 결과라고 보는 것이 안전한 해석이다.

"시간의 진전에 따라 우리나라 도시정치의 지배구조가 시장독주의 체제로 변화되었을 것"이라는 추론에 대한 반대의 증거들은 여러 시기에 걸쳐 도시지배구조의 변화를 추정한 사례분석의 연구결과들 통해 충분히 발견되고 있다. 우선 1995년부터 2003년에 이르기까지 원주의 시청사 신설입지를 둘러싼 장기간에 걸친 갈등사례를 분석한 박기관(2004)의 연구는 기본적으로 원주의 지배구조가 강력한 시장 중심체제에서 시간의 진전에 따라 서서히 참여 주체의 확산과 영향력의 증가로 인해 다소간 이완되는 변화를 가져왔다는 점을 서술해주고 있다. 또한 여러 경로를 통해 비공식 집단들의 참여가 점증하고 있음을 주시하면서, 다원론적 요소가 향후의 지방정치 과정에 가미될 수 있음을 예측하고 있기도 하다. 민선 1대와 2대에 걸쳐 진주시 사례를 분석한 배병룡(2000)의 연구 또한 진주시의 권력 구조가 강력한 시장 중심체제에서 시민단체로부터 부분적으로 견제를 받는 시장 중심의 선택적 보수 엘리트 연합구조로 변화되어왔다는 점을 예시하고 있다. 1993년부터 1999년에 이르기까지 경상북도 사례를 연구한 심익섭·손경희(2000)의 연구는 도의 권력 구조가 도지사 1인의 강력한 지배구조라기 보다는 정책사례에 따라 다양한 권력 구조로 편성되어 있다는 점을 확인해주고 있다. 도의회의 주요 3개 조례제정과정 사례를 대상으로 한 이들의 연구에 따르면, 사례에 따라 도의 지배구조는 집행기관의 정책 의도가 강하게 투영되는 엘리트론적 성향을 나타내기도 하고, 지역주민의 의사가 중요시되는 다원주의적 특성, 그리고 집행기관과 부동산소유자들의 이해관계가 연합되는 일종의 성장기구적 특성이 나타나기도 한다는 것이다. 1995년부터 2006년에 이르기까지 대전 지방의회의원들의 배경변수를 분석한 배응환(2006)의 연구는 지방의원들이 주로 사회경제적 상층과 지연연고가 강한 토착민, 그리고 지역 정당을 배경으로 한 의원들로 구성되어 있다는 점을 적시하면서 대전시의 정책 방향이 주로 이들의 이해관계와 정책 선호에 따라 움직여질 것이라는 가설들을 제시하고 있기도 하다. 물론 그의 연구가 이러한 가설들을 경험적으로 검증하고 있지는 않지만, 대전의 지배구조가 기본적으로는 강력한 시장독주체제가 아니라 시의회 의원들과의 역학관계에 의해 견제될 수밖에 없는 일종의 엘리트론적 성향을 나타내고 있음을 시사하는 것이라고 할 수 있다. 앞서 언급한 이선향(2005)의 연구 또한 지역사회의 경제구조가 변화함에 따라 특정 행위 주체가 지역사회의 대표로 부상하고 급기야는 강력한 엘리트로 활약하는 과정을 보여줌으로써 공식적인 시장 중심 지배체제 이면에 숨어있는 엘리트론적 권력 구조의 특성을 잘 묘사해 주고 있다. 1987년부터 2001년에 이르기까지 경상북도의 4건의 주요 정책사례를 대상으로 한 주낙영(2002)의 연구 또한 경상북도의 정책 결정구조가 도지사 일인 지배적이거나 모든 정책영역에서 압도적인 우위를 점유하고 있는 것이 아니라 사례에 따라 다양한 행위 주체들의 요구에 민감하게 반응하는 일종의 다원주의적 성격을 지니고 있음을 지적하고 있다. 1995년부터 1999년까지 부천시 사례를 대상으로 한 최흥석(2000)의 연구 또한 정책사례에 따라 시장이 이해집단의 요구에 대해 정치적으로 민감하게 반응하는 다원주의적 특성을 예시해 주고 있다.

이상의 예시들을 통해 얻을 수 있는 잠정적인 결론은 크게 두 가지로 집약된다. 하나는 "시간의 흐름"이라는 변수를 대입해 볼 때, 우리나라 도시정치의 지배구조는 시장독주체로부터 다원화 혹은 엘리트론의 특성으로 진화할 가능성이 높다는 가설이 여전히 유효하다는 것이다. 다른 하나는 이러한 가설의 검증을 위해서는 좀 더 장기간에 걸친 사례연구가 더욱 활성화될 필요가 있다는 것이다. 앞서 살펴본 바와 같이 대부분의 연구가 민선 3대까지의 관찰에 머무르고 있고 동일 도시에 관한 연구가 각각의 연구자에 의해 특정 시점에 한정하여 일회적으로 그치는 경우가 많은 것은 우리 학계가 넘어야 할 한계라고 할 수 있다. 특히 민선 4대 이후 노무현 행정부에 의해 적극적으로 추진되어온 분권과 국가 균형 발전 전략이 그 과정과 결과에 이르기까지 우리나라 도시로 하여금 새로운 정치경제 환경(도시 자치권의 상대적 강화, 도시 간 경쟁의 강화, 도시지가의 전반적 상승, top-down 방식에 의한 지역혁신 네트워크의 확산 등)에 직면하도록 했던 점은 도시정치의 지배구조와 관련하여 분명 검증해 보아야 할 시간의 변화요인이라고 할 수 있다. 2006년에 도입된 정당공천제의 기초의원에 대한 확산 적용 역시 도시의 지배구조와 관련하여 나타난 중요한 변화요인이다. 또한 2008년 이명박행정부 이후 광역경제권의 재편과 지방 행정체제 개편의 추진과정 역시 지배구조의 개편과 관련하여 주목할 필요가 있는 상황 변수라고 할 수 있다. 요컨대 앞의 <표 3-7>에 나타난 빈칸은 바로 우리 학계가 앞으로 꾸준히 채워나가야 할 과제로 남아있다고 하겠다.

3. 연구 방법에 따른 발견내용

연구 방법의 차이에 따른 우리나라 도시정치 지배구조의 발견내용에 대한 일정한 경향성은 발견하기 어렵다. 앞서 추론한 바와 같이 지위법이나 평판법의 경우 주로 엘리트론적인 추론이 가능한 반면, 의사 결정법의 경우 정책사례별로 특정 이익집단이 주도하는 다원주의적 발견의 가능성이 높을 것이라는 추론은 적어도 우리의 사례연구에서는 발견되지 않고 있다. <표 3-8>에 나타난 바와 같이 각각의 연구 방법은 일정한 발견내용과 연결되기보다는 다양한 결론에 도달하고 있기 때문이다. 이러한 파상적 분포상황과는 달리 예외적으로 부산에 관한 연구의 경우 본 연구의 가설3을 확인시켜 주는 듯한 경향성이 발견되고 있기는 하다. 즉, 김순은(1997)의 연구는 민선 1대 초기에 나타난 부산의 권력 구조를 시의회에서 통과된

<표 3-8> 연구 방법에 따른 지배구조의 발견내용

연구 방법	발견내용의 유형		연구 건수
	연구자*	발견내용(숫자)**	
지위법	2, 17	중앙정부(1), 엘리트(1)	2
평판법	11, 15, 18, 19, 24, 25, 28, 30, 36, 37	시장(6), 중앙정부(2), 엘리트(2)	10
의사 결정법	4, 9, 12, 13, 14, 16, 22, 23, 27, 31, 35, 38	시장(6), 엘리트(3), 다원주의(3)	12
지위법+평판법	8, 20	중앙정부(1), 시장(1)	2
지위법+평판법 +의사 결정법	21	전문 관료(1)	1
지위법+평판법 +연결망 분석	1, 3, 5, 6, 7, 10, 26, 29, 32, 33, 34	시장(11)	11
계			38

* 연구자의 <부록>에 나타난 일련번호를 의미함.

** (숫자)는 발견내용의 연구 총 숫자를 의미함.

6개 조례의 결정 과정을 통해 분석하고 있는데, 그에 따르면 부산은 다분히 시의원들의 정치적 이해관계가 복잡하게 투영되고 있는 엘리트론적 특성을 보이고 있다고 밝혀지고 있다. 반면 이후에 평판법에 의존한 강경태·이상봉(2004)의 연구와 박재욱(2004)의 연구는 각각 시장/부시장 및 중앙정부가 지배구조의 핵심주체라는 점을 지적하고 있다. 과연 이러한 차이가 연구 방법이 지니고 있는 이른바 방법론상의 결정주의에서 비롯된 것인지 아니면 실제 부산의 지배구조가 민선 1대 이후 민선 3대에 이르러 사실상 변화한 것인지는 현재로선 판단하기 어렵다.

연구 방법과 관련하여 주목되는 또 하나의 특이점은 다양한 연구 방법이 하나의 독립적인 연구설계에 조합될 경우 각각의 연구 방법에 의해 발견된 자료를 어떻게 논리적으로 연결시키느냐가 하나의 과제로 남아있다는 점이다. 이와 관련하여 우선 신진(2006a)의 연구는 다양한 연구 방법에 의해 얻어진 자료를 비교적 성공적으로 풀이하고 있다고 판단된다. 즉, 그는 8개 도시(구리, 원주, 공주, 충주, 남원, 순천, 영천, 밀양)에 대한 비교연구에서 충주와 공주 그리고 구리의 경우 전문 관료가 주도하는 지배체제가 나타나는 데 반해 나머지 5개 도시에서는 시장주도형 지배구조가 나타나는 현상을 앞의 3개 도시에 대해 선별적으로 적용된 의사 결정법을 통한 자료에 의해 설명을 보충하고 있다. 반면 박대식 외(2004)의 연구는 지위법과 평판법에 의해 발견된 자료와 연결망 분석에서 발견된 자료가 상호 연결되지 않고 있다는 문제를 드러내고 있다. 이들은 지위법+평판법+연결망 분석을 모두 동원하여 9개 도시의 지배구조를 측정하고 있으나, 결국 도시지배구조의 특성에 대한 판단은 평판법에 의한 수집자료에만 근거하고 있다. 따라서 지위법과 연결망 분석에서 나타난 도시 간의 변이현상이 지배구조의 궁극적인 특성에 과연 어떤 영향을 미치고 있는지는 앞서 지적한 바와 같이 하나의 추론으로만 설명하는 한계를 나타내고 있다. 다시 말해 하나의 연구설계 속에서 별도의 분석 결과를 나열한 셈이다. 도시의 지배구조를 보다 정밀하게 판단하기 위해 다양한 연구 방법으로 도시의 특성을 측정하는 작업이 필요한 반면, 이를 어떻게 하나의 일관된 이론적 논리에 따라 설명하느냐는 여전히 과제로 남아 있다는 것이다.

IV. 결론

이 장(章)에서는 지금까지 한국 도시정치의 지배구조와 관련하여 발표된 대표적인 국내사례연구 총 38편의 발견내용에 대한 논의를 통해 일정한 경향성을 발견해 보려는, 일종의 조각 그림 맞추기 노력을 시도해 보았다. 논의 결과, 본 연구가 제기했던 두 가지 의혹, 즉, 도시별 다양성과 시기별 가변성이라는 특징은 여전히 국내사례연구 속에서 충분히 입증되지 않고 있다는 사실을 확인할 수 있었다. 우선 도시 규모에 따른 발견내용은 일견 규모의 크기에 따라 다원주의적 속성이 강하게 부각된다는 발견내용 분포의 표면적 특성을 보여주고 있으나, 사실상 실제의 분석내용에서 이들 상호 간의 인과관계는 무시되고 있다. 도시의 정치·행정·사회·경제적 특성에 따른 지배구조의 변이현상에 관한 연구 역시 하나의 귀납적 추론에 그치고 있을 뿐 실제의 분석에서는 엄밀하게 검증되지 않고 있다. 연구 시점에 따른 도시지배구조의 변화에 대한 발견내용 역시 표면적으로는 마치 시장독주의 지배구조가 강화되고 있는 것 같은 추세변화의 분포를 보여주고 있으나, 이는 연구자들의 쏠림현상에 의한 우연한 결과에 지나지 않음이 드러나고 있다. 오히려 소수에 불과한 시계열관찰에 의한 사례분석들 속에서 지배구조의 변화를 유추할 수 있었다. 그러나 여전히 민선 4대 이후에 관한 연구가 부재한 상황은 우리의 도시정치 지배구조가 어떻게 변화되고 있는지를 가늠할 수 없도록 하고 있다. 따라서 지금까지 우리나라 도시정치의 지배구조에 대한 발견내용은 연구자별로 다양한 행위 주체가 나열됨으로써 전체적인 설명의 난맥상을 연출하고 있다고 할 수 있다. 즉, 동일한 이론에 준거한 검증 결과를 엇갈리게 하는가 하면, 동일 도시에 대한 분석 역시 상충된 결과를 가져옴으로써 과연 우리의 도시들이 지니는 지배구조가 어떤 특징을 지니고 있는지 그리고 구체적으로 어떤 영향변수에 따라 다르게 나타나고 있는지를 일관된 논리에 따라 설명할 수 없도록 하고 있다. 이는 대부분의 연구들이 자신이 선택한 이론과 연구 방법(대상도시의 선정과 연구설계 및 분석 방법)에 몰두한 나머지 기존의 사례연구들이 남겨두고 있는 한계요인과 추론에 대한 주의 깊은 통찰을 하지 않는 데에서 비롯되는 문제라고 풀이된다. 그러나 사례만을 달리 한 복사연구(replication study)나 분석 방법만을 달리 한 성급한 연구의 교착된 발견내용들은 결코 이론적 설명의 외연을 확장시키지 못한다는 점에 유의할 필요가 있다. 엇갈린 발견내용의 축적은 오히려 혼란만을 가중시키기 때문이다.

그럼에도 불구하고 본 연구의 분석에서 드러난 하나의 희망은 우리나라 도시정치 지배구조에 대한 이론화의 가능성이다. 도시 규모 및 특성에 관한 논의에서 발견된 바와 같이 하나의 추론으로 제시되고 있는 다양한 변수들과 지배구조의 상관관계는 앞으로 경험적 연구를 통해 꾸준히 검증될 필요가 있는 연구가설로 남아있기 때문이다. 약간의 위험을 무릅쓰고 논의된 변수들을 모두 정리해보자면 다음과 같은 경로모형의 도출이 가능할 것이다.

<그림 3-1> 도시정치의 지배구조 분석을 위한 실험적 경로 분석 모형

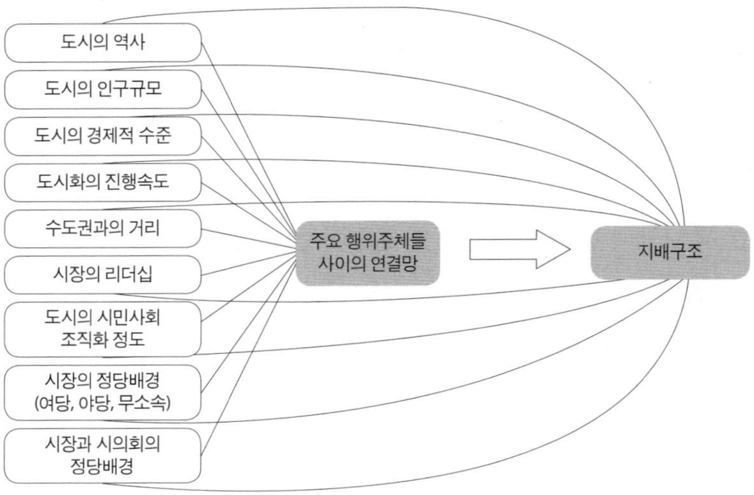

위의 <그림 3-1>에서 제시한 경로모형은 도시의 다양한 특성들이 도시 내부의 다양한 행위 주체들 사이에 존재하는 연결망의 강도나 집중성의 정도에 영향을 미치게 되며, 이는 궁극적으로 도시의 지배구조를 특징짓게 될 것이라는 이론적 가설에 입각해 있다. 이 모형은 일단 지금까지 추론만으로 제시되어 왔던 다양한 변수들을 하나의 분석모형에 통합하여 검증해 볼 수 있는 가능성을 열어주고 있다. 또한 지금까지 다양한 연구 방법을 접합시켰음에도 불구하고(예컨대, 지위법+평판법+의사 결정법 또는 지위법+평판법+연결망 분석) 각각의 방법에 의해 수집된 자료가 하나의 일관된 논리구조에 의해 설명될 수 없었던 점을 부분적으로 보완해 줄 수 있을 것이라고도 판단된다. 한편 이 모형은 단일 도시에 대한 사례분석이나 다수의 도시를 대상으로 한 횡단면분석에도 동일하게 적용될 수 있는 유용성을 지니고 있다고 판단된다. "시간의 흐름"이 가져올 수

있는 다양한 정치·경제·사회적 상황의 변화를 생각해 본다면, 위의 경로모형을 여러 시점에서 대입해 보는 종단연구(longitudinal study)도 가능할 것이다. 물론 실험적으로 제시한 이 모형의 적실성에 관한 이론적 검토와 설명력에 대한 검증은 앞으로 학계로부터 받아야 할 본 연구의 책임이다.

도시는 마치 살아있는 생명체처럼 환경에 적응하고 또 진화하는 존재다. 한국의 정치, 경제, 사회, 문화가 빠르게 급변하고 있는 만큼 우리의 도시 역시 빠르게 변화하고 있다. 이러한 상황의 변화가 도시정치의 지배구조에 어떻게 투영되고 있는지에 대한 분석은 보다 적실성 있는 이론적 설명을 위해 계속되어야 할 연구 과제임에 분명하다.

<부록> 지배구조 : 연구자, 대상도시, 연구 방법 및 발견내용(연구자 가나다 순)

번호	연구자	대상도시 및 시점	연구 방법
1	강경태·이상봉 (2004)	부산, 2003	지위법 + 평판법 + 연결망 분석
2	김광식(1998)	서울, 1995~1998	지위법
3	김상태·최정진 (2004)	대전, 2003	지위법 + 평판법 + 연결망 분석
4	김순은(1997)	부산, 1995	의사 결정법 (6개 정책사례분석)
5	김영민·임경환 (2004)	인천, 2003	지위법 + 평판법 + 연결망 분석
6	김익식·장연수 (2004)	수원, 2003	지위법 + 평판법 +연결망 분석
7	김태룡·안희정 (2004)	춘천, 2003	지위법 + 평판법 + 연결망 분석
8	민경희 외(1997)	청주, 1996	지위법과 평판법
9	박기관(2004)	원주, 1995~2003	의사 결정법 (원주시 시청사 건립 위치선정사례에 대한 행위자간 영향력 분석)
10	박대식·최진혁 (2004)	9개 도시 (인천, 수원, 춘천, 청주, 대전, 전주, 광주, 대구, 부산),2003	지위법 + 평판법 + 연결망 분석 (9개 도시 분석 결과의 종합)
11	박재욱(2004)	6개 도시 (서울, 부산, 광주, 수원, 순천, 전주), 2000	평판법 (시민대상 설문조사)
12	박종민 외 4인 (1999)	5개 도시 (성남, 부천, 평택, 청주, 진주), 1995-1999	의사 결정법
13	박종민(2000a)	경기도 성남, 1995~1999	의사 결정법
14	박종민(2000b)	5개 도시 (성남, 부천, 평택, 청주, 진주), 1995~1999	의사 결정법(후견-피후견인 관계 네트워크의 확인)

분석모형	발견내용
사례분석 II	시장/부시장→상위정부→담당실 국장→국회의원 순 확인
사례분석 I	중앙정치의 강한 영향
사례분석 II	시장/부시장→담당실국장→상위정부→시의원 순 확인
사례분석 II	엘리트론적 성향 추론
사례분석 II	시장/부시장의 강한 영향력 확인, 그러나 정책사업분야 별로 영향력자의 우선순위에 대한 인식의 차이가 존재함을 지적
사례분석 II	시장/부시장→담당실 국장→상위정부 순 확인
사례분석 II	시장/부시장→상위정부→담당실 국장 순 확인
사례분석 II	중앙권력자〉지방권력자 정치행정권력〉경제권력
사례분석 I	시장 중심의 강력한 지배구조, 그러나 시간의 흐름에 따라 참여주체의 확산경향 확인
사례분석 II	시장/부시장→상위정부→담당실 국장→국회의원→시의원 순의 영향력 확인 및 도시별 엘리트 연결망과 집중성의 상이성 확인
횡단면분석	중앙정부→정당→시장 순으로 나타남
시계열횡단면 분석	5개 도시의 개별연구 결과를 종합하여 시장독주체제 혹은 시장지배연합 확인
사례분석 I	시장(Mayer)중심적 후견체제-사적교환관계
시계열횡단면 분석	시장의 사적 관계를 중심으로 한 도시 내의 피후견인과 중앙정치세력과의 후견관계가 핵심

번호	연구자	대상도시 및 시점	연구 방법
15	박종민·신수경(2001)	성남, 1998	평판법(지구당 대의원에 대한 설문조사 분석)
16	배병룡(2000)	경남 진주, 1995~1999	의사 결정법
17	배응환(2006)	대전, 1995~2006	지위법(1대부터 4대까지의 대전 지방의원의 배경변수 분석)
18	소순창·유재원(2005)	전국 기초단체, 1995, 1999	평판법(해당 자치단체의 단체장, 지방의회 의장, 재정담당 공무원 대상 설문조사)
19	손준영(1996)	대구, 1995	평판법
20	신진(2006a)	8개 도시(구리, 원주, 공주, 충주, 남원, 순천, 영천, 밀양), 2003	- 8개 도시 대상으로 지위법, 평판법 - 3개 도시(충주, 공주, 구리)에 대해서는 선별적 의사 결정법
21	신진(2006b)	공주, 2003	지위법, 평판법 및 의사 결정법(3개 정책사례 분석)의 결합
22	심익섭·손경희(2000)	경상북도, 1993~1999	의사 결정법(3개 정책사례 분석)
23	유재원(2000)	청주, 1995~1999	의사 결정법('95-'98기간에 나타난 30여개 정책 결정사례)
24	유재원(2003)	전국 232개 기초자치단체, 2001	평판법(232개 기초단체 과장 대상 설문조사자료 분석)
25	유재원·소순창(2005)	한국과 미국 지방정부, 1995, 2001	평판법(양국 지방정부의 단체장, 의원 및 과장 대상 설문조사분석)
26	이강로·오관석(2004)	전주, 2003	지위법 + 평판법 + 연결망 분석

분석모형	발견내용
사례분석 II	지방정당의 주변성 및 무력성 확인 → 사회경제적 상위계층의 선호에 호의적인 지방정책성향 추론
사례분석 I	시민단체로부터 부분적으로 견제 받는 시장 중심의 선택적 보수 엘리트 연합구조
사례분석 I	주로 사회경제적 상층과 토착인 그리고 지역연고 정당 배경 의원이 많다는 결과를 근거로 8개의 지방정책정향 추론
시계열횡단면 분석	'95년 조사와 '99년 조사를 대비한 결과 여전히 중앙정부, 단체장의 영향력이 기타 행위자에 비해 강함
사례분석 II	정치엘리트가 주도하지만 경제·사회엘리트의 영향력도 가미된 다원적 지배구조 확인
횡단면 분석	5개 도시(원주, 남원, 순천, 영천, 밀양)에서는 시장주도형 지배구조, 나머지 3개 도시(충주, 공주, 구리)에서는 전문가주도형 지배구조
사례분석 II	사업별로 전문가 및 실무가 중심의 지배구조 확인
사례분석 I	정책사례에 따라 다양한 지배구조의 존재 확인 (엘리트, 다원주의, 성장기구)
사례분석 I	시장(Mayer)지배적인 권력 구조 확인
횡단면분석	단체장이 지방권력계층의 정점에서 지방관료제를 지배하는 단체장 독주체제임을 확인
시계열횡단면 분석	한국의 경우 거버넌스 보다는 정부패러다임에 의한 지배구조의 특성이 나타남
사례분석 II	시장/부시장→상위정부→담당실 국장→국회의원 순 확인

번호	연구자	대상도시 및 시점	연구 방법
27	이선향(2005)	강원도 고한과 사북, 1980~2004	의사 결정법(1980년 이후 두 지역의 역사적 사례와 기초통계자료 분석)
28	이승종(1998)	전국 기초자치단체, 1996	평판법(전국 기초자치단체장 대상 설문조사 분석)
29	이해영·윤여상(2004)	대구, 2003	지위법 + 평판법 + 연결망 분석
30	정영태(1998)	인천, 1995~1997	평판법(시민) 및 기초통계자료분석
31	주낙영(2002)	경상북도, 1987~2001	의사 결정법 (4개 정책사례분석)
32	지병문·지충남(2004)	광주, 2003	지위법 + 평판법+ 연결망 분석
33	지충남·유병선(2005)	전남 순천, 2003	지위법→평판법→연결망 분석 (3대 정책사례의 분석)
34	최진혁·라미경(2004)	청주, 2003	지위법 + 평판법 + 연결망 분석
35	최흥석(2000)	경기도 부천, 1995~1999	의사 결정법
36	홍덕률(1997)	대구, 광주, 인천, 1996	평판법 (지도층 인사들과의 심층 인터뷰)
37	박종민·최승범·신수경(2001)	5개 도시(성남, 부천, 평택, 청주, 진주), 1999	평판법 (5개 도시 총 1,482명의 시민대상 설문조사)
38	최승범(2000)	평택, 1995~1999	의사 결정법

분석모형	발견내용
계층시계열 분석	주민대표로 출발하여 성장된 지역 엘리트의 구조를 확인하고 이들이 결국은 자기 이익의 추구에 몰두하는 행태양식을 포착
횡단면분석	주민을 제외한 기타 정책행위자에 대해 단체장의 반응이 낮게 나타나고 있음
사례분석 II	시장/부시장→상위정부→국회의원→담당실 국장 순 확인
사례분석 I	중앙정부와 시장의 강한 연계성
사례분석 I	다원주의적 속성
사례분석 II	시장/부시장→상위정부→담당실 국장→국회의원 순 확인
사례분석 II	시장주도형 지배구조와 집행과정에서 담당 공무원의 영향력이 기타 행위자에 비해 우월함을 확인
사례분석 II	시장/부시장→담당실 국장→시의원→시민단체 순 확인
사례분석 I	정책사례별 다원주의적 지배구조의 가능성 확인
횡단면분석	공권력 소유 집단(국회의원, 시장, 관료, 검찰)
횡단면분석	부동산 소유 집단 주도의 성장기구가 존재하지 않지만, 도시는 이들의 이익에 더 민감할 것이라는 결론
사례분석 I	시장 중심의 외부자원 획득 및 성장추구적 개발레짐이 강하게 지배하고 있음

제2편

정치와 행정의 융합론적 접근

제4장
공론화와 사회적 합의형성

정정화

I. 서론

한국 사회는 남북 분단이라는 역사적 상흔과 개발독재 시대 정부주도의 급속한 경제성장, 그리고 이후의 민주화 과정을 거치면서 정치·경제·사회적으로 극심한 대립과 투쟁으로 사회적 혼란과 진통을 거듭해 왔다. 분단 이후 냉전체제가 낳은 이념적 대립과 불신, 지역·계층·세대를 망라한 '갈등의 소용돌이가 4차 산업혁명 시대의 도래라는 시대적 변혁기에도 여전히 진행형으로 분출되고 있다.

정부 정책이나 공공사업의 추진과정에서도 이해관계나 가치관의 대립으로 인한 공공갈등(public conflict)으로 인해 막대한 사회경제적 비용을 초래하고 국론분열의 양상이 거듭되고 있지만, 갈등 해결에 필요한 사회적 합의 기제는 미비하고 공동체 의식도 희박해지면서 해결의 실마리를 찾지 못하는 경우가 빈번해 지고 있다(정정화, 2012: 311). 공공갈등을 해결하기 위해 그동안 다양한 해결 기제들이 활용되었지만, 기존의 권위적·경제적 접근이나 대의민주주의의 선호 집합적(aggregation of preference) 방식은 한계에 봉착했다는 지적을 받고 있다. 따라서 사법적·행정적 해결방식이나 협상 또는 보상의 차원을 넘어 소통과 신뢰에 기반한 합의형성(consensus building)의 중요성이 부각되면서 숙의민주주의(deliberative democracy)가 공공갈등의 새로운 해결방식으로 관심을 모으고 있다(정규호, 2007: 91).

숙의민주주의적 접근은 개인이나 집단의 이해관계와 가치관이 다원화된 시대에 다양한 갈등당사자들의 자발적이고 포괄적인 참여와 민주적이고 이성적인 토론을 통해 합의를 도출해 냄으로써 갈등을 사전에 예방하고 의사결정의 정당성을 제고하는데 기여할 수 있다는 장점이 있다(문태현, 2010: 646). 더구나 숙의민주주의는 기존의 대의민주주의의 한계로 지적되어온 대표의 실패와 다수결 정치의 약점을 보완하는 역할도 수행하고 있다. 숙의민주주의의 기원은 고대 그리스의 시민 정치에서도 찾을 수 있지만 20세기 초반에 들면서 J. Dewy, J. Elster, J.S. Dryzek 등을 중심으로 민주주의 과정에서 공적 숙의(public deliberation)의 중요성에 대한 논의가 활발해졌다. 국내에서는 2000년대부터 정치학, 커뮤니케이션학, 철학 등의 분야에서 논의되기 시작하였고, 행정학 분야에서는 공공갈등 사례에 숙의민주주의적 방식을 적용한 사례연구가 시도되고 있다(정정화, 2011a: 578).

최근에는 신고리 5·6호기 공론화위원회의 활동으로 우리 사회에서 숙의민주주의가 갈등 해결의 새로운 대안으로 관심을 모으고 있다. 문재인 대통령의 대선공약이었던 신고리 5·6호기 건설중단 여부를 둘러싼 사회적 갈등을 해결하기 위해 도입된 공론화위원회가 '건설 재개, 원전 축소'라는 권고안을 제시하자 정부는 물론 공사 중단을 요구해 온 환경단체도 수용 입장을 밝힘으로써 정치·사회적으로 민감한 사안들에 공론화 방식을 활용하자는 논의가 활발해지고 있다. 특히 국회가 정파적 이해관계로 합의점을 도출하지 못하고 있는 사안에 대해서도 공론화위원회를 구성해 타결하자는 제안도 등장하면서 숙의민주주의가 대의민주주의의 한계를 극복하는 대안으로 부각되고 있다(은재호, 2017). 그러나 대의민주주의의 한계만큼이나 숙의민주주의도 제약요소를 내포하고 있어 적용대상이 제한적일 수밖에 없다. 숙의민주주의가 새로운 갈등 해결 모델로 정착되기 위해서는 공론화의 조건과 대상, 위원회 구성 및 운영 등에 대한 제도적 보완이 필요하다.

이 장(章)에서는 정부가 2013년 발족해 1년 8개월간 운영한 사용후핵연료 공론화위원회 사례와 최근에 우리 사회에서 큰 관심을 모았던 신고리 5·6호기 공론화위원회의 활동을 중심으로 숙의민주주의를 통한 갈등 해결의 현실적 적용의 한계와 제도설계 등 정책적 시사점을 모색하고자 한다. 이들 2개의 사례를 선정한 이유는 법령에 근거해 '공론화위원회'라는 조직을 구성해 일반 국민을 대상으로 공론화를 본격적으로 실시한 경우는 이 두 사례가 유일하기 때문이다.[1] 다른 한편으로는 신고리 5·6호기 공론화 사례는 대

1) 국내 공론화 사례로는 국가재난질환 대응체계 시민배심원회의(2008), 부산 북항 재개발 공론조사(2007), 심야전기제도 시민배심원단회의(2007), 울산 북구 음식물자원화시설 시민배심원제(2004), 인간 유전정보 이용에 관한 시민배심원회의(2001) 등이 있다. 국내 사례에 대해서는 김환석(2010) 참조. 해외의 공론화 사례로는 스웨덴 알메달렌 정치박람회, 미국 21세기 타운홀미팅, 프랑스 국가공공 토론위원회(CNDP), 남아공 몽플레 시나리오, 독일 송전선로 건설, 영국의

체적으로 성공적이라는 평가를 받고 있지만(김학린·이강원, 2017; 은재호, 2017), 사용후핵연료 사례는 공론화가 정부 정책의 정당화 수단으로 활용된 대표적인 실패사례(이영희, 2017; 정정화, 2015; 이헌석, 2014)라는 점에서 두 사례를 비교분석하는 것이 공론화의 성공조건을 탐색하는데 이론적·정책적 함의를 도출할 수 있다고 판단했기 때문이다.

II. 이론적 배경 : 공론화와 숙의민주주의

1. 공공갈등 해결방식으로 합의 형성적 접근

「공공기관의 갈등 예방과 해결에 관한 규정」(대통령령 제26928호)에 의하면 공공갈등(public conflict)은 "공공정책(법령의 제정·개정, 각종 사업계획의 수립·추진 등)을 수립하거나 추진하는 과정에서 발생하는 이해관계의 충돌"이라고 정의하고 있다. 부언하면, 공공갈등은 정부나 공공기관이 정책이나 공공사업을 수립하거나 추진하는 과정에서 발생하는 이해당사자나 주민과의 갈등·대립 현상으로 정부가 어떤 형태로든 직·간접적으로 관여된 갈등이라고 할 수 있다. 이러한 공공갈등을 해결하기 위해 법적·제도적 접근, 경제적·보상적 접근, 대체적 분쟁 해결방식(ADR), 주민투표 등 다양한 해결 기제가 활용되고 있다. 그러나 최근의 공공갈등은 이해갈등과 가치갈등이 복합적으로 얽혀있거나, 이해당사자들뿐만 아니라 전국민적 관심사로

CoRWM, 스웨덴·핀란드 사용후핵연료 처분시설 공론화, 네덜란드의 국민참여절차(KPD) 등이 있다. 해외 사례에 대해서는 채종헌(2017) 참조.

부각되는 경우도 잦아져 사회적 합의를 통한 갈등 해결이 요구되고 있다.

공공갈등에 대한 합의 형성적 접근(consensus building approach)은 일차적으로는 이해당사자들 간의 동의와 합의에 기반한다. 합의형성은 이해당사자들 간의 협상으로도 도달할 수 있지만 공공갈등 해결방식으로 합의 형성적 접근은 "문제해결에 폭넓은 이해관계자의 참여, 토론과정에서 참여자의 학습과 숙의(deliberation), 그리고 합의에 의한 의사결정을 구성요소로 하는 숙의민주주의(deliberative democracy) 접근방식"을 의미한다(정정화, 2011a: 579). 따라서 합의 형성적 접근은 정부와 이해당사자 및 주민 간의 쌍방향적 의사소통을 전제로 하며 정부에 의한 일방적인 정보제공이나 공청회, 설명회 등을 통한 소극적 의견수렴 차원을 넘어서 정부와 이해당사자 및 주민이 동등한 자격으로 의사결정 과정에 참여해 합의하는 논의 과정을 중시한다. "공청회나 입법 예고와 같은 전통적인 주민참여제도가 고정되어 있는 개인이나 집단의 선호를 취합하거나 절충하는 방식이라고 한다면, 합의 형성적 접근은 숙의민주주의에 기초한 선호 전환적(preferences transformative) 참여제도"라고 할 수 있다(정정화, 2012: 314-315).

특히 공공갈등 해결에서 합의 형성적 접근은 다수의 지배를 관철시키는 대의민주주의 의사결정 방식에 비해 이해당사자들 간의 합의와 동의를 통한 협력적 문제해결(collaborative problem solving) 방식이라고 할 수 있다. 의사결정 과정에 이해당사자들의 폭넓은 참여와 심도 있는 논의 과정을 통해 합의를 형성함으로써 궁극적으로 갈등 해결에 기여한다는 것이다. 따라서 여기에서 말하는 합의 형성적 접근은 숙의민주주의와 동의한 의미로 사용하고 있다.

2. 숙의민주주의의 특징과 한계

숙의민주주의는 다양한 이해관계와 가치관의 대립상황에서 숙의를 통한 개인적 선호의 변화 가능성을 중시한다. 민주주의의 정당성이 다수결에 의한 투표나 이해관계의 단순한 결집이 아니라 진정한 숙의(authentic deliberation)가 관건이라는 것이다(Benhabib, 1996; Cohen, 1997; Young, 2000: 18-26). Dryzek(2000)은 "숙의 과정에 참여한 개개인이 스스로 가치체계와 선호를 변화시키는 전환적 힘(transformation power)이 작동될 때 비로소 진정한 숙의"가 이루어진다고 보았다. 또한 숙의를 통한 합의도출은 이성적인 논증 과정을 거쳐야하기 때문에 최소한의 의사소통능력, 상호성, 포용성 등과 같은 절차적 조건들이 필요하다는 것이다(Cohen, 1997; Gutmann & Thompson, 1996).

숙의민주주의의 작동조건으로 크게 참여, 숙의, 합의라는 세 가지 요소를 꼽을 수 있다. 첫째, 숙의 과정에 정책 결정이나 해당 이슈와 관련된 모든 당사자들의 참여가 보장되어야 한다는 점이다. 핵심 이해당사자들뿐만 아니라 연령·성별·지역·계층 등 인구통계학적 관점에서 대표성도 확보해야 한다. 참여 범위의 포괄성뿐만 아니라 참여의 다양성도 중요한 요소로 제시되고 있다. 따라서 참여 차원에서 보면, 숙의 과정에 다양한 이해관계자들과 대표성을 갖춘 참여자들이 자신의 목소리를 낼 수 있도록 고안되어야 한다(Cohen, 1997; Weeks, 2000; Fishkin, 2009; 정정화, 2011a: 580-581).

둘째, 숙의가 이루어지기 위해서는 토론과정 참여자들 간에 상호존중과 공동체의식, 신뢰 등과 같은 시민성(civility)이 필요하다는 것이다. Rawls(1997)는 공적 이성(public reason)을 갖춘 자유롭고 평등한 시민들만이 공적인 사회문제에 대해 이성적 토론을 통해서 사회적 합의에 도달할 수 있다고 보았다. Gutmann과 Thompson(2002)은 토론과정에서 참여자들 간에 상호성(reciprocity)이 전제되어야 숙의가 이루어질 수 있다고 강조한다. Dryzek(2000)의 표현에 의하면 '전환적 힘(transformation power)'이 작동되어야 한다는 것이다. 그러나 현실적으로 숙의 과정 참여자들이 이러한 시민성을 갖추고 공적 토론에 참여하기가 쉽지 않다는 점을 고려하면, 숙의 과정을 통해 시민성을 함양하는 계기가 될 수도 있을 것이다.

셋째, 숙의민주주의가 합의를 전제로 하느냐에 대해서는 논란이 있지만, 참여자들 간의 이성적인 논증(reasoned argument)을 통해 합의를 도출함으로서 갈등 해결에 기여할 수 있다는 측면에서 보면, '합의' 여부는 숙의민주주의의 중요한 구성요소라고 할 수 있다. Stokes(1998)은 숙의의 목표를 '의사소통 결과에 의한 선호의 내적 변화를 가져오는 것'으로 정의하고 있고, Elster(1998: 8)도 합의가 숙의의 궁극적인 목적이라고 밝히고 있다(정정화, 2011a: 581). 숙의민주주의를 의사결정 수단의 하나로 받아들이는 입장에서는 합의는 이성과 논증을 통한 공적 정당화라는 것이다.

그러나 숙의민주주의는 매우 이상적이고 규범적인 상황을 전제로 하기 때문에 실제 정책 환경에서는 제대로 작동하기 어렵다는 한계를 노정하고 있다. 숙의 과정에서 권력과 자원배분의 불균형성, 시간과 정보의 제약, 참여자의 대표성 문제, 낮은 수준의 시민성 등의 한계를 극복하지 못하면 숙의 과정이 현실지배를 정당화하는 수단으로 전락하거나, 소모적인 논쟁으로 인해 오히려 극심한 갈등과 혼란을 부추길 수도 있다(Smith, 2003; Fung & Wright, 2001; Young, 1996; 정정화, 2011a: 581-582). 따라서 숙의민주주의를 적용하기 위해서는 이 같은 한계와 약점을 보완할 수 있는 제도적 장치와 정교한 조사 설계가 필요하다.

3. 공론화의 개념과 성공조건

1) 공론화의 개념

신고리 5·6호기 공론화위원회의 활동을 통해 최근 일반 국민들에게도 익숙해진 '공론화'의 의미는 앞서 언급한 숙의민주주의 개념과 맥을 같이 한다. 공론화를 통해서 사회적 합의형성을 이루자는 것이 바로 숙의민주주의가 추구하는 목표이기 때문이다. 숙의민주주의의 궁극적인 목표가 숙의를 통한 합의의 형성이라고 한다면, 공론화는 사회적 합의의 도출을 위한 의사결정 과정의 하나라는 점에서 숙의민주주의가 보다 광의의 개념이라고 할 수 있다.[2)]

공론화의 개념 논의에 앞서 공론(公論)의 의미를 살펴보면, 일반적으로 여론(與論)은 '다수의 의견'이라는 의미가 강한 반면, 공론(公

2) 숙의민주주의가 사회구성원들의 평등한 참여와 참여자들 간의 균등하고 사려 깊은 토론 및 숙의 과정을 통해 형성되기 때문에 공론화는 숙의민주주의의 발달에 기여해 왔다. 따라서 공론화 과정은 숙의민주주의의 실현과정이라고 할 수 있으며, 서양에서 공론화의 역사는 숙의민주주의의 발달과정과 동일한 맥락을 갖고 있다(김정인, 2017: 3-4).

論)은 '공적인 의견'으로 공공성과 능동성이 중시된다(김대영, 2014: 119). 공론은 '정제된 여론(refined public opinion)'이라는 의미이다(Fishkin, 2009: 4). 공론이 공공정책과 관련해 사회구성원들의 적극적인 의견 개진과 토론과정을 통해 공공선(common good)을 추구하는 일련의 행위라면, 앞서 언급한 숙의(deliberation)와 동일한 의미를 함축하고 있다(채종헌·정지범, 2010: 41-43). 공론과정 참여자들이 공공선을 실현하기 위해서는 개인적인 이해관계를 떠나 객관적이고 중립적인 입장에서 논의해야 올바른 공론을 형성할 수 있기 때문이다.

이러한 시각에서 보면 공론화(公論化)는 "어떤 사안(이슈)에 대해 여러 사람들이 함께 모여 숙의와 학습을 통해 정제되고 합의된 의견을 형성하는 과정"이라고 정의할 수 있다(김정인, 2017: 3). 공론화 과정은 어떤 이슈나 정책에 대한 국민들의 의견을 반영하는 과정이기 때문에 민주주의의 근본 가치인 정치적 평등(politically equality)과 숙의(deliberation)과정을 거치게 된다(Fishkin, 2009: 1; Gutmann & Thompson, 1996; 김정인, 2017: 3에서 재인용). 그러나 공론을 형성하는 과정인 공론화는 사회적 합의형성이라는 본질적 측면보다는 소극적 또는 협의의 개념에서 정부 정책의 정당성 확보 또는 사회적 수용성 제고를 위해 활용되기도 한다.[3] 공론화를 '높은 수준의 공론 상태(the state of highly developed public opinion)'에 도달하기 위한 과정으로 설명하는 Rosen(1992: 25)에 의하면, 높은 수준의 공론은

3) 사용후핵연료 공론화 TF(2008: 10)는 공론화의 목적을 "정책 내용 각각에 대한 사회적 합의나 갈등의 해소가 아니라, 최선의 정책 생산을 위해 당연히 존재하는 이해관계와 갈등을 인정하고 이를 동력화하는 것"이라고 밝혀 공론화를 정부 정책의 정당화 수단으로 활용할 수 있음을 함축하고 있다.

"국민들이 쟁점에 참여하여 모든 방면에서 쟁점을 고찰하여 그로부터 도출되는 선택 가능한 방법들을 이해하고, 자신들이 선택한 결과를 완전히 수용하는 것"을 의미하기 때문에 조작된 공론도 있을 수 있고, 잘못된 공론도 있을 수 있다는 것이다(김대영, 2004: 125). 따라서 Rosen(1992)이 주장하는 높은 수준의 공론에 도달하기 위해서는 공론화 과정에서 객관적이고 중립적인 절차설계와 기본원칙(ground rule)의 확립이 중요한 요소라고 할 수 있다.[4]

2) 공론화 및 숙의민주주의의 성공조건

공론화와 숙의민주주의는 개념의 확장성과 목표, 적용방식에 다소의 차이가 있지만 여기에서는 공론화와 숙의민주주의의 성공조건 또는 기본원칙을 넓은 의미에서 동일한 범주로 분석한다. 공론조사(deliberative polling)를 창안한 Fishkin(2009)은 공론화의 성공조건으로 참여자들의 충분한 숙의 과정, 정치적 평등, 다수의 횡포방지(avoiding tyranny of the majority), 대중적 참여(mass participation) 등 네 가지를 들고 있다. 스웨덴의 알메달렌 정치박람회(Almedalen

---

4) 공론화의 방식으로는 합의회의(consensus conference), 시민배심원제(citizen jury), 공론조사(deliberative polling), 시나리오 워크숍(scenario workshop), 공동체 대화(community dialogue), EPG(Empowered Participatory Governance), 플래닝 셀(planning cell) 등 다양한 방법이 활용되고 있다. 신고리 5·6호기 공론화위원회가 활용한 '시민참여형 조사'는 기존의 공론조사와 공공 토론방식을 혼합한 새로운 한국형 공론화 방식이라고 할 수 있다. Fishkin(2009) 교수가 제안한 공론조사(deliberative polling) 방식을 원용하되 시민참여단의 대표성과 숙의성을 제고하기 위한 조사 설계방법을 보완한 숙의 여론조사라고 할 수 있다(신고리 5·6호기 공론화위원회, 2017b). 공론화 방식은 참여적 의사결정 기법 또는 숙의민주주의적 의사결정 방식으로도 불리는데 동일한 의사결정 방법을 칭하는 용어로 사용하고 있다. 이에 대한 자세한 논의는 지속가능발전위원회(2005), 참여연대시민과학센터(2002) 참조.

Political Week)는 참여의 개방성과 포괄성, 의사결정 과정의 투명성, 합의된 결과의 지속성, 공론화 과정의 숙의성을 성공조건으로 제시하고 있다(채종헌, 2017: 101-106).

영국의 CoRWM(Committee on Radioactive Waste Management)은 윤리성, 참여의 포괄성, 전문지식의 활용, 숙의성, 민주성, 통합성, 합의안의 실행 가능성, 공론화 추진기구의 독립성 등 8대 원칙을 제시하고 있다. 사용후핵연료 공론화 TF(2008)도 CoRWM과 유사하게 공론화의 기본원칙으로 민주성, 책임성, 도덕성, 진정성, 독립성, 숙의성, 회귀성, 투명성 등 8가지를 제시하였다.[5] 신고리 5·6호기 공론화위원회(2017a)는 공론화의 원칙으로 참여의 포괄성과 대표성, 정보공개의 투명성과 객관성, 참여자의 평등성과 성찰성, 숙의성 등 네 가지를 제시하면서 공론화 주관기구의 독립성과 중립성을 전제조건으로 달았다.

후쿠시마 원전사고 이후 2012년 실시한 일본의 에너지정책에 대한 공론조사 결과를 토대로 공론화의 성공조건을 분석한 김정인(2017)은 참여자들의 대표성, 충분한 숙의 확보(숙의성), 정부와 국민의 적극적인 지지를 제시하고 있다. 은재호(2017)는 참여의 포괄성과 대표성, 숙의의 평등성과 성찰성, 절차의 투명성과 공정성을 제시하고 있고, 채종헌(2017)은 성공적인 공론화의 영향요인으로 투명성, 민주성, 독립성, 숙의성, 신뢰성, 실행 가능성을 들고 있다.

---

5) 여기서 말하는 '독립성'은 다양한 이해관계를 갖는 다수의 참여를 전제로 하는 공론화는 정치적·재정적으로 독립성을 갖는 전담기구 또는 위원회에 의해 운영되어야 한다는 것이다. '회귀성'은 공론화를 통해 사회적 합의에 이르렀다 하더라도 그 과정 또는 그 결과물에 문제가 확인된다면 논의를 원점으로 돌릴 수 있어야 한다는 것이다. 이같은 회귀성의 원칙에 따라 문재인 정부에서는 사용후핵연료 관리방안에 대한 공론화 재추진을 검토하고 있다.

공론화의 확장 개념이라고 할 수 있는 숙의민주주의의 차원에서 성공조건을 분석한 Gutmann과 Thompson(2004: 3-7)은 결정을 정당화할 수 있는 이성의 교환(reason-giving process), 의사결정으로부터 영향을 받는 모든 사람들의 접근 가능성, 일정 기간 구속력을 갖는 의사결정의 산출, 지속적인 논의 과정의 역동성 등 4가지를 제시하고 있다. Weeks(2000)는 숙의민주주의 이념이 제도화되기 위한 요건으로 시민의 광범위한 참여, 정보에 근거한 공적 판단(public judgement), 충분한 토론 기회의 제공을 들고 있다.

<표 4-1> 공론화 및 숙의민주주의 성공조건(기본원칙)

	성공조건(기본원칙)
Weeks(2000)	시민의 광범위한 참여, 정보에 근거한 공적 판단(public judgement), 충분한 토론 기회의 제공
Gutmann & Thompson(2004)	이성의 교환(reason-giving process), 개방적 접근 가능성, 의사결정의 산출, 지속적인 논의 과정의 역동성
Fishkin(2009)	참여자들의 충분한 숙의 과정, 정치적 평등, 다수의 횡포 방지, 대중적 참여
스웨덴 알메달렌 정치박람회	참여의 개방성·포괄성, 의사결정 과정의 투명성, 합의 결과의 지속성, 공론화 과정의 숙의성
영국 CoRWM (8대 원칙)	윤리성(공정성·지속가능성), 참여의 포괄성, 전문지식의 활용, 숙의성, 민주성(회의과정의 투명한 공개 및 개방성), 통합성, 합의안의 실행가능성, 공론화 추진기구의 독립성
윤경준·안형기 (2004)	참여 주체의 포괄성, 참여 주체의 균등성, 적극적 참여분위기, 발언 기회의 충분성, 정보제공의 충분성
이민웅 (2005)	공공문제에 대한 관심과 관련 정보 습득, 적절한 참여의 규모와 대표성 유지, 공정한 토론절차와 시민성 함양, 합의에 대한 사후과정 추적
사용후핵연료 공론화 T/F팀(2008)	민주성, 책임성, 도덕성, 진정성, 독립성, 숙의성, 회귀성, 투명성

	성공조건(기본원칙)
은재호(2009)	거버넌스의 구축, 참여의 자발성·포괄성·대표성, 사실 확인과 지속적인 정보공개, 토론의 충분성, 합의안의 공정성과 신뢰성, 합의안의 실현가능성, 이해관계자간 신뢰구축
정정화(2011a)	참여 주체의 대표성, 참여범위의 포괄성, 심의 과정의 소통성, 심의절차의 공정성, 합의 결과의 성찰성, 합의 결과의 지속성
신고리 5·6호기 공론화위원회 (2017a)	참여의 포괄성·대표성, 정보공개의 투명성·객관성, 참여자의 평등성·성찰성, 숙의성. 공론화 주관기구의 독립성·중립성
은재호(2017)	참여의 포괄성·대표성, 숙의의 평등성·성찰성, 절차의 투명성·공정성
채종헌(2017)	투명성, 민주성, 독립성, 숙의성, 신뢰성, 실행 가능성
김정인(2017)	정부의 적극적인 지지, 참여자의 대표성, 충분한 숙의 확보

그러나 선행연구에서는 공론화 과정에 영향을 미치는 언론의 역할에 대해서는 주목하지 못하고 있다. 이 점에서 Rosen(1992: 27)은 "공론화를 위해서는 국민들이 자신의 선호와 가치관을 표명하고, 자신의 관점이 초래할 결과를 평가할 수 있는 정치적 경험의 과정이 필요하기 때문에 공론화 과정에서 언론의 보도기능과 평론이 중요하다"고 강조하고 있다(김대영, 2004: 126). 따라서 언론이 올바른 공론 형성에 기여하기 위해서는 전문가의 조언이나 정보제공 차원이 아니라 공론화 과정에서 국민의 생각이 논쟁을 통해서 어떻게 변화하고 있는지를 추적하는 역할이 중요하다. 그러나 이 과정에서 언론이 특정 관점이나 쟁점을 부각시키는 편향성을 드러낼 경우 Rosen(1992)이 말하는 '높은 수준'이 아니라 조작되거나 잘못된 공론이 형성될 수도 있다. 여기에서는 언론의 보도 태도가 공론화에 미친 영향에 대해서는 논외로 하였으며 이에 대해서는 후속 연구가 필요한 대목이라고 하겠다.

Ⅲ. 공론화 사례분석

1. 사례분석의 준거

이 장(章)에서는 선행연구를 토대로 신고리 5·6호기 공론화위원회와 사용후핵연료 공론화위원회 활동을 다음과 같은 기준으로 분석하였다. 첫째. 운영 주체의 중립성과 자율성을 분석하였다. 공공 토론을 포함한 공론화 과정의 운영 주체인 공론화위원회는 정부기관의 입장을 대변하거나, 정부 정책의 정당성을 부여하는 수단으로 활용되었는지 여부, 그리고 공론화 의제와 토론방식 결정 등 운영과정에서의 자율성을 평가하였다.

둘째, 공론화 과정 참여자의 대표성과 포괄성을 분석하였다. 공공 토론과 의사결정 과정에 참여하는 대표자의 선정이 공정하고 합리적인 절차를 통해 선정되었는지, 특정 단체나 집단이 과대 또는 과소 대표되지 않았는지 평가하였다.[6] 공론화 과정 참여자는 인구통계학적 관점에서 각 계층의 국민들을 대표해야 할 뿐만 아니라 각 계층의 견해도 대표할 수 있도록 설계되어야 한다. 또한 다양한 이해당사자의 폭넓은 참여가 전제되어야 하며, 사회적 소수와 약자의 참여도 보장되어야 한다.

셋째, 공론화 과정에서 숙의성·공정성·소통성을 분석하였다. 숙의성을 확보하기 위해서는 충분하고 정확한 정보의 제공과 학습 기회

6) Fishkin(2009)은 공론화의 성공조건 가운데 하나로 다수의 횡포 방지(avoiding tyranny of the majority)를 들고 있다. 공론화 과정에서 민주주의의 원칙이라는 미명으로 다수의 의견만을 따를 경우 집단사고(group-thinking)와 같은 다수결의 횡포가 나타날 수 있다는 것이다.

가 제공되어야 한다. 적극적인 참여 분위기와 참여자 간의 신뢰가 형성되어 상호존중과 개방적인 태도로 토론이 진행되어야 숙의성을 담보할 수 있다. 공정성은 발언 기회가 균등하게 주어졌는지, 기본규칙(ground rules)과 합의 절차가 마련되었는지, 합의도출을 위한 합리적이고 적절한 논의구조의 설계 여부가 중요한 판단기준이 된다. 소통성은 공론화 과정에서 회의록 등 자료의 투명한 공개와 대국민 소통 활동을 분석하였다. 공론화는 토론과정 참여자들만의 숙의가 아니라, 전체 국민이 공론화를 통해 해당 사안에 대해 숙의해 볼 수 있는 기회를 갖는 것이 사회적 수용성 제고를 위해서도 중요하다.

넷째, 합의 결과(권고안)의 성찰성과 수용성을 분석하였다. 공론화를 통한 합의안(권고안)은 이해관계자 간의 성찰적인 논쟁과 일반이익에 근거한 조정과정을 통해서 얻어질 수 있다. 성찰성은 이성적 논증 과정을 거쳐 합의안이 도출되었는지, 합의 결과에 참여자의 태도와 선호의 변화가 반영되어야 한다. 수용성은 이해당사자들이나 일반 국민이 합의안(권고안)에 동의하고 승인하였는지, 합의안의 이행을 담보할 수 있는 방안이 마련되었는지, 합의 내용의 지속적인 이행 여부가 관건이다.

<표 4-2> 사례분석의 준거 : 공론화의 성공조건

범주		판단기준
운영 주체	중립성 (독립성)	· 공론화위원회 위원 구성의 중립성 · 정부, 이해당사자 등 외부로부터의 독립성
	자율성	· 공론화 의제 선정 및 추진방식의 자율적 결정 · 공론화절차의 공정한 관리
참여자	대표성	· 공정하고 합리적인 대표자의 선정(정치적 평등) · 특정집단이 과대/과소 대표되지 않음(다수의 횡포 억제)
	포괄성	· 다양한 이해당사자의 폭넓은 참여 · 사회적 소수와 약자의 참여보장(개방성)
공론화 과정	숙의성	· 균형 있고 정확한 정보와 충분한 학습 기회의 제공 · 적극적인 참여와 상호존중 및 개방적 태도(시민성)
	공정성	· 균등한 발언 기회의 부여 및 광범위한 의견수렴 · 기본규칙(ground rules)과 합의 절차의 마련
	소통성 (투명성)	· 공론화 절차, 회의록 등 진행 과정과 자료의 투명한 공개 · TV토론회, 브리핑 등 대국민 소통을 통한 공감대 형성
합의 결과	성찰성	· 이성적 논의 과정을 통한 합의(권고안) 도출 · 참여자의 태도와 선호의 변화
	수용성	· 이해당사자 및 일반 국민의 동의와 승인 · 합의 결과(권고안)의 지속적인 이행(정부의 실행의지)

2. 신고리 5·6호기 공론화위원회

1) 사례의 개요

문재인 대통령은 대선에서 탈원전과 신고리 5·6호기의 공사 중단을 공약하고 2017년 5월 출범한 직후부터 탈원전 정책을 천명하였다. 정부는 2017년 6월 27일 대통령이 주재한 국무회의에서 신고리 5·6호기 문제에 대한 사회적 합의를 도출하기 위해 공론조사 방식의 공론화를 추진하기로 결정하였다. 이에 따라 정부는 국무조정실에 '신고리 5·6호기 공론화 준비 T/F'를 설치하여 2017년 7월 17

일 「신고리 5·6호기 공론화위원회 구성 및 운영에 관한 규정」(국무총리 훈령 제690호)을 제정하였다. 위원회는 총 9인으로 구성되어 7월 24일 출범했으며, 3개월간의 활동 끝에 10월 20일 최종 전체회의를 개최해 조사 결과를 토대로 5·6호기 공사 재개 권고안을 정부에 제출하고 해산하였다.[7)]

2) 운영 주체의 중립성·자율성

첫째, 공론화위원회는 위원장을 포함해 인문사회·과학기술·조사통계·갈등관리 분야 각 2인 등 총 9인으로 구성되었다. 전문가들이나 이해관계자들로 구성된 위원회는 중립적이고 공정한 공론화절차를 진행하기 어렵다는 점을 고려해 원자력 이해관계자를 배제하고, 사회 각계를 대표하는 여러 단체로부터 추천된 인사들로 구성되었다. 위원장의 진보적 정치 성향에 대한 논란이 제기되었으나 비교적 중립적이면서도 사회적으로 덕망 있는 인사라는 평가를 받았다. 그러나 위원회의 출범은 공론화를 통한 사회적 합의형성 차원보다는 '탈원전'이라는 대통령의 선거공약을 둘러싼 갈등을 정치적으로 타개하려는 전략적 차원이라는 비판을 받았다. 정부가 탈원전 기조하에 신고리 5·6호기 공사를 중단하겠다는 결론을 이미 내려놓고서 위원회를 형식적으로 운영한다는 주장이 제기되어 운영 주체의 중립성·독립성 시비가 제기되었다(신고리 5·6호기 공론화위원회, 2017b: 63).

---

7) 신고리 5·6호기 사례분석의 기본자료는 공론화 백서(2017a), 시민참여형 조사보고서(2017b), 검증보고서(2017c) 등 공론화위원회가 발간한 공식문서를 토대로 작성하였다.

둘째, 공론화의 의제인 '신고리 5·6호기 건설중단 여부'를 위원회가 아닌 대통령의 공약과 국무회의의 결정으로 이루어졌다는 점에서 운영 주체의 자율성은 낮은 수준으로 평가된다. 정부가 공론화 의제를 상정한 주체라는 점이 자율성 제약의 근본적인 원인으로 작용하였다. 그러나 공론화 방식이 당초 정부가 발표했던 공론조사가 아니라 시민참여형 조사로 변경했고 공론화의제를 단순히 원자로 2기 공사 재개 여부를 넘어 에너지정책의 본질 문제를 국민과 함께 해결하려는 기회로 운용되었다는 점에서는 부분적으로 자율성이 인정된다.[8] 또한 공론화 전 과정에 대한 공정성과 객관성을 증진시키기 위해 위원회와는 별도로 독립적인 검증위원회를 구성해 운영한 점도 공론화절차를 객관적이고 공정하게 관리하겠다는 의지로 평가된다.

3) 참여자의 대표성·포괄성

첫째, 공론화 과정에 참여하는 시민참여단의 대표성을 확보하기 위해 먼저 표본의 대표성 확보에 상당한 노력을 기울인 것으로 평가된다. 시민참여형 조사는 단순 무작위추출(random sampling) 방법을 따르되, 층화후 무작위추출을 함으로써 표본추출 오차를 줄였다. 1차 조사대상자 중 종합토론회에 참석할 시민을 선정하는 방식에도 층화 이중추출법(double sampling for stratification)을 활용함으로써 공론조사에서 발생하는 선택편향(selective bias)을 최소화한 것으로 평가된다. 그러나 시민참여단 중 울산 지역 주민의 비율이

8) 위원회는 공론화 의제였던 신고리 5·6호기의 건설 재개를 권고하면서, 원자력 발전을 축소하는 방향으로 에너지정책을 추진할 것도 함께 권고하였다.

1.4%로 대전(3.6%)이나 광주(3.4%)보다 낮아 이해관계자들로부터 특정 지역이 과소 대표되었다는 비판이 제기되었다. 건설 중단을 주장하는 측에서는 지역 대표성 문제를, 건설 재개를 주장하는 측에서는 시민참여단에 지역주민 150명을 포함하도록 요구하는 등 시민참여단 구성을 놓고 이해당사자 양측에서 첨예하게 대립하였다(신고리 5·6호기 공론화위원회, 2017b: 65-66).

둘째, 시민참여단 구성을 포괄성 차원에서 보면 지역·연령·성별·의제에 대한 의견 등 다양한 구성원이 참여할 수 있도록 설계된 것으로 평가된다. 그러나 공론화 과정에 다양한 이해관계자의 폭넓은 참여는 다소 미흡했던 것으로 평가된다. 건설재개와 중단을 주장하는 양 대표단체와 소통협의회를 운영하였으나 소통협의회에 참여한 재개/중단 측이 관련 기관·단체의 이해관계를 대표하지 못하였다는 평가를 받았다(신고리 5.6호기 공론화위원회, 2017b: 107). 또한 사회적 소수와 약자의 참여보장 차원에서 미래세대 토론회(2017.9.30)를 개최하였지만, 추석 연휴 첫날 오후에 4시간 동안 서울(세종문화회관)에서만 1회 개최되었고, 법률분과 자문위원 다수가 탈원전·진보 성향으로 구성되어 포괄적인 의견수렴이 미흡했다는 비판도 제기되었다.

4) 공론화 과정의 숙의성·공정성·소통성

첫째, 숙의 프로그램으로는 오리엔테이션, 숙의 자료집, 이러닝 및 시민참여단 Q&A, 종합토론회(2박3일)가 실시되었다. 시민참여단을 위한 전용 이러닝 시스템은 신고리 5·6호기 공론화의 쟁점에 대한 재개/중단 측의 주장을 동영상 강의 자료로 제공하여 시민참여단의 이해를 높이는 한편, 시민참여단과 재개/중단측 전문가간 쌍방향 의사소통이 가능한 플랫폼을 통해 시민참여단의 의문 사항을 해소하기 위해 노력하였다. 종합토론회의 핵심인 분임토의는 시민참여단이 상호 존중의 원칙에 따라 자율적이고 주도적으로 참여하여 숙의 과정을 통해 알게 된 쟁점에 대해 서로의 의견을 공유하고, 전문가 질문을 도출하여 보다 합리적인 의사결정을 하도록 구성된 것으로 평가되었다(신고리 5·6호 공론화위원회, 2017b: 90-91). 그러나 공론화 기간이 3개월에 불과해 자료집 제작 지연 등 준비기간 부족으로 인한 문제점이 드러났다.

둘째, 시민참여단에 제공한 숙의 자료집은 객관성과 공정성 확보를 위해 찬반 양측에서 각각의 주장에 대한 자료집 초안을 작성한 후 양측이 상호 교차 검토하고 전문가 자료검증을 실시한 후 최종적으로 위원회에서 검수하는 과정을 거쳤다. 시민참여단 종합토론회의 발표순서·질의응답 시간 배분 등 토론세션의 구체적 운영은 재개 및 중단 측과 협의를 통해 결정함으로써 공정성과 수용성을 제고한 것으로 평가된다. 그러나 토론과정에서 발언 기회가 균일하게 주어지지 않거나 일부 적극적인 토론자들이 주도하는 경향도 보고되었다(신고리 5·6호기 공론화 검증위원회, 2017: 131).

셋째, 위원회는 정기회의 직후에는 언론 브리핑을 실시하고, 자료집과 지역순회 토론회 등 공론화 전 과정에 관련된 모든 자료를 홈페이지(www.sgr56.go.kr)에 신속하고 투명하게 공개한 것으로 평가된다. 또 찬반 양측 단체와의 정례적인 협의 채널로 이해관계대표자가 참여하는 소통협의회를 구성해 운영하였다. 대국민 소통성을 강화하고 공론화에 대한 공감대를 형성하기 위해 지역순회 공개

토론회(7회), TV 토론회(5회), 미래세대 토론회를 개최하였지만 "지역순회 토론회와 미래세대 토론회는 준비 부족으로 인해 형식적으로 진행되었고, 일반 국민들에게도 숙의 효과가 발생했는가에 대해서는 회의적"이라는 평가를 받았다(신고리 5·6호기 공론화 검증위원회, 2017: 69).

5) 합의 결과의 성찰성·수용성

첫째, 시민참여단을 대상으로 한 1차 조사(2017.8.25.~9.9)와 4차 조사(2017.10.15)에서는 건설 재개와 건설 중단에 대한 참여자의 태도와 선호가 현격하게 변화된 것으로 나타나 합의 결과의 성찰성이 높은 것으로 나타났다. 1차 조사에서는 건설 재가가 36.6%이고, 건설 중단이 27.6%, 판단 유보가 35.8%였다. 재개와 중단은 9.0%p 차이가 났다. 2박 3일 간의 종합토론회 마지막 날 실시한 4차 조사에서는 건설 재가가 57.2%, 건설 중단이 39.4%, 판단유보가 3.3%였다. 판단유보는 1차 조사와 3차 조사에 비해 각각 32.5%p, 21.3%p 감소하였다(신고리 5·6호기 공론화위원회, 2017b: 77).

둘째, 정부는 2017년 10월 24일 대통령 주재 국무회의에서 위원회의 권고를 존중하여 공론화 기간 동안 중단됐던 신고리 5·6호기 건설을 재개하고, 이를 위한 후속 조치를 신속하게 추진하기로 결정했다. 문 대통령도 권고안이 발표된 이후인 10월 22일 "정부가 신고리 5·6호기 건설을 조속히 재개하되 탈원전을 비롯한 에너지전환 정책을 차질 없이 추진할 것이며, 공사 중단을 지지한 국민들께서도 공론화위원회의 권고를 대승적으로 수용해 줄 것"을 당부하는 입장을 발표하였다(신고리 5·6호기 공론화위원회, 2017a: 142). 시민참여단도 4차 조사에서 건설 재개 또는 중단에 대한 최종결과가 본인 의견과 다를 경우에도 93.2%가 존중하겠다고 응답했고, 환경단체들도 최종결과를 존중한다는 성명서를 발표하는 등 수용성은 높은 수준으로 나타났다(환경운동연합 성명서, 2017.10.20).

3. 사용후핵연료 공론화위원회

1) 사례의 개요

위원회는 사용후핵연료에 대한 관리대책을 수립하기 위해 2013년 10월 30일 발족하여 2015년 6월 29일까지 1년 8개월간 활동하였다. 사용후핵연료 중간저장시설(고준위 방폐장)에 대해서는 2003년 발생한 부안사태 이후 2004년 12월에 열린 제253차 원자력위원회에서 2016년까지 각 원전 부지 내에 임시저장하고 추후 사회적 공론화를 통해 관리방안을 결정하기로 의결하였다. 정부는 2009년 12월 방사성폐기물관리법에 공론화 추진을 위한 법적 근거를 마련하였으며, 원자력진흥위원회는 2012년 12월 사용후핵연료 관리대책은 안전성을 최우선적으로 고려하고 국민적 공감대 하에서 마련하기 위해 공론화위원회를 구성하여 운영하기로 의결하였다. 위원회는 당초 2014년 12월까지 운영될 예정이었으나 공론화 과정에서 충분한 의견수렴에 한계가 있었다는 지적에 따라 활동 기간이 2015년 6월까지 연장되었다.

2) 운영 주체의 중립성·자율성

첫째, 위원회가 산업통상자원부 산하 자문기구로 발족함으로써 중립성과 독립성 문제가 제기되었다. 정부는 공론화의 법적 근거인 방사성폐기물 관리법(제6조의2)에 따라 주무부처인 산업통상자원부 산하 자문기구로 설치하였다. 이에 대해 시민단체들은 원자력산업 진흥을 목적으로 하는 산업통상자원부가 공론화를 주관할 경우 사용후핵연료 저장공간 확충과 핵 확장정책을 정당화하기 위한 시나리오에 불과하다며 반대했다. 위원 선임은 '공론화위원 추천위원회'가 추천한 민간위원 7명, 원전 지역 대표 5명, 환경단체 2명, 소비자단체 1명 등 총 15명으로 구성되었다. 그러나 위원으로 위촉된 환경단체 대표 2명은 위원장 선출이 산업부의 의도대로 일방적으로 결정되었고, 경주 방폐장 부지선정에 책임이 있는 인사가 위원장에 선정된 것을 받아들일 수 없다는 이유 등으로 출범식 당일 위원회를 탈퇴하였다(한국일보, 2014.10.31).

둘째, 공론화 의제를 중간저장방안에 초점을 둠으로써 사용후핵연료 관리방안을 포함한 원전정책 전반에 대한 국민적 관심을 끌지 못하였다. 정부는 사용후핵연료 관리방안에 대해 논의한다고 밝혔지만, 국가에너지위원회 산하 공론화 TF가 제시한 2008년 권고보고서와 '사용후핵연료 정책포럼'이 2012년 발표한 대정부 권고사항 등은 공론화의 핵심 의제는 중간저장방안임을 명백히 하고 있다. 전문가검토그룹이 2014년 8월에 위원회에 제출한 '사용후핵연료 관리방안에 관한 이슈 및 검토의견서'도 기존 원전 부지 내에 저장하는 것이 현실적이라는 의견을 제시하였다. 이에 대해 환경단체들은 중간저장, 재처리, 영구처분, 신규 원전 확대 또는 탈핵 등 원자력정책 전반에 대해 의제의 제한이 없는 '열린 공론화'를 주장하였다(사용후핵연료 공론화위원회, 2015c: 50/56).

3) 참여자의 대표성·포괄성

첫째, 환경단체들은 위원 구성에서 원전 지역 대표가 당초 2명에서 5명으로 늘어나 총 15명의 위원 중에서 1/3을 차지한 것은 공론화 과정에서 지역 이해관계를 과다 대표할 수 있고, 사용후핵연료 재처리나 관리방식 등 정책적 논의보다는 원전 지역 지자체에 대한 보상 문제가 중요한 의제가 될 것이라며 위원회의 재구성을 요구하였다(한국일보, 2014.10.31). 공론조사는 2015년 3월 28일~29일 제주도를 제외한 전국의 19세 이상 성인남녀 2,321명을 개별면접 조사한 후, 이들을 대표하는 175명을 대상으로 1박 2일(총 11시간) 동안 우정공무원교육원(천안)에서 실시하였으나 참여자의 대표성을 확인할 수 있는 구체적인 선정과정은 명확하게 밝히지 않았다(사용후핵연료 공론화위원회, 2015b: 4).

둘째, 일부 환경단체들은 공론화가 신규 원전건설과 중간저장시설 부지선정을 위한 것이라며 위원회 참여 자체를 거부하고 별도의 토론회를 개최하는 등 반쪽짜리 공론화가 진행되었다(한겨레신문, 2014.9.24). 위원회의 위원 수도 출범 당시에는 15명이었으나 추가 탈퇴 등으로 최종적으로는 9명만 참여하였다. 보다 근본적인 문제는 위원회 활동이 주로 전문가 위주로 진행되었다는 점이다.[9] 공론조사(2015.3.28~29)에 초청된 전문가들도 원자력계 내부 또는 원전 친화적인 인사들로 채워지고, 서울지역 타운홀 미팅(2014.6.28)에 초청

9) 제1차 국회 토론회(2014.08.05)에서는 "위원회의 인적구성은 원전 지역 주민대표와 전문가 중심으로 짜여져 국민적 다양성과 대표성이 취약하다"는 지적이 제기되었다. 이어진 국회-시민사회 토론회(2014.08.20)에서도 "현재의 공론화는 2014년에 완료하고 위원회를 재구성해 2단계 공론화를 다시 실시해야한다"는 비판과 함께 "전문가 중심의 공론화를 지양하고 미래세대인 청소년의 참여가 필요하다"는 의견이 쏟아졌다(사용후핵연료 공론화위원회, 2015c: 50/54).

된 주제 강연 연사들도 공론화지원단 소속이거나 원자력 관련 연구원 박사, 공론화위원회 대변인 등으로 국한되어 사용후핵연료 관리와 관련한 다양한 입장과 가치를 대변하기 어려웠다(이영희, 2017: 174).

4) 공론화 과정의 숙의성·공정성·소통성

첫째, 위원회는 권고안을 정부에 제출하면서 "지난 20개월 동안 공식회의 38회, 워크샵 4회, 원전소재지역 지자체장 및 지방의회 간담회 10회, 국회 및 국회보좌관 방문설명회 5회, 토론회 및 포럼 31회, 설문조사 3회, 공론조사 1회, 지상토론회 5회, 전문가검토그룹 회의 15회, 운영소위원회 30회 등 다양한 프로그램을 통해 2만 7천여 명이 의견을 나누었고, 온라인을 통해 35만여 명이 지혜를 모았다"고 발표했다(사용후핵연료 공론화위원회, 2015a: 22; 홍두승, 2016). 그러나 토론회는 정해진 짧은 시간 안에 준비해온 내용만 일방적으로 발표한 뒤 몇차례의 질의·응답을 거치는 형식적인 절차를 답습하였고, 이슈와 쟁점을 한정하지 않아 여러 의견이 중구난방을 제기되어 혼선을 야기하였다(이영희, 2017: 172; 전기신문, 2014.07.02). 숙의적 논의라고 할 수 있는 참여적 의사결정 방법으로는 공론조사와 서울지역에서 한차례 타운홀 미팅이 개최되었다.

둘째, 공론화 과정에서 다양한 논의가 심층적으로 제기되는 숙의적 토론보다는 전문가 중심의 제한된 의견수렴에 치중함으로써 일반시민과 이해관계자의 광범위한 참여와 의견수렴이 미비하였다. 이 때문에 공론화 과정에 40억원이 투입되었지만 '보여주기식' 토론회와 회의만 있었을 뿐 국민적 공감대 형성에 실패했다는 지적이 제기되었다(경향신문, 2014.11.19). 그러나 위원회가 실시한 공론조사 운영에 대해서는 비교적 공정했다는 응답이 많았다(사용후핵연료 공론화위원회, 2015b: 14).

셋째, 위원회는 홈페이지를 통해 회의록을 공개하였으나 안건당 평균 1~2줄, 길게는 3~4줄에 불과했고, 회의 속기록은 발족 이후 공개하지 않았으나 국정감사에서의 지적과 시민단체의 요구로 2013년 7월 25일 개최된 제20차 회의록부터 공개하였다(이헌석, 2014: 51). 실무소위원회나 지역특별위원회 회의 내용은 공개하지 않고 회의 참관도 허용되지 않았다. 2015년 3월 말에 실시한 공론조사 결과도 3개월 후에야 공개될 정도로 공론화의 투명성 원칙이 지켜지지 않았다(이영희, 2017: 175).

5) 합의 결과의 성찰성·수용성

첫째, 위원회가 발표한 권고안은 국민의 안전을 고려해 처분시설을 건설한다는 것으로 이성적 논의 과정을 거친 합의안의 도출이라기보다는 주로 전문가들의 의견을 수렴한 수준으로 평가된다. 권고안의 핵심은 2055년까지 처분시설을 건설하여 운영하여야 한다는 것으로 공론조사(64.6%), 대국민 설문조사(71.4%), 원전 지역주민 설문조사(69.7%), 국회의원 설문조사(58.8%), 원자력전문가 설문조사(66.9%)의 결과를 근거로 제시하였다(사용후핵연료 공론화위원회, 2015a: 33). 그러나 권고안에 대해 위원회 내부에서 조차 “대변인을 맡던 위원이 작성한 초안을 다른 위원들이 이틀간의 워크숍을 통해 검토한 다음에 확정할 정도로 ‘급조’된 권고안”이라는 비판이 제기되었다(공론화위원회 제22차 회의록, 2014.8.22; 제33차 회의록, 2015.3.6;

이영희, 2017: 177에서 재인용).

둘째, 원전 소재 지역 특별위원회는 권고안에 대해 "사용후핵연료의 종합관리방안은 주민설명회와 동의를 거쳐 수용성을 높여야 한다"며 "공론화가 어려웠던 이유는 정부가 원자력 관련 정책을 수립하고 집행하는 과정에서 주민들의 신뢰를 확보하지 못했기 때문"이라고 밝혔다(사용후핵연료 공론화위원회, 2015a: 138). 환경단체들은 숙의 과정이 빠진 공론화의 문제점을 해소하기 위해 공론조사, 합의회의, 시민패널 등 숙의민주주의 방식을 활용한 공론화 실행계획을 다시 작성해야 한다고 주장했다(이헌석, 2014: 62). 그러나 당시 산업통상자원부는 위원회의 권고안을 대부분 수용해 2016년 '고준위방사성폐기물 관리 기본계획(안)'을 수립했고, 2016년 11월에는 '고준위방사성폐기물 관리시설 부지선정 절차 및 유치지역지원에 관한 법률안'을 국회에 제출해 현재 상임위에 계류 중이어서 당시에는 정부의 수용성이 높았던 것으로 평가된다(산업통상자원부, 2016; 유재국, 2017).

4. 사례의 비교분석

첫째, 운영 주체의 중립성·자율성 차원에서 보면, 신고리 사례에서는 공론화가 사회적 합의형성 차원보다는 '탈원전'이라는 대통령의 선거공약을 둘러싼 갈등을 정치적으로 타개하려는 전략적 차원에서 접근함으로써 공론화의 중립성과 독립성을 담보하지 못하였다. 공론화 의제도 위원회가 자율적이고 독립적으로 선정하지 못하였다. 다만, 당초에 정부가 의도했던 공론조사가 아니라 시민참여형 조사로 변경하고 원전정책에 대한 의제를 자체적으로 추가한 것은 부분적인 자율성으로 평가된다. 사용후핵연료 사례에서는 위원회가 산업부 산하 자문기구로 발족되었고, 정부가 공론화 의제를 미리 정해놓고 이를 정당화하는 수단으로 공론화를 활용했다는 지적이 제기되어 운영 주체의 중립성과 자율성이 크게 저하된 것으로 평가된다.

둘째, 참여자의 대표성·포괄성 차원에서 보면, 신고리 사례에서는 시민참여단 선정과정에서 층화이중추출법을 활용하고 표본 규모를 확대해 모집단 대표성을 제고한 것으로 평가된다. 그러나 미래세대와 사회적 소수자의 참여가 미흡했고, 핵심 이해관계자들로 구성된 소통협의회도 관련 기관·단체로부터 대표성이 부족해 파행을 겪었다. 사용후핵연료 사례에서는 환경단체 대표가 탈퇴한 가운데 원전 지역대표가 위원회의 1/3을 차지하고 전문가 위주의 참여구조가 설계되어 위원회를 재구성해 공론화를 원점에서 다시 진행해야 한다는 지적이 국회·시민단체·원전 지역주민 등으로부터 위원회 활동 기간 내내 지속적으로 제기되어 참여자의 대표성과 포괄성에 심각한 문제점이 있는 것으로 나타났다(사용후핵연료 공론화 위원회, 2015c: 50-55).

셋째, 공론화 과정의 숙의성·공정성·소통성 차원에서 보면, 신고리 사례에서는 다양한 숙의프로그램을 운영하고 시민참여단의 적극적인 참여와 학습 기회 제공으로 숙의적 논의가 이루어진 것으로 평가된다. 시민참여단의 토론과정도 비교적 공정하게 진행되었으며 회의록 등 자료의 투명한 공개와 소통협의회의 운영은 긍정적으로 평가된다. 그러나 짧은 기간으로 인해 숙의 준비와 기본규칙 작성이 미흡했고, 대국민 숙의 효과를 제고하는 데 한계가 있었다. 사용후핵연료 사례에서는 숙의라기보다는 단순 토론회나 설명회 방식으로 진행되었고, 전문가 중심의 의견수렴에 치중했으며 회의 자료의 부실 공개와 미공개가 문제점으로 지적되었다. 다만, 공론조사 참여자들은 분임토의와 진행 과정이 비교적 공정하게 운영되었다고 응답한 것으로 나타났다.

넷째, 합의 결과의 성찰성·수용성 차원에서 보면, 신고리 사례에서는 1차 조사와 4차 조사에서 다양한 의견과 가치관이 대립하는 이성적 논증 과정을 통한 시민참여단의 태도와 선호의 변화가 확인된다. 특히 수용성이 매우 높았던 것은 권고안에 대한 대통령의 수용의지가 강력하게 전달된 것이 주요 요인으로 작용하였다. 시민참여단과 환경단체가 권고안을 수용한 것도 성공 요인으로 평가된다. 사용후핵연료 사례에서는 권고안이 전문가검토의견의 수준을 벗어나지 못하였고, 위원회 내부에서조차 '급조된' 권고안이라는 비판이 제기될 정도였다. 원전 지역대표와 환경단체가 권고안에 반대하고 문재인 정부도 새로운 공론화를 검토하고 있지만, 당시 정부에서는 권고안에 따라 기본계획을 수립하고 관련 법률안을 국회에 제출하는 등 수용성이 높았던 것으로 평가된다.

이같은 종합분석을 토대로 정리한 <표-3>에서 범례는 독자들의 이해를 돕기 위해 두 사례를 비교 평가해 상대적인 수준을 보여준 것이다. 신고리 5·6호기와 사용후핵연료 공론화 사례는 본 연구의 비교분석에서 뿐만 아니라 언론보도와 선행연구를 통해서도 성패의 명암이 확연히 드러나고 있다. 신고리 사례는 위원회의 권고안이 발표되자 대부분의 언론이 긍정적으로 평가했다.[10] 신고리 공론화의 경험으로 향후 다른 사회적 갈등과제에 대해서도 적용하자는 여론이 확산되었다. 반면, 사용후핵연료 사례에 대해 이영희(2017: 153)는 "사용후핵연료 공론화위원회는 공공의 참여를 강조하는 정치적 수사를 활용한 '의사 거버넌스'(predo-governance)에 불과하며, 절차적 정당성 확보가 중요해진 민주화 국면에서 새롭게 고안된 통치기술의 하나"라고 비판했다.[11]

이처럼 두 사례가 극명한 대조를 이루는 근본적인 원인은 공론화 의제의 복잡성, 공론화 방식의 차이, 위원회 구성방식의 차이뿐만 아니라 정치사회적 환경, 시민사회의 성숙 등 다양한 요인이 복합적으로 작용한 것으로 풀이된다. 우선, 공론화 의제를 보면 신고리 사례는 건설재개 또는 중단이라는 선택지가 명백한 반면, 사용후핵연료 사례는 의제가 전자에 비해 매우 복잡하고 전문적이었다. 또한 신고리 사례는 기존의 공론조사에 공공 토론방식을 접목해 숙의성을 강화한 시민참여형 조사를 실시한 반면, 사용후핵연료 사례는 기존의 공론조사의 장점도 살리지 못하고 숙의성과 소통성

---

10) 신고리 사례에 대한 언론의 평가는 다음과 같다(신고리 5·6호기 공론화 백서, 2017: 148-154). '숙의민주주의 가능성 확인한 공론조사 실험'(한국일보, 2017.10.21. 사설), '시민의 해법으로 사회갈등 출구… 숙의민주주의의 큰 걸음(한겨레신문, 2017.10.21. 1면), '집단지성 발휘된 신고리 5·6호기 공사재개 결정'(중앙일보, 2017.10.21. 사설), '첫 숙의민주주의 결과 도출… 갈등조정 모델로 자리잡나'(경향신문, 2017.10.21. 사회면), '원전 공론화위, 시민성의 승리… 집단지성 가능성 봤다'(세계일보, 2017.10.28. 칼럼).

11) 정익철(2014: 16-21)과 한겨레신문(2014.11.12)은 사용후핵연료 공론화 사례에 대해 정부 주도로 위원회를 구성하였고 운영과정에서도 일반 시민과 이해관계자의 광범위한 참여와 관심을 이끌어내지 못해 실패했다고 평가했다. 또 위원회의 독립성 문제, 투명한 공개, 시민과 이해관계자의 참여, 숙의적 대화, 공정성, 지식의 통합 측면에서 문제점을 지적하였다.

<표 4-3> 사례의 비교분석

범주		신고리 5·6호기		사용후핵연료	
운영주체	중립성	• 정치적 판단으로 위원회 출범 • 위원 선정과정에 관련 기관·단체에 제척기회 부여	△	• 산업부 산하 자문기구로 설립 • 정부의 원전정책 정당화 수단 • 이해관계자 중심 위원회 구성	×
	자율성	• 정부가 공론화 의제 선정했으나 추가로 원전발전 축소 권고 • 시민참여형 조사 자율적 결정 • 별도의 검증위원회 구성·운영	△	• 의제는 전문가검토를 거쳐 사전에 중간저장방안으로 선정 • 기존 원전내 저장방안 추진 • 환경단체, 열린 공론화 주장	×
참여자	대표성	• 층화이중추출법 활용 및 표본 규모 확대로 모집단 대표성 제고 • 시민참여단의 지역대표성 및 통계적 타당성 문제제기	○	• 원전 지역대표 1/3으로 과다 • 원전특위도 지역이해만 대변 • 공론조사 참여자 대표성 문제	×
	포괄성	• 시민참여단에 다양한 구성원 참여 • 미래세대, 사회적 소수 참여미흡 • 소통협의회의 대표성 부족	△	• 환경단체 대표 2명 초기 탈퇴 • 위원이 15명에서 9명으로 감소 • 지역대표, 전문가 중심 참여	×
공론화 과정	숙의성	• 다양한 숙의프로그램 운영 • 적극적 참여와 학습 기회 제공 • 짧은 기간으로 숙의 준비 미비 및 자료집 배포지연	○	• 숙의프로그램 부족(공론조사, 타운홀미팅) 및 형식적 운영 • 단순 토론회나 설명회에 그침 • 위원들의 회의 참석률 저조	×
	공정성	• 자료집 작성에 상호교차 검토 • 비교적 공정한 진행, 만족도 높음 • 기본규칙 작성 미흡	○	• 공론조사 비교적 공정한 진행 • 분임토의에 공정한 토론기회 • 전문가 중심의 의견수렴 치중	△
	소통성	• 회의록 등 자료의 투명한 공개 • 이해관계대표자 소통협의회 구성 • 대국민 숙의 효과는 미흡	○	• 회의자료 부실 공개 및 미공개 • 원전 지역 주민과의 소통 미흡 • 일반 국민과 언론의 관심저하	×
합의결과	성찰성	• 참여자의 태도와 선호 변화(4차) • 본인과 다른 주장 공감도 낮음 • 자료집 제작에 합의도출 노력	○	• 권고안은 전문가검토의견 수준 • 핵심의제인 저장방식 의견대립 • 위원회서조차 '급조된' 권고안	×
	수용성	• 대통령과 정부의 적극적 수용 • 권고안에 대한 이행조치마련 • 시민참여단 93.2%, 환경단체수용	◎	• 정부 법률안 마련, 로드맵제시 • 원전 지역주민, 환경단체 반대 • 문재인정부 새로운 공론화추진	△

※ 범례 : ◎ 매우 높음, ○ 높음, △ 보통, × 낮음.

확보에 실패했기 때문이었다. 위원회의 구성 방식도 신고리 사례는 공론화 절차를 공정하게 관리할 수 있는 중립적인 인물로 선정한 반면, 사용후핵연료 사례는 원전 지역 대표와 환경단체 등 주로 이해당사자 중심으로 구성되어 위원회 운영 자체가 논쟁의 장으로 전락하였다.

Ⅳ. 결 론 : 정책적 시사점

신고리 5·6호기 공론화위원회와 사용후핵연료 공론화위원회의 활동을 비교분석한 결과, 향후 공론화를 통한 사회적 합의형성이 성공적으로 이루어지기 위해서는 다음 같은 개선사항이 필요할 것으로 보인다. 첫째, 공론화 과정 운영 주체의 중립성과 자율성 확보이다. 사용후핵연료 사례가 실패한 주요 원인도 운영 주체인 위원회가 정부의 원전정책 정당화의 수단으로 활용되었기 때문이었고, 신고리 사례에서도 이미 '탈원전'을 천명한 정부가 위원회를 발족함으로써 위원회 운영의 독립성과 객관성 문제가 쟁점으로 부각되었다. 따라서 운영 주체의 중립성과 독립성 확보가 공론화의 성패를 좌우하는 핵심적인 요소라고 할 수 있다. 신고리 5·6호기 공론화위원회(2017a: 199)와 공론화 검증위원회(2017: 70)도 공론화를 주관하는 중립적이고 독립적인 기구의 설립을 위한 법적·제도적 근거 마련이 필요하다고 제언했다. 차제에 우리나라도 프랑스의 CNDP와 유사한 국가공론위원회의 설립방안(은재호, 2017; 채종헌, 2017; 정정화, 2012 등)을 적극적으로 논의할 필요가 있다.

둘째, 공론화의 성공조건 가운데서도 핵심은 토론과정의 숙의성과 참여자의 대표성 확보 여부이다. 숙의성 차원에서 보면, 공론화에 착수하기 이전에 숙의성 제고를 위한 치밀한 준비가 필요하다. 갈등진단 및 갈등영향 분석을 통해 해당 의제가 공론화 대상인지 여부에 대한 사전검토가 이루어져야 한다. 숙의 자료집 제작을 위해서는 전문성도 보강되어야 한다. 공론화에 사용되는 숙의 자료는 객관성과 신뢰성을 확보할 수 있도록 충분한 준비기간을 두어 전문가들의 연구와 토의를 바탕으로 제작되어야 한다. 참여자의 대표성 차원에서 보면, 공론화 과정 참여자들의 대표성이 확보되지 않으면 합의 결과에 대한 수용성을 담보하기 어렵다. 공론화 방식에 따라 이해관계자의 참여 형태는 달라질 수 있지만, 어떤 방식으로든 공론화 과정에 참여하는 이해관계자의 포괄성이 전제되어야 사회적 합의를 도출할 수 있을 것이다.

셋째, 공론화 과정에 일반 국민이 관심을 갖고 참여할 수 있는 제도적 장치가 구비되어야 한다. 이 과정에서는 언론의 역할이 매우 중요하다. 공론화 과정에서 언론의 중립적이고 균형 있는 보도는 대국민 숙의 효과를 제고함으로써 합의 결과(권고안)에 대한 수용성 증대는 물론, 사회적 합의형성의 첩경이라고 할 수 있다. 신고리 사례에서는 언론의 이념적 편향성으로 인한 비대칭적 정보 전달과 공론화를 건설재개/중단 양측의 승패로 보는 이분법적 프레임으로 인해 Rosen(1992)이 말하는 '높은 수준의 공론 상태(the state of highly developed public opinion)'에는 도달하지 못하였다. 신고리와 사용후핵연료 사례에서 언론의 보도 태도와 프레임 분석을 통해 향후 공론화 과정에서 언론의 역할에 대한 대응 방안 마련이 필요할 것으로 판단된다.

마지막으로 부언할 것은, 향후 공론화의 적용대상 및 범위 선정에서는 신중한 접근이 필요하다는 점이다. 공론화 의제의 선택 수준이 다양하거나 직접 이해당사자가 첨예하게 대립하는 이슈인 경우에는 공론화를 통한 합의도출이 어려운 구조를 띠게 된다. 공론화는 설계자의 의도에 따라 정치적 정당화의 도구로 전락하는 위험성도 있지만, 의제와 접근방식에 따라서도 상이한 결과를 도출할 수 있기 때문이다.

제5장

메타거버넌스의 운영 실제

조성한

I. 서론

시장 실패와 정부 실패의 경험을 바탕으로 국가 운영체계의 새로운 대안으로 네트워크 거버넌스가 한때 큰 각광을 받았다. 하지만 이후 20년이 넘는 경험의 결과는 네트워크 거버넌스가 너무 이상적인 모델이라는 회의를 가져오게 하였다. 그렇다고 해서 다시 수직적인 정부의 계층제로 돌아가야 한다는 주장이 지배하게 된 것은 아니다. 다만 국가관리 패러다임으로써의 거버넌스에 대한 무조건적인 신뢰에서 벗어나 현실적인 대안에 대한 탐구로 전환되고 있는 것을 의미한다.

최근의 네트워크 거버넌스에 대한 연구들은 크게 두 가지로 나뉘는데 우선 패러다임의 위치에서 강등된 정부 도구로써의 관점으로 보는 연구들이 있다. 이 연구들은 현실에서 대부분의 사회 문제는 계층제적인 정부에 의해 다루어지고 있으며, 지엽적으로 관련된 민간단체나 시장의 역할이 필요할 경우 정부 도구로서 네트워크를 활용한다고 보고 있다.

반면에 네트워크 거버넌스의 성격과 관계없이 네트워크를 어떻게 실질적으로 활용할 수 있는지에 대한 문제를 제기하거나 대안 제시를 하는 연구들이 있다. 메타거버넌스는 바로 이러한 문제 제기에 대한 대안으로 논의되기 시작하였다. 네트워크 거버넌스에서 정부는 하나의 참여자에 불과하지만 메타거버넌스에서는 계층적 정부가 네트워크의 형성과 관리에 중요한 역할을 담당하게 될 수밖에 없는 현실성이 반영된 것이다.

이 장(章)은 미국과 한국의 '입양사업'을 사례로 메타거버넌스의 현실 활용 가능성에 대한 탐구를 목적으로 하고 있다. 여기서 입양사업이란 민간단체나 기업이 특정 구역이나 도로를 맡아서(입양) 관리하는 것을 의미한다. 관리행위는 청소에서부터 환경미화 및 녹지형성 등 다양한 사업으로 이루어진다.

입양 대상이 되는 사업들은 지속적으로 발생하는 악순환적인 성격 때문에 예산이나 인력, 그리고 시간적인 차원에서 해결하기 어려운 문제들을 대상으로 하고 있다. 미국에서 고속도로를 지나가는 자동차에서 버려지는 쓰레기들을 수거하고 치우는 문제를 해결하기 위해 시작된 입양사업은 최근 한국에 도입되어 다양한 방면으로 활용되고 있다.

행정자치부는 경기도에서 도입한 이 사업을 '행복홀씨사업'으로 명명하고 전 지방자치단체에 확산하는 노력을 시도하고 있는데 이 장(章)에서는 미국의 '고속도로 입양사업'과 한국의 행복홀씨사업 중 '경상남도'의 사례와 '서울시'의 사례를 중점으로 메타거버넌스를 논의하고자 한다. 메타거버넌스는 고정된 틀에 의해 운영되는 것이 아니고 다양한 형태를 가질 수 있는데 이 세 가지 사례는 이러한 메타거버넌스 운영의 다양성을 보여주고 있다.

여기에서는 우선 메타거버넌스에 대한 학자들의 논의를 통해 개념을 살펴보고 성공과 실패의 요인을 분석한다. 그리고 각 사례가 어떤 메타거버넌스의 전략에 의해 이루어졌는지 어떤 성격을 가지고 있는지를 분석하고 메타거버넌스가 가지는 성공 요인과 지속성의 한계에 대해 논의한다.

II. 메타거버넌스의 이론적 논의

1. 거버넌스의 실패와 메타거버넌스적 대안

네트워크를 강조하는 거버넌스란 개념이 등장한 것은 20세기 후반부터이지만 실제로 정부와 민간의 협력 네트워크는 그 이전에도 여러 형태로 존재해 왔다. 다만 역사적으로 시장 실패와 정부 실패를 겪으면서 단순한 정부와 시장이라는 이분법의 문제점과 전통적인 관료제의 계층적 정책 과정에 대한 불만의 표시로 거버넌스의 개념이 이상형 정책 패러다임으로 주목을 받게 되었다.

이상형 정책 패러다임으로서의 거버넌스는 참여집단들간 네트워크가 자발적이며 계층이 존재하지 않는다. 자발적인 참여와 상호의존의 관계를 유지하고 자원, 지식, 규범, 규정 등을 공유하면서 사회 문제를 해결하기 위한 연합을 이룬다. 이 과정에서 지배적인 집단이 없기 때문에 수평적 네트워크가 이루어지고 상호작용하는 과정에서 점차 관계성과 활동에 대한 내부규제가 형성된다(Sørensen & Torfing, 2009: 245).

거버넌스의 개념의 등장은 여러 가지 측면에서 환영을 받았다. 첫째는 시장 실패에 이어 정부 실패까지 경험한 뒤 등장한 새로운 대안으로서의 국가관리 형태라는 점에서 큰 관심을 받았다. 둘째는 점차 복잡해지는 사회에서 계층적 정부만의 힘으로 해결할 수 없는 문제들[1]을 다루는 것이 가능한 관리체제로서 관심이 높았다(Triantafillou, 2007: 190-193). 그리고 마지막으로 정부와 민간 간의 협력을 체계화 할 수 있는 기회로서 각광을 받았다(Jesop, 2003: 2-3).

하지만 시간이 지날수록 자발적 네트워크를 강조하는 거버넌스에 대한 문제점들이 지적되기 시작하였다. 거버넌스에 대한 비판은 크게 두 가지로 나뉘어진다. 첫째는 거버넌스가 정부 관리의 패러다임이 될 수 없다는 것이다(Howlett, 2011: 7-10). 정부 관리의 패러다임으로 존재하려면 국가의 전반적 업무가 거버넌스의 모습을 취해야 하는데 현실적으로 어느 나라에서든 계층제 형태의 정부 관리가 지배적이라는 것이다. 따라서 거버넌스는 정부 도구의 하나에 지나지 않는다는 것이다.

두 번째 비판은 거버넌스의 방법론적 문제를 제기하고 있다. 민간과의 협력적 관리 도구로서 거버넌스의 개념이 중요하다는 것은 인정하지만 어떻게 현실에서 사용할 수 있는지가 분명하지 않다는 것이다. 무엇보다 '수평적 자발성'이라는 것이 과연 가능한 것인지

---

1) 이러한 문제들을 Rittel과 Webber은 '악순환적 문제(wicked problem)'라고 칭하고 있다(1973). 여기서 'wicked'는 윤리적으로 나쁘다는 뜻이 아니고 '악성'이나 '악순환적'인 의미를 뜻한다고 한다.

에 대한 의문이 제기 되었다(Jessop, 2003: 4-5).

이상형 네트워크 거버넌스에서는 모든 집단이 자발적 참여를 해야 하고 어떤 집단도 우위를 가지지 못한다. 하지만 실제로 시민들, 민간단체 등의 다양한 집단이 참여한 관리체계에서 주도적 집단이 없이 내부적 관계성에 대한 규정, 규범 등에 대한 합의에 도달하는 것은 쉽지 않다(Sørensen & Triantafillou, 2009: 6). 모두가 공유하는 규정, 규범, 자원 등이 존재하지 못한다면 네트워크 자체가 지속적으로 유지되는 것은 불가능하다. 거버넌스 이론에서 네트워크의 수평적 참여자로서만 비추어진 정부는 사실 다른 참여집단에 비해 예산, 정보, 권력, 인력 등 다양한 면에서 자원의 우위성을 확보하고 있다. 따라서 정부가 포함된 네트워크에서 다른 민간집단과 수평적 관계가 지속되는 것은 쉽지 않은 일이다.

메타거버넌스는 이 두 번째 비판에 대한 대응적 차원에서 시작되었다. 메타거버넌스는 정부의 계층제가 네트워크 거버넌스의 실질적 관리자가 되어야 하는 현실성을 주장하면서 "거버넌스에 대한 관리(governing governance)"로 불리고 있다. 여기서도 어느 정도의 자발성이 강조되기는 하지만 이상형 네트워크 거버넌스처럼 순수한 자발성이 요구되지는 않는다. 즉 정부는 자발적 네트워크의 자연스러운 관리자가 되기도 하지만 각종 인센티브나 규정을 통해 다양한 집단들의 참여를 유인하거나 강제하기도 한다.

2. 메타거버넌스의 개념

메타거버넌스의 개념은 연구자들의 관심사에 따라 다르게 표현된다. 네트워크 거버넌스와 민주주의의 관계에 대한 관심이 높은 Sørensen은 메타거버넌스를 분화된 정치체제에서 다양한 자치적 네트워크나 기관들의 높은 자율성을 지켜주면서 협력적 거버넌스의 가능성을 높여주는 방법으로 개념짓고 있다(Sørensen, 2005: 103-105). 즉 정부가 거버넌스의 네트워크를 관리하지만 획일적인 방법이 아닌 자율성, 복잡성, 다양성에 대한 관리방법으로 자치적 조직(self-organization)들을 조직화하는 것을 의미한다.

Jesop은 메타거버넌스를 정책 과정에 있어서 최상의 가능한 결과를 위해서 거버넌스가 성립되기 위한 조건을 조직화하고, 시장적, 계층적, 네트워크적 거버넌스를 상황에 맞게 조합하는 것으로 개념짓고 있다. 정부는 메타거버넌스가 가장 중요한 역할을 하고 있고 거버넌스가 구성되기 위한 기본적인 규칙을 만들고 거버넌스 내에서 자치적 조직들이 스스로의 목적을 달성하는 조건을 만들어 주고, 조정의 역할도 맡게 된다.

앞의 두 개념에서는 계층적 정부만을 메타거버넌스의 관리자로 한정된 반면 Kooiman과 Jentoft(2009: 823)는 굳이 메타거버넌스의 관리자가 정부일 필요는 없다고 주장한다. 메타거버넌스 내에서 관리자는 정부일 수도 있도 민간부문의 관리자일 수도 있다고 본다. 이들에 의하면 메타거버넌스와 다른 거버넌스들과의 차이는 규범과 원칙에 있다고 한다. 그리고 이 규범과 원칙은 메타거버넌스가 작동하고 있는 사회가 가지는 문화와 가치에 따라 달라질 수 있다고 한다.

Meuleman과 Niestroy(2015: 12303-12304)는 메타거버넌스가 정부중심적 거버넌스로 회귀하는 것이나 정부의 계층제를 약화시키기 위한 것이 아니고 또 다른 형태의 거버넌스라고 개념짓고 있다. 메타거버넌스는 세 가지 거버넌스의 모드를 사회 문제의 성격이나 이에 상응하는 대안에 따라 적당하게 융합하기 때문에 적응적 거버넌스(adaptive governance)와 유사한 측면이 있다고 한다. 그리고 메타거버넌스는 꼭 광범위한 문제를 해결하기 위해서 사용되는 것은 아니고 모든 정부의 수준이나 문제의 수준에 적용할 수 있다고 한다.

결국 메타거버넌스는 기존의 거버넌스 이론이 가지는 정부의 계층제로부터의 탈피라는 이분법적인 논리에서 벗어나 융합적 거버넌스를 지향하고 있다(Whitehead, 2003: 8). 메타거버넌스가 계층성을 가진다고 해서 참여자들의 자율성이 무시되는 것은 아니다. 메타거버넌스의 관리자는 다양한 규정, 인센티브, 독려 등을 통해서 자율성을 가지는 다양한 개인이나 조직의 참여들로 구성된 거버넌스가 설립되고 유지되도록 해야 한다.

메타거버넌스를 관리하는 메타거버너(metagovernor)는 다음과 같은 네 가지의 전략을 활용할 수 있다(Stevens & Verhoest, 2015: 6-8; Sørensen & Torfing, 2009: 246-247).

첫째, 구조화(framing)의 전략이다. 메타거버너는 정책목표를 정하고 정책의 중요성에 대한 스토리텔링이나 인센티브 등의 방법을 통해 협력적인 거버넌스 네트워크가 이루어지도록 환경을 조성한다. 이 전략은 정부가 적극적인 참여를 하지 않고 정책목표 달성의 기준을 정해주는 정도의 역할을 한다.

둘째, 디자인의 전략이다. 구조화 전략이 정부의 관여를 최소화한다면 디자인 전략은 정부가 거버넌스의 구조, 규칙, 의사결정과정 등을 변화시킬 수 있다. 정부는 리포트, 직접 관여, 회의 등의 방법을 통해 참여자들이 달성해야 할 목표를 정해주고 시간적 제약까지 부여한다.

셋째, 소통(facilitation)의 전략이다. 메타거버너는 참여자들 간의 불신이나 갈등을 최소화하는 역할을 담당한다. 참여자들 간의 화합을 저해하는 행동을 막고 네트워크 간 정보가 유활하게 전달될 수 있도록 투명성을 확보한다.

넷째, 참여의 전략이다. 메타거버너가 직접 거버넌스 네트워크에 참여해서 정해진 규칙에 따라 주어진 역할을 수행하지만 앞의 전략들보다는 상대적으로 강하게 참여자들을 통제한다.

위 네 가지 전략들은 서로 배타적인 것이 아니고 메타거버너는 상황에 따라 여러 전략을 같이 사용할 수 있다. 이와 같은 전략을 사용하는데 있어서 대부분의 학자들이 우려하는 것은 정부의 과도한 개입에 의해서 거버넌스 네트워크가 그 의미를 상실하게 되는 것이다.

하지만 최근에 다층적 메타거버넌스에 대한 연구가 이루어지면서 정부의 비민주적 획일적 관여에 대한 제한이 현실적으로 가능한 것인지에 대한 의문이 제기되고 있다. 기존의 연구들이 하나의 정부와 민간 참여집단들과의 관계에 초점을 맞추면서 메타거버너인 정부의 민주적 태도를 강조하지만 현실에서는 많은 사회 문제들이 중앙정부와 지방정부의 다층적 구조에 의해 다루어진다는 것이다. 따라서 메타거버넌스에서도 관리자인 메타거버너가 다층적인 구조를 가지게 된다.

국가마다 중앙정부에서 지방정부로 그리고 민간부문으로 이어지는 다층적 관계는 사회문화적 환경에 따라 다르다. 정부 간 관계가 상대적으로 수평적인 국가에서는 민간 참여집단들과 직접적인 관계를 가지는 지방정부가 중앙정부가 세운 원칙으로부터 어느 정도 메타거버너로서의 자율성을 가질 수 있다. 하지만 정부 간 관계가 획일적인 국가에서는 메타거버너로서의 중앙정부의 역할이 강화될 수밖에 없다는 것이다. 이 경우에는 지방정부는 자율성을 가지기 어려우며 참여집단들 역시 자율성에 상당히 제약을 받게 된다. 그렇다고 해서 메타거버넌스는 다층적 정부 관계가 수평적인 문화를 가진 사회에서만 가능하다고 한다면 메타거버넌스 역시 현실성을 잃어버리게 된다는 것이다.

3. 메타거버넌스의 성공과 실패

메타거버넌스는 이론적 모델로서 현실화되기 어려운 기존의 네트워크 거버넌스의 개념을 보완하기 위해 등장하였지만 연구자들은 그 성공을 확신하지는 않고 있다. 메타거버넌스의 실패에 대한 논의는 크게 두 가지로 나뉘어진다.

첫째는 계층제가 포함된 메타거버넌스가 실제로 민간과 정부의 수평적 관계를 유지할 것인가에 대한 의문이 제기된다. Bell과 Park(2006: 79)는 기존의 거버넌스 이론들이 성공하지 못한 이유는 정부의 자원과 정보에 대한 능력을 무시했기 때문이라고 한다. 이에 따라 실용적 차원에서 메타거버넌스가 등장하였지만 정부가 파트너로써의 민간참여자에게 동등한 권력과 정보, 자원 등을 배분할 것인가에 대해 의문을 제기하고 있다. Whitehead(2003: 13) 역시 메타거버넌스의 참여자인 계층적 정부가 규제나 규칙을 독단적으로 정하면서 거버넌스의 자율성이 상실되면 참여자들이 정부가 내세운 목표 외에는 의견을 제시하지 못하게 될 수 있는 상황이 발생한다고 메타거버넌스의 실패 가능성을 설명하고 있다.

Sørensen과 Torfing 역시 메타거버넌스에서 정부가 정책목표를 달성하는데 있어서 능율성과 효과성을 위해서 네트워크를 강력히 통제할 가능성이 있다고 경계하고 있다. 이 부분은 딜레마로 나타나는데 정책 과정에 있어서 메타거버넌스 내부의 갈등을 통제하기 위해서는 계층제의 강한 통제가 필요한데 반면에 이러한 통제는 네트워크 거버넌스의 가장 중요한 수평적 민주성을 저해하게 된다는 것이다.

둘째는 메타거버넌스의 상황적·문화적 측면을 얘기한다. Mueleman(2010: 65-66)은 거버넌스나 메타거버넌스는 문화적 환경에 적응되어야 한다고 주장한다. 국가마다 계층성이 강한 국가가 있고 시장성이 강한 국가도 있고, 네트워크가 잘 구성된 국가도 있다. 메타거버넌스의 성공과 실패는 세 가지 거버넌스를 국가의 문화에 따라 어떻게 조합하는가에 달려 있는데 계층성이 강한 국가에서 시장성이 강한 거버넌스를 중심으로 메타거버넌스를 구성하게 되면 실패할 수 있다는 것이다. 따라서 다른 국가에서 성공한 메타거버넌스의 모델이 전혀 문화가 다른 국가에 적용될 수 없다는 것을 보여주고 있다.

이러한 메타거버넌스의 실패 가능성이 제기되면서 연구자들은 거버넌스가 성공하기 위해 갖추어야 할 조건들을 다음과 같이 제시될 수 있다고 보았다.

첫째, 계층적 정부가 자원을 동원하고 거버넌스의 책임성과 적합성을 유지시키는 책임을 지고 있지만 생태적으로 분권성을 지니고 있는 네트워크 거버넌스와의 균형을 이루기 위해 노력해야 한다.

둘째, 계층적 관료제는 메타거버넌스를 성공적으로 이끌기 위해서 네트워킹, 중개(brokerage), 조정에 대한 전략적 지식과 기술을 습득하는 것이 필요하다.

셋째, 메타거버넌스가 유지되기 위해서는 정부나 민간 참여자나 참여를 통해 얻을 수 있는 이익에 대한 기대가 있어야 한다. 순수한 사회봉사 차원으로는 네트워크가 유지되기는 어렵다.

넷째, 메타거버넌스의 관리자 역할을 맡은 정부는 최대한 투명성을 유지하여야 한다. 투명성이 유지되지 않으면 네트워크 참여자들 간 상호관계에 있어서 혼란이 일어날 수 있다.

다섯째, 메타거버넌스는 상황적응적인 네트워크를 기반으로 하여야 한다. 여기서 상황적응적이라 함은 문화나 사회시스템에 따라 거버넌스 모델의 조합이나 네트워크의 계층성의 정도가 다를 수 있다는 것을 말한다.

Ⅲ. 미국의 고속도로입양사업

1. 개요

고속도로입양(Adopt-a-Highway) 프로그램은 1980년대 텍사스주의 교통국에서 엔지니어로 근무하던 James Evans가 고속도로를 지나던 트럭들이 흘리는 각종 쓰레기 잔해를 치우는데 들어가는 예산이 매해 15~20%씩 증가하는 것에 문제점을 두고 고안하였다. 1985년 Tylor Civitan Club이 처음으로 텍사스 69번 루트의 2마일을 입양하여 사업에 참여하였다. 그 이후 고속도로입양 프로그램은 미국 각 주에 전파되어서 Vermont를 제외한 모든 주에 의해 채택되었다.[2] 뿐만 아니라 Puerto Rico, New Zelalnd, Canada, 일본, 한국 등에서도 이 프로그램을 채택하기 시작했다.

이 프로그램에 참여할 수 있는 자격은 다음과 같다.(나이 제한은 주마다 다름)[3]

1. 정부기관이나 비영리단체의 구성원; 민간기업이나 공기업이 구성원; 가족들(하나의 가족이나 여러 가족들이 모여서 하나의 그룹으로 참여할 수 있음); 개인들(특별한 법인적 성격의 단체가 아니어도 개인들이 모여서 그룹으로 참여할 수 있음)
2. 참여하는 단체나 그룹은 입양하는 구간이 속해 있는 행정구역(County)이나 인근 행정구역에 위치해 있어야 한다.
3. 참여 인원의 제한은 없지만 주에 따라 6~10명 정도를 권고하고 있기도 하고, 미성년자들이 포함된 경우 미성년자 숫자에 비례한 성인이 포함되어야 할 것을 규정으로 둔 주도 있다.
4. 고속도로를 입양한 단체나 그룹은 주정부가 허락한 특별한 경우를 제외하고는 다른 기관에 재하청을 주지 못한다.

고속도로입양사업에 참여하는 기업이나 단체는 2마일의 구역을 배정받고 매년 최소한 4회 이상 담당한 고속도로 구간의 청소를 실시한다.[4] 대신 정부는 고속도로입양을 한 기업이나 단체를 알려주

2) Vermont는 고속도로에 홍보간판을 설치하는 것이 법으로 금지되어 있어서 민간부문에 대한 어떠한 혜택을 줄 수 없기 때문에 고속도로입양 프로그램을 하기가 어려운 상황이다(VTrans, 2016: 17)
3) http://www.txdot.gov/inside-txdot/get-involved/volunteer/adopt-a-highway.htm
4) 매년 몇 회의 고속도로 청소를 실시해야 하는지는 각 주마다 규정으로 정해져 있다.

는 입간판을 이 구역에 설치해 준다. 이 입간판을 통해 단체나 기업은 자신들을 알리는 홍보효과를 누리게 된다. 계약기간은 최소 2년이고 입간판의 설치기간도 계약기간 동안이다.

고속도로입양 프로그램은 고속도로 청소의 비용을 절약하기 위해 시작되었지만 부수적 효과로 고속도로에 쓰레기를 버리지 않는 교육적 효과도 가져오고 있다. 이 프로그램에 참여하는 사람들은 반드시 큰 비영리조직이나 기업의 구성원일 필요는 없고 개인들이 이 프로그램을 위해 한시적 그룹을 만들 수도 있고, 가족들이나 학교 써클도 가능하다. 그리고 2년 약정으로 되어 있기 때문에 계속 새로운 사람들이 이 프로그램에 참여할 수 있다. 따라서 이 프로그램에 참여한 사람들뿐 아니라 이 프로그램에 관심을 가진 사람들 모두가 고속도로를 어지럽히면 안 된다는 간접적 교육을 받게 된다.

주정부가 고속도로입양 사업을 운영하고 감독하는데 주요 업무는 다음과 같다.

첫째, 참여를 신청한 그룹들의 지리적 위치와 고속도로의 교통사정, 다른 주와의 관계, 구역의 교통라인의 수, 시야의 청명성 등을 고려해서 그룹의 선정과 구역의 선정을 결정한다.

둘째, 참여한 단체나 기업을 위해 규정에 의한 입간판을 설치한다.[5)]

셋째, 자원봉사자들을 위해 교통통제를 위한 싸인, 안전복, 쓰레

---

5) 입간판은 기본적으로 단체나 기업의 이름이나 약어를 기입한다. 대신 기업의 경우 실제로 이 프로그램을 위해 자원봉사 한 사람들을 위해 "~의 구성원"이나 "~의 직원"으로 기입해야 한다. 기업의 이름만 사용하는 것은 금지한다.

기봉투, 안전수칙 등을 준비한다.

넷째, 자원봉사자들이 쓰레기를 담아놓은 쓰레기봉투를 수거하고 자원봉사자들이 수거할 수 없는 대형, 무거운 폐기물들이나 위험한 폐기물들을 처리한다.

다섯째, 자원봉사자들이 의무를 다하지 않을 경우 주정부는 대신 그 구역을 청소하고 해당 구역의 자원봉사자들과의 계약을 파기한다.

고속도로입양프로그램과 유사한 프로그램으로 고속도로 후원(Sponsor-a-Highway) 프로그램이 있다.[6] 대부분의 고속도로입양 프로그램을 운영하는 주들은 고속도로 후원 프로그램을 운영하고 있다. 고속도로 후원 프로그램은 고속도로 입양 프로그램에서 파생된 것으로 비전문가인 자원봉사자들이 청소할 수 없는 위험한 구역을 깨끗이 하기 위한 프로그램이다. 참여자들은 주에 따라 영리 기업들에 한정하는 경우도 있고 비영리단체나 개인들까지 포함하기도 한다. 참여자들은 특정 구역에 대한 전문 청소비용을 후원하고 보답으로 기업의 이름이 들어간 입간판을 주정부가 계약기간 동안 세워준다. 22개 주는 "고소도로입양관리회사(Adopt A Highway Maintenance Corporation)"라는 고속도로 후원 전문기업에 이 프로그램을 맡기고 있다.[7]

고속도로입양프로그램에 있어서 발생하는 윤리적 문제는 사회통념상 받아드릴 수 없는 목적을 지닌 집단의 참여를 막는 것이다. 비

6) New Hampshire주 같은 경우 고속도로 후원 프로그램이라는 명칭 아래 고속도로 후원과 입양을 다 포함하고 있기도 하다.

7) www.adoptahighway.com

윤리적 집단이 자신들의 홍보를 위해 고속도로입양사업을 악용할 수 있기 때문이다. 예를 들어 미국의 KKK단이 이 사업에 참여하려는 시도를 한 것이 법적인 문제까지 발생시키고 있다. 이에 따라 각 주정부는 이러한 비윤리적 집단의 참여를 적극적으로 막고 있다.

2. 메타거버넌스 논의

미국의 고속도로입양사업은 '악순환적 문제'를 해결하기 위해 주정부가 주도를 한 메타거버넌스로 볼 수 있다. 고속도로에 쓰레기가 버려지는 것은 단속하기도 어렵고, 특히 대형 트럭들이 자신들도 모르는 사이에 대형 쓰레기를 떨어뜨리고 가기도 한다. 그리고 수시로 고속도로에 내려온 짐승들도 차에 치여 시체로 남겨지기도 한다. 따라서 정부의 계층제만으로 이 문제를 해결하기에는 시간적 비용과 예산적 비용이 과도하게 들어간다. 따라서 텍사스에서 지역주민들의 자발적 참여를 통한 문제해결을 시도하게 되었다.

미국의 고속도로입양사업에서 사용되는 메타거버넌스 방법은 '구조화 전략', '디자인 전략', '참여 전략'의 세 가지를 혼합하여 사용하고 있다. 정부는 '입간판'이라는 자기홍보를 인센티브로 제시하여 민간단체들이 자발적으로 참여할 수 있는 기회를 제공하지만 적극적으로 직접적인 접촉을 통해 참여를 독려하거나 하지는 않는다. 하지만 이 사업에 필요한 제반의 규정을 정하고 이 규칙들이 잘 지켜지고 있는지 감독을 담당하고 참여자들이 수거한 쓰레기를 마지막으로 처리하는 일을 맡음으로써 직접적인 참여를 한다.

고속도로의 쓰레기 문제는 지역사회의 청결, 위생, 이미지 등에 영향을 주는 경우가 발생하기 때문에 지역 내의 종교단체나 자원봉사자들이 네트워크를 이루어 간간히 자원봉사 차원에서 청소를 하기도 했다. 그러나 이러한 민간들만의 네트워크나 자원봉사는 지속적이지 못하고 몇 차례 이루어지는 정도로 끝나기도 했다. 따라서 정부의 계층제가 개입되어 지속성을 유지할 수 있는 인센티브와 규칙 등을 제공함에 따라 지속되는 메타거버넌스적 정책 해결이 이루어지고 있다. 정부와 민간참여자들이 정부의 정책목표뿐 아니라 참여를 통해 기대되는 각자의 이익도 실현이 되기 때문이다.

미국의 고속도로입양사업에서는 세 가지 거버넌스가 조합되어 있다. 계층적 거버넌스로서는 각 주정부의 계층제가 포함된다. 네트워크거버넌스로서는 고속도로입양에 참여하는 단체들과 정부 간 네트워크가 이루어진다. 단체 간 네트워크는 강하지 않은 편이지만 정부는 참여 단체들을 홈페이지에 공개함으로서 서로에 대한 정보를 알 수 있다. 시장적 거버넌스의 주요 역할을 담당하고 있는 조직은 '고속도로입양관리회사'가 있다. 이 회사는 주로 민간기업이 고속도로입양이나 고속도로입양에 참여하는 것을 대리계약하고 관리한다. 이 관계를 다층적이라고 보기는 어렵지만 고속도로입양관리회사는 주정부와 계약을 통해 메타거버너로서의 역할의 일부를 담당하고 있다.

전반적으로는 네트워크 거버넌스보다는 계층적 거버넌스와 시장적 거버넌스가 중심이 된다고 볼 수 있다. 참여단체들에게 입간판이 가지는 가치적 의미는 동일하지 않지만 정부와의 계약을 통해서 입간판이라는 보상을 받는다는 점에서 시장적 계약이 중요한 역할을 한다. 특히 기업이나 홍보가 필요한 민간기관들에게는 입간판은 중요한 보상이 된다. 또한 정부는 계약이 잘 수행되고 있는지에 대한 성과평가를 통해 계약유지 여부를 결정하게 된다.

미국의 모든 주가 고속도로입양사업이 잘 진행되고 있는 것은 아니다. 메타거버넌스의 성공은 상당 부분 정부나 민간의 메타거버너의 역할에 달려 있다. 고속도로입양사업에 참여한 민간단체가 실질적으로 자신의 책임을 다하고 있는지에 대한 지속적인 관리 및 민간단체에 대한 협조가 필요한데 정부 담당자의 이런 책임이 결여될 경우 이 사업은 성공하기 어렵다.

고속도로입양사업에 참여한 단체들이 단단한 네트워크를 이루고 있지는 않지만 상당한 정보공유가 가능하다. 따라서 어느 한 단체가 자신들이 입양한 구역에 대한 책임을 다하지 않고도 입간판이 유지되는 인센티브를 누리고 있다는 것이 알려지면 다른 구역들을 책임진 단체들도 책임을 다하지 않게 될 가능성이 높아진다. 이렇게 되면 메타거버넌스는 실질적으로 존재의 의미를 잃게 된다.

Ⅳ. 한국의 행복홀씨사업

우리나라의 경우 미국 텍사스의 고속도로 입양(Adopt-a-Hignway)을 벤치마킹하여 2009년 처음으로 경기도에서 도로입양사업이 시범적으로 시작되었다. 당시 경기도는 행정력이 미치지 않는 도로의 쓰레기 문제가 심각하다는 인식하에 이를 해결하기 위한 방법을 공모하였으며 심사 결과 "도로입양사업"(Adopt-a-Roadway) 사례가 선정되었다(머니투데이, 2007. 07. 21.). 도로입양사업은 일정 구간의 도로를 자원봉사 신청에 따라 입양시켜 관리하도록 하는 사업으로 시

<표 5-1> 행복홀씨 입양사업의 추진 내용과 성과

구분	내용
사업대상	• 공원, 유원지, 지역명소, 도서지역(섬) 쓰레기 • 농·어업용 폐비닐, 폐그물 • 도심하천 쓰레기 • 국가자전거도로 주변 쓰레기
추진방식	• 다중이 이용관람하는 일정자소(2Km 이내)를 지역주민 및 단체에 입양하여 관리
참여대상 및 방법	• 지역주민, 자원봉사단체, 시민단체, 종교단체, 기업, 학교동아리 등 • 희망단체가 각 시도 및 시·군·구에 신청을 하면 자체 심사를 거쳐 입양 지역을 선정
사업내용	• 쓰레기 청소, 꽃가꾸기(게릴라 가드닝 등)와 같은 입양단체의 자율적인 정화활동 추진(매월 1회 이상)
인센티브	• 행복홀씨 입양 우수기관 평가 및 시상 • 행복홀씨 입양 우수사례 시상 • 행복홀씨 안내 표지판에 참여단체명 표기
성과	• 2015년 378개 단체 26,142명 참여 • 2016년 6월말 현재 1,400개 단체 65,000명 참여

자료: 행정자치부(2016: 1)의 내용을 참조하여 표로 작성

민단체나 회사, 동호인 클럽 등의 자발적인 참여를 통해 입양한 도로를 책임지고 깨끗하게 관리하는 사업이다. 경기도의 도로입양사업은 쓰레기 수거 성과는 물론이고 상당한 예산을 절감하는 등 그 성과가 높았던 사례이다. "도로입양사업"은 지자체-기업-민간 등이 참여하는 거버넌스가 활성화됨으로써 큰 성과를 거두었다.

경기도의 성공사례를 기반으로 행정자치부는 '입양'이라는 도구의 확산을 위하여 2015년 7월 민간주도의 깨끗한 마을을 가꾸기 위한 "행복홀씨입양사업을" 추진하였다. 행복홀씨 입양사업은 "민들레 홀씨처럼 행복이 세상에 널리 퍼져 나가게 하자는 취지의 사업으로 해당 지역 주민, 민간단체가 일정 구간(2km 내외)을 책임 구

역으로 지정받아 환경정화 활동과 계절에 맞는 초화류를 식재함으로써 쾌적하고 아름다운 생활환경을 조성하는 것"이 목적이다(행정자치부, 2015a: 1). 행복홀씨 사업의 주요 내용과 성과를 정리해 보면 <표 5-1>과 같다.

기존의 "도로입양사업"은 행복홀씨 입양사업에 흡수 통합되고 있는 상황이며 2016년도 실적 중 도로 입양에 가장 많은 사람과 기관이 참여하고 있는 것으로 나타났다. 그다음으로 공원, 하천, 등산로 등의 순서 였다(2016: 2). 여기에서는 행복홀씨 입양사업을 추진하고 있는 경상남도 사례와 서울시 사례를 살펴보고자 한다.

1. 경상남도 행복홀씨 입양사업

1) 개요

경상남도 사례는 최근 가장 적극적이고 활발하게 행복홀씨 입양사업을 추진하고 있다고 평가되고 있다(행정자치부 담당 공무원 인터뷰, 2016. 08. 02). 경상남도의 '2016년 행복홀씨 입양사업 추진계획'을 살펴보면 행정자치부에서 제공한 수행지침을 가장 잘 구현하고 있는 것으로 평가된다. 2015년 7월 20일 행정자치부로부터 사업 시행 및 추진지침을 시달받고 8월 25일 입양대상지 선정 준비를 시작해 11월 11일 71개소의 입양대상지를 확정하였고 3,481명이 참여하는 성과를 거두었다. 2016년 6월 30일 현재 입양대상지와 참여 인원은 아래의 표와 같으며 이 수치는 전년도에 비해 급속히 증가하였음을 알 수 있다.

<표 5-2> 경상남도 입양 대상지 및 참여인원수(2016.06.30. 현재)

구분	도로변	공원	하천	등산로	지역명소	자전거길	해수욕장	기타	총계
개소	235	187	81	27	46	5	3	198	782
인원	7,871	5,840	3,367	938	2,000	100	109	6,202	26,427

자료: 경상남도(2016b) 참조.

경상남도는 각 시·군 자체조 사를 통해 입양대상지를 선정하였는데 다중이 이용하는 공원, 유원지, 지역명소, 도서지역(섬), 관리 주체가 없는 골목길, 소공원, 호수 및 방치된 유휴지 등을 우선적으로 조사하여 선정하였다. 참여단체는 인터넷 홈페이지, 지역신문, 우편 등을 통해 공모하였으며 선정된 입양단체와 시·군은 실정에 맞게 협약(MOU)을 체결하도록 하였다(경상남도, 2016a: 3). 협약의 내용은 입양 대상, 협력내용, 역할분담, 신의성실원칙, 유효기간 등을 명시하도록 하였다(경상남도, 2016a: 13-14). 원칙적으로 참여단체의 경우 1회 50명 이상이 참여 가능한 단체를 우선적으로 입양시키도록 하였으며 대부분 일정 규모 수준 이상 되는 참여단체를 선정하였으나 일부는 5명, 10명 등의 규모를 지닌 참여단체에게도 입양을 하였다(경상남도, 2016b). 참여단체 유형별로 단체 수와 참여 인원을 자세히 살펴보면 <표 5-3>과 같다.

경상남도의 행복홀씨 입양사업의 거버넌스와 행위자별 역할 분담 내용을 그림으로 나타내면 다음 <그림 5-1>과 같다.

첫째, 행정자치부는 행복홀씨 입양사업을 전국 지자체로 확산시키기 위한 사업 시행 및 추진지침을 시달하고 매년 추진실적을 평가하는 역할을 수행한다. 평가는 도 추천에 의한 민간위원을 포함한 행정자치부에 의해서 243개 전 지자체(17개 시·도 및 226개 시·군·구)

<표 5-3> 경상남도 행복홀씨 입양사업 참여단체와 인원(2016.06.30. 현재)

참여단체 유형	단체수	참여인원
주민자치	56	1,331
새마을 단체	166	5,126
마을단체	105	5,004
환경단체	78	2,484
봉사단체	94	3,186
기업	16	720
노인단체	72	2,764
바르게단체	39	1,135
청소년단체	4	112
학교	8	864
종교단체	8	440
기타	136	3,261
총계	782	26,427

자료: 경상남도(2016b) 참조.

<그림 5-1> 행복홀씨 입양사업 거버넌스와 행위자 역할

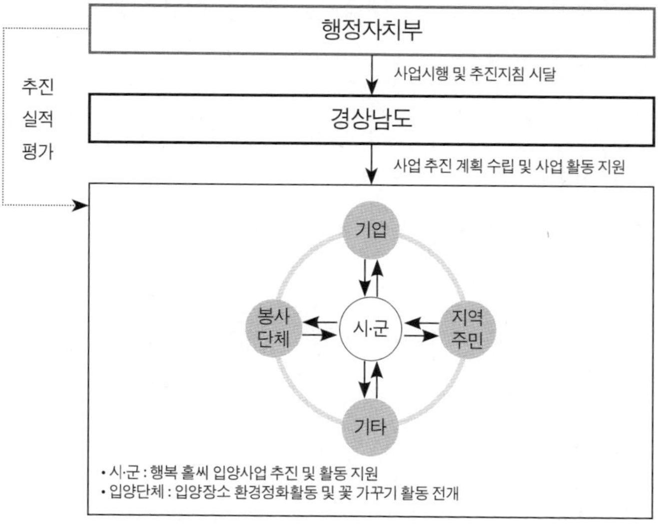

자료: 경상남도(2016a)를 참조하여 저자가 그림으로 작성한 것임.

를 대상으로 수행된다. 평가 결과는 최우수, 우수, 장려, 미흡기관으로 구분되며 재정인센티브를 부여하고 우수기관 및 입양단체 포상 등의 인센티브를 제공하고 있다(경상남도, 2016a; 4).

둘째, 경상남도는 행정자치부의 지침에 따라 행복홀씨 입양사업의 계획을 수립하고 시·군의 사업 활동을 지원하는 역할을 수행한다. 특히, 경상남도의 경우 사업 활동을 지원하기 위하여 시·군 담당계장 회의를 개최하고 도 및 시·군 민간단체 간담회를 개최하여 추진계획을 설명하고 해당 사업이 활성화될 수 있도록 협조를 구하는 활동을 활발히 하였다(경상남도, 2016a: 2). 또한 경상남도는 행복홀씨 입양사업의 확산과 자율적 참여를 위하여 지역 언론(KBS 진주방송국 등), 홈페이지, 반상회 등을 통해 홍보 활동을 적극적으로 수행하였다(경상남도, 2016a: 5; 경상남도, 2016c).

셋째, 시·군은 실제로 행복홀씨 입양사업을 추진하는 역할을 한다. 우선 입양대상들을 자체조사하여 선정하고 입양단체를 공모하여 선정한다. 선정된 입양단체와 협약(MOU)을 체결하는 일도 시·군에서 수행한다. 협약에 따르면 시·군은 입양단체가 수거한 쓰레기를 즉시 수거하고 공공용 종량제 봉투 및 청소도구 등을 지급하며 초·화훼류 등을 지원한다. 참여단체에 대한 안전교육이나 만일의 사고에 대비한 보험 가입 등을 통해 안전한 사업추진이 이루어지도록 하는 것도 시·군의 몫이다. 또한 시·군은 참여하는 입양단체에게는 시·군 예산 범위 내에서 입양단체명이 표기된 안내판을 설치해 주고 참여자 개개인에게 봉사시간 부여하는 등 사업추진의 활성화를 도모한다(경상남도, 2016a: 3).

넷째, 입양단체로 참여하는 행위자들은 주로 기업, 지역주민, 봉사단체, 종교 및 교육단체 등이다. 대부분의 참여단체는 자발적으로 공모에 참여하여 선정되었다. 이들은 시·군과 협약을 맺고 입양 장소에 대한 환경정화와 꽃 가꾸기 등을 수행하고 이에 대한 활동 내용을 보고하는 역할을 수행한다(경상남도, 2016a: 3).

경상남도 사례가 성공적이라고 평가받는 이유는 도와 시·군이 적극적인 노력과 많은 단체들의 자발적인 참여 때문이다. 경상남도는 전년도 전국 2위 실적에서 더 나아가 행복홀씨 사업이 시행된 지 불과 1년 만에 전국 1위의 개설실적을 이루고 있다. 도의 경우 시·군과 단체들에 대한 간담회와 대국민 홍보 등을 지속적으로 수행하였으며 18개 시·군은 이에 부응하여 입양대상 지역을 적극적으로 조사하고 적극적인 지원을 하였다고 판단된다(경상남도, 2016d: 2).

2) 메타거버넌스 논의

경상남도의 경우 환경정화를 위한 입양사업의 대상이 되는 구역들이 관리 주체가 없는 골목길, 소공원, 호수 및 방치된 유휴지나, 불특정 다수가 사용하는 공원, 유원지, 지역명소 등이란 점에서 메타거버넌스의 주요 대상이 되는 '악순환 문제'의 범주에 포함될 수 있다. 이와 같은 구역들의 청결을 위해서는 정부가 많은 청소 인원을 고용하고 장비를 갖추는 등의 많은 예산이 요구된다. 지방자치단체의 입장에서는 늘 예산이 부족한 상황에서 특정 대상 집단에 이익을 주지 못하는 이런 사업에 예산을 투입하기가 어려운 실정이다.

경상남도의 사례도 '구조화 전략', '디자인 전략', '참여 전략'의 세 가지 메타거버넌스 방법을 혼용하여 사용하고 있다. 도와 시·군은 직접 민간단체와 접촉하고 간담회를 개최해서 추진계획을 설명하고 행복홀씨사업이 활성화될 수 있는 방안을 논의한다. 또한 민간단체들이 자발적인 참여가 확산될 수 있도록 지역언론을 활용하여 적극적 홍보를 한다.

또한 시·군은 실제로 입양대상을 자체조사해서 정하고 이 구역을 담당할 입양단체를 선정해서 MOU를 맺는 일을 담당한다. 시·군은 입양단체들이 입양한 구역을 청소하는데 필요한 각종 장비와 안전교육, 안전장치, 보험 등을 제공한다. 참여한 입양단체들을 알리기 위한 입간판을 설치하는 것도 시·군의 책임이다. 따라서 '관여적 참여' 메타거버넌스적 요인도 가지고 있다.

경상남도의 행복홀씨사업은 중앙정부인 행정자치부, 경상남도, 시·군의 다층적 메타거버넌스의 성격을 지닌다. 행정자치부는 행복홀씨사업의 전반적인 원칙을 정하고 확산시키고 평가하는 역할을 담당한다. 광역자치단체는 행정자치부가 정한 범위 내에서 시·군에 행복홀씨사업이 활성화될 수 있도록 협조를 구한다. 실제로 행복홀씨사업을 수행하는 것은 시·군의 몫이다. 따라서 행정자치부와 경상남도는 '구조화 전략'과 '디자인 전략'에 중점을 두는 반면 시·군은 '참여 전략'을 담당한다.

다층적 메타거버넌스의 연구가 아직 많이 발전되지 않았지만 위계적 정부 간 관계의 성격이 강한 국가에서는 자칫 거버넌스의 자율성이 저해될 수 있는 가능성이 있다. 이 경우 형식적으로는 정부와 민간으로 구성된 메타거버넌스의 네트워크가 실질적인 기능을 못할 가능성이 있다.

경상남도의 사례를 보면 행정자치부의 역할이 세심한 원칙과 규칙을 정하는 것보다는 행복홀씨사업의 범위를 정하고 확산시키는 것에 한정되어 있기 때문에 메타거버넌스의 실질적 기능을 저해하고 있지는 않다. 실제로 경상남도의 시·군은 지역과 입양구역의 특성에 맞게 청소나 꽃 가꾸기 등 다양한 사업을 할 수 있다.

경상남도의 행복홀씨사업은 계층적 거버넌스와 네트워크 거버넌스가 중심이 되고 있고 시장적 거버넌스는 약한 형태를 보이고 있다. 계약과 입간판과 같은 보상이 있지만 입간판 역시 예산 범위 내에서 이루어지고 있다. 따라서 정부 계층제 중심으로 다양한 시민단체들이 참여하는 형태의 메타거버넌스로 볼 수 있다.

2. 서울시 사례

1) 개요

서울시 사례는 행정자치부의 '행복홀씨 입양사업'을 경상남도의 경우처럼 전격적으로 그대로 도입하여 추진하지 않았다. 대신, 「깨끗한 서울 구현을 위한 2016 가로 청결도 향상대책」이나 「골목길 청결도 향상 특별대책 지원계획」을 추진하는 하나의 방안으로 '골목길 자율 청소책임제'를 운영하는 과정에서 "입양"이라는 도구를 활용하였다(서울시, 2016). 서울시는 무단투기 쓰레기로 인한 부정적 보도와 관광객들에 대한 서울의 이미지 저하 등의 문제해결이 시급하고 중요한 이슈가 되었다. 특히, 단속이 적은 주말의 경우 쓰레기 무단투기 및 청소인력 부족으로 인한 쓰레기 적치 등이 문제로 지적되어 왔고 골목길 및 이면도로 등은 청소관리의 사각지대가 되고 있었다(서울시, 2016a: 1-2).

서울시는 서울시의 공원, 유원지, 지역명소 및 하천 등은 관련 부서에서 청소인력을 확보하여 유지관리를 하고 있기 때문에 "골목길 자율 청소책임제"를 통해 주로 골목길을 중점적 입양대상으로 삼고 있다. 이에 따라 서울시의 입양대상지와 참여자는 아래 표와 같이 대부분이 도로변에 집중되어 있다.

<표 5-4> 서울시 입양 대상지 및 참여인원수(2016.07.31. 현재)

구분	도로변	공원	하천	등산로	지역명소	총계
개소	1,407	56	16	11	6	1,496
인원	32,963	1,453	859	386	87	35,748

자료: 서울시(2016) 참조.

서울시 '골목길 자율 청소책임제'는 골목길(59,579개소)의 청결관리를 위하여 공공일자리 창출과 자율청소 신청지역 주민(단체)을 통하여 청소구역을 지정하고 청소하도록 하며 무단투기에 대한 계도를 맡기는 제도이다. 이 제도는 2016년 4월 1일부터 시행되었며 7월 31일 기준으로 총 35,748명이 참여하고 있다. 이 중 공공일자리 사업으로 참여하고 있는 인원 6,301명을 제외하면 자율적으로 참여하고 있는 주민은 29,362명이다(서울시, 2016b: 6). 서울시는 자율청소 주민을 모집하기 위하여 구·동 홈페이지, 자치구 소식지, 유선방송을 통해 참여를 홍보하였으며 입양대상으로 거리입양 및 내 집·내 점포(건물 상가) 앞 자율청소 등으로 구분하여 참여단체를 모집하였다(서울시, 2016a: 9).

서울시의 '골목길 자율 청소책임제'의 거버넌스와 행위자별 역할분담 내용을 그림으로 나타내면 다음과 같다.

<그림 5-2> 골목길 자율 청소책임제의 거버넌스와 행위자 역할

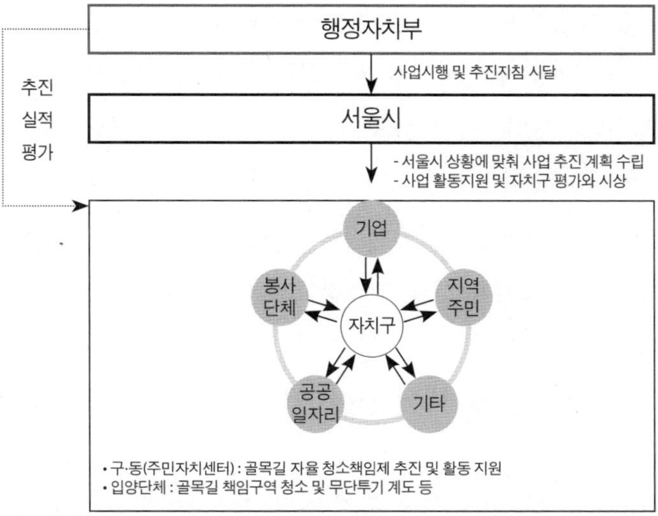

자료: 서울시(2016a: 6-7; 2016b: 9)를 참조하여 저자가 그림으로 작성한 것임.

첫째, 행정자치부의 역할은 경상남도의 사례에서 기술한 내용과 동일하기 때문에 여기에서는 다시 언급하지 않는다.

둘째, 서울시는 생활환경과에서 골목길 자율청소책임제를 담당하고 있으며 자치구에 이와 관련한 추진계획을 수립하여 시달하는 역할을 수행하고 있다. 이와 관련하여 서울시는 아래와 같이 예산을 편성하여 해당 사업을 지원하고 있다.

<깨끗한 서울> 구현을 위한 서울시 관련 예산

- 주민 참여형 깨끗한 서울가꾸기 사업 65,000천원
- 도심주요지역 청결도 향상대책 1,195,500천원
- 스마트형 공공쓰레기통 개발 및 보급사업 50,000천원
- 맞춤형 분리수거 쓰레기통 설치사업 60,000천원

서울시는 2016년도에 자치구에 대한 평가를 수행하여 재정적 지원을 수행할 예정이며 주민자율 청소 참여단체에 대한 평가를 시행하여 우수단체에 대한 시상을 계획하는 등 인센티브 제공을 위한 계획을 수립하였다(서울시, 2016b: 11). 또한 시민 청결의식 향상을 위한 홍보에 많은 노력을 기울이고자 우수청소사례 및 우수마을가꾸기 등 발굴 및 전파하고 캠페인송 개발 및 언론, 보유매체, 간행물을 통해 지속적 홍보를 실시할 예정이다. 환경지킴이 소셜미디어 기자를 위촉하여 서울시민 무단투기 현장 등에 대한 취재와 이슈화를 추진토록 하는 등 도시 청결과 시민과의 소통 활성화를 추진하는 계획을 수립하였다(서울시, 2016b: 10).

셋째, 자치구는 실질적으로 골목길 자율 청소책임제를 실행하고 있다. 자치구는 골목길 책임 구역 지정 및 운영과 함께 해당 참여단체에 대한 지원 이상 두 가지 측면에서 제도를 운영하고 있다. 자치구의 세부역할을 살펴보면 아래 표와 같다.

<표 5-5> 자치구의 역할

구분	세부 추진내용
골목길 책임구역 지정 및 운영	• 골목길 청소지역·주기를 자율적으로 정하고 청결관리 책임 권한 부여 • 지역단체 및 사업장은 10인 이상, 학생은 학급당으로 모집 • 일제 대청소(계절별, 시기별 주민 참여 대청소)의 날 참여 • 골목길 무단투기 방지 특수사업 및 민·관 무단투기 합동단속 참여 등
참여단체 지원	• 참여단체에 청소도구(빗자루·집게 등) 및 공공용 쓰레기봉투 지급 • 참여인원의 자긍심과 시민의 청결의식 향상을 위해 발대식 개최 • 지속적인 활동과 홍보가 가능하도록 인터넷 포털에 수요처 등록 • 무단투기 계도에 따른 신고포상금제 운영 검토 ※ 동대문구, 주민 활동비 매월 28,000원(7,000원×4회) 지원

자료: 서울시(2016a: 6) 참조.

넷째, 해당 참여단체는 입양된 골목길을 주기적으로 청소하고 무단투기 사례를 적발하고 계도하는 역할을 수행하게 된다. 서울시의 경우 경상남도와 거의 참여자가 유사하나 공공일자리에 참여하는 행위자가 더 추가되었다. 공공일자리에 해당하는 참여자는 다른 자발적 참여자와 성격을 달리하지만 해당 사업에 동시에 투입이 되기 때문에 거버넌스상 하나의 행위자로 추가하였다. 특히, 공공근로자의 경우에는 상습 무단투기 지역에 우선적으로 배치하고 있다. 경상남도의 경우에는 지역에 근거를 둔 기업들의 참여가 두드러졌다면 서울시의 경우에는 기업보다는 상점들의 참여가 더 많았다. 서울시의 경우는 해당 사업이 내 집이나 내 건물(상점) 앞을 책임지도록 하는 특성과 비교적 적은 면적을 책임지고 관리하도록 하는 측면 때문에 그러한 경향이 나타난 것으로 판단된다.

서울시 사례는 다양한 입양대상 지역을 선정하여 운영하는 경상남도의 사례보다는 골목길이라는 특정 입양대상에 한정하여 입양사업을 수행한 사례이다. 지역적 특성에 따라 사업 대상은 차이가 있었지만 거버넌스의 특성은 거의 유사하였다.

2) 메타거버넌스 논의

서울시의 사례도 '악순환 문제'의 해결을 위한 메타거버넌스로 볼 수 있다. 골목길 쓰레기 문제는 정부에서 직접 관리하기가 매우 어려운 문제일 뿐 아니라 관광객이 많은 지역은 더욱 특히 청소부가 활동하지 않는 주말에 어려움을 겪는다. 대도로변도 아닌 골목길마다 청소부를 배치하는 것은 예산상으로도 낭비일 뿐 아니라 계절에 따라 쓰레기의 양도 달라서 시간의 조율도 쉽지 않은 문제다.

메타거버넌스의 방법론적으로는 서울시는 '구조화', '디자인'의 전략을 중점적으로 사용하고, 각 구청은 '참여'의 전략을 사용한다. 서울시는 언론이나 인터텟 등 다양한 매체를 통해 골목길 쓰레기 문제해결의 중요성을 알리는 스토리텔링 방법으로 네트워크의 구조화를 주도하고 서울시, 각 구청, 참여집단들 간의 네트워크에 대한 규칙을 정하는 등의 디자인을 담당한다. 또한 서울시가 직접 참여단체들을 평가해서 우수단체들에게 포상 및 인센티브를 부여한다. 서울시 사례에서 행정자치부는 '구조화' 전략에 중점을 두고 경상남도 사례에 비해서는 소극적인 태도를 보이고 있다.

각 구청은 직접 입양대상이 되는 골목길 청소지역을 정하고 참여자들에게 입양시킨다. 참여단체에게 필요한 각종 자원을 제공하고 무단투기 방지를 위한 합동단속이나 일제 대청소에 직접 참여한다. 또한 참여단체들이 맡은 책임을 다하는지 감독하고 계도하는 일도 맡고 있다.

서울시의 경우도 다층제적 메타거버넌스로 볼 수 있다. 중앙정부인 행정자치부는 경상남도의 경우와 마찬가지로 느슨한 정도의 규칙을 제공하지만 서울시는 오히려 각 구청에 구체적인 업무분할 및 규칙을 제공한다는 점에서 경상남도와 차이가 있다. 일반적으로 지역의 크기로 인해 도청이 군청을 관리하는 것보다 광역시가 구청을 관리하는 것이 더 근접한 이유이기도 하다. 따라서 다층적 메타거버넌스의 위계성이 서울시의 사례가 경상남도의 사례보다 강하다는 것을 알 수 있다.

서울시의 경우 경상남도에 비해 기업보다는 상점 차원의 자영업자들이 행복홀씨 입양사업에 더 적극적으로 참여한다. 메타거버넌스의 자발적 참여자들은 각자의 이익과 연관되어 있다. 골목길의 청결이 상점들의 고객 유치에 큰 영향을 주기 때문에 인근 상점들이 단체를 이루어 서울시 행복홀씨 입양사업에 자발적 참여를 하는 계기가 되고 있다.

자발적 참여자들에게 부여되는 가시적인 이익이 존재하는 경우 메타거버넌스는 장기적 유지가 가능해진다. 거버넌스의 실패 이유가 네트워크의 설립 및 유지관리에 있는 것과 마찬가지로 메타거버넌스도 수직적 계층제가 관리자로서 개입한다고 하지만 네트워크를 관리하기 위해서는 참여자들에 대한 인센티브가 중요하다.

V. 결론 및 제언

미국의 고속도로입양사업과 한국의 행복홀씨사업의 메타거버넌스로서 가지는 공통점은 정부가 직접 개입해서 인센티브를 제공하고 규칙을 세운다는 점이다. 세 가지 사례에서 정부는 인센티브와 스토리텔링의 기법 등을 사용하여 직접 네트워크를 구성하고, 상대적 차이는 있지만 규칙 제정자로서의 역할을 담당한다. 즉 메타거버넌스의 방법론 중 '구조화'와 '디자인'을 활용한다. 또한 참여집단들은 자발적 자율집단들로 윤리적 차원도 있지만 참여로 인한 이익이라는 인센티브에 의한 참여 동기를 부여받는다.

서로 다른 점은 첫째 미국의 고속도로입양사업은 정부 간 관계가 없이 주정부만이 메타거버너로 참여하는 단층적 메타거버넌스인 반면 한국의 행복홀씨사업은 중앙정부, 광역자치단체, 기초자치단체로 이어지는 다층적 메타거버넌스라는 것이다. 한국의 사례에서 경상남도는 기초자치단체가 어느 정도의 자율성을 가지고 민간단체들과 협의할 수 있는 약한 위계적 다층성을 가지는 반면 서울시의 경우는 광역자치단체와 기초자치단체 간 위계성이 상대적으로 더 강하다.

공통점이자 차이점은 미국 사례나 한국 사례 모두 계층·시장·네트워크 협동 도구(coordination instrument)를 사용하지만 구체적인 점에서는 차이가 난다. 특히 시장적 협동 도구로 미국은 주에 따라 '고속도로입양관리회사'와 계약을 맺고 이 회사가 중간 메타거버너로서 입양사업의 일부를 담당한다. 시장이 발달한 미국문화의 일례를 보여주고 있다.

한국의 경우는 아직 입양사업의 수준이나 기간이 짧기도 하지만 시장 보다는 계층이 강한 문화이기 때문에 정부가 직접 계약과 업적평가를 담당한다. 업적평가의 결과를 바탕으로 업적이 높게 평가된 참여집단에게는 포상금과 더불어 다양한 인센티브가 제공된다.

이 세 가지 사례는 정부가 주도하는 메타거버넌스로서 민간 참여집단들이 규칙제정이나 규범을 설정하는 데 있어서 제한적인 역할을 담당하고 있다. 다만 경상남도의 경우 참여집단들과 기초자치단체 간 협의가 긴밀하게 이루어지고 있어서 가장 민주적인 쌍방적 메타거버넌스를 이루고 있다고 볼 수 있다.

서울시의 경우 가장 위계적인 메타거버넌스를 보이고 있기 때문에 Sørensen과 같이 네트워크 거버넌스가 민주주의에 기여하는 정도를 메타거버넌스의 성공의 기준으로 보는 학자들의 경우 메타거버넌스의 실패사례로 볼 수도 있다. 하지만 계층제가 개입되면서 민간 참여집단의 역할이 상당 부분 제한되는 것을 제외한다면 메타거버넌스의 논의는 더 이상 발전하기 어렵고 Jessop의 예측과 마찬가지로 메타거버넌스도 실패의 운명을 가지게 된다.

세 가지 사례에서 메타거버넌스는 정부가 주도하고 있기 때문에 계층적 정부의 역할이 메타거버넌스의 지속적 성공에 가장 결정적인 역할을 수행하게 된다. 메타거버넌스가 성공하기 위해서는 메타거버너의 조정 및 관리 능력이 가장 중요시 된다는 것이 여러 학자들에 의해 주장되고 있다. 미국의 경우는 역사도 오래되었고, 세계적으로 확산되고 있는 사업인 만큼 고속도로 쓰레기 문제가 '악순환적 문제'에서 벗어나지 않는 이상 지속될 것이다. 하지만 몇 몇 주정부의 경우 고속도로입양사업의 예산, 홍보 및 계약에 중심을 두고 성과평가나 관리감독을 게을리 하여 인근 지역에 오히려 피해를 주기도 하고 있는 문제가 있다. 따라서 주정부에 따라 메타거버너의 조정 및 관리능력을 키워주는 것이 메타거버넌스의 성공적으로 이끌게 될 것이다.

한국 사례의 경우 아직 시행기간이 길지 않아서 문제가 되는 사례가 나타나고 있지는 않다. 하지만 한국의 경우도 정부가 주도적으로 네트워크를 구성하고 운영하고 있다. 특히 행정자치부가 나서서 다층적 메타거버넌스를 구성하고 있기 때문에 중앙부처의 관리감독 및 조정 기능이 절대적이라고 할 수 있다. 만일 평가가 불공정하게 이루어지거나 각 지방자치단체에 대한 감독이 느슨해질 경우 메타거버넌스의 성공 여부는 지방자치단체의 의지에 달려 있게 된다. 골목길이나 유원지 등의 쓰레기 문제도 '악순환적 문제'이기 때문에 지방자치단체에서 행복홀씨사업을 자체적으로 유지할 가능성이 있다. 다만 이 경우에 있어서도 지방자치단체의 담당자가 메타거버너로써의 능력을 가질 수 있는가에 따라 메타거버넌스의 성공 여부가 갈리게 될 것이다.

또한 한국의 경우 위계적인 다층적 메타거버넌스가 한계를 넘어설 경우에는 지방자치단체가 민간단체의 자발성을 상실하게 하는 상황이 발생할 수 있다. 정부의 계층제가 문화에 따라 강도의 차이가 존재할 수밖에 없다는 연구가 있지만 그 한계는 분명히 있기 때문에 메타거버넌스로써의 자발적 네트워크를 유지하는 것이 또 하나의 성공의 기본전제가 된다.

제6장
좋은 거버넌스와 제4세대 정부

권기헌

I. 문제제기: 새로운 행정학의 역사적 이해

변동성(Volatility), 불확실성(Uncertainty), 복합성(Complextity), 모호성(Ambiguity), 즉 VUCA로 대변되는 지금의 행정 환경은 새로운 행정학의 이론적 패러다임을 요청하고 있다. 4차 산업혁명으로 명명되는 새로운 과학기술의 변동성과 불확실성은 정부의 새로운 리더십을 요구하고 있다. 사악한 문제(wicked problem), 복합적 문제(complex problem) 등으로 불리는 현대 사회문제의 복합성과 모호성은 정부의 새로운 문제해결 방식을 요구하고 있다.

D. Waldo는 1960년대 말, 미국 사회의 변동성, '소용돌이의 장'(field of vortex)에 직면하여, '신행정학'이라는 새로운 행정학적 패러다임을 주창한 바 있다. 월남전 패배, 흑백 인종갈등, 소수 민족의 문제, 사회복지의 형평성 요구, 정부 문제해결 능력의 무력감 등에 직면하여, 참여, 사회적 형평, 적극적 행정인의 역할, 가치중립의

포기, 조직발전 기법의 발달 등을 내용으로 하는 미노부룩 선언을 발표한 바 있다.

신공공관리(NPM: New Public Management)는 1970년대 말, 1970년대에 겪었던 두 번의 중동전쟁과 석유파동 등으로 인한 세계 경제의 스태그플레이션, 공공부문의 비대화와 재정적자 위기 등에 직면하여, 영국의 대처 수상과 미국의 레이건 대통령이 시도한 공공부문의 감축, 민영화, 민간경영 기법의 도입, 책임운영기관 도입 등 새로운 행정학적 패러다임을 의미한다.

신거버넌스(NG: New Governance)는 1990년대 초, 당시 진행되었던 새로운 변화들, 가령 월드와이드웹(WWW) 등장 등 인터넷 기술의 발달로 인한 정보화, 세계무역기구(WTO)의 출범 등으로 인한 세계화, 신자유주의의 전개 등 급격한 환경변화에 직면하여(또한 이로 인해 정부의 문제해결에 대한 요구는 급증하는데 비해 정부의 재정 능력은 약화된 현실에 직면하여), 정부가 모든 사회문제를 해결하는 관료제 중심의 문제해결 방식을 넘어서 정부-시장-시민사회의 신뢰와 협력에 기초한 네트워크적 문제해결 방식을 지향하는 새로운 행정학적 패러다임을 의미한다.

이상에서 예로 든 세 가지 새로운 행정학적 패러다임은 모두 앞에 '신' 혹은 '새로운'이라는 형용사가 붙었다. 4차 산업혁명으로 인한 AI, IoT, 빅 데이터의 발달, AI를 탑재한 로봇의 등장, 인공지능과 바이오, 나노의 결합으로 인한 생명 연장의 시도, 새로운 휴먼의 등장, 이들로 인한 인간의 정체성 논쟁 등은 정부의 문제를 다루는 행정학에 있어서도 가히 격변(turbulence)이라 할 만한 환경변화를 초래할 것이다. 국내적으로도 인공지능, 로봇의 등장으로 인한 일자리 상실 혹은 감소의 문제, 또한 이러한 변화가 양극화, 저출산 고령화, 인구절벽의 문제와 결합되면서, 행정 환경은 가히 소용돌이적 변화를 몰고 올 것으로 전망되고 있다.

이 장(章)은 이러한 문제의식을 바탕으로, 4차 산업혁명의 물결에 직면하여 새로운 행정학 패러다임의 얼개를 사유하고자 한다. 새로운 패러다임이 전제해야 할 이념, 모형, 행태, 리더십 등을 시론적으로 탐색해 보고자 한다.

여기에서 전개하고자 하는 논의의 순서는 다음과 같다. 먼저, 행정 패러다임의 어원적 정의를 살펴보고, 행정이념의 역사적 변천에 대해서 검토한 후 현대 행정학에서 요청되는 성찰성의 개념을 논의한다. 마크 무어의 정부모형을 중심으로 정부모형 1.0, 2.0, 3.0에 대한 유형적 검토를 한 후, 정부모형 3.0에 대한 비판적 고찰을 한다. 이어서 좋은 거버넌스의 구성요소에 대해서 검토한 후, 신속한 정부, 소통과 책임의 리더십에 대해서 논의하는 한편, 제4세대 행정모형의 내용과 지향점에 대해서 모색해 보기로 한다.

II. 이론 및 선행연구에 대한 검토

1. 행정 패러다임의 어원적 검토

패러다임(paradigm)은, 사전적으로 정의하자면, 어떤 한 시대 사람들의 견해나 사고를 근본적으로 규정하고 있는 테두리로서의 인식의 체계, 또는 사물에 대한 이론적인 틀이나 체계를 의미한다. 사물을 보는 방식으로 정의되는 패러다임은 어느 시대와 분야에서 많은 사람에게 공유되는 지배적인 규범으로서 기능하고, 시대에 따라 비연속적이고 혁명적인 공유 규범이나 문제해결 방식의 전환이 오게 되는데 이를 패러다임의 전환이라고 한다.

행정학의 경우 패러다임의 변천은 다양한 각도에 따라 달리 구분할 수 있는데, 가령 행정변수를 중심으로 구분할 경우, 1) 구조, 2) 인간, 3) 환경, 4) 기술 등에 따라 구분할 수 있다. 구조의 경우 웨버의 관료제 모형이나 테일러의 과학적 관리법과 같이 전통적 행정학에서 말하는 구조적 접근법을 말하고, 인간의 경우, 초기 인간관계론과 후기 인간관계론이 포함된다. 환경에는 행정생태론적 접근과 비교행정학적 접근이 모두 포함된다. 기술의 경우 인터넷이 등장하고 빅데이터가 등장하여 전자정부 및 미래예측이 행정서비스를 신속하게 처리하는 전자정부 및 e-거버넌스 모형이 새로운 패러다임에 해당한다고 볼 수 있다.

행정이념을 중심으로 구분할 경우, 정치행정이원론 시대에는 효율성, 정치행정일원론 시대에는 민주성, 새일원론은 효율성, 신행정학은 참여와 민주성, 신공공관리는 효율성, 뉴거버넌스는 민주성 등으로 변천되었다.

2. 행정이념의 역사적 변천

행정학의 두 축을 이루던 이념은 효율성과 민주성이었다. 행정학 이론에 있어 정치행정이원론과 신공공관리론의 바탕을 이루던 정신은 효율성이었으며, 정치행정일원론과 뉴거버넌스의 바탕을 이루던 정신은 민주성이었다. 그럼, 왜 지금 성찰성인가?[1)]

1) 행정이념의 두 축, 민주성과 효율성

행정이론의 발전은 정치와 행정의 관계, 과학과 기술의 관계에 따라 변증법적으로 진화해 왔는데, 그 변증법의 한 축은 효율성이고 다른 한 축은 민주성이었다. 행정이념의 효율성이 보다 더 강조되었을 때에는 행정의 경영적(효율성) 측면이, 민주성이 보다 더 강조되었을 때에는 행정의 정치적(민주성) 측면이 강조되었다. 정치행정이원론 시대에는 정치로부터 행정의 독립성이 강조되어 행정의 능률성이 부각되었으나, 정치행정일원론 시대에는 행정과 정치의 연계성이 강조되어 행정의 민주성이 부각되었다. 1980년대 신공공관리론(NPM) 시대에는 민간위탁·민영화·외부발주 등 민간 관리개념 및 시장주의 기법이 강조되어 효율성의 개념이 부각되었으나, 1990년대 이후 뉴거버넌스 시대에는 참여·신뢰·네트워크 등 수평적 관리 및 민주주의 정신이 강조되어 민주성의 개념이 부각되고 있다.

1990년대 이후 인터넷 기술의 급속한 발전(정보화), 시민사회의 성장(민주화), WTO 체제의 출범과 신자유주의 물결의 확산(세계화) 등의 급진전으로 현대행정의 특성도 변화되고 있다. 전통적 행정학의 조직모형인 관료제에 대한 Post-관료제 모형으로서의 전자정부가 등장하고, 국가(정부)에 의한 일방적 통치가 아닌 국가(정부)-시장(기업)-시민사회(NGO)들 간의 신뢰와 협동을 강조하는 거버넌스가 강조되고 있다. 이와 함께 국가혁신을 강조하는 국정 관리의 개념도

1) 권기헌(2012: 133-137; 2014a: 76-79) 등의 내용을 토대로 정리하였음.

급속도로 확산되고 있다.

현대행정은 행정을 일방적 통치(Governing)가 아닌 국정 관리(Governance)로 파악하며, 정부 관료제의 비능률을 타파하기 위해 민간경영 관리기법(Management)을 도입하여 가격·경쟁·유인 등을 강조하는 시장 메커니즘을 활용하는 한편, 한발 더 나아가 참여, 신뢰 및 네트워크적 문제 해결을 중시하는 뉴거버넌스적 요소를 강조한다. 즉, 전통적 행정학의 폐쇄적 모형이었던 관료제 모형에서 조직, 인사, 재무 등 내부관리가 중요시되었다면, 현대적 행정학에서는 개방체제로서의 국정 관리 모형으로 정부와 시장, 정부와 시민, 시장과 시민과의 내부-외부, 외부-외부의 관계적 성찰이 중요시되고 있는 것이다.

2) 현대 행정학과 성찰성

행정학은 정부에 관한 학문이다. 전통적 행정학이 행정이론을 토대로 정부의 인사, 조직, 재무, 정보체계 등 정부 내부 운영원리의 효율성 실현에 많은 중심을 두고 연구한 학문이라면, 현대 행정학은 정부 운영 시스템에 대해 연구하는 정부학이며, 동시에 지식정보사회에서의 국가혁신에 대해 고민하는 국정 관리학이다. 현대 행정학을 단순히 정부 내부의 관리 문제로 보지 않고, 정부와 시민, 정부와 기업 등 내부와 외부의 관계를 아우르는 개방체제와 전략적 개념으로 살핀다면 성찰성의 위치는 분명해진다. 기존의 효율성과 민주성은 1인칭과 2인칭의 문제였다면, 성찰성은 이들을 아우르는 3인칭 공동체의 문제와 관계망 사이의 바람직한 속성에 대한 개념 규정까지를 포함하고 있기 때문이다.

현대 행정학을 개방체제에 기초한 국정 관리학의 개념에서 접근한다면, 행정학 역시 더 이상 내부 문제를 규율하는 효율성이나 내부와 외부의 참여를 강조하는 민주성에 머물 것이 아니라, 국가라는 공동체 차원의 성찰성의 문제가 본격적인 범주로 고려되어야 한다. 그렇게 되면, 현대행정이념 역시 합법성이나 효율성, 민주성이나 참여성과 같은 1인칭과 2인칭 못지않게 전체 공동체 차원의 성찰의 문제를 공익의 중요한 관심사로 다루어야 하며, 이런 관점에서 현대 행정학의 목표 역시 효율성, 민주성을 기초로 공동체 차원의 인권, 정의, 존엄(인간의 존엄성)을 실현시키려는 공동체 차원의 성찰적 노력으로 정립되어야 할 것이다.[2)]

3. 행정모형에 대한 이론적 검토

행정모형을 중심으로 구분할 경우 정부 1.0, 정부 2.0, 정부 3.0 등으로 구분할 수 있다.

1) 마크 무어의 공공가치모형에 대한 이론적 검토

마크 무어(Mark Moore, 1995)는 신공공관리모형(New Public Management)에 대한 비판으로 공공가치모형(PVM)을 제시하고 있다. 공공가치모형은 기존의 관료제모형과 신공공관리모형(NPM)을 넘어 공공가치를 창조하는 모형이다. 전통적 관료제 모형을 제1세대 정부, 경쟁적 시장가치에 기반을 둔 신공공관리모형(NPM)을 제

---

2) 권기헌(2014: 785-797)을 토대로 정리하였음.

2세대 정부라고 한다면, 공공가치모형(PVM)은 제3세대 정부로서, 단순한 정부와 시장의 이분법적 접근을 넘어서 공공가치를 지향하는 정부모형이라고 부를 수 있다.

<그림 6-1> 정부모형의 변화: 관료제, 신공공관리, 공공가치관리

	전통적 관료제 모형	신공공관리(NPM)	공공가치관리(PVM)
공익	정치인(행정)에 의한 독단적 정의	고객의 선택으로부터 나타난 개별 선호의 집합	개인과 공공의 선호 (시민의 숙의에 기초)
성과 목표	투입에 초점	투입 및 산출	공공목표의 다양성: - 산출 - 성과 - 만족 - 신뢰 - 투명성 - 책임성
책임 체계	정부부처를 통한 정치인, 정치인을 통해 의회로의 상향식	성과계약에 의한 상향식, 때때로 시장기제를 통해 고객에 대한 하향식	복합적 책임체계 -정부의 감독자로서 시민 -서비스 사용자로서 고객 -정부예산 제공자로서 납세자
서비스 전달체계	계층적 관료제 (명령과 통제)	민간분야 또는 책임운영기관의 활용(시장기제)	정부 및 민간의 다양한 수단의 조합 * 민간기업, 합작회사, 이익집단, 지역공동체 등 민관협력
서비스 전달방식/ 정신적 기조	정부의 독점 (정부의 일방적 제공)	고객지향적 서비스 (영리의 강조)	정부의 독점은 바람직하지 않음(공공서비스는 공동체의 중요한 공동자원)
시민 참여의 역할	제한적 선거에 의한 간접적 압박	제한적·소비자 만족도 등의 형태로만 표시	다면적 역할 (시민, 고객, 납세자 등 핵심 이해관계자)
정부의 역할	정부는 최고지도자 (대통령) 등 정치적 지시에 따름	성과관리에 치중	네트워크 거버넌스를 통한 신뢰 구축, 정부규제 및 권한 정비, 시민/이용자 선호에 즉각적 대응

자료: Mark Moore(1995); Kelly & Muers(2002)에서 수정 인용

제3세대 정부, 즉 정부 3.0은 공공가치(public value)를 중요시하는 국정운영모형이다. 공공가치를 중시하는 민주적 국정 관리에서는 가치가 무엇인지에 대한 방향을 잡는 일이 무엇보다도 중요해진다. 즉 일을 열심히 하는 것(Do things right)보다 일의 방향을 정확하게 설정하는 것(Do the right things)이 중요하다. 이런 관점에서 정부 3.0은 "정부가 올바른 일을 올바른 방법으로 하도록 하는 정부 형태"라고 할 수 있으며, Gartner(2010)에서 언급했듯이, '올바른 방향설정'(right direction), '변혁'(transformation)을 강조하는 국정운영모형이라고 하겠다.

2) 신공공서비스론에 대한 이론적 검토

신공공서비스론(New Public Service)역시 신공공관리론(New Public Management)에 대한 비판과 보완으로써 등장하였다. 신공공관리론은 1990년대 초 신자유주의 물결과 함께 급격하게 변화하는 행정환경에 대한 대응성과 효율성을 향상시키기 위해 등장하였다. 특히 전통적 관료제의 경직성을 타파하고 공공부문에서의 시장경쟁의 원리를 적용하며 성과와 고객 중심 행정에 기반한 행정서비스의 향상을 강조했다. 그러나 신공공관리론은 공공부문의 행정서비스가 사적부문과 다르게 가지는 고유의 가치들을 적절하게 고려하지 못했다는 비판에 직면하게 되었으며, 이로 인해 신공공서비스론이 새롭게 등장하였다.

구체적으로 신공공서비스론이 신공공관리론과 다른 점을 공급자에 대한 관점, 공공서비스 수요자에 대한 관점, 그리고 공공서비스 이념에 대한 관점으로 구분하여 제시하면 다음과 같다.

첫째, 공공서비스 공급자에 대한 관점으로 신공공서비스론은 복잡 다양한 사회에서 정부에 의한 독단적인 방향 잡기는 적절치 않다고 보며, 정책과 공공서비스는 수많은 이해관계의 산물로써 계층과 집단의 상호작용의 결과로 보아야 한다고 주장한다(Deleon, 1997; 권기헌, 2015: 36). 즉 정부는 국민들로 하여금 스스로 공동의 이해관계를 표명하고 충족할 수 있도록 도와주는 조력자로서의 역할을 수행해야 함을 강조하는 것이다(King, Feltey & O'Neill, 1998: 317-326). 특히 신공공관리론은 공공부문이 민간부문과의 관계 및 공공부문 내부에서 조직간 경쟁의 원리를 강조하는(Johnston, 1996: 439-443) 반면, 신공공서비스론은 경쟁 원리 대신 민주적 참여와 협력, 공동의사결정 등의 원리에 입각하여 국정운영을 하여야 한다고 주장한다. 집단과 공동체에 기초한 책임성을 발전시키고 변화에 적합한 대응력을 제고하기 위해 중앙 및 지방정부, 시민단체가 역동적인 관계를 구축해야 한다고 주장하는 것이다(Aristigueta, 1999).

둘째, 공공서비스 수요자에 대한 관점으로 신공공관리론은 국민을 피동적 객체로서 서비스 고객(customer)으로 간주하였다. 반면 신공공서비스론의 경우 신공공관리의 '고객'의 개념에 근본적인 문제점과 비판을 제시한다(Denhardt & Denhardt, 2000; 2003a; 2003b; 2007). 이는 국민은 고객으로서 피동적 객체인 동시에 정부 활동에 대한 참여와 적극적 권리행사를 함으로써 공공서비스의 의사결정 및 제공과정에 직접 참여 및 책임을 분담하는 능동적 주체라 주장하는 것이다(Denhardt & Gray, 1998: 227-235).

셋째, 공공서비스 이념의 측면에서 가장 중요한 차이점은 공익을 어떻게 규정짓는가에 있다. 신공공관리론에 있어 행정은 전통적 행정이론과 달리 소극적으로 정의되어 시장이나 민간이 할 수 없는 일에 한하여 정부가 행하는 활동의 범위를 의미한다(Peters, 1996: 43-44). 반면, 신공공서비스론의 경우 공익은 사회적으로 공유된 의식과 가치(shared values)에 관한 민주적 대화와 담론의 결과로써 좀 더 광범위하게 판단된다(Denhardt, 2007).

결론적으로 신공공서비스론은 국정운영에 있어 단순히 경제적 이윤추구를 넘어 생산성보다는 인간에게 가장 높은 가치를 부여하기를 권고한다. 따라서 이러한 패러다임 안에서 정부가 부담해야 하는 책임성은 기업가 정신이 아닌 국민의 요구에 부합하는 정책과 프로그램을 통해 집단적 노력과 프로세스를 실행하는 것이며, 리더는 가치중심적 행정을 위하여 시민의 합의된 이익을 이끌어낼 수 있는 리더십을 발휘해야 한다(Denhart & Denhart, 2003: 42-43).

3) 제4세대 행정모형과 기존모형과의 차별성

제4세대 행정모형과 기존모형의 차별성은 융합과 속도와 그 윤리성에 있다. 정부 1.0이 관료제 중심의 정치모형, 정부 2.0이 시장 중심의 신공공관리모형(NPM), 정부 3.0이 공공가치를 기반으로 정부, 시장, 시민사회 간의 네트워크를 강조함과 동시에 정부의 복합적 다면적 역할을 강조하는 공공가치모형(PVM)이라면, 제4세대 행정모형은 기존모형과는 융합, 속도, 윤리적 책임성 측면에서 기존모형과는 차별된다. 그것은, 마치 4차 산업혁명이 기존의 산업혁명과는 속도와 융합이라는 측면에서 차별화되는 것과 유사하다. 증기, 전기, 컴퓨터를 중심으로 한 기존의 산업혁명은 4차 혁명에 들어서면서, 기존의 전기에너지원과 공학적 측면을 모두 사용하지만 그들의 융합을 통해 새로운 국면의 기술이 열리는 것과 같다. 제4세대 행정모형 역시 정부 중심이냐, 시장 중심이냐, 네트워크 중심이냐에 있어서 어느 하나만을 강조하지는 않는다. 때로는 속도를 중심으로 보다 강력한 정부 중심의 추진 드라이브가 필요할 때도 있는가 하면, 시장의 인센티브를 정책수단으로 할 때도 있고, 정부-시장-시민사회 간의 네트워크를 강조하는 협업형 거버넌스가 필요할 때도 있는 것이다. 어느 주체가 강조되는가와 같은 역할 주체가 모형의 초점이 아니라, 속도와 융합을 통해 새로운 사회 변동 과정에서 해결이 요구되는 복잡하고 사악한 문제(complex & wicked problem)들을 신속하고 민첩하게 해결하면서, 국민과의 밀접한 소통을 통해 보다 높은 윤리성과 책임을 강조한다.

4. 본 연구의 선행연구와의 차별성

선행연구와 차별되는 본 연구의 학술적 의의를 세 가지로 정리하면 다음과 같다. 첫째, 행정이념적 측면이다. 본 연구에서 제시하는 새로운 행정모형에서는 기존의 효율성과 민주성을 담보하되, 이를 변증법적으로 승화시킨 성찰성의 행정이념을 제시하였다. 성찰성은 효율성과 민주성을 배제하는 개념이 아니다. 가령, 뒤에서 상론하듯, 인공지능기반의 창조지능형 행정은 효율성과 민주성을 전제로 한다. 빅데이터와 인공지능을 결합하여 딥 러닝(deep learning)을 구현하는 정부 운영 시스템은 효율성과 과학성을 담보로 하면서, 다른 한편 국민과 소통을 지향하는 민주적 정부이어야 한다.

공공가치모형이나 신공공서비스모형이 민주성에 가치의 중점을 둔 모형이라면 제4세대 행정모형은 여기에서 한발 더 나아가 성찰성이 필요하다. 현대행정의 동태성은 환경변화가 행정의 구조와 행태에 영향을 미치고 상호작용하고 있기 때문이다. 성찰성은 절차와 내용면에서 의미를 지닌다. 먼저, 절차적 측면에서는 현대 정책 과정의 다양한 행위자들 간의 동태적, 상호작용적 관계성을 강조하고, 내용적 측면에서는 이러한 관계적 성찰을 통해 휴머니즘, 즉 인간의 존엄성을 강조하는 개념이다. 현대행정의 복합성, 동태성, 변동성, 불확실성은 정책 네트워크 내에서 행위자들 간의 심각한 갈등을 유발하기 쉬운 구조이며, 이런 상황 속에서 그들의 관계망과 구조 그리고 행태 상호 간의 성찰 속에서 이론을 발전시킬 필요가 있는 것이다.

둘째, 행정모형적 측면이다. 본 연구에서 제시하는 제4세대 행정모형은 기존의 정부모형 1.0, 2.0, 3.0을 융합하되, 이를 속도와 규범이라는 측면에서, 한 단계 더 승화시킨 차세대 행정모형이다. 즉, 정부모형 1.0의 관료제 중심의 효율성과 정부모형 2.0, 3.0에서 제시하는 정부와 시장, 혹은 시민사회 간의 민주적 관계성을 받아들인다. 하지만 이러한 효율성, 민주성만으로는 4차 산업혁명 시대에 등장하는 사악한(wicked) 혹은 거대한(mega) 구조의 복합문제(complex problem)들을 해결하기에는 한계가 있다. 기존의 정부 1.0, 정부 2.0, 정부 3.0에서 보여주었던 문제의식 즉 효율성, 시장성, 관계 네트워크 등의 문제해결 방식으로는 풀기 어려운 비선형적 문제들이 급격하게 등장하고 있다. 새로운 정부모형은 속도와 규범이라는 측면에서, 보다 더 신속한 문제해결, 그리고 보다 더 높은 윤리의식에 기초한 책임지고 소통하는 리더십을 보다 더 강력하게 요청하고 있는 것이다.

셋째, 정책학과 행정학의 통합이다. 위르겐 하버마스가 강조했듯이, 정부와 시민들이 자유롭게 소통할 수 있는 담론(談論)의 공공영역을 확보해야 올바른 정치와 국정 관리가 이루어질 수 있다. 사회공동체의 공공선(公共善)과 보다 창조적인 미래(未來)를 추구하는 인간 내면에 존재하는 보편적인 인간 의지의 확인이 중요하며, 현대 행정학은 이러한 인간의 존엄성에 기초한 숙의 민주주의를 지향해야 한다. 이 점은 신공공서비스 모형에서 강조하는 '민주적 대화와 담론'의 중요성과 일부 맥을 같이 하는 측면이 있다. 하지만 제4세대 행정모형은 여기서 한발 더 나아가, 인간이 존엄성을 강조하는 정책학과의 철학적 접점을 좀 더 명확히 함으로써, 현대 행정학의 인식론적 토대를 분명하게 정리하는 한편 현대 행정학과 정책학의 이념적 통합의 길을 열어두고자 한다.

급변하는 사회변동과 더불어, 날로 발전하는 첨단기술의 문명 속에서 4차 산업혁명의 시대는 정신문화와 물질문명의 불균형뿐만 아니라 철학의 빈곤과 문명의 한계점에 봉착하고 있다. 여기서 새삼 '휴머니즘과 인간의 존엄성'을 강조하려 함은, 변동성, 불확실성, 복합성, 모호성으로 대변되는 4차 산업혁명이라는 '거대한 물결' 앞에서 인간의 독립성과 창조성을 회복하여 자유롭고 행복한 인간의 시대를 열어나갈 필요가 있기 때문이다.

과학기술의 발달 속에 인간은 주체성과 독립성을 상실하고, 인공지능이라고 불리는 첨단과학기술의 권위 앞에 '물질주의' 혹은 '과학만능주의'라고 불리는 또 다른 신으로부터 종속당하고 있는 시점에서, 현대 정부의 철학을 연구하는 행정학이라는 학문이 초라한 철학적 궁핍에 빠지지 않기 위해서라도 우리는 행정학의 인문학적 기반을 좀 더 다질 필요가 있는 것이다.

한나 아렌트가 강조하듯이, '악의 평범성(banality of evil)' 속에서 전체주의는 과거의 역사가 아니라 앞으로도 언제든 다시 나타날 수 있다. 정부의 운영원리를 연구하는 학문인 행정학은, 공동체 내에서 타인을 인정하고 소통하며 공적 가치를 실현하려는, 다시 말해 인간을 인간답게 해주는 활동을 영위할 수 있는 기반을 만들어 나가야 한다. 그리고 그것이 새로운 행정모형의 지향점, 혹은 그 이념적 기초가 되어야 한다.

III. 제4세대 정부모형에 대한 분석 및 이론적 고찰

이제 제4차 산업혁명이 도래하면서 제기되는 정부모형은 소통과 책임의 리더십, 신속하고 기민하게 문제를 해결하는 신속형 정부모형 등이다. 후자는 속도를 이야기하고, 전자는 윤리를 이야기하고 있다. 관계망을 중심으로 분류하던 기존의 정부모형으로는 접근하기 어려운 문제들이 많이 발생하게 되는 것이다.

1. 좋은 거버넌스의 구현 조건

좋은 거버넌스란 생산성, 민주성, 성찰성이 조화를 이룬 정부이다. 스마트 정부 구축을 통해 효율적이고 생산성 높은 정부를 구현하고 국민과의 소통을 원활히 하고 국민의 참여를 증진시키는 민주적인 정부를 구현하면서 더 나아가 국민들이 원하는 시대정신을 정확히 읽고 그에 부응하는 성찰적 정부이다.

<그림 6-2> 좋은 거버넌스의 구성 요소

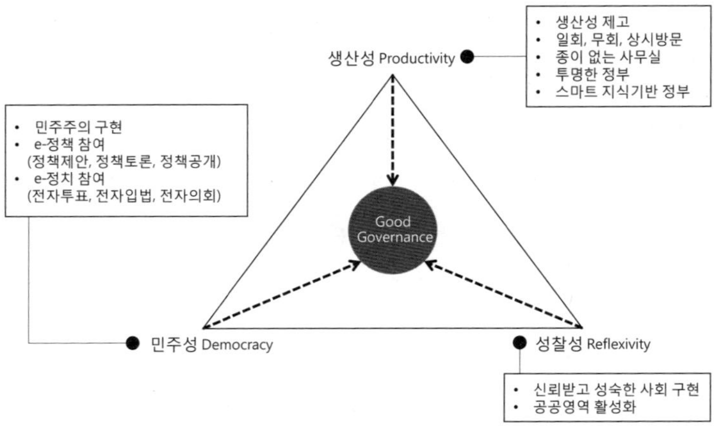

좋은 거버넌스란, 일을 열심히 하는 것(Do things right)보다는 일의 방향을 정확하게 설정하는 것(Do the right things)이다. 이러한 관점에서 차세대 정부모형의 핵심가치에는 우리 정부의 국정철학과 시대정신이 반영되어야 한다.

2. 새로운 도전과 비선형적 환경변화

4차 산업혁명 시대에 행정 환경이 직면하고 있는 비선형적 변화를 간략하게 고찰하면 다음과 같다.

첫째, 인더스트리 4.0이다. 독일을 중심으로 산업 4.0 움직임이 강하게 진행되면서 기존의 제조업의 경쟁력은 강하게 유지하면서도 농업 2.0, 핀테크, e-헬스 등을 결합시키는 형태의 4차 산업혁명의 움직임이 일어나고 있다.

둘째, 아르바이텐 4.0이다. 인더스트리 4.0에 대응한 일자리와 노동환경 정책에도 변화가 일어나고 있다. 아르바이트 4.0은 기계가 아닌 사람이 중심이 된다는 전제하에 좋은 노동을 창출하는 것이다. 독일의 경우 인더스트리 4.0을 추진하면서 나타나는 노동시장 변화에 대비하기 위해 마련한 정책이다. 유연한 노동력의 공급을 위해 노사정 체제를 구축하고, 노동의 질을 보장하기 위해 독일 연방노동사회부(BMAS)는 지방정부, 시민단체, 노동계, 재계와 함께 미래 일자리에 대해 토론하고, 그들의 의견을 수렴해 아르바이트 4.0이라는 유기적인 프로세스를 만들었다. 이를 통해 근로자 재교육, 정보보호, 사회보장 시스템 구축 등에 대해 연구 및 추진하고 있다.

셋째, 디지털 변혁이다. 세계경제포럼의 2015년과 2017년 주제어이기도 하다. 디지털 기술로 인한 사회변혁에 대해서 다양하게 전망하고 있다. 웨어러블 인터넷, 유비쿼터스 컴퓨팅, 주머니 속 슈퍼컴퓨터, 누구나 사용할 수 있는 저장소, 사물인터넷, 커넥티드 홈 등 다양한 변혁적 과제들이 전망되고 있다.

<그림 6-3> 새로운 도전과 비선형적 환경변화

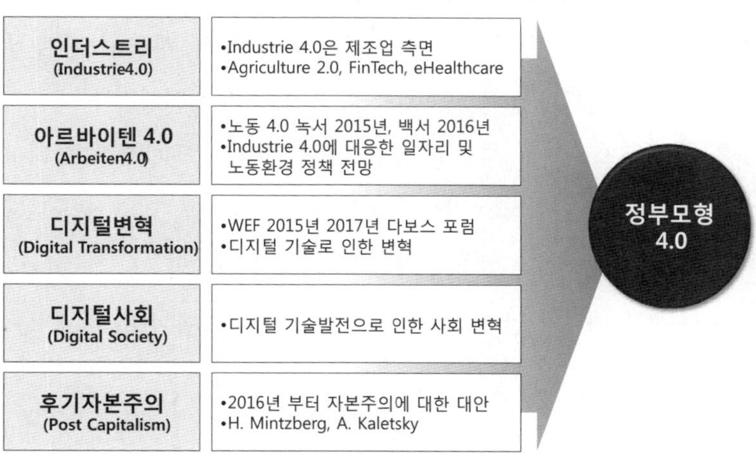

넷째, 디지털 사회이다. 이는 디지털 변혁과 연계되면서 좀 더 거대 담론들에 대한 주제를 다루고 있다. 스마트 도시, 스마트 그리드, 자율 주행차, 인공지능과 의사결정, 로봇공학과 서비스, 비트코인과 블록체인, 공유경제, 정부와 블록체인, 맞춤형 아기, 신경기술 등에 관한 논의이다.

다섯째, 후기 자본주의이다. 신자유주의를 기본으로 하는 승자독식의 자본주의 지속가능성에 대한 비판적 고찰을 토대로 새로운 형태의 자본주의에 대한 담론이 H. Mintzberg, A. Kaletsky 등 세계적 학자들을 중심으로 2016년 이후 중점적으로 제기되고 있다.

3. 새로운 도전과 제4세대 정부모형

이처럼, 4차 산업혁명 시대에 등장하는 행정 문제들은 사악한(wicked) 혹은 거대한(mega) 복합문제(complex problem)들이 많다. 정부 한두 부서의 노력으로 해결이 안 되거나, 문제의 해결책이 쉽게 보이지 않는 문제들이 많은 것이다. 또한, 기존의 정부 1.0, 정부 2.0, 정부 3.0에서 보여주었던 문제의식 즉 효율성, 시장성, 관계 네트워크 등의 문제해결 방식으로는 풀기 어려운 비선형적 문제들이 급격하게 등장하면서 새로운 정부모형은 신속한 문제해결, 그리고 보다 더 높은 윤리의식에 기초한 책임지고 소통하는 리더십을 보다 더 강력하게 요청하고 있다고 하겠다(그림 6-4-2 참조).

말하자면, 독일의 인더스트리 4.0, 인공지능, 미국 하버드 대학의

<그림 6-4-1> 하버드대학의 NBIC와 제4세대 정부모형

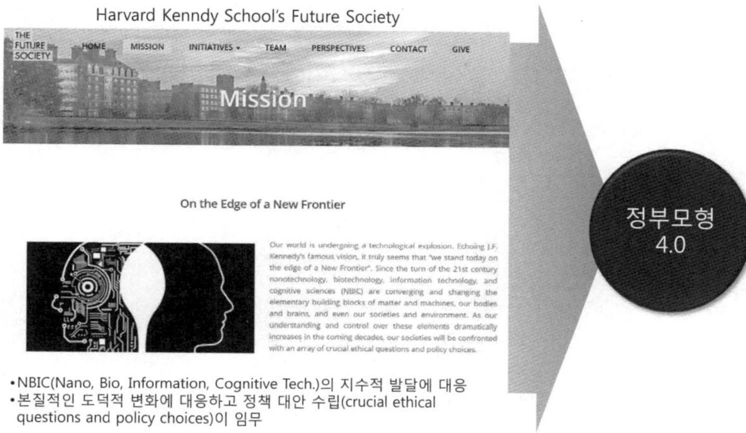

<그림 6-4-2> 새로운 도전과 제4세대 정부모형

정부 1.0 중국의 관료제, 막스베버	**정부 2.0** Thatcher's Gov., 1980's ~	**정부 3.0** Mark Moore, 1995 ~
권위주의적 전통적 정부	**Do things right 효율성 추구**	**Do the right things 효과성 추구**
Bureaucracy	NPM New Public Management	PVM Public Value Management
•명령과 통제 •계층제 •법과 원칙 •구조적 접근	•기업가적 정부 •혁신 정부 •성과/인센티브/경쟁 •시장적 접근	•공공가치정부 •뉴 거버넌스 •네트워크 정부 •가치적 접근

인더스트리 4.0
인공지능
NBIC
불확실성의 고도화
⬇
정부모형4.0

NBIC,[3] 불확실성이 고도화되는 행정 환경이 속속 등장하고 있고,

3) 최근 하버드대학교 John F. Kennedy School(KSG)에서는 NBIC 연구소가 발족되었다. NBIC란 나노(Nano), 바이오(Bio), 정보 기술(IT), 인지 과학(Cognitive Science)를 결합한 용어로 네 분야의 첨단기술의 융합을 통해 시너지 효과를 창출하는 것을 의미한다. 최첨단기술 융합이 가져오는 인간의 정체성 문제와 같은 윤리 문제와 창조적 정책대안의 탐색에 박차를 가하고 있다. 이처럼 세계적인 일류대학을 중심으로 NBIC와 같은 융·복합적 학문이 대두되고 있는 추세이다.

이러한 급격한 행정 환경 하에서는 기존의 접근방식으로 해결 불가능한 문제들이 많이 발생하고 있다(그림 6-4-1 참조). 융합이 필요하고, 속도가 필요하며, 정부의 윤리성이나 책임성이 그 어느 때와는 비교할 수 없을 정도로 높게 요구되면서 새로운 형태의 정부모형에 대한 요청도 증가하고 있다.

IV. 제4세대 정부모형의 구현 조건

1. 제4세대 정부모형의 리더십: 신속한 정부, 소통과 책임의 리더십

4차 산업혁명의 혁신적 기술은 산업 간, 국경 간, 심지어 현실과 가상의 세계까지 융합시킴으로써 삶의 범위를 무한히 확장시켰다. 그러나 엄청난 변화의 속도, 범위, 시스템적 충격으로 인하여 세계는 불확실성의 위기에 빠지고 있으며, 전례 없는 변화는 전 세계를 아노미 상태에 빠지게 할 것이라는 위기의식이 증가하고 있다.

4차 산업혁명은 노동시장의 붕괴, 일자리 감소, 소득 격차 확대, 사회 양극화 등 많은 측면에서 불확실성이 증가할 것으로 예측되고 있다. 쥐스탱 트뤼도(Justin Pierre James Trudeau) 캐나다 총리가 말했듯이, "기술만으론 우리 미래를 예측할 수 없다. 리더십이 우리 미래를 결정할 것이다. 진정한 리더는 급격하게 변화하는 세상에서 모든 사람들이 기회를 찾을 수 있는 방향을 알려줘야" 하는 등 소통과 책임의 리더십이 필요하다.

이를 반영하듯, 2017년 1월 다보스 포럼은 "소통과 책임의 리더십(responsive and responsible leadership)"이라는 주제로 개최되었다.

즉, 4차 산업 시대의 정부 리더십은 불안감과 좌절감을 느끼는 사람들에 대해 진솔하게 반응하고, 공정하고 지속 성장이 가능한 대안을 제공해야 한다는 책임감을 가져야 한다는 것이다.

이처럼 4차 산업혁명 시대의 정부모형은 다보스 포럼에서 제시한 바와 같이 다양한 사회적 문제를 직면함에 있어 불안감과 좌절감을 느끼는 사람들에 대해 진솔하게 반응하는 적극적인 소통을 할 수 있는 역량이 요구되며, 단순히 표심을 위한 포퓰리즘적 정책이 아닌 지속 가능한 성장을 이룰 수 있는 미래 지향적 정책과 제도를 위한 책임감 있는 정부여야 한다. 이러한 정부모형을 제4세대 정부모형이라고 부를 수 있다.

2. 제4세대 정부모형의 이념: 인간의 존엄성(휴머니즘)

1) 왜 지금 인간의 존엄성인가?

4차 산업혁명이라는 거대한 파고를 앞둔 지금 우리가 다시 '인간의 존엄성'을 거론하는 이유는 어디에 있을까? 그것은 급변하는 사회변동과 더불어, 날로 발전하는 첨단기술의 문명 속에서 4차 산업혁명의 시대는 정신문화와 물질문명의 불균형뿐만 아니라 철학의 빈곤과 문명의 한계점에 봉착하고 있기 때문이다. 이것은 현대문명의 갖가지 병폐 속에서 여실히 드러나고 있다. 또한, 과학기술의 발달 속에 인간은 주체성과 독립성을 상실하고, 과학기술의 권위 앞에 '물질주의' 혹은 '과학만능주의'라고 불리는 또 다른 신으로부터 종속당하고 있기 때문이다.

우리가 여기서 새삼 '휴머니즘과 인간의 존엄성'을 강조하려 함은,

변동성, 불확실성, 복합성, 모호성으로 대변되는 4차 산업혁명이라는 '거대한 물결' 앞에서 인간의 독립성과 창조성을 회복하여 자유롭고 평등한 인간의 시대, 나와 우리, 행복과 가치, 오늘과 내일을 바라보는 인간사회를 지향하는 방향을 제시할 필요가 있기 때문이다.

2) 왜 지금 성찰성인가?

그럼 왜 지금 성찰성인가? 현대행정의 동태성은 환경변화가 행정의 구조와 행태에 영향을 미치고 상호작용하고 있기 때문이다. 그리고 이때 혁신이란 행정의 동태성을 의도적으로 도입하는 것이다. 환경변화는 법과 제도를 매개로 조직, 인사, 재무 등의 구조변동을 유발하고, 문화에 충격을 가함으로써 행정인의 인식과 태도를 변화시킨다. 따라서 현대 행정학은 거버넌스 구조에 대한 연구와 함께 행정행태와 행정문화에 대한 연구를 통해 어떠한 전략과 변동이 환경에 대한 인식과 태도 변화를 유발할 수 있는지에 대한 심층적인 성찰이 필요하다. 특히 현대행정의 복합성, 동태성, 변동성, 불확실성은 정책 네트워크 내에서 행위자들 간의 심각한 갈등을 유발하기 쉬운 구조이며, 이런 상황 속에서 그들의 관계망과 구조 그리고 행태 상호 간의 성찰 속에서 이론을 발전시킬 필요가 있는 것이다.

3. 제4세대 정부모형의 내용 및 일하는 방식

1) 빅데이터 기반 창조지능형 정부

제4세대 정부모형은 시대정신에 부응하는 정부모형이 되어야 한다. 4차 산업혁명이라는 시대정신을 읽고 이를 효율적으로 추진하

<그림 6-5> 제4세대 정부모형의 내용 및 일하는 방식

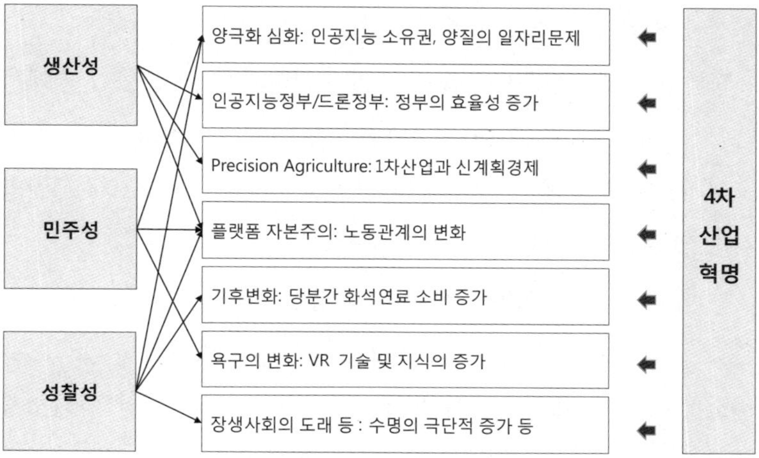

는 정부모형이어야 한다. 양극화 심화, 인공지능 정부 및 드론 정부, 플랫폼 자본주의, 기후변화, 국민 욕구의 변화, 장생사회의 도래 등 새로운 행정 수요에 능동적으로 대처하여 AI, 로봇, 바이오, 빅데이터 등 신기술에 대응하는 스마트한 정부모형을 구현해야 한다.

과거 정부 3.0이 주로 모바일에 기반한 맞춤형 정부를 구현한 것이라면, 제4세대 정부모형은 융합과 소통을 지혜로 묶어내는, 인공지능에 기반을 둔 창조지능형 정부가 되어야 하며, 그 궁극적 철학은 국민들의 인간존엄성 실현에 두어야 한다. 휴머니즘(humanism)을 대전제로 창조변혁을 이끄는 정부 패러다임이어야 하며, 인공지능을 기반으로 하는 창조지능형 정부이면서 동시에 융합과 혁신을 뒷받침하는 스마트한 정부이어야 한다.

2) 제4차 산업혁명과 정부 운영방식의 변화

제4차 산업혁명은 단순한 산업적 변화를 넘어 초연결성, 초지능성, 초예측성을 기반으로 정부의 운영방식이 변화하고 있으며, 정부를 둘러싼 민간과의 관계 설정 방식 등이 변화하고 있다.

정부의 운영방식은 과거 PC 및 전자기기의 단순 활용 수준에서 나아가 네트워크를 기반으로 집약된 빅 데이터(big data)를 통해 공공서비스 수요자에 대한 맞춤형 서비스(customized service), 개인별 서비스(personalized service)이 가능해졌다.

한편, 업무방식에 있어서도 실시간 행정정보의 공개를 통해 과거 관료 중심의 폐쇄적 업무 방식(비밀주의)에서 개방된 업무방식으로 변화할 것이며, 온라인상에서 국민의 공적 토론을 활성화하는 플랫폼이 구축됨으로써 헌법상의 민주주의를 현실 정책 결정 과정에 구현함으로써 투명한 행정이 가능해질 것으로 기대되고 있다.

그러나 이러한 긍정적 영향 이면에 정보의 격차, 이로 인한 권력의 집중 등 사회적 불평등을 더욱 심화시킬 가능성 역시 상존한다(과학기술정책연구원 미래연구센터, 2016). 즉, 정보통신기술의 발달이 모든 사회문제를 근본적으로 해결할 것이라는 낙관론에 치우쳐진다면 우리는 4차 산업혁명의 역공을 피할 수 없게 될 것이다.

따라서 우리는 디지털 시대의 정치 과정과 권력 작동 방식에 대한 순기능과 역기능을 이해하는 것이 필요하다(과학기술정책연구원 미래연구센터, 2016). 그렇다면, 4차 산업혁명 시대에 정부의 운영방식은 어떠한 방향으로 나아가야 하는가?

세계경제포럼은 『미래의 정부: 세계 각국의 경험으로부터 얻은 교훈(The future of government: lessons learned from around the world)』을 통해 4차 산업혁명 시대의 정부모형을 FAST(Flatter, Agile, Streamlined, Tech-Savvy) 정부가 되어야 한다고 제시하고 있다. 즉, 4차 산업혁명

<표 6-1> 제4차 산업혁명 시대의 정부모형: FAST모형

특징	내용
유연성 (Flatter)	• 수평적 정책 결정 구조를 통한 신속한 사회문제 해결이 가능한 유연한 정부 1) Citizen engagement: SNS 및 모바일 디바이스를 활용한 국민의 정책 결정 참여의 증대 2) Administrative efficiency: 불필요한 행정적 절차(red-tape)를 축소를 통한 행정의 효율성 향상 3) Decision-making process: 빅데이터 기반의 과학적 정책 결정 및 협업 구조를 통한 수평적 정책 결정 4) Intergovenmental and cross-sectoral collaboration: 정부간(inter-governmental), 부서간(cross-sectoral), 주체(agent)간 네트워크를 통한 사회문제 해결
민첩성 (Agile)	• 사회 문제의 특성에 따라 동원 자원, 조직, 프로세스 등을 스스로 조직화 할 수 있는 민첩한 정부 • 즉, 공공 및 민간의 네트워크를 통해 사회문제 해결을 위한 조직을 구성하되, 만약 사회문제 해결을 통해 더 이상 동 조직이 필요하지 않을 경우 스스로 탈 조직화(de-organization)하는 유연한 정부구조를 말함 • 공공부문은 1) 광범위한 문제 해결 역량(broad problem-solving capacity building)을 갖춘 숙련된 지식근로자로 구성되어야 하며, 2) 민간부문과의 네트워크를 활용한 관-민 비즈니스 관계의 초지능화(business intelligence)가 필요
슬림화 (Streamlined)	• 기술발전 및 노동시장의 재편을 통하여 슬림화된 정부 • 무조건적인 정부규모의 축소가 아닌 전자정부의 기술적 역량 및 네트워크 방식을 활용하여 정부 규모 대비 효율성을 제고하는 혁신적 방식
기술 역량 (Tech-Savvy)	• 미래지향적 기술 역량을 갖춘 정부 • 수평적 정부(flatter government)이고, 민첩한 정부(agile government), 슬림화된 정부(streamlined government)로의 변화에는 반드시 이를 뒷받침할 수 있는 인프라가 구축되어야 함 • 이때 인프라는 기술 역량 향상뿐만 아니라, 네트워크 환경에 적용 가능한 정책, 법률 및 제도 전반의 재설계를 모두 포함하며, 이를 통틀어 Tech-Savvy로 정의함

자료: World Economic Forum(Global Agenda Council)(2012)에서 수정.

시대의 정부는 1) 유연성(Flatter): 수평적 정책 결정 구조를 통한 신속한 사회문제 해결이 가능한 정부, 2) 민첩성(Agile): 사회문제의 특성에 따라 자원, 조직, 프로세스 등 스스로 조직화할 수 있는 민첩한 정부, 3) 슬림화(Streamlined): 기술의 발전 및 노동시장 재편을 통한 슬림화된 정부, 4) 기술 역량(Tech-Savvy): 미래지향적 기술에 능통한 정부가 되어야 한다고 제시하고 있다. 즉, 정책 결정 및 정부 서비스 공급의 주체가 정부에 한정되지 않고, '누구나'로 확장되며, 사회문제 해결의 '즉시성'과 '기민성'이 정부역량의 판단 기준이 될 것이다. 이를 위해서는 무엇보다 정부가 정부 운영에 있어 4차 산업기술을 적극 활용할 수 있도록 기술 인프라가 구축해야 한다고 말한다.

4. 제4세대 정부모형의 전략

4차 산업혁명은 바람과 같다. 손에 잡히지 않아도 느낄 수 있으며, 그 바람에 편승하여야만 하늘로 날아갈 수 있다. 4차 산업혁명의 실체를 보거나 만질 수는 없지만, 우리는 이미 그 한 가운데에 있으며, 이 바람에 올라타는 나라만이 미래를 선도할 수 있다.

따라서 우리는 어떤 방식으로든 신기술의 융합과 도전에 우리만의 솔루션을 찾아내야 한다. 4차 산업혁명에 부흥할 수 있도록 불필요한 규제를 없애고, 이에 대응할 수 있는『민첩한 정부』(Agile Government)로 거듭나야 한다. 지속적으로 기술진보에 대응하면서 새로운 메커니즘을 찾아내는 방향성(Direction), 기민성(Agility), 탄력성(Resilience)의 방향 모색이 필요한 시점이다(권기헌, 2017).

또한 4차 산업혁명 시대의 정부모형은 단순히 최첨단 기술에 목표를 두어서는 안 된다. 기술의 발전은 기민한 사회문제 해결과 이를 통한 국민의 삶의 질 향상, 인간의 인간다운 삶의 고취 등 인간을 위한 기술로 거듭나는 것이 중요하다. 국가행정은 초연결성, 초지능성, 초예측성 강화를 통해 궁극적으로 인간의 존엄성을 지향하는 미래의 첨단과학 행정으로 나아가야 한다(아래 그림-6 참조).

이를 이 장(章)에서는 정부모형 4.0으로 지칭하고자 하며, 이를 실현하기 위한 구체적 전략을 세 가지로 나눠, 지혜정부, 소통정부, 융합정부라는 방향으로 검토하고자 한다.

1) 지혜정부

단순 지식의 축적을 넘어 빅데이터를 기반으로 한 타당성 높은 인지예측 시스템을 통해 사회적 난제(wicked problem)를 해결할 수 있는 지혜정부로 나아가야 한다.

즉, 4차 산업혁명의 빅데이터 기술을 적극 활용하여 클라우드 기반의 차세대 행정정보 인프라 구축이 필요하다. 이를 통해 지능행정을 구현함으로써 4차 산업 시대에 새로이 나타날 수 있는 근본적인 사회적 문제, 예컨대 양극화 심화, 노동시장의 재편, 일자리 문제 등에 대한 정부의 선제적 대응을 해야 할 것이다.[4)]

2) 소통정부

정부의 공공서비스 확산에 있어 인공지능(AI)을 활용한 개별 맞춤형 서비스를 통해 공적인 사회안전망을 강화해야 한다. 이는 기

---

4) 새로운 산업기술에 대한 재교육 프로그램 신설을 통한 인적 자본의 강화, 인간 고유의 감성과 창의성에 기반한 신성장 산업 발굴 등이 대안이 될 수 있다.

존의 스마트 정부와는 다른 개념이다. 과거 모바일 기기를 활용한 행정능률 향상에 초점을 두는 것이 아니라, 초연결성, 초지능성, 초예측성을 바탕으로 정책공여자와 정책수혜자 간의 소통을 통하여 정책수혜자의 개인적(personalized) 수요에 부합하는 완전한 맞춤형(customized) 정부 서비스를 구현하는 것을 말한다. 즉, 인공지능 소프트웨어를 행정 서비스에 적용시키는 것에 주안점을 두기보다 이를 토대로 정책수혜자와의 소통을 통한 맞춤형 서비스의 제공, 공적인 사회안전망의 강화, 나아가 인간의 존엄성을 지향하는 미래과학 행정으로 나아가야 한다.

3) 융합정부

정부를 비롯한 국회, 민간, 비영리기관 등 각계각층의 적극적 노력이 수반되는 열린 정부(open platform)가 구축되어야 한다. 클라우스 슈밥(K. Schwab) 회장은 2016년 자신의 저서 『제4차 산업혁명(The Fourth Industrial Revolution)』을 통해 "신기술의 발전과 수용을 둘러싼 엄청난 불확실성 때문에 제4차 산업혁명이 가져올 변화가 어떤 방식으로 전개될지는 아직 알 수 없다. 그렇지만 과학기술의 복잡성과 여러 분야에 걸친 상호연계성 면에서는 정·재계 및 학계, 시민사회를 포함한 지구촌의 모든 이해관계자들이 이 새로운 기류를 보다 더 잘 이해하기 위해 서로 협력할 의무가 있음을 시사한다"(K. Schwab, 2016)고 밝히고 있다.

특히, 4차 산업혁명이 가져올 혁신적인 변화의 흐름을 주도해 나가기 위해서는 정치혁신이 매우 중요하다. 클라우스 슈밥(K. Schwab) 회장 역시 "기술이 진보될수록 이에 맞는 입법 시스템이 마련되어야 지속적으로 발전할 수 있다"며 기술적 진보에 따른 입법부의 중요성을 강조하고 있다. 즉, 4차 산업혁명에서 글로벌 시장을 선점하는 국가경쟁력 강화를 위해서는 기술 간 융합과 함께 행정부와 입법부, 중앙부처와 지방자치단체, 정부-시장-시민사회 등 다양한 방면에서의 융합과 협력이 필요하며, 이를 위한 전략적 거버넌스가 특히 요청된다고 하겠다(그림 6-6 참조).

<그림 6-6> 제4세대 정부모형의 개념도

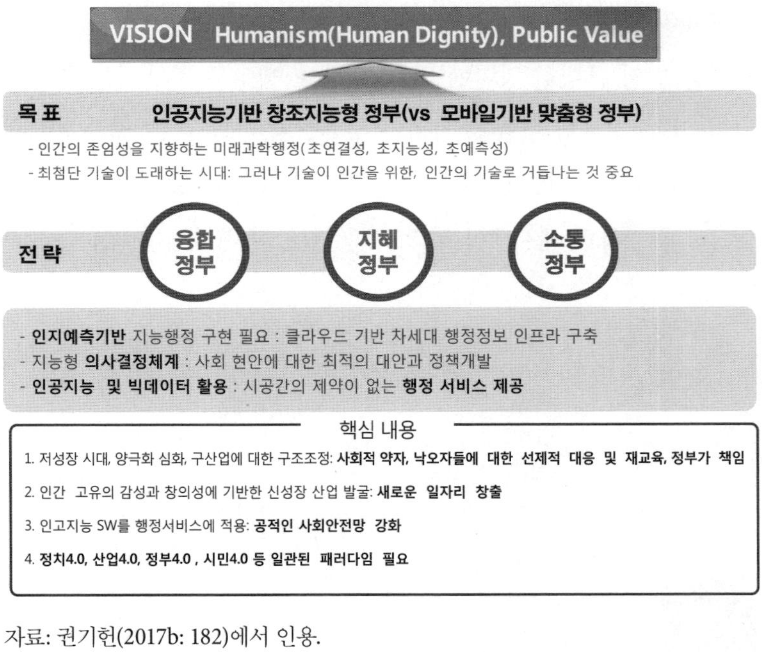

자료: 권기헌(2017b: 182)에서 인용.

V. 함의 및 지향점: 국민에 책임지는 유능한 예측지향의 정부

마지막으로, 이상에서 논의한 제4세대 정부모형의 함의 및 특성 그리고 그 지향점을 고찰하면 다음과 같다.

1. 정부모형 4.0은 정부의 정책 방향 및 변혁을 강조한다.

정부모형 4.0은 정부의 방향성과 철학을 강조한다. 따라서 정부모형 4.0을 제대로 하려면 정부 4.0이 추구하는 국정철학의 이념과 가치를 먼저 분명히 정립할 필요가 있다. 새로운 정부에서 추구하고자 하는 정부의 철학적 가치가 무엇인지, 그리고 그 국정철학을 구현하기 위해 어떤 정책수단들을 동원하며 어떤 방식으로 달성할 것인지를 명확히 제시해야 한다. 가령, 협업이나 규제개혁을 한다면

<그림 6-7> 제4세대 정부모형의 지향점 : 국민에 책임지는 유능한 예측지향의 정부

정부 4.0	
정부의 정책방향과 변혁 강조	•국정철학의 이념과 가치 명확화 •이를 달성하기 위한 정책수단을 명확히 제시 •사례: 스웨덴 3E 정책(요람에서부터 안전교육)
정부의 공익 책임성 강조	•정부와 시장, 시민사회와 협력적 거버넌스 속에서 안전, 민생 및 행복 등 공익에 대한 정부책임성 강조 •사례: 미국의 WAP(에너지 정책의 공익성과 지속성)
국민감동	•국민의 참여의식 향상 •Remember me->Involve me->Inspire me •사례: 벨기에의 로제타 플랜(청년일자리 감동정책)
스마트 전자정부 토대	•모바일 기술 등 디지털 기술의 발달로 연속적·맞춤형·상시적·즉시·상생 정부와 서비스 가능 •개방과 공개, 통합과 융합, 조정과 협치, 투명과 책임
국민신뢰	•국민신뢰 획득이 전제 •강한 국가, 강한 시장, 강한 시민사회 형성하고, 이들 간에 신뢰와 균형 잡힌 파트너쉽을 바탕으로 강한 네트워크 형성 •사례: 조지 켈링 교수의 '깨진 유리창' 법칙에 근거
예측적 거버넌스	•미래변화에 선제적으로 대응한 정부 기능 강조 •사례: 스웨덴 미래부, 싱가포르 RAHS (Risk Assessment & Horizon Scanning) 등

이는 보다 상위 차원의 어떠한 이념과 연결구조를 지니는지를 체계적으로 정립해야 하며, 단순한 협업 건수에 치중해서는 안 된다.

또한 시대정신이 양극화를 극복하고 희망의 사다리를 복원시키는 따뜻한 공동체 구현에 있다면 이를 정부는 어떠한 정책수단들을 동원해서 효과적으로 실현할 것인지에 대한 전략적 실행체계를 갖추어야 한다. 행정학에서 제일 주의해야 하는 개념이 "목표와 수단의 도치현상"을 방지하는 것인데, 무엇이 목표인지, 무엇이 수단인지를 분명히 하여 수단이 어느새 목표처럼 돼버리는 현상을 방지해야 할 것이다.

2. 정부모형 4.0은 정부의 공익에 대한 책임성을 강조한다.

정부모형 4.0은 정부의 책임성(accountability)을 강조한다. 정부모형 4.0은 정부와 시장, 시민사회의 협력적 거버넌스 속에서 좀 더 국민들의 안전과 민생 그리고 행복이라는 가치에 집중해 줄 것을 요청한다. 그리고 이러한 목적 가치를 놓치지 않고 그럼 어떻게 하면 이러한 목적을 실현할 수 있을지 다양한 정책수단들을 배열해 보는 체계화된 작업이 필요할 것이다.

3. 정부모형 4.0은 국민들에게 감동을 주어야 한다.

국민들도 진화하고 있다. 과거 정부 1.0에서는 단순히 공공서비스를 더 많이 혹은 정확하게 제공받는 데 만족했다면, 정부 2.0과 3.0에서는 참여하고 공유하려 했다면, 더 나아가 정부 4.0에서 이

제 국민들은 감동을 원하고 있다. 단순한 서비스 수혜자로서의 고객, 이용자, 소비자가 아니라 납세자와 유권자로서 국정의 주인으로 대우받고 싶어 한다. 그리하여 "나를 기억해 달라"(Remember me), "나를 주체로 인식해 달라"(Involve me)에서 더 나아가 "나에게 감동을 달라"(Inspire me)로까지 진화하고 있다.

<그림 6-8> 국민들의 기대수준의 진화

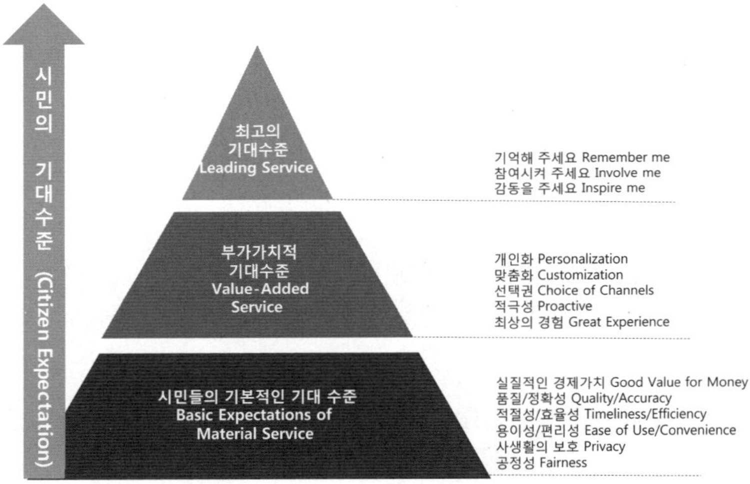

자료: Deloitte(2011)에서 수정.

4. 정부모형 4.0은 스마트한 전자정부를 토대로 한다.

스마트(smart) 정부는 최첨단 정보통신기술을 이용하여 국민들에게 최상의 서비스를 즉각적으로 제공하는 똑똑한 정부를 의미한다. 이는 1) 이음새 없는 서비스를 제공하고(seamless), 2) 모바일, 인공지능, 빅데이터를 이용하는 등 맞춤형 서비스를 제공하고

(mobile), 3) 상시적 서비스가 가능하며(anytime), 4) 국민의 요구에 즉각적으로 반응하며(responsive), 5) 소외계층이 없이, 양극화를 극복하는 상생(together) 정부이다. 이를 실현하기 위해 정부는 1) 개방과 공개(openness), 2) 통합과 융합(convergence), 3) 조정과 협치(collaboration), 4) 투명과 책임(accountability)을 실행전략으로 삼아야 한다.

제3차 산업혁명이 주로 PC 중심의 정보통신기술에 바탕을 두고 있다면, 제4차 산업혁명은 인공지능, 사물인터넷, 클라우딩, 모바일 등을 융합하는 스마트 기술을 지향하고 있다. 정부모형 4.0은 빅데이터와 인공지능을 결합하여 딥 러닝(deep learning)을 구현하는 정부 운영시스템이 되어야 한다.

5. 정부모형 4.0은 국민의 신뢰를 얻어야 한다.

국가혁신을 위해 중요한 것은 개혁과 관련하여 바람직한 미래의 정부상을 구축하고, 이에 대해 국민들의 신뢰를 획득하는 일이다. 신뢰는 그 자체를 21세기 국가혁신의 요체로 삼을 정도로 중요한 일이다(Nye et al, 1998). 따라서 한국사회의 미래지향적 국정 관리는 먼저 강한 국가, 강한 시장 및 강한 시민사회를 형성하고, 이들 간에 신뢰와 균형 잡힌 파트너십을 바탕으로 강한 네트워크를 형성함으로써, 새로운 현대사회에 적합한 국가공동체를 형성해야 할 것이다.

이를 바탕으로 구체적으로 정부, 기업, 시장, 시민 등의 각 분야가 자율적이고 책임성 있는 성숙한 조직으로 발전하고, 이들 사이에 강한 네트워크를 구축해야 하며, 정부 혁신 부문에서도 공익, 민주성, 성찰성 등 본질적 행정이념을 확립하고, 이를 위해 조직, 인사, 재무, 성과관리제도 등 조직 구조와 의식을 총체적으로 변혁시켜 제도와 관리기술뿐만 아니라, 행태와 정책 과정까지도 총체적으로 혁신할 필요가 있다.

6. 정부모형 4.0은 예측적 거버넌스를 실행해야 한다.

미래사회는 변동성과 불확실성을 특징으로 한다. 정부모형 4.0은 제4차 산업혁명이 몰고 올 격변적인(turbulence) 미래에 선제적으로 대응할 수 있는 미래예측 역량을 배양해야 한다. 영국의 미래전략청, 스웨덴의 미래부, 싱가포르의 미래위험평가부(RAHS: Risk Assessment & Horizon Scanning) 등 세계 선진 정부들은 미래예측 기능을 강화하고 있다. 우리나라도 과거의 대통령 직속 미래기획위원회와 같은 형식적인 미래예측에만 그칠 것이 아니라 본격적으로 세계적인 수준의 미래예측역량을 강화하기 위해 노력해야 할 것이다.

VI. 결어: 새로운 행정학은 허구인가?

이 장(章)에서는 1) 행정 패러다임, 2) 행정이념, 3) 행정모형에 대한 검토를 토대로, 제4세대 정부모형과 좋은 거버넌스의 구현 조건에 대해서 탐색해 보았다. 4차 산업혁명에 부응하는 신속한 정부, 소통과 책임의 리더십에 대해 논의하는 한편, 다양한 형태의 급진적 변화와 행정 수요에 대응하는 제4세대 정부모형에 대해서 살펴보고, 제4세대 정부모형이 진화해야 할 방향과 지향점에 대해서 모색해 보았다.

'새로운' 행정학, 혹은 '새로운' 행정모형이 하나의 담론으로 끝나거나 허구로 치부되지 않으려면 향후 행정모형에 대한 치열한 토론이 필요할 것으로 본다. 개념적 전제, 이념과 철학, 모형과 리더십 등의 구성요건들에 대해서 치열한 논의가 필요할 것이다.

4차 산업혁명, 혹은 그것이 아니더라도 정부를 둘러싼 현대적 시대 상황은 가히 격변(turbulence)이라 불러도 좋을 만큼 빠른 속도로 변화하고 있다. 국가의 사회문제를 해결하는 학문으로서의 행정학이 궁핍한 사유나 문제해결 능력이 뒤떨어진다는 비판에 직면하지 않기 위해서는 사회상황의 변화에 기민하게 대응하는 학문이 되어야 함을 말할 필요도 없을 것이다.

더 나아가, 한국행정학회나 한국정책학회는 이러한 담론의 장을 제공함으로써, 이러한 이론적 전제조건들이 탐색되고, 학문의 인식론적 기초에서부터 미래의 방향 설계에 이르기까지, 구조와 기능, 인간과 행태, 리더십과 철학의 구성 요소에 대한 다양하고도 치열한 논의가 될 수 있도록 해야 할 것이다.

제3편

정치과정의 관리론적 접근

제7장
정책 혁신가와 정책 중개자

주지예·박형준

I. 서론

새로운 정책의 채택과 정책변화를 설명함에 있어 정책학자들은 주요한 동인으로, 정책 과정에서 정책 혁신가(policy entrepreneur)가 주요한 역할을 수행한다고 지적하고 있다(Mintrom & Norman, 2009; 서인석 외 2010; 김인자·박형준, 2016, 2017). 특히 담당부서와 조직이 명확하지 않은 새로운 정책의 경우 정책을 이슈화하고 법률이나 정책으로 입안하는 데 있어 정책 혁신가의 역할이 유효한 것으로 밝혀지고 있다(Mintrom, 1997, 2000). Lindblom(1968)의 점증주의로부터 Kingdon(1984, 1995)의 다중 흐름 모형, March와 Olson(1989)의 제도주의, Baumgartner와 Jones(1993)의 정책 커뮤니티의 단속평형 모형, Sabatier(1988)의 옹호 연합모형, 정책 혁신과 확산모형(Minstrom, 1997)에 이르기까지 정책변동의 주요 모형과 분석 틀에서 정책 혁신가의 역할은 주요 설명요인으로 포함되어 있다. 정책 혁신가와 정책 중개자(policy brokers)는 각 분석모형마다 명확한 구분 없이 사용되기도 하지만 중요한 것은 사회문제 해결을 위한 새로운 정책을 입안시키기 위해 대중에게 주창(advocate)하고 관련 집단과의 소통을 통해 이해와 설득의 과정을 이끈다는 점이다(서인석·조일형, 2014). 즉 두 개념을 통해 파악해야 할 핵심은 관계적 특성과 속성인 것이다(Capano & Galanti, 2015). 정책변화에 대한 다수의 연구에서 공식적 정책 과정에서 활동하는 정책 혁신가 또는 정책 중개자로 의회의 의원이 제시되고 있다(Mintrom, 1997). 우리나라의 경우 의원입법 발의가 95%에 달하는 현실을 감안하면,[1] 새로운 정책에 대응하여 의견을 모으고 지지를 구하고 법안을 통해 정책을 의제화하는 많은 공식적인 시도가 국회에서 개별 국회의원을 중심으로 이루어지므로 국회의원이 새로운 분야에서는 정책 혁신가 또는 정책 중개자의 역할을 수행한다고 할 수 있다.

일반적으로 기존에 존재하는 정책영역의 경우 관련 정책 커뮤니티(policy community)와 정책하위그룹(policy subgroup)에 속하는 의원들이 상임위원회를 중심으로 법안을 발의하고 관계를 맺고 있다. 하지만 최근 정책들의 복잡성으로 인해 명확한 정책의 하위영역이 구분되지 않는 새로운 정책 분야가 발생하고 있다. 이렇듯 정책의 영역 및 경계 그리고 커뮤니티의 경계가 명확하지 않고 소관 부처 역시 명확하지 않는 영역의 경우 '어떠한 특성의 의원들이 새로운 법안을 발의하고, 누구와 연계·협력하고, 어떠한 관계적 특성을 가지는지', 즉 새로운 정책영역에서 정책 혁신가로 활동하는 의원들

1) 19대 법률안 의원입법 발의는 12,670건 정부 발의는 868건이었다.

의 특성에 관한 연구가 필요하게 된다.

최근 동물보호·복지는 '반려동물 1000만 시대', '등록된 반려동물 100만 마리'[2]가 넘으면서 다양하게 발생하고 있는 문제에 대해 사회적 합의를 통한 해결이 요구되고 있어 새롭게 이슈화된 정책 분야이다. 반려동물의 학대방지에서 유기동물 증가에 따른 환경 문제, 캣맘·캣대디를 자처하는 시민과 이를 막고자 하는 일반 시민 간의 갈등까지 다양한 수준의 문제를 내포하고 있는 새로운 정책 분야로서, 국가 차원에서 사회적 규칙으로서의 관련 법률을 제정하고 관련 정책의 설계 및 개발을 통해 해결할 것이 요구되고 있다.[3] 하지만 해당 분야에 대한 정부의 담당 부서 또한 농림축산식품부부터, 보건복지부, 식품안전의약처, 환경부와 지자체 등 많은 기관들이 연관되어있고, 정책 문제의 인식이 확대됨에 따라 다부처 간의 협업 및 연계가 핵심이지만 아직 명확한 제도적 기반이 마련되어 있지 않은 상태에 있다.

동물보호·복지라는 정책 분야에 대한 정책 의제화는 13대 국회에서 최초로 「동물보호법」[4] 논의와 제정을 시작한 후 수차례의 일부개정 법률안과 전부 개정안을 발의하여 지금까지 17대에서 첫 번

---

2) 농림축산검역본부의 「2016년 동물보호·복지 실태조사」에 따르면, 2016년 말 동물등록제에 따라 등록된 동물이 107.1만 마리로 '반려동물 100만 마리 시대의 도래를 알렸다.

3) 농림축산검역본부의 「2015년 동물보호에 대한 국민인식조사」에 따르면, 동물 보호 관련 법 규제 및 처벌 강화에 대해 조사대상 94.2%가 기존 정책 수준 강화에 찬성하였고 관련 신규 정책 추진에 대한 요구 수준 또한 높은 것으로 파악되었다.

4) 1991년 2월 1일 국회 농림수산위원회에서 동물보호법 제정안을 상정하여 같은 해 5월 31일에 최초의「동물보호법」이 제정되었다. 해당 안은 1988년 서울올림픽 전후로 국내 동물 보호 현실이 해외로부터 주목받으면서 한국의 개 식용문화에 대한 비난이 거세지자 동물보호 문제가 외교 문제로 확대되는 것을 우려한 정부에 의해 추진되었다.

째 전부개정, 18대에서 두 번째 전부개정이 이루어졌다. 현재 20대 국회는 개원 100일 만에 10건의 동물보호법 개정안을 발의하면서 이전 국회에 비해 높은 정책 의제화 경향을 보여주었다.[5] 또한 19대 대선과정에서 각 후보자들 모두 동물보호에 관한 구체적인 공약들을 제시하면서 정책 혁신가로서의 모습을 보여주었고, 문재인 대통령은 유기견 입양을 통해 2017년 7월 26일 세계최초 유기견 출신 '퍼스트 독(First Dog)'을 탄생시키면서 국내 동물보호에 대한 제도의 개선과 발전을 기대하는 국민들의 관심은 더욱 커지고 있다.

하지만 선행연구들에서 동물보호·복지와 관련된 법안을 연구한 논문은 존재하지 않는다. 기존 관련 선행 연구에는 동물보호법에 대한 법·제도적 수준의 논의가 대부분이다(박정기, 2010; 박찬운, 2010). 동물보호를 위한 제도적 개선을 제언하는 연구 자체도 동물의 법적 지위에 대한 논의나 동물보호에 대한 국내외 동향 등의 논의로 법·철학 또는 수의학 분야에서 한정적으로 다뤄지고 있다.

그러나 국내의 동물보호·복지 분야에 대한 정치 사회적 관심도의 증가 및 국민의식의 향상에 따른 지속적인 제도 개선 요구는 동물보호 관련 제도변화에 대한 정치·행정적 차원의 논의 그리고 객관적 입법 자료를 토대로 입법 과정을 분석하는 연구의 필요성을 뒷받침해주고 있다. 즉 실제 정책형성과정이 이루어지는 국회에서는 '어떠한 형태'로 동물보호가 추진되고 있는지, 정책 혁신가 같은 핵심 인물이 '누구인지'에 대한 질문을 제기할 수 있다. 이런 점을 감안하여 이 장(章)에서는 정치 행정학의 관점에서 동물보호 관련 법

5) 18대와 19대 국회에서는 개원 후 100일 동안 1건의 동물보호법이 발의되지 않았던 것과 상반되는 현상이다(데일리벳, 2016.09.08).

률안을 객관적 자료로 수집하고 분석하여, 국회가 동물보호 관련 입법 과정에서 어떤 구조를 이루고 있으며, 정책 혁신가로서는 누가 법안 발의의 중심에서 입법권을 행사하고 있으며, 누가 어떠한 활동과 역할로 정책 중개자로서 동물보호 관련 법안의 공동발의를 이끌어내고 있는지에 대해 살펴보고자 한다. 이를 통해 법학적·철학적 관점에서 제한적으로 논의되었던 동물보호 연구 분야를 정책학의 분야로 가져와 입법 과정에서 이루어지고 있는 핵심 정책행위자 연합을 실증적으로 탐색해보고 이를 통해 개념적 모호성에 머물러있던 정책 혁신가와 중개자가 같은 것인지 아니면 다른 것인지를 실증적으로 살펴보고자 한다.

II. 이론적 논의

1. 동물복지와 동물권

동물보호에 대해 논의한 기존의 이론들은 세 가지 접근법으로 구분되는데, 동물복지(animal welfare), 생태학(ecological), 기본권(basic rights)이 그것이다(Kymlicka & Donaldson, 2011). 이 중 최근 새롭게 등장하고 있는 생태학적 접근[6] 외에 동물보호 및 복지에 대한 주된 논의는 동물복지와 동물의 기본권 문제로 구분된다(김상배, 2007; 박정기, 2010; 김수진, 2006; 함태성, 2015; 윤익준, 2016; 전수영, 2016).

---

6) 동물을 하나의 독립적인 하나의 개체로 보는 것이 아니라, 생태계에서 가장 필요로 하는 요소로 보고 있기 때문에 건강한 생태계 보존을 위한 지속가능한 사냥 또는 농장 같은 불가피한 동물착취는 수용하는 입장이다(Kymlicka, 2011).

먼저 동물복지는 동물권에 비해 보다 보편적으로 수용되고 있는데[7] 세계 각국에서는 동물보호를 위한 기본법으로 동물복지법(Animal Welfare Act)[8]을 두고 있으며, 국제기구로는 유엔(UN: United Nations), 유럽연합(EU: Europe Union), 세계동물보건기구(OEI) 등에서도 동물복지 관련 협약 및 규칙[9]들을 세우고 있는 것에서 알 수 있다. 실천윤리학자인 Peter Singer(1975)의 「동물 해방론(Animal Liberation)」에서 시작된 동물복지에 관한 논의는 동물이 인간과 같이 쾌고감수능력(limit of sentience)[10]을 지닌 존재로서 불필요한 차별과 고통을 받지 않을 권리가 있으며 도덕적 지위를 가진다고 본다. Peter Singer(1975)는 인간과 동물의 구분으로 인해 발생하는 일방적인 착취 행위는 인종차별과 같은 종차별주의(speciesism)에 해당되며, 인간과 동물 관계에 '이익의 동등한 고려의 원칙(The Principle

---

7) 전수영(2016)은 동물권에 대한 논의는 당사자 능력 문제와 같은 법리적 쟁점을 가지기 때문에, 국내외에서 동물권의 입장이 법적 영역에 관철되기 어려운 상황이며, 이로 인해 동물 복지론이 동물보호와 관련해 주류 입장이 되었다고 설명한다.

8) 미국 「동물복지법」(1970), 영국 「동물복지법」(2006), 스위스 「동물복지법」(1978) 스웨덴 「동물복지법」(1988) 뉴질랜드 「동물복지법」(1999), 호주 「동물복지법」(2002) 등은 모두 'Animal Welfare Act'라는 법명으로 동물복지를 시행하고 있으며, 그 외 국가에서는 독일에서는 「동물보호법(Tierschutzgesetz)」(1972), 프랑스 「동물법(droit de l'animal)」(1976), 덴마크 「동물보호법」(2005), 일본은 「동물 애호 및 관리에 관한 법률(動物の愛護及び管理に関する法律)」(1973) 등으로 대부분의 국가에서 동물복지를 위한 제도적 기틀을 구성하고 있다.

9) UN에서는 현재 세계동물복지선언의 채택 과정에 있으며, 해당 회원국들은 2014년 새로운 초안 작성에 참여했다. EU에서는 야생동·식물의 국제거래에 관한 협약, 국제표경규제조약, 생물다양성협약 등을 통해 동물보호 또는 복지에 관한 조약을 채택하여 시행하고 있다. OIE는 직접 제정한 동물위생규약과 수생동물 위생규약을 동물복지의 영역까지 확대시켜 시행하고 있는데, 세계무역기구(WTO)에서는 회원국들이 동물복지 관련 기준으로 OIE의 권고를 따르도록 하고 있다.

10) 쾌고감수능력(快苦感受能力)이란 쾌락과 고통을 느끼는 경험을 할 수 있는 능력을 말한다. 동물의 법적 보호에 대한 근거논리로 활용되며, 선행연구들에서는 쾌고감수 능력이 뛰어날수록 강한 법적 보호를 받도록 하는 것이 타당하다고 본다(함태성 2015).

Equal Consideration of Interests)'이 적용되어야 한다고 말한다. 이러한 주장은 인간의 이익을 고려하듯 동물의 이익도 동등하게 고려되어야 한다는 의미이지만, 인간의 이익을 위해 동물의 이익이 정당하게 희생될 수 있음을 내포한다(Hauser et al, 2006: 192).

반면, 동물 기본권 접근법은 동물 복지론과 달리 인간과 동물을 동등하게 보는 급진적인 입장이다.[11] 철학교수인 Tom Regan(1983)에 의해 개발·발전된 동물권은 동물이 내재적인 가치를 지닌 삶의 주체이며, 쾌고감수능력을 지닌 존재로서 그 누구에게도 착취당하지 않을 불가침의 권리(inviolability right)를 가지고 있다고 주장한다. 기존 동물 복지론자와의 가장 큰 차이점이자 기본권 접근법의 핵심인 불가침 권리는 인간과 동물이 동등한 위치에 있다는 근거가 되며,[12] 이에 따라 만약 불가피하게 우열을 가려할 선택의 상황이 주어질 경우, 삶의 주체인 인간과 동물 중 주어진 상황적 조건하에서 만족을 느끼는 수와 다양성 정도가 높은 쪽에 따라 결정된다고 보고 있다(Regan, 2004). 이처럼 기본권적 원리에 충실한 접근법을 제도적으로 반영한 국가로는 독일, 오스트리아, 스위스 등이 있으며 최근 프랑스 같은 나라에서도 동물의 존재에 대한 새로운 조항을 설립하며 동물의 법적 지위 향상에 노력하고 있다.

이와 같은 맥락에서 최근 국내외에서 활발히 논의되고 있는 동물권 정치론(A Political Theory of Animal Right)은 동물권 이론이

11) 전통적인 동물권리론은 인간과 동물 관계에 그 어떤 이용과 착취도 인정하지 않는 폐지로적 성격을 강하게 띄고 있다(목광수, 2013).

12) 동물 복지론에서 말하는 이익 관심과 쾌고감수 능력은 본래 인간의 도덕적 지위에 대한 근거로 제시되어오는 인간적 능력인데, 동물도 인간과 유사하게 그것을 지니고 있다는 관점은 인간중심적이라는 비판을 받고 있다(김상배 2007).

확장된 것으로 이론적·정치적으로 동물들의 권리가 어떻게 인정되고 보장될 수 있는지를 보다 현실적인 차원에서 설명해준다. Kymlicka(2011)에 의해 제기된 동물권 정치론은 기존 동물권 이론에 내포되어 있는 한계를 지적하며, 중요하게 다뤄져야 할 부분은 인간과 동물의 관계성이라는 점을 강조한다. 인간은 동물이 서식하는 환경에 개입하고 활용함으로써 오랜 시간 동안 이미 동물과 함께 공간을 공유하고 있으며, 이는 인간에게 의존적으로 길들여진 반려동물, 실험동물, 농장 동물들 외에 야생동물들과도 불가피하게 모두 연결되어 있다는 것이다. 여기서 동물들 또한 그들의 약육강식 사회나 생존 법칙 같은 삶의 방식이 존재한다는 것을 인정할 때, 이에 개입하고 있는 인간에게는 동물과의 관계에서 적극적인 책무와 관계적 의무가 발생하게 된다. 따라서 Kymlicka(2011)는 동물 학대 금지, 도살 금지 같은 소극적 의무만을 다뤘던 기존 논의에서 더 나아가 동물의 서식환경을 고려한 건설 및 건축, 인간으로부터 피해를 받은 동물의 구조 등 보다 적극적인 의무를 지워야 한다고 주장한다.[13] 이러한 인간-동물 관계성을 바탕으로 한 동물의 권리 보장에 따른 의무는, 동물의 시민권 부여 논의로 확장된다. 특히 인간사회로 이끌려온 길들여진 동물들은 인간사회 내에서 이주민 또는 원주민 등과 같은 소수집단의 문화가 존중되듯 다문화주의 차원에서 그들의 사회와 문화도 존중해줘야 하는 의무가 발생한다는 논리이다. 이외에도 다양한 이론들의 차용을 통해,[14] 동물권

13) 지속적인 도덕적 지위에 대한 논의는 동물권 이론이 형이상학적 수준에 정체하기 때문에, 동물의 도덕적 지위에 대한 실천윤리학적 논의보다는 인간과 동물의 관계중심적인 정치적 논의에 더 치중하고 있다.

14) 시민권 이론(citizenship theory)을 토대로 해석된 동물권에서 주로 활용되는

을 시민권 차원에서 재해석한 동물권 정치이론은 다음과 같은 의미를 함축한다. 동물권의 본질은 인간과의 관계로부터 발현되고, 그 관계성에 의해 발생하는 인간의 책임과 의무들은 관계 정도에 따라 다양화될 수 있으나(Smuts, 1999), 인간과 소통하고 협력하는 동물에 대한 근본적 이해는 인간이야말로 동물을 대신해 그들의 기본적 권리를 주장하고 보호하며 복지를 위해 노력해야 하는 존재임을 밝히고 있다.

2. 정책 중개자와 정책 혁신가

정책 중개자와 정책 혁신가는 정책 과정이론에서 정책변동을 설명하는 데 있어 중요한 요인으로 제시되고 있지만, 여전히 각각의 개념에 대해 명확히 해석하고 논의하기에는 아직 불분명한 개념으로 남아있다(Bratt, 2013). 그러나 각 개념들이 서로 다른 정책 과정이론의 틀을 바탕으로 다루어지기 때문에, 이론적으로 두 개념이 어떻게 정의되고 있는지를 살펴볼 필요가 있다.

정책 중개자(policy broker)는 Sabatier와 Jenkins-Smith(1993)이 설계한 정책옹호 연합모형(ACF)에서 옹호연합 간을 중재하는 인물로 나타나고 있다. 옹호연합들은 정책 과정에 영향력을 미치는 주요 집단들인데, 여기서 중개자들은 정책변동까지 이끌기 위해 이들 간의 갈등을 중재하고 타협시키며, 절충안을 제안하는 역할을

타 이론으로로는 다문화주의(multiculturalism)와 더불어 장애이론(disability theory)이다. 정신적 장애와 언어 소통이 어려운 장애인들에게도 시민권이 부여되어 있고, 그들의 권리를 대신하는 입장 또는 기관이 있듯이 동물에게도 권리가 주어져야 한다는 논의로 전개된다.

수행한다(Sabatier & Jenkins-Smith, 1993; Parsons, 2003). 이러한 갈등 중재 및 상호조정에 대해 주요 관심을 가지고 있다는 점에서 중개자들은 제3의 존재로 분류되어 있지만, 고위 관료로부터 국회의원 및 관련 공무원들 그리고 시민단체까지 중개자가 될 수 있기에 중개자는 제3자임과 동시에 특정 정책에 대한 옹호자도 될 수 있다(Sabatier, 1993; Parsons, 2003; Bratt, 2013; 장지호, 2003; 김순양, 2006; 최은영 외, 2008; 최윤희 외, 2015). 그리고 이들은 정책목표 달성보다는 정책옹호연합들이 모두 수용할만한 절충안을 구성하는 데에 강력한 행위자이기도 하다(Sabatier & Zafonte, 2004).

반면 정책 혁신가(policy entreprenuer)는 정책변동에 대한 확고한 의지를 가진다는 점에서 그 특징이 구분되어 진다고 할 수 있다(Mintrom, 2009). 정책 혁신가는 정책 혁신(innovation)과 같은 상당한 수준의 정책변동을 향한 목표 의식을 가지고, 정책 아이디어를 제안하고 추진하는 사람(개인 또는 집단)을 말한다(Mintrom, 1997, 2009). 이러한 정책변동을 위한 핵심 활동가로서 정책 혁신가는 학자별로 다양하게 정의되고 있는데, 대표적으로 정책흐름모형(MSF)를 개발한 Kingdon(2002)과 이를 다중 흐름 모형으로 발전시킨 Zahariadis(2007, 2014) 그리고 사회적 형성이론(SCF)을 제시한 Ingram, Schneider와 DeLeon(2007)이 있다. 먼저 Kingdon(2002)은 미래에 자신이 기대하는 유형 또는 무형의 이득에 따른 지위의 향상을 위해 기꺼이 시간, 에너지, 명성, 돈과 같은 자원들을 투자하는 지지자라고 표현한다. Zahariadis(2014)는 다중 흐름 모형(MSF)을 통해 정책 혁신가를 정의하고 있는데, 그들은 문제의 흐름, 정치의 흐름, 정책의 흐름 간의 결합을 시도하는 개인들 또는 공동체들이고, 무조건 전문가일 필요는 없으며 다양한 수준의 존재들이 될 수 있다고 설명한다(주지예 외, 2017). Ingram, Schneider와 DeLeon(2007)에 따르면, 도덕적 혁신가라고도 표현되는 정책 혁신가는 불안정한 사회 문제를 반영하여 법적 개혁을 선도하는 데에 유능한 기관이다.

이론적 정의들을 비교 종합해보면, 정책 중개자와 정책 혁신가 모두 소통(communicative) 기술을 활용하지만, 중개자는 관계 기반의 협상과 연계 활동에 주력하며, 혁신가는 인지 기반의 협력과 관계구축에 치중한다(Christopoulos & Ingold, 2011; Capano & Galanti, 2015). 특히 정책 혁신가는 변동에 대한 의지와 혁신 정도에 있어서 정책 중개자보다 적극적이기 때문에, 다차원에서 능숙한 기술을 보유해야 한다. Mintrom(2009)은 사회적 상황과 흐름에 예민하며, 관련 정책 네트워크에 참여하면서 이슈를 선점하는 능력을 혁신가적 자질(entrepreneurship) 중 하나로 설명하였다. 실제 다중 흐름 모형에서 등장하는 정책 혁신가는 정책의 창이 열린 순간 즉각적으로 결합을 위한 기회를 장악해야 하기 때문에 끊임없이 노력해야 할 뿐만 아니라 결합에 능숙해야 한다(Kingdon, 1984, 1995; Zahariadis, 2014). 이 외에도 문제정의 능력,[15] 개인적 또는 전문가들과의 네트워크를 통한 연합체 구축능력[16] 그리고 제안한 정책의 실현 가능성을 담은 구체적 청사진을 통해 위험회피형 정책 결정자들을 설득하는 능력이 요구된다(Mintrom, 1997, 2009).

15) Zahariadis(2007)은 문제의 재정의를 정책 혁신가의 중요한 역할로 강조하였다.
16) Meijerink & Huitema(2010)는 대부분의 정책 혁신가들은 서로 다른 능력과 기술을 가진 다양한 사람들과의 네트워크를 통해서 협력적 혁신가 자질을 보이고 있음을 밝히고 있다.

3. 선행연구 검토

1) 동물보호 정책 연구

최근 정치·사회적으로 가장 높은 관심을 받고 있는 동물보호 정책은 「동물보호법」을 중심으로 법·제도적 차원에서 주로 연구되고 있다. 동물보호라는 이슈의 특성상 법제적 분석이 대다수 진행되어 왔으며,[17] 대부분 해외국가들의 제도 비교를 통해 또는 국제적 흐름을 바탕으로 국내 동물보호법제의 문제점을 진단하고 개선방안을 도출하고 있다. 이러한 연구 흐름은 크게 동물보호 관련 법제에 대한 연구, 동물의 법적 지위에 관한 연구로 나뉜다.

동물보호 관련 법제에 대한 연구들은 「동물보호법」을 분석대상으로 삼아 미국, 영국 등과 같은 동물보호법의 역사가 오래된 해외국가와의 비교분석이 이뤄졌다. 주된 연구결과는 「동물보호법」의 일반법 및 상위법으로서의 격상인데, 관련 법제와 충동하지 않고 기본법으로서의 역할을 수행할 수 있어야 하며 관련 법제들과의 관련성을 명확히 규정할 수 있어야 한다고 제언하고 있다(김수진, 2004; 전수영, 2016). 이와 관련해 지적되는 문제점은 관련 법제들이 다양하게 분산되어 있다는 것이다. 또 다른 관련 법제들로는 「한국진도개 보호 육성법」, 「야생생물보호 및 관리에 관한 법률」, 「자연환경 보전법」, 「환경영향평가법」, 「독도 등 도서지역의 생태계 보전에 관한 특별법」, 「해양생태계의 보전 및 관리에 관한 법률」, 「수산

17) 제도적으로 동물을 보호하기 위해서는, 왜 보호해야 하는지에 대한 철학·윤리학 분야의 논의 그리고 현행법상 '동물'의 지위와 보호 범위는 어디까지 인지에 대한 법학 분야의 논의에서 출발하기 때문에 동물보호 정책 관련 연구는 법철학적 수준의 논의에 집중되어 있다.

자원관리법」, 「문화재 보호법」 등이 있는데, 이에 대해 국내 연구자들은 여러 기준을 세워 법제를 분류하였다. 초기 연구에는 동물이 개개의 생명체로 이해되는가 또는 생태계 범위에서 이해되는가에 따라 관련 법제를 크게 두 개의 영역으로 분류하였다(윤수진, 2006). 개개의 생명체로 동물을 보호하는 법은 「동물보호법」의 하나이며, 이를 제외한 모든 관련 법은 생태계 보전 차원 또는 환경보호 차원에서의 동물보호 법제에 해당된다(윤수진, 2008). 이후의 연구에서 사용하고 있는 보편적인 분류 방식은, 동물을 객체화시켜 인간과 동물 관계에서 인간의 소유권 점유 여부에 따라 동물보호 관련 법제를 비야생동물과 야생동물로 구분하는 것이다(함태성, 2015; 전수영, 2016). 이와 유사하게, 인간의 시선에서 동물보호법제를 보다 구체적으로 분류하는 기준은 동물보호, 동물 이용, 동물관리이다(윤익준, 2016; 전수영, 2016). '보호'는 동물의 이익이 우선시 되는 것이고, '이용'은 동물이익에 제한을 가하는 개념이며 '관리'는 동물의 이익이 아닌 산업과 공중보건에 초점을 두는 것이다(전수영, 2016). 한편, 윤익준(2016)은 동물보호는 동물 생명권 보호 차원의 '동물복지'와 환경보호와 같은 '보전'으로 개념이 구분될 수 있다고 하였다. 아래의 <표 7-1>은 선행연구들이 진행한 분류 내용을 종합한 것이다.

<표 7-1> 국내 현행 동물보호 관련 법제 분류

분류 기준 및 범주		동물보호 관련 법제
기준1. 소유권 여부	비야생	동물보호법, 실험동물에 관한 법률, 한국진도개 보호 육성법
	야생	야생생물 보호 및 관리에 관한 법률, 자연생물보전법 환경영향평가법, 독도 등 도서지역의 생태계 보전에 관한 특별법 해양생태계의 보전 및 관리에 관한 법률, 수산자원관리법, 문화재보호법
기준2. 동물의 이익 제한 정도	동물 보호	동물보호법, 야생생물 보호 및 관리에 관한 법률 생물다양성의 보전 및 이용에 관한 법률
	동물 이용	실험동물에 관한 법률, 축산법
	동물 관리	가축전염예방법, 수산생물질병 관리법 야생생물 보호 및 관리에 관한 법률

자료: 함태성(2015), 윤익준(2016), 전수영(2016)을 바탕으로 재구성

선행연구들이 보여준 관련 법제들의 분류 작업은 결국 동물보호법이 기본법상의 위치에 놓여야 함을 보여준다. 동물보호 관련 이슈에 관해서 항상 문제시 되고 있는 법적 실효성 문제는 연관된 법들의 적용에 있어서 동물보호법이 그 기준점으로서의 역할이 미비했기 때문에, 다수 선행연구에서 세부 조항들의 구체화 및 체계화를 통해 상위법으로서의 개정 방향을 제언하고 있는 것이다. 그러나 동물보호법이 기본법으로써의 역할을 다하기 위해서는, 동물이 법적으로 어떻게 취급되고 있는지, 즉 법적 지위에 대한 논의가 불가피하다.

동물의 법적 지위에 대한 선행연구는 주로 독일, 프랑스, 오스트리아 등의 국가 사례를 바탕으로 국내 현행 민법의 내용과 함께 동물의 법적 지위 향상 방안을 제안한다. 국내 현행 민법 제 759조에 따라, 동물은 물건으로 취급되고 있기 때문에 반려동물 학대행위

에 대한 형사제재와 같은 사례에서 민법과 동물보호법 간에 부정합이 발생한다(윤익준, 2016). 이와 관련해, 윤수진(2006)은 동물보호법제의 실효성 확보를 위해서는 시기적으로 사회적 합의에 도달한다면 동물의 권리를 인정하는 것으로 해결할 수 있음을 언지해주고 있다. 동물의 권리를 인정한다는 것은 동물도 인간처럼 쾌고감수 능력을 지닌 존재로서 물건과 다르다는 것을 의미한다.[18] 이처럼 대부분의 연구에서 근본적인 동물보호를 위해서는 동물의 법적 지위에 대한 현행 민법이 개정되어야 함을 주장하고 있다(박찬운, 2010; 박정기, 2010; 윤철홍, 2011; 정문석, 2013; 오승규, 2015; 윤익준, 2016). 독일은 민법상 인간-동물-재산이라는 3분법 체계를 구축하였고, 프랑스는 형법과 민법에서 동물과 물건을 엄격히 구분하면서 적극적인 동물보호를 위한 제도적 기틀을 마련하였다. 이외에도 스위스, 오스트리아에서도 동물은 물건이 아님을 분명히 제시하며 국가의 동물보호 의무를 강화하고 있다. 이처럼 외국에서는 1990년대부터 동물의 법적 지위에 대한 논의로 법 개정이 진행되었고, 현재까지도 그 논의가 활발히 이어지고 있는 것과 달리 국내에서는 최근에서야 관련 연구들이 늘어나고 있는 추세이다.

지금까지 살펴본 국내 선행연구들을 종합적으로 보면, 동물보호법의 기본법 격상과 함께 이를 위해 우선적으로 이뤄져야 할 제도적 변화는 동물의 법적 지위 향상이라는 주장을 펴고 있다. 이를

18) 쾌고감수능력은 도덕적 지위를 판단하는 요소 중에 하나로 볼 수 있다(정문석, 2013). 따라서 이 능력을 가진 존재는 법적보호대상으로서 그 능력 수준에 따라 보호 강도가 달라진다(함태성, 2015). 예를 들면, 동물 학대에 대한 처벌 등과 같은 제도가 피해대상이 단순히 물건이 아니라 쾌고감수능력을 지닌 존재이기 때문이며 이러한 제도는 동물 자체를 중심으로 구성된 것이다(김수진, 2004).

바탕으로, 동물보호법을 중심으로 이와 관련되어 있는 다양한 동물보호 관련 법제들을 동물의 지위에 따라 <표 7-2>에서와 같이 다시 분류해볼 수 있다. 각 기준들은 앞에서 논의된 동물 복지론과 동물권 이론에서 이론적 바탕을 찾을 수 있는데, 먼저 '보호의 대상'은 국내외 주류 흐름인 동물 복지론과 같은 관점으로 인간의 입장에서 그들의 이익을 최대한 고려해서 적극적으로 보호해줘야 한다는 기준이다. '권리의 대상'은 동물권에서 설명하고 있듯이 동물은 불가침 권리를 가진 주체로서 보다 더 동물을 독립적인 개체로 보려는 기준이다. '보전의 대상'은 생태계라는 광범위한 측면에서 동물을 바라보는 생태학적 접근과 같은 시점이다. 마지막으로 '산업의 대상'은 인간의 식량으로서 동물을 객체화시켜, 산업 발전과 함께 경제적 차원에서 주요한 의미를 가진 물건으로의 의미가 상대적으로 강한 기준이라 볼 수 있다.

<표 7-2> 동물의 지위에 따른 동물보호 관련 법제 분류

기준	법제
보호의 대상 (동물 복지론)	(현행)동물보호법, 실험동물에 관한 법률
권리의 대상 (기본권적 접근)	(동물이 법적 지위가 향상된 경우) 동물보호법
보전의 대상 (생태학적 접근)	야생생물 보호 및 관리에 관한법률, 생물다양성의 보전 및 이용에 관한 법률, 수산생물질병 관리법 독도 등 도서지역의 생태계 보전에 관한 특별법 해양생태계의 보전 및 관리에 관한 법률, 수산자원관리법, 문화재보호법 동물원 및 수족관 관리에 관한 법률
산업의 대상 (경제적 접근)	축산법, 가축전염예방법

*각 기준별로 관련 이론적 배경을 괄호로 표시함.

2) 정책 중개자와 정책 혁신가에 대한 연구

정책 중개자와 정책 혁신가는 정책변동 과정에서 중요한 역할을 수행하지만, 실제 정책 분야에서 해당 요소들이 중점적으로 다뤄지거나 학문적으로 연구되지 못하면서 여전히 모호한 개념의 영역으로 남아있다(Sabatier, 2009; Bratt, 2013). 이러한 문제의식에 따라 최근 국내외에서 정책 중개자와 정책 혁신가들의 역할분석을 중심으로 누가, 어떠한 활동을 하는지에 대한 논의가 등장하고 있다.

국외에서는 정책옹호 연합모형(ACF)을 활용하는 많은 연구들이 정책 중개자의 역할을 간과하고 있다는 지적(Weible et al, 2009)에 따라, 중개자 행위 및 역할을 중점적으로 분석을 처음 시도한 Ingold와 Varone(2012)는 스위스의 기후변화정책사례들을 통해 중개자는 연합체들을 타협하는 과정에서 자신의 물질적인 이익을 추구하기도 하고 갈등을 예방하기 위한 특정한 규율을 사용하는 것을 보여주었다. 그리고 이들의 연구를 바탕으로, Bratt(2013) 또한 캐나다 원자력 정책영역의 연합체들을 대상으로 중개자들이 구체적인 상황적 조건에 따라 어떻게 행동을 달리 취하는지에 대한 연구를 진행하였다. 한편 정책 혁신가에 대한 연구는 최근 정책 중개자의 개념이 중첩되는 모호성을 해결하기 위해, Christopoulos와 Ingold(2014)는 사회 연결망 분석 방법을 활용해서 중개자와 혁신가를 구분해내는 지수를 찾아내고, 이를 연구 방법으로 적용해 스위스 기후변화 사례에서 정책 혁신가와 정책 중개자 중 어떤 행위자가 정책변동 성공률이 높은지 보여주었다(Ingold & Christopoulos, 2015). 이와 다른 방향으로, Capano와 Galanti(2015)는 정책 중개자와 혁신가를 안정과 변화를 주도하는 핵심 활동가라는 점에서 기능적 관점(functional perspective)의 동일 선상에서 해석하고자 하였다.

국내에서도 해외의 연구 경향에 따라 정책 중개자 또는 정책 혁신가에 대한 정의 및 역할에 대한 분석이 활발하다. 특히 정책옹호 연합모형(ACF)의 국내 적용에 대한 비판적 논의[19]들을 바탕으로, 정책 중개자 요인에 초점을 둔 연구들은 한국적 맥락에서의 정책 중개자를 규명하기 위해 현실 정책에 적용 가능한 유형화 분석을 시도한다. 주로 정책 중개자의 범위 안에 정책 혁신가를 포함시켜 정책 중개자의 유형을 구체화 시키고 있는데, 대표적으로 최은영·지현정(2008), 박용성·최정우(2011), 김영종(2014)의 연구가 있다. <표 7-3>에 정리되어 있듯이 각 연구들에서는 각기 다른 기준을 통해 4가지 유형의 정책 중개자를 구분하였다. 분류 기준들을 보면, 개인적 능력에 따른 요인과 상황적 요인들이 있는데, 최은영·지현정(2008)이 말하는 갈등의 정도는 상황적 맥락을 말하며, 박용성·최정우(2011)는 정당성을 정치인과 대중들이 신뢰하는 수준으로 보았다.

19) 한국의 국가 중심 조합주의을 바탕으로 전개되는 정책 상황에 미국의 다원주의에서 발전한 이론을 적용시키기는 과정에서, 기본 가정들 및 전제들이 파괴되고 이에 따라 이론의 각 구성 요소들인 신념체계, 정책학습, 정책중개자 등의 해석에 문제가 있을 수 있다는 지적이다(김순양, 2006; 박용성·정해동, 2010; 박용성·김대규, 2010; 정세희·정진경, 2012, 유정호·김민길·조민효, 2017). 즉 기본적으로 동일한 이론을 활용하더라도, 국가마다 서로 다른 정치 사회적 맥락으로 인해 발생할 수 있는 지적들이다(Leifeld, 2013).

<표 7-3> 국내 선행연구에 따른 정책중개자 유형

기준	유형
적극성과 갈등 정도 (최은영·지현정 2008)	비난회피자(적극성 下, 갈등 上), 정책중개자(적극성 中, 갈등 中) 옹호자(적극성 中, 갈등 中), 정책 혁신가(적극성 上, 갈등 下)
전문성과 정당성 (박용성·최정우 2011)	1유형(전문성 强, 정당성 强), 2유형(전문성 弱, 정당성 强) 3유형(전문성 强, 정당성 弱), 4유형(전문성 弱, 정당성 弱)
전문성과 정치 사회적 지위 (김영종 2014)	적극적 조정자(전문성 上, 지위 上), 소극적 조정자(전문성 上, 지위 下) 적극적 지원자(전문성 下, 지위 上), 소극적 지원자(전문성 下, 지위 下)

자료: 최은영·지현정(2008), 박용성·최정우(2011), 김영종(2014)을 바탕으로 구성.

유형화 연구에 이어, 가장 최근에는 '누가 정책 중개자 또는 정책 혁신가인지'[20]에 대해 양적·질적 차원의 분석이 나타나기 시작했다. 국내 선행연구들에서 논의된 정책사례들을 종합적으로 분석하여 정책 중개자 위치에 주로 누가 있었는지를 밝히면서 한국사회의 중개자를 탐색하는 연구(김인자·박형준, 2011; 전진석, 2014; 서인석 외, 2010)와 기존의 연구 방법의 한계를 극복하고자 메타분석(서인석·조일형, 2014)과 사회연결망 분석(유정호·김민길·조민효, 2017) 등을 활용한 연구 등이 있다. 선행연구 검토에 따르면, 한국에서의 정책 중개자는 정책 결정 관계자, 시민, NGO, 전문가, 협의체로 구분되며, 정책 중개자는 정부 기관과 같은 정책 결정 관계자[21]가 가장 높은 비율을 차지하고 있다(서인석·조일형, 2014).

20) 정책중개자에 대한 논의에 있어서 정책옹호연합 모형은 단순히 존재여부에 대해서만 설명하는 한계가 있다는 비판을 받아 왔다(Ingold & Varone, 2012). 그리고 Crow(2010)는 정책 과정에서 누가 변화를 이끌었지를 밝히는 것이 중요하다고 언급하였다.

21) ACF를 활용한 많은 국내 연구에서 한국에서는 정부 기관 및 관료들이 정책중개자의 역할을 한 것으로 분석하고 있다(전진석, 2003; 김순양, 2009).

한편, 분석되는 정책사례에 따라 정책 중개자 역할의 유의미한 차이에 대해 보여주는 연구도 존재한다. 강은숙(2002)은 정책 중개자의 범위가 정책 문제의 특성 따라 결정된다고 보았고 김영종(2014)은 정책 이슈의 성격, 정책의 논의단계에 따라 중개자 역할이 달라진다는 것을 밝히고 있다. 특히 정책 논의단계는 행정기관 중심의 논의인지, 국회 법안 검토 단계의 논의인지에 따라 강한 차이를 보이는데, Mintrom와 Norman(2009)은 관련 연구(Mintrom, 1997, 2000) 결과를 통해, 상황적 변수가 법적 변화가 일어나는 조건이라면 정책 혁신가의 역할은 변화에 주요한 영향력을 미치지 않는다고 설명한다. 실제 국내 ACF 관련 선행연구 중 국회 법안과 관련된 정책사례를 분석한 내용에서 따르면, <표 7-4>에서 정리되어 있듯이 정책 중개자들이 대부분 정책 결정 관계자들이다. 그들의 역할은 주로 합의안 도출과 최종안 작성 등과 같이 법안 발의 및 수정안 마련이었고, 정책변동에 최종적인 역할을 수행함으로써 주요한 기능을 보여주었다. 이러한 역할은 최종적으로 국회에서 법안이 통과하기 위해서는 타협이 필수적이라는 사실에 기인한 것으로, 혁신가적 기능보다는 중개의 기능이 강화될 수밖에 없었던 것으로 보인다. 그럼에도 불구하고, 몇 가지 사례에서는 대통령 또는 정부가 정책 혁신가로서 정책의 최초 대안 발의부터 최종안까지 결정적인 역할을 수행하는 경우도 있다(김순양, 2010,; 박용성·최정우, 2011; 이재무, 2016; 채성준, 2016[22]).

22) 테러방지법 사례를 정책흐름모형으로 분석한 채성준(2016)의 연구에 따르면, 박근혜 대통령과 국정원 그리고 야당이 정책 혁신가로서 적극적으로 입법을 추진하였고, 이에 따라 야당의 강력한 반대에도 불구하고 법 제정이 통과되었다.

<표 7-4> 국내 선행연구에 따른 법안 관련 정책사례의 정책중개자

연구자	정책분석 사례(관련 법률안)	정책중개자	역할
김순양 (2010)	약사법개정안	• 보건복지부, 여당 • 시민대책위원회 • 의약분업실행위	• 다양한 의견을 수렴한 의약분업안 마련 • 시민대책위원회에서 합의안 도출 • 대안들을 수렴해 최종안 마련
김영종 (2010)	노동조합 및 노동관계보호법 개정안	• 노사정 위원회, • 노사정6자회의 (한국노총/경총/노동부)	• 합의안 도출
박용성·김대규 (2010)	장애인고용촉진법(제정안)	• 장애인복지대책위원회 • 노동부	• 법 제정 발의법안의 단일안 형성 • 중립유치 및 소극적 경향이나, 의견수렴에는 적극적이고 전문성이 높음
박용성·최정우 (2011)	세종시 정책(신행정수도 특별조치법안/행정중심복합도시건설특별법/세종시 수정안)	• 야당대표	• 최초 대안 위헌 후 적극적인 후속조치 • 합의안 도출
이동규외 (2013)	셧다운제 도입 (청소년법 일부개정안/게임산업진흥법 개정안)	• 법제사법위원회 • 국무총리실	• 법안 발의 및 갈등 조정
김영종(2014)	비정규직보호법 개정	• 여야정당간사 • 한국노총연석회의 • 여야 3당 원내대표	• 간사들의 낮은 전문성으로 협의 실패 • 회의를 통해 절충안 제시 • 상임위원장의 거부권으로 폐기
윤권수·양성관 (2015)	서울대학교 법인화 (국립대학법인 서울대학교 설립·운영에 관한 법률안)	• 이주호 교육부장관 • 서울대학교 총장	• 적극적인 의견 수렴 • 국립대학법인 서울대학교설립·운영에 관한 법률안 발의 및 통과
이재무 (2016)	노동개혁 정책 (기간제근로자법 개정안/근로기준법 개정안/파견근로자법 개정안/고용보험법 개정안/산업재해보상보험법 개정안)	• 경제사회발전노사정 위원회	• 찬반양측협의체로서 절충안 마련 • 찬반 양측의 비난 및 실효성 논란 야기

3) 의원입법 법안 발의 네트워크 연구

정책변동에 있어서 가장 제도적 기틀이 되는 법의 변동을 주도하는 권한은 입법기관인 국회와 법률안 발의권이 주어진 정부에게 있다. 이는 앞서 살펴본 것처럼, 정책 결정 관련자들이 법적 변화를 일으키는 핵심행위자로 분류되는 것과 같은 맥락일 것이다. 정부 발의안과 달리, 국회의 의원 발의는 「국회법」 제79조에 따라 10명의 찬성 의원이 있어야 발의가 가능하기 때문에 대표 발의 또는 공동발의 형태를 지닌다. 즉 의원 발의 법안은 공동으로 발의한 의원들의 집합체이기 때문에, 관련 선행연구들은 주로 의원들 간의 관계를 분석하는 사회연결망 분석(SNA: Social Network Analysis)을 진행해 왔다. 분석이 용이하기 때문이다.

공동발의안에 대한 사회연결망 분석은 16대 국회를 대상으로 한 염유식(2007)[23]의 연구를 시작으로, 어떤 의원들이 중심에 있고 그들의 역할과 공동발의 또는 가결에 미치는 영향은 무엇인지를 분석한 연구들이 나오고 있다. 17대 국회를 대상으로는, 연결망 분석과 설문조사를 함께 진행한 친분네트워크 분석(장덕진, 2011), 중개자 유지 매커니즘 분석(염유식, 2009), 보건복지위원회 공동발의안 자료를 토대로 ERGM을 이용한 연결망 매커니즘에 대한 연구(이병규·염유식, 2009), 연결망 분석과 함께 이원 고정효과 패널 모형으로 통계분석을 진행한 중개자 위치 점유에 관한 연구(이병규·염유식, 2012), 17대 공동발의안 전체를 대상으로 의원 간의 협업 관계를 분석한

23) 16대 국회 보건복지위원회의 법안가결을 분석단위로, 공동발의자들의 중개 역할이 법안가결에 긍정적인 미치는 영향을 밝히면서 가결을 위한 중개자의 역할과 공동발의자와의 같은 당 소속 여부의 중요성을 발견하였다.

연구(이지연 외, 2014) 등이 있다. 18대 국회에 대해서는 문화체육관광방송통신위원회 발의안을 중심으로 상임위원회의 의사결정 메커니즘의 세부적 분석(이현우, 2011), 5대 사회보험 입법 발의안을 통한 한국 복지정치 양상 분석(민기채·김영미, 2012), ERGM을 활용한 성폭력방지법안 공동발의 네트워크의 구조와 존속 연구(서인석 외, 2014) 등이 있다. 19대 국회의 공동발의안은 주로 이전 국회의 법안들과 함께 장기간의 분석 기간을 바탕으로 연구되었는데, 이지연 외(2014)는 18대와 19대 공동발의안을 토대로 이원모드 네트워크 프로젝션을 활용해 국회의원과 상임위원회의 관계, 위원회 간의 관계를 분석하였고, 박상운(2015)은 17대부터 19대까지의 기획재정위원회 소관 공동발의안을 중심으로 법안가결에 미치는 요인을 분석하였다.

그러나 공동발의안에 대해 다양한 관점과 분석기법으로 연구된 논문들이 계속해서 발전되어 나오고 있음에도 불구하고, 동물보호 관련 법안에 대해 네트워크 분석을 적용한 연구는 없다. 사회연결망 분석이 적용된 체육법안(김경식·장미란, 2014), 성폭력방지법안(서인석 외, 2014), 규제법률안(김성준·하선권, 2015) 외에도, 교육 법률안(강석봉·주철안, 2008), 다문화가족 관련 법안(정희옥 외, 2016) 등은 법안 발의 요인을 분석했다. 반면 동물보호 관련 법안에 대해서는 19대 동물보호 입법 동향을 살펴본 하승수(2016)와 동물원법안 발의에 참여한 의원들의 정치적 네트워크를 실증적으로 분석한 강성구(2016) 연구 말고는 전무하다. 동물보호 관련 법안을 다룬 유일한 두 개의 연구에서조차도 후속 연구로의 발전에 한계가 있는데, 하승수(2016)의 연구에서는 동물보호 관련 발의법안들이 담고 있는 주요 내용을 소개하고 국내 동물보호 운동의 과제를 주관적 관점에서 기술하고 있어 학문적 의의가 부족하다. 강성구(2016)의 연구는 동물원법 발의 관련 속기록들을 바탕으로 이해당사자들을 절차모형과 Kingdon 모형을 통해 분류하고, 각 이론모형의 적용 가능성을 점검하였는데 이 또한 주관적 해석의 한계를 벗어나기 어렵고 동물보호 관련 입법 과정에 대한 정책적 함의를 도출하기에는 무리가 있다.

4) 본 연구의 차별성

지금까지 세 가지 범주에 따라 살펴본 선행연구들은 동물보호 정책에 대한 연구주제와 연구 방법론적 측면이 제한되어 왔음을 보여주었다. 이에 따라, 본 연구는 각 한계점에 대해 다양화 차원으로 접근하여 관련 정책 분야 연구의 활성화에 기여하고자 한다. 동물보호 정책 선행연구와 의원입법 법안 발의 네트워크에 대한 선행연구에서 보여준 연구주제 및 연구범위의 한계점을 감안하여, 본 연구에서는 정치 행정학 차원에서 동물보호 관련 입법 네트워크를 연구 주제로 선정하고 법적 논의에 머물렀던 논의의 범위를 확장하여 문헌연구에 기반한 질적 분석 대신에 객관적 자료를 근거로 한 실증분석을 시도함으로써 연구 방법론 차원에서의 다양화를 추진하고자 한다.

더불어, 정책 중개자와 정책 혁신가에 대한 선행연구 가운데 최근의 국외 연구논문에서 나타나는 바와 같이 동물보호 관련 입법 네트워크에서의 중개자와 혁신가를 구분하여 분석함으로써, 최근의 국내외 연구 경향을 수렴하고, 탐색적 연구이지만 사회 연결망 분석 프로그램을 활용한 체계적인 연구를 시도하고자 하는 데에 학문적 의의를 두고자 한다. 그리고 정책 과정에서의 핵심 인물들을 밝혀냄으로써 새로운 정책 분야에 대한 연구 자원 확보에 기여함으로써 유의미한 정책적 함의를 도출할 수 있는 연구를 진행하고자 한다. 또한 본 연구는 그동안 동물 학대와 같은 사회 문제가 빈번히 제기되었음에도 불구하고 여전히 정치 행정학 분야에서는 생소한 주제로 남아 있었던 동물보호에 대해, 최근 국가 차원에서 정치적인 관심을 보이고 정책 의지가 집중되고 있는 흐름을 반영하여 동물보호 관련 입법 네트워크를 분석한다는 점에서 시의적절하다고 할 수 있다.

Ⅲ. 연구분석 틀 및 조사 설계

1. 분석 대상 및 분석 기간

1) 동물보호 관련 발의법안

국내 현행법상 동물보호 관련 법제는 「동물보호법」, 「실험동물에 관한 법률」, 「야생생물보호 및 관리에 관한 법률」 등으로 다양하다. 이러한 법제들은 선행연구 검토를 통해 일정한 기준에 의해 분류될 수 있음을 확인하였다. 그러나 여기에서는 앞서 논의되었던 동물보호 관련 이론에 대한 논의를 통해, 새로운 기준에 따라 동물보호 관련 법제들을 재분류 할 수 있었다(<표 7-2> 참고). 각 기준에 따라 분류된 동물보호 관련 법제 가운데 여기에서는 동물보호 관련 입법네트워크 분석의 정확성과 신뢰성을 높이기 위해 동물복지와

<표 7-5> 17대, 18대 국회의 동물보호 관련 법안 발의 현황

<table>
<tr><th>국회
(총 발의수)</th><th>의안명</th><th>발의
건수</th><th>의결 결과</th></tr>
<tr><td rowspan="3">17대
(12건)</td><td rowspan="2">동물보호법
(일부개정법률안,
전부개정법률안)</td><td rowspan="2">9</td><td>원안가결 1건(위원장발의 대안)
ㄴ대안반영폐기 6건
(공동발의 5건, 정부 발의 1건)</td></tr>
<tr><td>임기 만료 폐기 2건(모두 공동발의)</td></tr>
<tr><td>실험동물의 관리에
관한 법률안</td><td>3</td><td>원안가결 1건(위원장발의 대안)
ㄴ대안반영폐기 2건(모두 공동발의)</td></tr>
<tr><td rowspan="3">18대
(21건)</td><td rowspan="2">동물보호법
(일부개정법률안,
전부개정법률안)</td><td rowspan="2">18</td><td>원안가결 1(위원장발의 대안)
ㄴ대안반영폐기 11건
(공동발의10건, 정부 발의 1건)</td></tr>
<tr><td>임기 만료 폐기 6건(모두 공동발의)</td></tr>
<tr><td>실험동물의 관리에
관한 법률안</td><td>3</td><td>임기 만료 폐기 3건
(공동발의 1건, 정부 발의 1건)</td></tr>
</table>

자료: 국회 의안정부시스템에서 조회되는 자료를 토대로 작성

직결되어 있는 두 개의 법제, 「동물보호법」과 「실험동물에 관한 법률」을 분석대상으로 선정하였다.

관련 입법 발의안 자료를 수집하기 위해 의안정보시스템(http://likms.assembly.go. kr/bill)에서 국회별로 의안들을 조회하였다. 조회 결과, 13대 국회에서 동물보호법이 1991년 처음 제정된 이후 14대와 15대 국회에서는 동물보호 관련 법안이 0건으로 정치적 관심이 전무했다. 그러나 16대 국회에서 발의된 1건의 실험동물법안이 임기 만료로 폐기되고 난 후, 17대 국회부터 동물보호 관련 법안이 꾸준히 발의되기 시작했다. 구체적으로 의안정보시스템에서 검색되는 동물보호법 그리고 실험동물 관련 의안은, 국회별로 17대 12건, 18대 21건, 19대 41건으로 증가하였다. 이러한 발의 건수 증가 현황은 동물보호에 대한 정치적·사회적 관심 정도를 보여주는 지표

가 되는데 17대 국회에서부터 동물보호에 대해 국가적 차원의 관심이 집중되고 있음을 알 수 있다. 또한, 동물보호법 개정안은 17대 국회에서 첫 번째 전면개정을 계기로 18대 국회에서 두 번째 전면개정을 거쳐 19대 국회에서는 전면개정안 발의로까지 이어졌다. 그러나 19대에서의 전면개정안은 가결에 실패하였다. 따라서 17대, 18대 국회를 동물보호 관련 제도의 발전에 있어서 중요한 의미를 가지는 시기라고 보고 입법 발의 네트워크 분석의 대상 기간으로 선정하였다.

2) 대한민국 17대, 18대, 19대 국회별 공동발의안

수집된 법안의 발의자는 의원(공동발의 또는 대표 발의), 정부, 위원장(대안발의) 등으로 다양한데, <표 7-5>에서 정리된 바와 같이 동물보호 관련 법안들은 주로 다양한 행위자들의 네트워크를 형성한 공동발의 형태를 보인다. 17대에서는 12건 중 9건의 공동발의가 있었고, 18대에서는 21건 중 18건이 공동발의 법안이었다.

이 가운데 이 장(章)의 분석대상인 27건의 발의법안에 대해서는 <표 7-6>에서 국회별로 정리되어 있다. 이 표에 따르면 발의법안 수는 증가하지만 의결 결과를 보면 임기 만료 폐기 비율이 증가하고 가결 비율은 감소하고 있다. 여기에서는 입법 과정에서의 행위자 중심 네트워크를 분석하고자 하는 것임으로 가결 여부와 상관없이 임기 만료 폐기된 법안까지를 모두 분석대상으로 포함시켰다. 해당 발의 법안에 참여한 의원들은 17대 총 91명, 18대 총 139명으로 늘어났다.

<표 7-6> 17대, 18대 국회 동물보호 관련 법안 공동발의 현황

국회 (총 발의수)	의안명	공동발의 건수	의결 결과	발의자수(명)
17대 (9건)	동물보호법 (일부개정법률안, 전부개정법률안)	7	대안반영폐기 5건	91명
			임기 만료 폐기 2건	
	실험동물의 관리에 관한 법률안	2	대안반영폐기 2건	
18대 (18건)	동물보호법 (일부개정법률안, 전부개정법률안)	16	대안반영폐기 10건	139명
		16	임기 만료 폐기 6건	
	실험동물의 관리에 관한 법률안	2	임기 만료 폐기 2건	

자료: 국회 의안정부시스템에서 조회되는 자료를 토대로 작성

2. 분석 틀

1) 법안 공동발의 연결망 중심성 분석과 중개자 분석

법안 공동발의에 참여한 의원들을 대상으로 공동발의 네트워크를 분석하는 목적은 궁극적으로 발의라는 집단적 행위가 실현되기까지 누구의 영향력이 크게 미치고 있으며, 핵심역할을 수행하는 자는 누구인지를 파악하기 위해서이다. 즉 네트워크의 행위자 중심 분석을 수행하려는 것인데, 이러한 질문에 대한 해답을 찾기 위해 주로 쓰이는 분석 방법은 중심성(centrality) 분석과 중개자(brokerage) 분석이다.

중심성 분석은 네트워크에서 누가 중심적인 위치에 있는지를 찾아내는 방법으로, 연결 중심성, 근접 중심성, 매개 중심성으로 나뉜다. 연결 중심성(degree centrality)은 한 액터(actor)가 다른 액터들

과 얼마나 많이 연결되어 있는지를 나타내며 그 행위자의 활동성을 보여준다. 근접 중심성(closeness centrality)은 다른 액터들과 얼마나 근접해 있는지를 측정할 수 있는 것으로 독립적으로 다른 액터들과 접촉하는 데 있어서의 유리한 위치를 말해준다. 매개 중심성(betweenness centrality)은 다른 액터들을 중개하는 정도를 의미하며, 매개하는 액터들은 정보교환이나 자원 흐름에 대한 통제능력을 보유함으로써 다른 액터들이 의존하는 위치에 존재한다.

이와 더불어, 중심성 개념을 확장한 위세 중심성(eigenvector)은 한 액터와 연결된 다른 액터의 중심성 정도에 따라 달라진다. 다시 말해, 연결 정도가 높은 액터와 연결된 어떤 액터는 위세 중심성이 높아지게 된다. 위세 중심성이 높은 행위자는 타인의 지위나 인기도를 활용해 자신의 중심성을 높이는 위치에 놓여있다고 해석할 수 있다.

<그림 7-1> 중개자의 유형

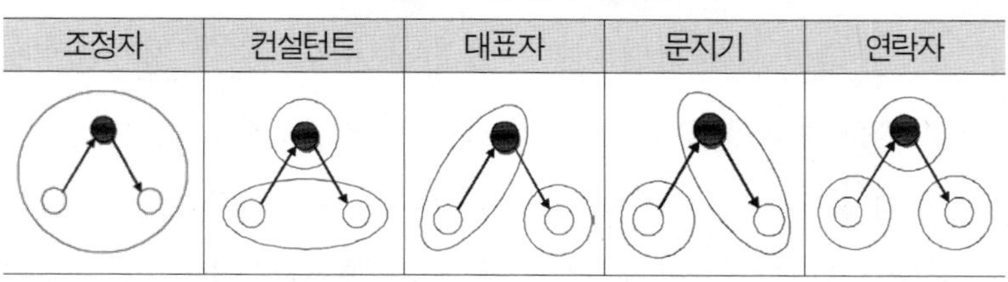

출처: Gloud & Fernandez(1989), 이병규(2009) 수정 재구성

반면 중개자 분석은, 중심성 분석과 달리, 다른 두 개의 액터들을 중개하는 액터를 찾아내는 것에 초점을 두고 있다. 이 분석은 중개하는 역할에 따라 5개 유형의 중개자로 나뉘는데, 중개 대상인 타 액터들을 기준으로 그룹 내 중개와 그룹 간 중개로 구분할 수 있다

(Gould & Fernandez, 1989).

그룹 내 중개 차원에서는, 중개자도 타 액터들과 동일한 그룹 내에 속해있는 조정자(coordinator)와 중개 대상들만 동일한 그룹인 상태이고 외부에서 그들을 연계하는 컨설턴트(consultant)로 구분해 볼 수 있다.[24] 그룹 간 중개 차원에서는 상황별로 구분되는데, 중개자와 동일한 그룹의 액터가 다른 그룹의 액터와 연결되어야 하는 상황에서 요구되는 대표자(representative)[25] 역할, 다른 그룹의 액터가 중개자가 속해있는 그룹의 또 다른 액터와 연결되어야 하는 상황에서 요구되는 문지기(gatekeeper) 역할이 있다. 마지막으로 중개자를 포함하여 모든 액터들이 다른 그룹에 속해 있는 경우에 발생하는 연락자(liaison)가 있다. 이러한 경우에 연락자에게는 중립성이 요구된다(염유식, 2007; 이병규, 2009).

2) 중심성과 중개자 상관관계 분석

중심성 분석과 중개자 분석을 통해 밝혀진 영향력 있는 의원들은 공동발의를 이끈 핵심 인물들이 된다. 이론적으로 정책변동과정에서 핵심행위자들이 정책 혁신가와 정책 중개자로 설명되듯, 사회연결망 분석을 통해 밝혀진 중요 액터들은 이러한 이론적 개념을 바탕으로 재해석 될 수 있다. 중심성은 협상을 이끌고, 강한 영향력을 행사하며 주목되는 대상을 나타내는 값이라는 점에서(곽기

24) 이수상(2012)은 이를 상담자(consultant)로, 이병규(2009)는 순회자(itinerant), 염유식은 순회중개자(itinerant broker)로 표현을 했다. 여기에서는 컨설턴트 역시 본연의 의미를 가지므로 원어를 그대로 사용 컨설턴트로 표기했다.

25) 이병규(2009), 염유식(2007), 이수상(2012)은 Representative를 대리자로 표현하고 있다. 하지만 실제적으로 타그룹과의 의견과 정보전달시 권한이 없는 단순 정보전달이 아니므로 여기에서는 대표자란 표현을 사용하고자 한다.

영 2014) 정책 혁신가의 특성을 함의한다.[26] 5가지 유형의 중개 역할 값은 이미 선행연구에서도 드러나듯 중개자를 탐색하는 데에 많이 활용된다. 높은 중개성을 가진 의원을 정책 중개자로 볼 수 있는 것이다. 하지만, 혁신가와 중개자 모두 관련 활동가들을 연결하고 관계를 맺는 공통적 특성 때문에 명확히 구분하여 관찰되지 못하는 한계가 있다. 따라서 여기에서는 중심성과 중개 역할, 두 종류의 결과 값 간에 상관관계 분석을 진행하여 어떤 유형의 상관관계에 정책 혁신가가 속해있고, 중개자는 또 어떤 상관관계에 해당되는 것인지를 분석하여 구분해보고자 한다.

즉 동물보호 관련 입법 발의 네트워크에서 중심적인 위치에 있는 액터와 중개자 위치에 있는 액터를 추출한 후, 액터 간의 상관관계 분석을 통해 공동발의를 이끈 정책 혁신가와 정책 중개자를 각각

<그림 7-2> 분석 모형

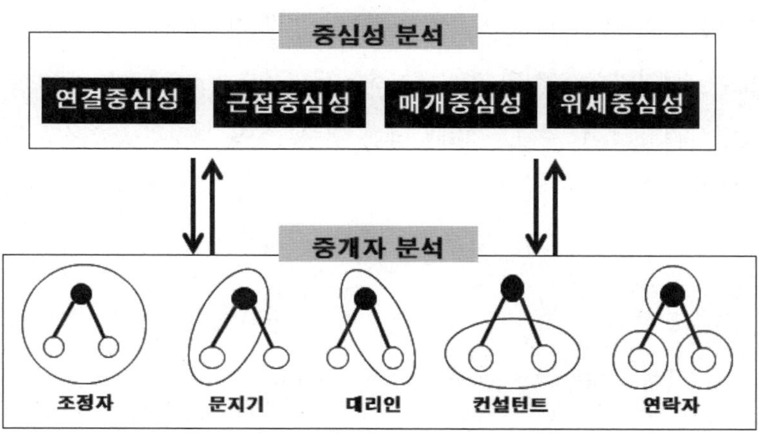

26) 특히 다양한 대안들을 가지고 많은 양의 자원을 보유하며 자율성을 지닌 액터를 밝혀내는 연결 중심성은 정책 혁신가에게 요구되는 자질(Mintrom, 2009)로 설명될 수 있는 가능성이 크다.

선정하여 실제 입법 발의 과정에서 강한 영향력을 행사하는 핵심 인물은 누구이고 핵심역할은 무엇인지에 대해 탐색하려는 데에 목적을 두고 있다.

<그림 7-2>는 본 연구의 분석모형으로, 중심성 분석과 중개자 분석 그리고 상관관계 분석을 통한 비교분석을 나타내고 있다. 단, 중개자 분석의 경우 보통 방향성이 있는 네트워크 분석에서 용이한데, 여기에서의 분석대상은 비방향적 이기 때문에 문지기와 대리인을 같은 유형이라고 볼 수 있다.

3) 분석 방법

사회연결망 분석을 위해 먼저 각 발의안 별로 참여한 의원은 1, 참여하지 않은 경우는 0으로 코딩하여 17대 9건의 발의안과 91인의 의원으로 구성된 2-mode 메트릭스와 18대 18건의 발의안과 139명의 2-mode 메트릭스를 만들어 데이터베이스를 구축하였다. 또한 각 의원별 속성변수로는 소속정당(총선당시 소속정당을 기준으로 함), 선출유형(지역구 또는 비례), 당선 횟수, 소속 상임위를 선정하였다.[27] 코딩된 속성 중 정당과 상임위별 빈도 분석을 통해, 각 국회

27) [17대 속성 코딩]
- 정당: 한나라당(=1), 열린우리당(=2), 민주노동당(=3), 민주당(=4)
- 선출유형: 지역구(=1), 비례(=2)
- 당선 횟수: 선(=1), 2선(=2), 3선(=3), 4선 이상(=4)
- 상임위: 법제사법(=1), 정무(=2), 재정경제(=3), 통일외교통상(=4), 국방(=5),행정자치(=6), 교육(=7), 과학기술정보통신(=8), 문화관광(=9), 농림해양수산(=10), 산업자원(=11), 보건복지(=12), 환경노동(=13), 건설교통(=14), 정보(=15), 여성(=16)[18대 속성 코딩]
- 정당: 한나라당(=1), 민주노동당(=2), 민주당(=3), 자유선진당(=4), 창조한국당(=5), 친박연대(=6), 무소속(=7)
- 선출유형: 지역구(=1), 비례(=2) / • 당선 횟수: 선(=1), 2선(=2), 3선(=3), 4선 이상(=4)

마다 동물보호 관련 입법 발의의 일반적 특징을 분석하였다. 소속 상임위원회 기준의 빈도 분석의 경우, 의원별로 상반기와 하반기의 상임위원회가 변동하기 때문에,[28] 발의안들을 제안일 기준으로 상반기와 하반기로 구분하여 비교하였다. 또한 다수의 위원회에 소속이 되어 있는 경우, 특별위원회와 국회운영위원회는 제외하였고, 간사로 있는 위원회를 우선시하여 하나의 상임위원회로 코딩하였다.

다음으로, UCINET 6 프로그램을 통해 국회별로 코딩된 데이터베이스를 활용하여 중심성 분석과 중개자 분석을 진행하였고, 중개자 분석은 정당 속성을 적용시켜 진행하였다.

그리고 STATA 프로그램을 활용하여 17대의 중심성 값과 중개자 값 간의 상관관계를 분석하고, 18대 또한 동일한 방법으로 분석하였다. 각 결과 값을 기반으로 국회별 중심성 상위 10인과 중개자 상위 10인을 선정해, 동물보호 관련 의원 법안 발의 네트워크의 구조적 특징을 비교분석하였고, 상관관계 분석값을 바탕으로 상위 의원으로 선정된 핵심 의원들 중 유의미한 의원들을 추출해 내어 동물보호 관련 입법의 정책 혁신가와 정책 중개자를 밝히는 탐색적 분석을 진행하였다.

- 상임위: 법제사법(=1), 정무(=2), 기획재정(=3), 외교통상통일(=4), 국방(=5), 행정안전(=6), 교육과학기술(=7), 문화체육관광방송통신(=8), 농림수산식품(=9), 지식경제(=10), 보건복지(=11), 환경노동=12), 국토해양(=13), 정보(=14), 여성가족(=15)

28) 「국회법」제40조에 따라 국회의원의 상임위원회 임기는 2년으로 제한되어 있기 때문에, 국회 임기 동안 상반기 상임위와 하반기 상임위 구성이 달라진다.

Ⅳ. 분석 결과

1. 국회별 동물보호 관련 법안 발의 네트워크

17대와 18대 국회의 동물보호 관련 법안 발의 네트워크는 <그림 7-3>에서 그려진 것처럼, 규모와 분포에서 차이가 난다. 각 노드(node)는 의원들을 나타내며, 선(tie)은 노드 간의 연결을 나타내는데, 17대와 18대는 발의 건수에서 2배의 차이가 나고, 참여의원 수도 50명 정도의 차이가 나기 때문에 18대의 노드 수와 연결선들이 17대보다 많이 나타나 있다. 따라서 17대가 18대에 비해 응집성이 낮다고 할 수 있다. 분포 모양에서도 차이가 나는데, 17대 네트워크는 명확하게 왼쪽과 오른쪽으로 구분될 수 있으며 그사이를 단 두 개의 노드가 연결시키고 있다. 18대 네트워크는 분포 모양에 있어서 17대보다는 고르게 되어 있지만 연결선들을 보면 18대 또한 좌측과 우측으로 짧고 굵게 밀집되어 있다.

정당별 색깔을 적용한 노드들을 보면, 17대에서는 왼쪽, 중앙, 오른쪽으로 크게 세 개의 무리로 나누어져 있다. 파란색 한나라당 의원들끼리 오른쪽에서 큰 규모의 무리로 모여있고, 왼쪽으로는 노란색의 열린우리당 의원들이 작은 규모로 밀집되어 있다. 그리고 좌측과 우측 무리 사이에 중앙에서 다른 색깔의 노드들과 근접해 있는 또 다른 노란색 노드 무리가 있다. 18대 또한 파란색의 한나라당이 오른쪽에 밀집되어 있고, 초록색 민주당 의원들이 왼쪽에 모여 있으면서 민주당 의원 사이에 다른 정당 소속 의원들 또한 섞여 있는 것을 볼 수 있다.

<그림 7-3> 17대, 18대 동물보호 관련 법안 공동발의 네트워크

17대 국회

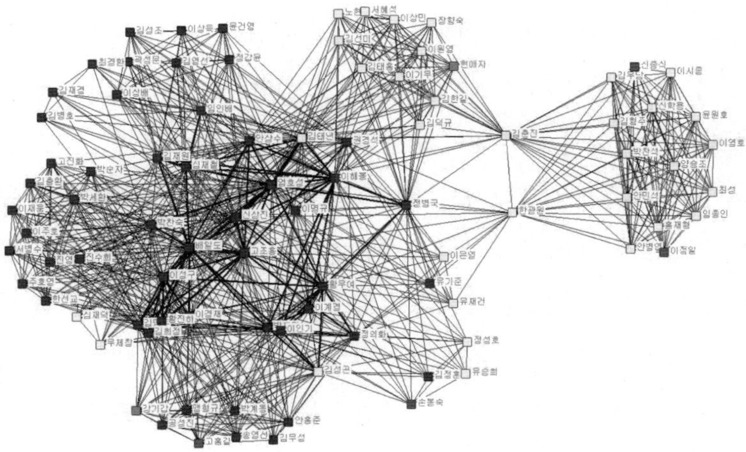

정당: 한나라당(=파란색), 열린우리당(=노란색), 민주노동당(=주황색), 민주당(=초록색)

18대 국회

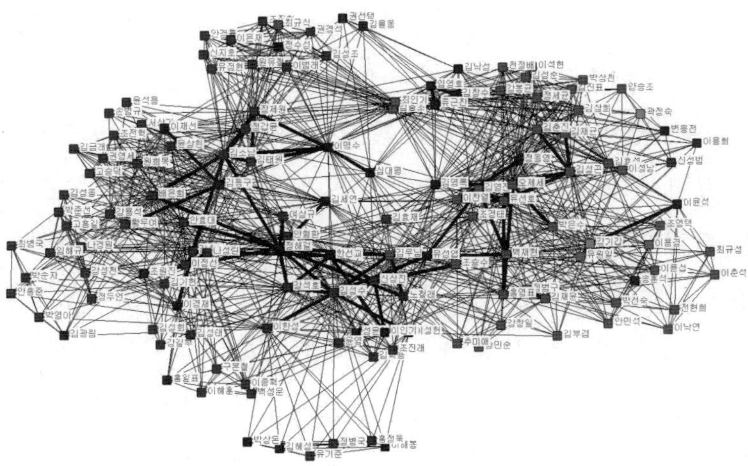

정당: 한나라당(=파란색), 민주노동당(=주황색), 민주당(=초록색), 자유선진당(=남색), 창조한국당(=분홍색), 친박연대(=군청색), 무소속(=검정색)

실제 정당별로 동물보호 관련 법안 발의에 참여한 의원들을 정리한 <그림 7-4>에 따르면, 17대는 한나라당이 정당 정원 총 121명 중 53명으로 약 42%의 참여율을, 그리고 열린우리당이 정당 총원 152명 중 34명으로 21%의 참여율을 보이면서 두 개의 정당 위주로 법안이 발의되었다. 17대의 공동발의 의원 총 91명 중 87명(95.6%)이 모두 한나라당 또는 열린우리당 소속인 것이다. 18대에서도 동물보호 법안 발의 참여의원 총 139명 중 105명(75.5%)이 한나라당과 민주당 소속 의원으로 구성되어 있다. 정당별 총원 기준으로 보면, 여전히 한나라당은 42%로 높은 참여율을 보였고, 민주당은 이전 국회와는 달리 51%의 비율로 반 이상의 의원들이 동물보호 법안에 참여하였다. 17대와 다른 점은 18대에서는 다양한 정당 소속 의원들이 법안 발의에 참여하고 있는 점인데, 무소속을 포함한 국회를 구성하고 있는 모든 정당에서 최소 30%, 최대 67%의 참여율로 동물보호 법안 발의에 참여하였다.

소속 상임위원회를 기준으로 동물보호 법안 발의에 참여한 현황을 보면, <그림 7-5>의 그래프에서 보여지듯이 상반기와 하반기별로 상임위원회들의 참여 비율이 달라지고 있다. 먼저 17대에서는 총 9건을 상·하반기로 구분해보면, 상반기에 발의된 법안 4개, 참여의원 60명 그리고 하반기에 발의된 법안 5개, 참여의원 54명으로 구분된다. 18대는 총 18건 중 상반기에는 5건의 발의안 및 참여의원 55명 그리고 하반기에는 13건의 발의안 및 113명의 참여의원이 있었다.

의원별로 상·하반기에 각각 소속되었던 상임위원회 정보를 토대로 상임위원회별 참여 분포를 보면, 17대는 농림해양수산위원회가

<그림 7-4> 17대, 18대 정당별 동물보호 관련 법안 공동발의 참여도

(단위: 명)

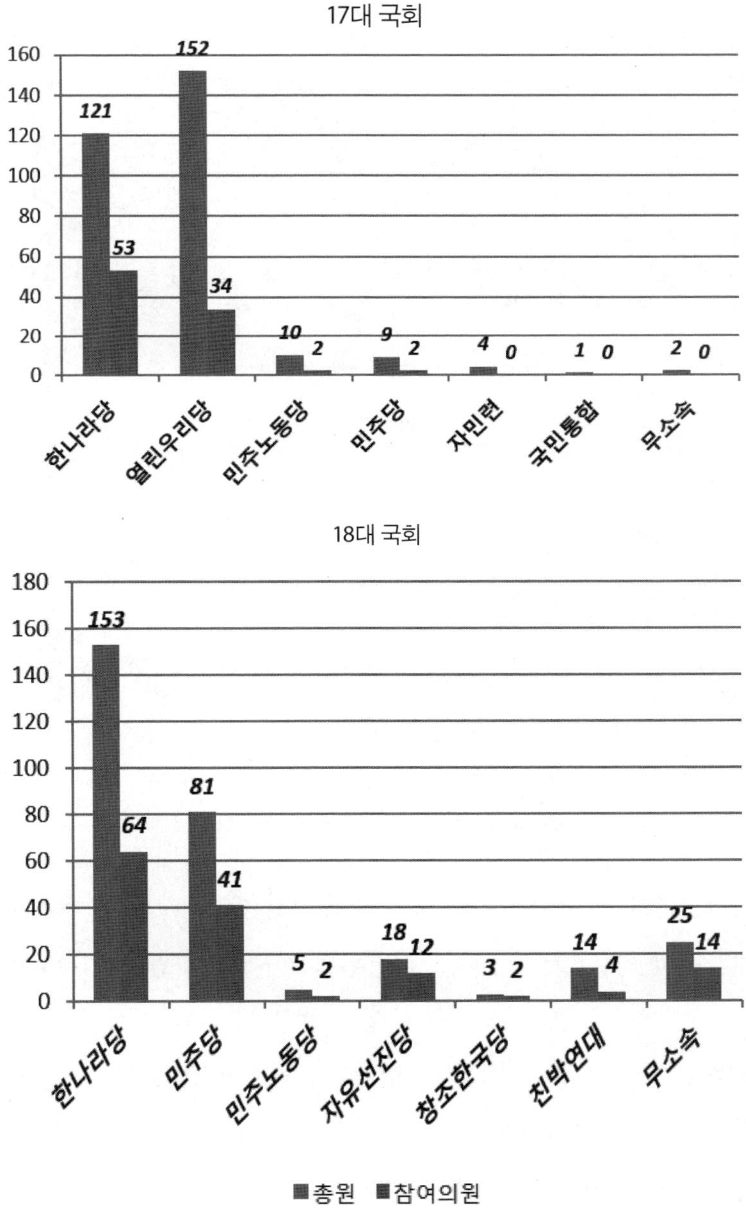

<그림 7-5> 17대, 18대 상임위별 동물보호 관련 법안 공동발의 참여도

(단위: 횟수)

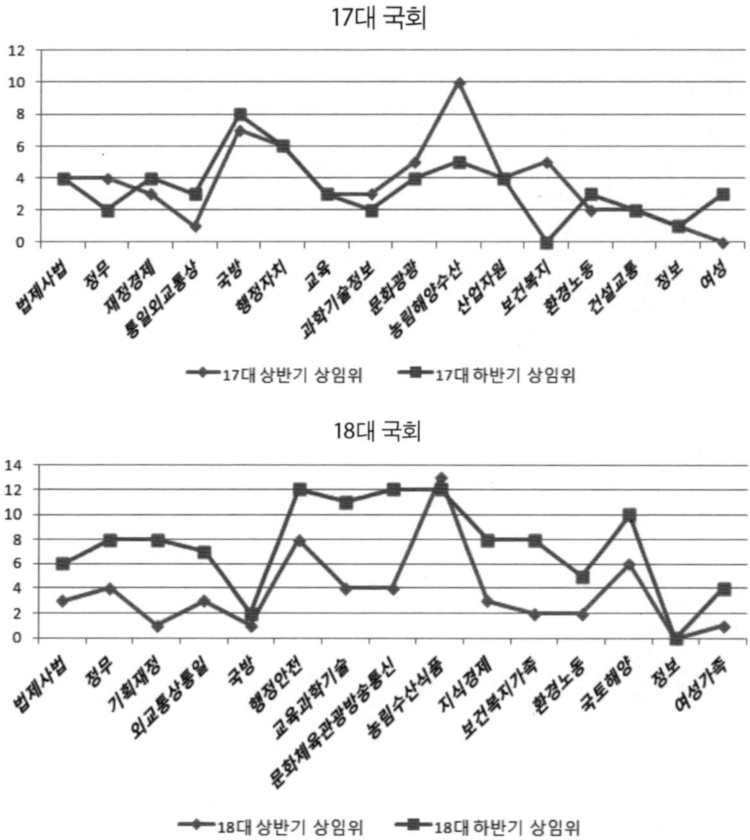

상반기에서 가장 높은 비율(10회)을 보이고 있으나 상하반기 모든 기간에서 높은 발의 비율을 보인 위원회는 국방위원회(7회, 8회)이다. 18대에서는 농림축산식품위원회, 행정안전위원회, 국토해양위원회 순으로 가장 발의횟수가 많았다. 농림축산식품위원회는 상하반기 모두 동물보호 관련 법안 발의에 적극적으로 참여하고 있고, 행정안전위원회는 하반기에서 농림축산식품위원회 수준만큼 참여

횟수가 늘어났다. 18대에서 동물보호 관련 정책 소관 위원회가 동물보호 관련 입법 발의에서 전문성을 보여주고 있는 것으로 17대에 비해 18대에서 상임위원회 구성이 전문성을 기반으로 하고 있기 때문에 의원들의 상임위원회 이동률이 낮다는 선행연구의 결과(가상준, 2012)와 같은 맥락이라고 볼 수 있다.

반면, 17대에서 높은 발의 비율을 보였던 국방위원회는 18대에서는 거의 참여하지 않는 수준까지 내려가 있는 것을 확인할 수 있다.

2. 국회별 동물 관련 법안 발의 중심성 분석

국회별 중심성 분석 결과에 따라, 아래의 <표 7-7>은 각 항목별 상위 10인을 추출하여 17대와 18대를 비교하여 보여주고 있다. 17대와 18대 국회의 법안 발의 네트워크는 앞서 빈도 분석으로 살펴보았듯이 규모와 분포가 다르기 때문에, 중심성 분석값에 따른 순위 선정에 있어 표준화 값을 사용하였다. 네트워크 규모에 따라 중심성이 달라지기 때문에 이를 통제할 수 있는 표준화 값을 사용하여야 서로 다른 네트워크에 속한 액터들을 비교할 수 있다.

먼저 전반적으로 볼 때 각 국회별 상위 10인을 속성에 따라 살펴보면, 17대에서는 총 15인이 중심성 상위 10위에 속해있으며, 정당별로는 한나라당 13명, 열린우리당 2명, 선출유형별로는 비례의원 4명, 지역구의원 11명, 당선 횟수로는 초선 8명, 2선 4명, 3선이 3명이다. 18대는 총 21인이 중심성 상위 10인으로 선정되었고, 정당별로 한나라당 5명, 민주당 10명, 무소속 및 자유선진당 6명으로 구성되어 있으며, 선출유형별로는 비례 3명, 지역구 18명, 당선 횟수로

<표 7-7> 17대, 18대 중심성지수별 상위 10인 목록

(표준화 값)

(정당/선출유형/당선 횟수/상임위)*

중심성 / 순위	17대 국회			
	연결중심성 (nDegree)	근접중심성 (nCloseness)	매개중심성 (nBetweenness)	위세중심성 (Eigenvec)
1	배일도 (0.262) (한/비/1/환)	안상수 (69.421) (한/지/3/교,법)	김춘진 (31.219) (열/지/1/복)	배일도 (0.307) (한/비/1/환)
2	고조흥 (0.214) (한/지/1/국)	엄호성 (67.2) (한/지/2/재)	안상수 (15.498) (한/지/3/교,법)	고조흥 (0.259) (한/지/1/국)
3	이해봉 (0.214) (한/지/3/과,통)	이해봉 (67.2) (한/지/3/과,통)	엄호성 (12.462) (한/지/2/재)	이경재 (0.209) (한/지/3/환)
4	안상수 (0.202) (한/지/3/교,법)	배일도 (63.158) (한/비/1/환)	이해봉 (12.118) (한/지/3/과,통)	이성구 (0.209) (한/비/1/국)
5	엄호성 (0.19) (한/지/2/재)	고조흥 (60.87) (한/지/1/국)	배일도 (6.678) (한/비/1/환)	황진하 (0.209) (한/비/1/국)
6	박재완 (0.171) (한/비/1/산,복)	정병국 (59.155) (한/지/2/문)	고조흥 (5.001) (한/지/1/국)	김명주 (0.203) (한/지/2/농)
7	이인기 (0.163) (한/지/2/행,건)	김태년 (59.155) (열/지/1/산)	정병국 (4.437) (한/지/2/문)	김희정 (0.203) (한/지/1/과)
8	이경재 (0.155) (한/지/3/환)	김춘진 (57.931) (열/지/1/복)	박재완 (3.196) (한/비/1/산,복)	박재완 (0.201) (한/비/1/산,복)
9	이성구 (0.155) (한/비/1/국)	박재완 (56.757) (한/비/1/산,복)	김태년 (3.025) (열/지/1/산)	엄호성 (0.199) (한/지/2/재)
10	황진하 (0.155) (한/비/1/국)	이인기 (56.376) (한/지/2/행,건)	이인기 (2.937) (한/지/2/행,건)	안상수 (0.198) (한/지/3/교,법)

* [17대 속성] 정당: 한나라당(=한), 열린우리당(=열), 민주노동당(=노), 민주당(=민) / 선출유형: 지역구(=지), 비례(=비) / 당선 횟수: 선(=1), 2선(=2), 3선(=3), 4선 이상(=4) / 상임위: 법제사법(=법), 정무(=무), 재정경제(=재), 통일외교통상(=통), 국방(=국),행정자치(=행), 교육(=교), 과학기술정보통신(=과), 문화관광(=문), 농림해양수산(=농), 산업자원(=산), 보건복지(=복), 환경노동(=환), 건설교통(=건), 정보(=정), 여성(=여)

18대 국회			
연결중심성 (nDegree)	근접중심성 (nCloseness)	매개중심성 (nBetweenness)	위세중심성 (Eigenvec)
정해걸 (0.155) (무/지/1/농)	정수성 (61.883) (무/지/1/행)	정해걸 (10.364) (무/지/1/농)	오제세 (0.189) (민/지/2/기)
김소남 (0.133) (한/비/1/행,여)	이낙연 (58.974) (민/지/3/농,보)	이명수 (7.331) (자/지/1/행)	정해걸 (0.188) (무/지/1/농)
오제세 (0.13) (민/지/2/기)	김영록 (58.723) (무/지/1/농)	김영록 (6.256) (무/지/1/농)	김영록 (0.18) (무/지/1/농)
이명수 (0.111) (자/지/1/행)	추미애 (57.983) (민/지/3/환,보)	김성수 (5.938) (한/지/1/농)	김영진 (0.179) (민/지/5/교)
김영진 (0.106) (민/지/5/교)	김성수 (57.5) (한/지/1/농)	김소남 (5.286) (한/비/1/행,여)	유선호 (0.175) (민/지/3/법)
유선호 (0.106) (민/지/3/법)	유선호 (57.025) (민/지/3/법)	이한성 (5.008) (한/지/1/법,해)	이찬열 (0.175) (민/지/1/환)
김성수 (0.101) (한/지/1/농)	김우남 (56.79) (민/지/2/농)	한선교 (4.9) (무/지/2/문)	김성곤 (0.158) (민/지/3/해,기)
김영록 (0.101) (무/지/1/농)	여상규 (55.422) (한/지/1/농)	오제세 (4.442) (민/지/2/기)	김충조 (0.157) (민/비/5/행)
한선교 (0.101) (무/지/2/문)	김영진 (55.2) (민/지/5/교)	김용구 (3.973) (자/비/1/지,기)	최인기 (0.157) (민/지/2/행,농)
김성곤 (0.099) (민/지/3/해,기)	김소남 (한/비/1/행,여) /송훈석 (무/지/3/문,농) (54.98)	김충조 (민/비/5/행) /최인기 (민/지/2/행,농) (3.205)	김소남 (0.152) (한/비/1/행,여)

* [18대 속성] 정당: 한나라당(=한), 민주노동당(=노), 민주당(=민), 자유선진당(=자), 창조한국당(=창), 친박연대(=친), 무소속(=무) / 선출유형: 지역구(=지), 비례(=비) / 당선 횟수: 선(=1), 2선(=2), 3선(=3), 4선 이상(=4) / 상임위: 법제사법(=법), 정무(=무), 기획재정(=재), 외교통상통일(=외), 국방(=국), 행정안전(=행), 교육과학기술(=교), 문화체육관광방송통신(=문), 농림수산식품(=농), 지식경제(=지), 보건복지(=보), 환경노동=환), 국토해양(=해), 정보(=정), 여성가족(=여)

는 초선 10명, 2선 4명, 3선 5명, 4선 이상 2명이다. 결국, 17대와 18대 모두 당시 지역구 야당 의원들이, 그리고 초선의원들이 높은 중심성을 가지고 있는 것으로 밝혀졌다.

네 가지 중심성 값을 기준별로 보면, 먼저 연결 중심성, 근접 중심성, 위세 중심성에서는 약 2배의 차이로 18대에서 의원별 중심성 표준화 값이 작다. 매개 중심성의 경우엔, 17대에서는 일부 최상위 의원들만 주로 중개 역할을 하는 것으로 드러나며, 심지어 1위에 위치해 있는 김춘진 의원이 독점적으로 매개 위치에 있는 것으로 보인다. 그러나 18대에서는 상위에 선정된 10인의 의원 모두 고른 매개 중심성 값을 보이고 있다. 정리하자면, 17대에서는 같은 정당끼리의 의원 공동발의 경향이 있었고, 극소수의 매개자에 의해 정당 간 연계가 이뤄진 것으로 분석할 수 있다. 반면 18대에서는 4가지 중심성 값들이 모두 의원별로 고른 분포를 보이고 있는 것을 봤을 때, 17대에 비해 의원들이 소속 정당보다는 다른 정당 소속 의원들과의 공동발의가 많아졌음을 알 수 있다.

3. 국회별 동물 관련 법안 발의 중개자 분석

<표 7-8>은 중개자 분석 결과를 보여주고 있다. 표준화 값을 활용했던 중심성과 달리 비표준화가 된 결과 값을 기준으로 상위 10인을 선정하였다. 중심성 분석에서는 서로 다른 네트워크 규모를 고려해 표준화 값으로 일반화 시킨 결과를 사용하였지만, 중개자 분석에서 계산되는 표준화 값은 무작위 상황에서도 일어날 수 있는 기댓값을 고려한 유의미한 값들로 실제 관측 값과 큰 차이를 발

생시킨다(곽기영, 2014). 따라서 중개 역할 값에서는 17대와 18대에서 실제 관측된 비표준화 값을 기준으로 살펴보았다. 한편, 분석 틀에서 설명했듯이 분석대상이 비방향적 이기 때문에 문지기와 대리인의 값은 동일하게 나왔다.

전체적으로 각 국회별 중개자 상위 10인을 속성에 따라 살펴보면, 17대에서는 총 20인[29]이 중개자 상위 10위에 속해있으며, 정당별로 한나라당 16명, 열린우리당 3명, 민주노동당 1명, 선출유형별로 비례의원 7명, 지역구의원 13명, 당선 횟수로는 초선 11명, 2선 5명, 3선이 4명으로 분석된다. 18대는 총 25인[30]이 중개자 상위 10인으로 선정되었고, 정당별로 한나라당 9명, 민주당 10명, 무소속 3명, 민주노동당 및 자유선진당, 친박연대는 각 1명씩 포함되어 있으며, 선출유형별로는 비례 5명, 지역구 20명, 당선 횟수로는 초선 11명, 2선 6명, 3선 6명, 4선 이상 2명으로 파악된다. 결국, 중개 역할을 하는 의원들도 중심성이 높은 의원들처럼 17대와 18대 모두 당시 지역구 야당 의원들이, 그리고 초선의원들이 중개 역할을 중심적으로 수행하는 것으로 밝혀졌다.

다섯 가지 중개 역할 값을 기준별로 보면, 먼저 조정자 역할에서 17대는 배일도와 고조흥 의원이 비표준화 값 천 단위를 보여줌으로써 독점적으로 조정자 역할의 중개 활동을 수행하는 것으로 드러

---

29) 중심성 결과값에 따라 상위에 위치했던 15인의 의원이 중개자 분석 결과에서도 모두 상위에 포함되어 있었으며, 박찬숙, 이계경, 김성곤, 현애자, 황우여 의원이 추가적으로 중개자 순위 상위에 등장했다.

30) 높은 중심성을 지닌 21인 의원 중 정해걸, 오제세, 한선교, 이명수, 이한성, 최인기, 이찬열 의원은 중개자 상위 10인에 포함되어 있지 않고, 중개자 분석 결과값에 따라 강석호, 김충환, 안홍준, 최병국, 유기준, 이춘석, 전현희, 양승조, 강기갑, 김혜성 의원이 새롭게 상위 순위에 등장하였다.

<표 7-8> 17대, 18대 중개자 지수별 상위 10인 목록

(비표준화 값)

(정당/선출유형/당선 횟수/상임위)*

중심성 / 순위	17대 국회				
	조정자 (Coordinate)	문지기 (Gatekeeper)	대표자 (Represent)	컨설턴트 (Consultant)	연락자 (Liaison)
1	배일도 (1170) (한/비/1/환)	안상수 (399) (한/지/3/교,법)		김성곤 (140) (열/지/2/국)	김성곤 (42) (열/지/2/국)
2	고조흥 (1026) (한/지/1/국)	이해봉 (361) (한/지/3/과,통)		이해봉 (134) (한/지/3/과,통)	이해봉 (40) (한/지/3/과,통)
3	안상수 (524) (한/지/3/교,법)	엄호성 (355) (한/지/2/재)		정병국 (78) (한/지/2/문)	정병국 (32) (한/지/2/문)
4	김춘진 (338) (열/지/1/복)	배일도 (165) (한/비/1/환)		엄호성 (50) (한/지/2/재)	박재완 (18) (한/비/1/산,복)
5	박재완 (322) (한/비/1/산,복)	박재완 (136) (한/비/1/산,복)		이계경 (18) (민/비/5/행)	이인기 (18) (한/지/2/행,건)
6	황진하 (302) (한/비/1/국)	이인기 (128) (한/지/2/행,건)		박재완 (18) (민/지/1/법)	김태년 (16) (열/지/1/산)
7	김명주 (302) (한/지/2/농)	김태년 (94) (열/지/1/산)		이인기 (18) (자/비/1/지,기)	김춘진 (10) (열/지/1/복)
8	이경재 (302) (한/지/3/환)	김춘진 (86) (열/지/1/복)		김태년 (18) (무/지/3/문,농)	이계경 (6) (한/비/1/무)
9	이성구 (302) (한/비/1/국)	정병국 (83) (한/지/2/문)		배일도 (6) (민/비/1/보)	배일도 (6) (민/비/1/보)
10	김희정 (302) (한/지/1/과)	박찬숙 (53) (한/비/2/행,문)		안상수 (한/지/3/교,법) /현애자 (노/비/1/복) (6)	황우여 (6) (한/지/3/교,행)

* [17대 속성] 정당: 한나라당(=한), 열린우리당(=열), 민주노동당(=노), 민주당(=민) / 선출유형: 지역구(=지), 비례(=비) / 당선 횟수: 선(=1), 2선(=2), 3선(=3), 4선 이상(=4) / 상임위: 법제사법(=법), 정무(=무), 재정경제(=재), 통일외교통상(=통), 국방(=국),행정자치(=행), 교육(=교), 과학기술정보통신(=과), 문화관광(=문), 농림해양수산(=농), 산업자원(=산), 보건복지(=복), 환경노동(=환), 건설교통(=건), 정보(=정), 여성(=여)

18대 국회				
조정자 (Coordinate)	문지기 (Gatekeeper)	대표자 (Represent)	컨설턴트 (Consultant)	연락자 (Liaison)
김소남 (346) (한/비/1/행,여)	김소남 (370) (한/비/1/행,여)		정수성 (836) (무/지/1/행)	정수성 (898) (무/지/1/행)
김성수 (220) (한/지/1/농)	여상규 (314) (한/지/1/농)		김영록 (368) (무/지/1/농)	김영록 (580) (무/지/1/농)
강석호 (202) (한/지/1/농)	이낙연 (284) (민/지/3/농,보)		추미애 (318) (민/지/3/환,보)	김용구 (348) (자/비/1/지,기)
여상규 (194) (한/지/1/농)	김성수 (228) (한/지/1/농)		여상규 (216) (한/지/1/농)	이낙연 (328) (민/지/3/농,보)
김영진 (146) (민/지/5/교)	김영진 (206) (민/지/5/교)		김충조 (180) (민/비/5/행)	여상규 (284) (한/지/1/농)
김충환 (142) (한/지/2/외)	유기준 (178) (한/지/2/농,외)		이춘석 (164) (민/지/1/법)	김소남 (272) (한/비/1/행,여)
이낙연 (136) (민/지/3/농,보)	추미애 (167) (민/지/3/환,보)		김용구 (164) (자/비/1/지,기)	강기갑 (248) (노/지/2/농,해)
안홍준 (120) (한/지/2/보,해)	이종혁 (163) (한/지/1/지)		송훈석 (146) (무/지/3/문,농)	송훈석 (248) (무/지/3/문,농)
최병국 (112) (한/지/3/법,외)	유선호 (161) (민/지/3/법)		전현희 (140) (민/비/1/보)	추미애 (230) (민/지/3/환,보)
유기준 (110) (한/지/2/농,외)	김성곤(민/지/3/해,기)/ 김우남(민/지/2/농) (149)		양승조 (136) (민/지/2/보)	김혜성 (216) (친/비/1/여,기)

* [18대 속성] 정당: 한나라당(=한), 민주노동당(=노), 민주당(=민), 자유선진당(=자), 창조한국당(=창), 친박연대(=친), 무소속(=무) / 선출유형: 지역구(=지), 비례(=비) / 당선 횟수: 선(=1), 2선(=2), 3선(=3), 4선 이상(=4) / 상임위: 법제사법(=법), 정무(=무), 기획재정(=재), 외교통상통일(=외), 국방(=국),행정안전(=행), 교육과학기술(=교), 문화체육관광방송통신(=문), 농림수산식품(=농), 지식경제(=지), 보건복지(=보), 환경노동=환), 국토해양(=해), 정보(=정), 여성가족(=여)

났다. 18대에서는 1위를 차지한 김소남 의원 또한 17대의 측정값에 비하면 작은 값이지만, 당시 타 의원들에 비해서는 비교적 큰 차이로 가장 많이 조정자 역할을 수행하였다. 문지기/대표자 중개 역할 값에서는 17대와 18대 모두 비슷한 값을 보이고 있는데, 네트워크 규모를 고려했을 때 발의건 수와 참여의원 수가 많은 18대에서 17대에 비해 문지기/대표자 역할의 중개 활동이 활발했음을 알 수 있다. 컨설턴트 중개 역할에서는 17대와 18대 모두 특정 의원이 해당 역할을 하는 것으로 나타나는데, 17대에서는 김성곤 의원과 이해봉 의원이 해당되며 18대에서는 정수성 의원이 확연한 차이로 1위에 선정되었다. 연락자 역할에서도 각각 동일한 의원들이 최상위권에 있는데, 대신 18대에서는 그 관측값이 17대와 비교하면 약 20배가 넘게 차이나기 때문에 타 그룹 소속 의원들과의 연계 및 공동발의에 크게 집중되어 있음을 볼 수 있다.

4. 국회별 동물 관련 법안 발의 네트워크 상관관계 분석

17대와 18대를 각각 중심성 분석과 중개자 분석을 통해, 각 기준별 상위 10인의 의원을 선정해서 국회 간 비교를 진행했다. 각 결과값을 바탕으로 비교 분석하는 과정에서 중심성이 높은 의원과 중개 역할 값이 높은 의원 명단 간에 차이가 있는지에 대해서 간접적으로 살펴볼 수 있었다. 중심적인 인물과 중개 역할을 수행하는 인물 간의 차이를 밝히기 위해, 중심성 분석 결과 값과 중개자 분석 결과 값 간의 상관관계를 분석하였다. 분석에 활용된 값들은 표준화된 값이 아닌 비표준화된 값들을 사용하여 실제 관측값을 기반으로 하였다.

분석 결과는 <표 7-9>에 정리된 바와 같이, 근접 중심성과 중개자 값은 모두 음의 상관관계를 보이고 있으며, 유의수준 0.05에서 17대의 근접 중심성과 연락자, 위세 중심성과 컨선턴트 관계를 제외하고 모두 유의미했다. 이러한 결과표는 여기에서 궁극적으로 찾고자 하는 정책 혁신가와 정책 중개자에 해당되는 핵심행위자를 탐색하는 데 있어 주요한 지표가 된다.

기본적으로 정책 중개자와 혁신가 모두 타인과의 관계를 구축하고 연결하는 중개 역할을 수행하므로 상관관계 값이 모두 양의 값이어야 한다. 따라서 정책 중개자 및 혁신가 탐색에 있어 음의 상관관계를 보이는 근접 중심성에 해당되는 값들은 모두 제외시켜야 한다. 이러한 사항을 전제로, 정책 중개자 탐색은 중개 위치를 설명하는 매개 중심성이 모든 중개 역할과 유의미하게 양의 상관관계를 가지기 때문에 매개 중심성을 기준으로 각 중개 역할 값의 최상위 의원들에서 살펴볼 수 있다. 그리고 정책 혁신가 탐색에 있어서는 중개 역할과 음의 관계에 있는 근접 중심성과 정책 중개자와의 관련성이 보다 더 높은 매개 중심성을 제외하고, 연결 중심성과 위세 중심성을 기준으로 유의미한 상관관계에 있는 각 중개 역할 값의 최상위 의원 중에서 찾을 수 있다.

<표 7-9>의 중심성 분석 결과와 중개자 분석 결과를 바탕으로, <표 7-10>에서는 두 개의 분석 결과에서 얻은 순위가 모두 상위에 속한 의원 중 최상위 2인을 선정하여 상관관계 결과 틀에 적용시킨 것이다. 음의 관계를 나타낸 근접 중심성에 해당되는 칸과 상관관계 결과가 유의미한 값이 아닌 칸은 어둡게 표시했다.

매개 중심성과 중개 역할 간 높은 값을 보이고 있는 의원 가운

<표 7-9> 17대, 18대 중심성과 중개자 상관관계

중심성 / 중개자	17대 국회				18대 국회			
	연결중심성 (Degree)	근접중심성 (Closeness)	매개중심성 (Betweenness)	위세중심성 (Eigenvec)	연결중심성 (Degree)	근접중심성 (Closeness)	매개중심성 (Betweenness)	위세중심성 (Eigenvec)
조정자	0.8536* (0.0000)	-0.5301* (0.0000)	0.4875* (0.0000)	0.6566* (0.0000)	0.6711* (0.0000)	-0.5429* (0.0000)	0.5680* (0.0000)	0.5580* (0.0000)
문지기/ 대표자	0.7704* (0.0000)	-0.5782* (0.0000)	0.6847* (0.0000)	0.4768* (0.0000)	0.8417* (0.0000)	-0.6889* (0.0000)	0.7757* (0.0000)	0.7253* (0.0000)
컨설턴트	0.3745* (0.0004)	-0.3414* (0.0014)	0.2994* (0.0054)	0.2061 (0.0585)	0.7337* (0.0000)	-0.6019* (0.0000)	0.8506* (0.0000)	0.6258* (0.0585)
연락자	0.4164* (0.0001)	-0.3788 (0.0004)	0.3629* (0.0006)	0.2234* (0.0398)	0.7831* (0.0000)	-0.6234* (0.0000)	0.8688* (0.0000)	0.6720* (0.0000)

*$p<0.05$

데 주요 의원은 17대에서는 안상수, 엄호성, 이해봉, 김춘진이라 할 수 있고, 18대에서는 김영록 의원이다. 특히 17대에서 김춘진 의원은 17대 중심성 결과에서 가장 특징적인 결과를 보였는데 높은 중심성 위치를 독점하고 있는 한나라당 사이에서 유일한 열린우리당 소속으로, 매개 중심성 2위와의 2배 이상의 차이 값을 보였다. 이는 다른 의원들이 가장 의존하고 있는 인물로서 통제적인 위치에서 중개 역할을 수행한 것으로 보인다. 김영록 의원의 경우 총선 당시에는 무소속이었으나 당선 후 민주당으로 소속되었다. 1선 의원으로서 자율적으로 손쉽게 영향력을 행사할 수 있는 위치는 아니지만 법안 발의에 있어서 중립적으로 타 의원들을 연계하는 데에 적극적인 것으로 나타났다.

연결 중심성 및 위세 중심성 그리고 중개 역할 간의 상관관계에서, 가장 높은 위치에 있는 의원은 17대 배일도, 고조흥, 18대 김소남, 김영록 의원이 해당된다. 17대의 배일도 의원의 경우 중심성 분석에 따르면, 유일하게 비례대표 출신이며 초선의원임에도 불구하고 가장 높은 연결 중심성을 지닌 위치에 있으며 동시에 가장 높은 위세 중심성도 지니고 있다. 이는 연결 중심성이 높은 또 다른 의원인 이해봉, 안상수 의원 등 동일 정당이자 3선 이상인 의원과의 적극적인 네트워킹으로 자신의 중심성을 높였다고 볼 수 있다. 18대 김소남 의원 또한 비례대표 초선이었으나 높은 연결 중심성을 보였던 인물로 본인과 같은 한나라당 소속 의원들을 연결하는 조정자 역할에서도 가장 최상위에 위치했다.

정리하자면, 17대에서의 정책 중개자는 김춘진을 비롯한 안상수, 이해봉 등이며, 정책 혁신가는 배일도, 고조홍 의원이다. 18대의 정

<표 7-10> 17대, 18대 중심성과 중개자 상위권

(중개자 순위, 중심성 순위)

중심성 / 중개자	17대 국회				18대 국회			
	연결중심성 (nDegree)	근접중심성 (nCloseness)	매개중심성 (nBetweenness)	위세중심성 (Eigenvec)	연결중심성 (nDegree)	근접중심성 (nCloseness)	매개중심성 (nBetweenness)	위세중심성 (Eigenvec)
조정자	배일도(1,1) 고조흥(2,2)	안상수(3,1) 배일도(1,4)	안상수(3,2) 김춘진(4,1)	배일도(1,1) 고조흥(2,2)	김소남(1,2) 김성수(2,7)	이낙연(7,2) 김성수(2,5)	김소남(1,5) 김성수(2,4)	김영진(4,5) 김소남(1,10)
문지기/ 대표자	안상수(1,4) 이해봉(2,3)	안상수(1,1) 이해봉(2,2)	안상수(1,2) 엄호성(3,3) 이해봉(2,4)	배일도(4,1) 안상수(1,10)	김소남(1,2) 김영진(5,5)	이낙연(3,2) 김성수(4,5)	김소남(1,5) 김성수(4,4)	김영진(5,4) 김소남(1,10)
컨설 턴트	이해봉(2,3) 엄호성(4,5)	이해봉(2,3) 엄호성(4,2)	이해봉(2,4) 엄호성(4,3)	엄호성(4,9) 배일도(9,1)	김영록(2,8)	정수성(1,1) 김영록(2,3) 추미애(3,4)	김영록(2,3) 김충조(5,10)	김영록(2,3) 김충조(5,8)
연락자	이해봉(2,3) 박재완(4,6)	이해봉(2,3) 정병국(3,6)	이해봉(2,4) 김춘진(7,1)	박재완(4,8) 배일도(9,1)	김영록(2,8) 김소남(6,2)	정수성(1,1) 김영록(2,3)	김영록(2,3) 김소남(6,5)	김영록(2,3) 김소남(6,10)

*중개자 및 중심성 순위를 기준으로, 두 개의 순위 모두 상위에 속한 의원 2인 선정

책 중개자는 김영록 의원, 정책 혁신가는 김소남, 김영록 의원이다. 그리고 공통적인 특이사항은 17대와 18대의 정책 혁신가들은 모두 초선 의원이라는 점이며, 김영록을 제외한 혁신가는 모두 한나라당 소속이라는 점이다.

V. 결 론

2016년 4월 13일의 20대 총선에서부터 2017년의 19대 대선을 거쳐 현재에 이르기까지 최근에는 동물권을 헌법에 명시하자는 운동이 일어나고 있다. 또한 국내 선행연구들에서도 파생적 인권 차원에서 동물권을 인정하자는 제언이 나타나기 시작했다(박찬운, 2010). 이처럼 동물보호에 대해 발전된 국민의식과 더불어 정부에서 동물보호에 대한 정책 논의가 적극적으로 전개되고 있다는 점을 감안해 볼 때 이 시기에 동물보호에 대한 입법 차원에서의 연구를 진행하는 것은 시의성이 적지 않다.

그런데 정책적으로 동물보호 이슈를 강화하고 정책 결정 논의로 이어가기 위해서는 국회의 공동발의 기능이 핵심이 된다. 국회의 입법 공동발의안은 중요한 사회문제와 정책 결정을 매개하는 하나의 집단적 기관 역할로써 제도적 차원에서 논의를 지속시킬 수 있는 동력이자 원천이 된다. 따라서 여기에서는 동물보호 관련 입법 공동발의안을 대상으로 실제 국회에서는 어떤 입법 네트워크로, 누가 동물보호의 중심에 서 있으며, 어떤 역할을 통해 정책변화를 일으키는지 분석하고자 하였다. 이를 위해, 의원법안 발의 네트워크 분석에서 주로 사용되는 사회연결망 분석 방법을 활용하여 동물보호 관련 법안에 참여한 의원들 간의 중심성 분석과 중개자 분석을 실시했다. 그리고 최종적으로 찾고자 하는 정책 혁신가와 정책 중개자를 추출해내기 위해 상관관계 분석을 실시하여 혁신가의 위치와 중개자의 위치를 도출했다.

분석 결과에서 설명되었듯이, 17대 국회와 18대 국회 모두 한나라당 소속 의원들이 입법 발의에 앞장서고 있었고 특히 혁신가의 경우 모두 초선 의원이라는 공통점을 발견했다. 그리고 정책 혁신가나 중개자로 확인된 의원들 중 한 명의 의원을 제외하고는 모두 한나라당 소속이었지만 각자 소속 상임위원회는 달랐다. 국회별 특징을 살펴보면, 17대에서는 정당별로 법안 발의 네트워크를 보여주었다면, 18대에서는 정당 간 발의 네트워크를 형성하였다. 종합적으로 보면, 동물보호 관련 법안 발의에 있어서 각 의원들의 정치적 역량과 성향 또는 전문성보다는 사회문제에 대해 공유된 인식에 따라 공동발의가 이뤄지며 그 네트워크 또한 확장되고 정책 혁신가 역시 다핵화되고 있음을 볼 수 있었다. 더불어 중심성과 중개자의 상관관계 분석을 통해서 새로운 정책 혁신을 가져오기 위해서는 정책 혁신가는 정책의제를 선도하는 입법 발의를 주도해야 하므로 정책 중개자의 역할을 수행해야 하고 그중에서도 다양한 정당 간의 연합을 추진해야 하므로 각 정당의 문지기와 대표자의 중개자 역할을 수행하는 의원들이 정책 혁신가로 활동함을 알 수 있었다. 더불어 국민적 관심이 증가하는 새로운 정책영역일수록 초선 의원들이 발의 네트워크에 많이 참여하려는 경향과 입법 과정에 위세 중심성이 높은 사람에게 더 연결되려는 경향이 있음도 알 수 있었다.

여기에서는 그동안 법·철학적 차원에 제한되어 다뤄진 동물보호 정책에 대해 제도분석 논의의 범위를 넘어서 실제 정치 현장에서 어떤 입법 과정을 거치는지에 대한 네트워크 분석을 실행했다는 점에 의의가 있다. 사회연결망 분석 방법을 활용해 정책 중개자 및 혁신가에 대한 개념을 접목시켜, 탐색적으로 어떤 국회의원이 어떠한 위치와 역할로 입법 발의에 참여하고 있는지를 분석하여 핵심행위자를 밝혀냈다는 점에서 정책적 함의를 가질 수도 있다. 실천적 차원에서는 동물보호·복지 분야를 다룸으로써 보호정책에 여러 시사점을 주지만 다음과 같은 한계가 있는 것도 사실이다. 먼저, 사회연결망 분석 방법을 통해 흔히 기본적으로 쓰이는 중심성 및 중개자 분석만을 실행하여 방법론 차원에서 기본적인 제약이 있다. 향후의 연구에서는 여기에서 탐색된 각 핵심 행위자들의 개인적 속성이 관련 분야 정책 혁신가와 중개자의 역할에 어떠한 영향을 미치는지를 추적해볼 필요가 있다. 또한 정책 혁신가와 중개자의 관계에 대한 연구에서 정교화된 연구설계를 통해 다양한 결과 값을 도출하여 보다 더 의미있는 결과를 생산할 수 있도록 연구설계의 체계화가 필요하다. 또한, 연구대상 및 기간에 있어 19대 또한 동물보호 관련 법안 발의에 있어 주요한 시기이기 때문에 최신 자료를 기반으로 분석해볼 필요가 있다고 본다.

제8장
입법 과정의 개혁수요 진단

박재창

I. 서론

국회가 과거처럼 기관계속성 유지를 걱정해야 할 단계를 지난 지는 이미 오래되었다. 그러나 그렇다고 해서 국회에 대한 우리 사회의 신뢰와 기대가 높은 것은 아니다. 국회는 여전히 우리 사회가 가장 불신하거나 또는 외면하는 정부 기관 가운데 하나이다. 갈등사회의 사회통합기능을 담당해야 하는 기관이 사회갈등과 정치투쟁을 오히려 확대 재생산하는 핵심 기제로 작용한다는 평가다. 최근에는 이런 현상이 오히려 더 심화되고 있다.

"촛불 집회"와 "햄머 국회"는 이런 저간의 사정을 매우 상징으로 보여주는 사건이다. 국회는 국민 대표성 발현을 기관 존립 이유로 삼는다. 그런 만큼 국민이 국가에 전달하고자 하는 집합적 선호가 있을 경우 국회를 먼저 찾아야 옳다. 이를 무시한 채 촛불을 들고 거리에 나섰다는 사실은 국회가 국민이 원하는 바를 국가에 제대로 전달하지 않는다고 평가했음에 다름 아니다. 물리적 충돌과 대치 속에서 파행과 공전을 거듭하는 국회를 두고 그의 심의기능이 지향하는 공공선이나 윤리적 정당성이 대의 과정에서 충실히 반영되고 있다고 평가할 사람은 아무도 없다.

이런 불임의 국회가 지속되는 한 우리는 사실상 기능 정지된 의회민주주의하에서 사는 것이나 크게 다를 것이 없다. 만인에 의한 만인의 투쟁이 방치된 채 갈등이 고조되는 경우 사회공동체의 기본질서가 무너지면서, 사회 총비용의 지출이 급증할 것은 당연한 이치이다.[1] 특히 최근에는 우리 사회에 이런 충돌과 대치가 위험수위를 넘나든다는 위기감이 팽대해 있다. 이미 임계범위를 넘어선 것 아니냐는 걱정도 적지 않다. 이를 지켜보면서 하루라도 빨리 국회가 제 역할을 다할 수 있도록 개혁 대안을 모색해야 한다는 요구가 비등하게 될 것은 당연한 이치이다.

그런데 국회 기능의 정상화를 위한 개혁 대안 모색은 실로 다양한 차원에서 접근 가능한 일이다. 국회 외부환경과의 관계에서는 권력 구조 재편 문제가 제기될 수 있을 것이며, 내부환경과의 관계에서는 관리론 차원의 과제를 점검하고, 국회 구성원 개개인의 자질이나 특성 면에서는 문화론적 차원의 접근도 가능한 일이다. 그러나 권력 구조 개편은 정치권 전체의 합의, 특히 권력을 장악하고 있는 행정부의 동의 없이 실행하기 어려운 과제이며, 문화론인 접근은 회임기간이 길고 구체적인 대안 모색이 쉽지 않다. 여기에서

1) 「한국의 사회갈등과 경제 비용」(박준, 2009)에 따르면 한국의 사회갈등 관리 수준은 OECD(경제력개발기구) 회원국 가운데 최하권으로, 사회갈등으로 인해 1인당 GDP의 27%를 잃어버리고 있으며, 민주주의 성숙도가 27위로 꼴찌였고, 정부 효과성도 23위에 머물러 있다고 보았다.

는 주로 관리론 차원에서의 과제를 점검해보고자 한다. 원내 구성원 간의 합의만으로도 채택 가능할 뿐만 아니라 구체적인 대안 모색이 상대적으로 용이한 까닭이다.

그런데 지금까지 관리론 차원에서 접근한 개혁수요 진단작업은 주로 원내 안건심의 과정에 초점을 맞추는 것이 보통이었고 원내 안건심의 과정이 외부와의 관계에서 설정하는 연계체제에 대해서는 이를 소홀히 다루는 경향이 적지 않았다. 이를 감안하여 여기에서는 국회와 시민사회 간의 관계 설정 및 운영에 대해서도 유의하고자 한다. 이는 행정부가 거버넌스의 도입을 통해 시민참여의 공간을 확장하고자 하는 것과 같은 이유로 국회에도 거버넌스적인 접근의 필요성이 크게 대두되고 있다고 판단하기 때문이다. 그런 점에서 이 장(章)은 정치적 거버넌스 체제 구축에 필요한 제도개혁 수요의 진단작업이 되기도 하는 셈이다.

이를 위해 여기에서는 국회의 입법 과정을 시민사회로부터 국회로 정치적 투입자원이 전달되고, 이 전달된 투입자원을 국회 내부의 심의과정을 통해 입법산출물로 전환하며, 그 결과물을 다시 시민사회를 통해 국회로 환류하는 단계로 구분하여 다루고자 한다. 이 과정의 정상화를 위해 투입과 환류 단계의 심의성 그리고 환류 단계에서의 대표성 제고를 위한 대안에는 어떤 것들이 있는지를 찾아보고자 하는 데에 이 장(章)은 구체인 목표를 두고 있다.

II. 입법 과정 분석의 접근 시각과 전략

1. 의회의 이중적 성격

의회는 그의 철학적 구성원리를 사회공동체의 축약에 두는 정부 기관 가운데 하나이다. 그런 만큼 사회공동체 구성원 간의 역동적 관계가 빚어내는 권력의 재편과정을 투사한다. 대의기구로써 단순히 규범적으로만 사회공동체를 투사해야 하는 존재가 아니라 경험적 실체로써도 당연히 그가 속한 사회공동체 구성원들의 비전과 실질 권력 관계가 빚어내는 창조적 변용의 궤적으로 구체화 된다. 따라서 의회는 그가 존치되어있는 사회의 일부이며 그가 활동하는 시대의 성격을 반영하지 않을 수 없다.

그러나 의회를 단순히 사회공동체의 시각에서만 바라볼 수는 없다. 의회가 사회공동체에 뿌리를 두고 구성되거나 운영되는 것이 사실이기는 하지만, 사회공동체 그 자체는 아니며 오히려 사회공동체 구성원의 대표에 의해 구성되는 정부 기관의 일종이기 때문이다. 역사적으로 보더라도 의회의 초기적인 형태는 사회공동체에 보다 더 근접하는 것이었지만 시간의 흐름에 따라 기능 분화와 구조의 전문화를 거듭해 왔다. 그 결과 오늘날의 의회는 하나의 상설 조직체로까지 자리 잡게 되었다. 의회는 시민사회와의 관계에서 볼 때 사회공동체적 존재이지만 국가와의 관계에서 보면 조직체 가운데 하나라는 이중성을 지닌다.

따라서 전자와의 관계에서 볼 때 의회는 사회공동체의 요구를 반영해야 한다는 점에서 대표기능을 수행하며, 후자와의 관계에서 볼 때는 그런 대표들이 모여 실로 다양한 사회정책과제를 논의하고 이견을 조정하며 대안을 모색한다는 점에서 심의기능을 수행한다. 슘페터는 의회민주주의를 의회주의와 민주주의로 구분하고, 민주주의가 사회공동체 구성원들과 그들의 대표자 사이에서 일체성이 보장되도록 하는 정치과정이나 체제를 가리키는 것이라고 한다면, 의회주의는 그 사회공동체 구성원들이 지닌 의견과 욕구 사이의 상이점과 격차를 권위적으로 조정하는 과정이나 체제라고 보았다. "선호 집합적 민주주의(aggregative democracy)"(임혁백, 2000: 159)와 "이성이 지배하는 공화국(a republic of reasons)"(Sustein, 1993: 17-39)으로 구분해 본 셈이다. 전자가 대표성을 후자가 심의성을 강조할 것은 물론이다.

그런데 전자를 설명하는 가장 고전적인 접근 시각인 다원주의 이론에 따르면 사회공동체 구성원들의 상호작용을 통한 정치적 역동성은 그들 사이의 총만족도의 중앙값을 극대화하고자 한다. 이 과정의 의회나 국회의원은 다른 사회공동체 구성원들과 마찬가지로 다원적 이해관계를 매개하거나 중계하는 존재로 이해된다. 이 경우 국회의원은 대리인 개념(delegate concept of representation)에 가장 근접한 대표기능을 수행하게 된다. 스스로가 독립적인 판단의 주체나 사회관계를 조율하는 지도자가 아니라 시민이 원하는 바 정치적 선호 내지는 집합적 의지를 단순히 대리하는 데에 그의 기능적 실체가 있다고 보기 때문이다. 따라서 국회의원에게는 유권자 개개인의 요구와 필요에 조응하여 여하히 정치적 대응성(responsiveness)을 높일 것인가와 그를 위해 주인인 유권자와 여하히 의사소통을 원활히 할 것인가가 언제나 핵심적 과제로 제기된다.

반면에 후자를 설명하는 가장 고전적인 접근 시각이라고 할 수 있는 기술관료제 이론에 따르면, 의회도 다른 정부 기관과 마찬가지로 일종의 합리적 의사결정을 지향하는 존재이다. 그렇기 때문에 능률성, 전문성, 객관성 등을 강조하는 과학적 합리성(scientific rationality)의 극대화나 공공선의 확장을 추구하게 된다. 따라서 국회의원은 선거를 통해 선출된다는 점에서 보통의 시민과는 다른 일종의 우월적 존재이며, 그렇기 때문에 그가 수행하는 국민대표로서의 역할은 그의 자율적 판단을 강조하는 수탁자 개념(trustee concept of representation)으로 이해하는 것이 보다 타당성을 갖게 된다. 일반 시민에 비해 보다 더 네트워크 관리능력이나 우월적 판단력을 가진 이들이 사회정책과제를 심의해야 훨씬 더 효율적이고 공공선에 근사한 의사결정에 이를 것이라는 기대이다. 이 경우 국회의원은 시민 개개인이 아니라 사회 일반의 공적이면서도 실질적인 수요에 조응해야 한다. 따라서 객관적으로 사회현상을 분석하고 대안을 개발하는 데 필요한 정보수집이나 자료조사 능력을 강화하는 일에 주목하게 된다.

2. 대표성과 심의성 간의 관계[2)]

따라서 의회 기능의 정상화 작업은 의회의 대표성과 심의성을 확장하자는 것에 다름 아니다. 그런데 의회의 대표성은 사회공동체와 의회를 연결하는 과정에서 주로 발현된다. 이를 이스토니언 모

2) 김주성(2008)을 주로 참조했다.

델(Eastonian model)의 관점에서 보면 주로 입법 과정의 투입과 산출 및 환류 단계에서 포착된다. 반면에 심의성은 주로 의회 내부에서 이루어지는 국회의원 간의 상호작용, 즉 전환 단계에서 발현된다. 그런데 투입, 전환, 산출, 환류는 상호 의존적, 연계적 관계에 있음으로 투입, 환류의 문제를 다루는 의회의 대표성과 전환 단계에서 포착되는 심의성은 상호 의존적, 연계적 관계를 구성한다.

그렇다고 해서 의회의 대표성과 심의성이 항시 상합적 관계만을 구성하는 것은 아니다. 때에 따라서는 상호 갈등적 관계를 구축하기도 한다. 의회의 대표성이 진작되는 경우 심의성이 약화되거나, 심의성이 강화되는 경우 대표성이 약화되는 결과를 가져올 수 있기 때문이다(김주성, 2008: 23). 따라서 의회 기능의 정상화를 겨냥하는 경우, 단순히 의회의 대표성이나 심의성을 제고하는 과제뿐만 아니라 바로 이 모순적 과제를 여하히 극복할 것인가가 핵심적인 과제로 제기된다. 이런 의회의 대표성과 심의성 간의 관계는 <표 8-1>에서 보는 바와 같다.

<표 8-1> 대표성과 심의성 간의 관계 유형

심의성 \ 대표성	고	저
고	I	II
저	III	IV

위의 유형 I은 의회의 대표성이 높아지면 심의성이 높아지는 경우와 심의성이 높아지면 대표성이 높아지는 경우로 대별해 볼 수 있다. 전자는 정부 실패론의 등장 이후 시민의 직접적인 참여 정도

가 높아지면 간접민주주의의 폐해가 해소되면서 정부 실패가 줄어들 것이라는 참여민주주의론자들의 논지에서 찾아볼 수 있다. 의회의 심의기능이 제고되기 해서는 국민의 요구를 보다 정교하고 신속하게 의회에 전달하는 일이 급선무이며 이를 해서는 대리인에 의한 지대추구 성향을 최소화하는 일이 관건이고 시민의 직접 참여가 최선이라고 보고자 한다. 국민투표, 국민소환, 국민발안 등을 제안하는 이유이다. 반면에 후자로는 고전적인 대의민주주의 이론을 들 수 있다. 현대 대의민주주의 체제하에서는 과거 아테네의 민회와 같이 추첨에 의해 국민의 대표자를 뽑는 것이 아니라 투표를 통해 국회의원을 뽑기 때문에 의회는 보통의 시민보다는 상대적으로 높은 식견이나 판단력을 지닌 사람들을 선출하기 마련이며, 그렇기 때문에 국민 대표자에 의해 구성되는 의회가 사회공동체 구성원이 직접 참여할 때보다 상대적으로 높은 심의력을 발휘하게 되고, 그 결과 국민의 의사가 국정 과정에 보다 더 잘 반영될 수 있다는 것이다(마넹, 2007: 44).

유형 II는 대표성이 높아지면 심의성은 오히려 낮아지는 경우와 심의성이 낮아지면 대표성은 높아지는 경우로 대별해 볼 수 있다. 전자는 대표성이 강화되면서 사적, 개별적, 부분적 이익 등이 입법과정에 반영되는 정도가 높아져, 공적 유익을 추구하거나 공공선을 지향함으로써 사회공동체 전체를 겨냥하는 의회의 가치나 의사결정력이 퇴보하게 된다는 주장 속에서 찾아볼 수 있다. 미국의 켈리포니아 주의회가 주민창안제를 도입하여 주민 참여의 공간을 넓히고 그런 의미에서 대표성을 강화했지만, 그 결과는 보다 적은 세금을 내려하거나 개인적으로 이해가 직결된 과제에 우선적인 관심을 둘뿐 공동체 전체의 유익에 우선순위를 두지 않게 되어 켈리포니아 주정부의 사회간접 시설에 대한 투자가 줄어들었고, 이로 인해 극심한 교통 체증이나 대기오염에 시달리게 되었다는 것이다. 공공선을 지향하는 주의회의 심의기능이 약화되었음을 뜻한다. 후자의 경우는 3권분립주의나 국가인권위원회, 헌법재판소, 국민권익위원회, 공정거래위원회, 금융통화위원회 같은 다양한 유형의 국가독립기구들의 등장을 정당화하는 논지에서 찾아볼 수 있다. 의회의 심의가 정치적 타협이나 거래로 얼룩지면서 국민이 진정으로 원하는 바를 산출해 내지 못할 가능성이 있기 때문에 특정 정책 분야에 대해서는 독립기구에게 우선적인 정책결정권을 맡겨야 하며, 3권 간의 견제와 균형을 통해 의회의 심의권을 제한할 필요가 있다는 것이다. 보다 국민이 원하는 바를 대표하는 정부를 보장하기 해서는 의회의 심의권을 제한하는 것이 불가피하다는 주장이다.

유형 III은 대표성이 낮아지면 심의성이 높아지는 경우와 심의성이 높아지면 대표성이 낮아지는 경우로 대별된다. 전자는 미국 헌법의 초안 작성 과정에서 의회의 심의과정을 비공개로 하자던 메디슨의 주장에서 찾아볼 수 있다. 선거구민의 지도권(right to instruct)이 높아지면 심의과정에서의 양보와 조정이 불가능해지고 그 결과 의회의 심의가 제 역할을 다하지 못하게 된다는 것이다(Farrand, 1911: 479). 여기에는 시민의 선호나 주장 자체가 고정불변의 것이 아니며 언제나 공동체 전체의 유익이나 공공선과 궤를 같이하는 것도 아니라는 인식이 깔려 있다. 따라서 국회의원이 선거구민의 감시나 지시 나아가서는 대표성 발현에서 멀리 떨어져 활동할수록 의회의 심의능력은 강화된다는 것이다. 후자의 경우는 공공성을 지향하는 심의과정이 강화될 경우 당연히 국가 전체적인 관점에서 사회정책과제를 다루게 되며, 그런 종합적인 접근 시각은 개별 지역구의 사정이나 요구를 반영하는 데 있어서는 역진적으로 작용하게 된다는 주장에서 나타나 있다. 심의과정이 선호집합 차원의 공동체 전체 이익을 지향하는 것이건 아니면 공공선이나 윤리적 정당성을 지향하는 것이건 결국 이를 개별 지역구 입장에서 보면 자기 이익의 대표성이 약화되는 셈이라는 것이다.

유형 IV는 심의성이 낮아지면 대표성도 낮아지는 경우와 대표성이 낮아지면 심의성도 낮아지는 경우로 대별된다. 전자로는 다양한 양식의 의회행정론자들이 주장하는 논거가 여기에 해당된다. 의회의 심의기능이 약화되는 경우 결과적으로 의회의 산출능력이 떨어지면서 공동체 전체를 관통하는 공통분모를 찾기 어렵게 되고, 이는 국민의 요구가 입법 과정에 반영되는 정도를 낮추는 결과가 된다는 것이다. 그렇기 때문에 의회 내부개혁을 통해 정책심의 기능을 강화해야 하며, 그럴 경우 특정 이해관계를 배타적으로 반영하는 일이 어렵게 되고 보다 다양하고 광범위한 이해관계를 조정하여 정책심의과정에 반영할 수 있게 되고, 그 결과 입법 과정에 대한 국민의 대표성 반영 정도도 높아진다는 것이다. 따라서 의회의 심의기능을 제고하기 위해 다양한 입법 지원체제를 갖추는 경우 국민의 이해관계를 보다 더 폭넓게 반영할 수 있게 되고 이는 의회발전과 정치발전으로 이어진다는 것이다. 후자는 루소(Rousseau, 1961)류의 자연법적 시민권을 주장하는 논지가 여기에 해당된다. 일반의지는 언제나 옳고 공공이익을 지향한다고 보기 때문에, 인민이 직접 의사소통하고 정치문제를 다루는 경우 공동체 전체가 지향하는 공공선에 이를 가능성이 크다고 본다. 참여의 직접성이 높고 대표성이 낮을수록 심의성 정도가 낮을 것이라는 점을 상정한다.

따라서 유형 I과 유형 IV의 경우는 의회발전론이나 의회개혁론의 관점에서 볼 때 하등 문제 될 것이 없다. 국민과 의회를 연결시켜주는 직접적인 참여의 장치나 공간을 확장하거나 의회의 입법 지원체제를 강화하는 것이라면 그것이 어느 것이든 마다해야 할 이유가 없기 때문이다. 그러나 유형 II와 유형 III의 경우를 의회발전론의 관점에서 보면, 대표성을 강화하는 경우 심의성을 약화시키거나 심의성을 강화하는 경우 대표성을 약화시킨다는 점은 모순적 갈등 과제가 아닐 수 없다. 전자의 경우를 해결하기 해서는, 대표과정이 보다 사려 깊은 국민의 요구를 전달할 수 있게 되어야 하고, 국회의원은 선호 집합적인 이해관계나 파당적인 이데올로기에 얽매어 있는 유권자의 지시권에서 벗어나 보다 공공 이성을 추구하는 독립적 심의자로 작동해야 할 것이다. 그러니까 국민 요구의 대표과정이 심의성을 내포할수록 의회의 대표기능과 심의기능 간의 갈등과 모순은 해소되며, 이는 하버마스류의 공론장이 활성화되어야 함을 뜻한다(김주성, 2008: 25). 대표과정의 숙의성 진작이 관건이라는 의미이다. 후자의 경우에는 의회의 심의성 강화가 대표성 약화로 결과하지 않도록 해야 하는 것이기 때문에 심의과정 자체가 대표성을 반영하거나 대표성에 기초하도록 유의할 필요가 있다. 혹여 소수자의 권리나 참여 기회가 축소되거나 외면되는 일은 없는지를 예의 주시해야 한다. 대표성은 모든 사회공동체 참여자의 고른 참여 기회가 확보될 때 확장 가능한 것이기 때문이다.

3. 대표성과 심의성의 융합

이렇게 대표성과 심의성을 혼합적 관점에서 접근해야 하는 이유는 본디 의회가 사회공동체적인 성격과 조직체적인 성격을 보유하는 것이 사실이지만 그렇다고 해서 양자가 서로 이분법적으로 격리되어 있는 것이 아니라 서로 연결되어 상호작용하고 있기 때문이다. 당위적인 차원에서 보더라도 의회의 조직체적인 단면을 사회공동체적인 단면으로부터 분리하여 기계론적 관점의 조직체로 이해하는 경우 의회의 기관 존립 이유를 찾아보기 어렵게 된다.

의회의 조직체적인 단면이 과학적 합리성의 극대화를 지향하는 것이 마땅한 일이기는 하지만, 그렇다고 해서 단순한 의미의 기계적 합리성이나 경제적 생산성만을 지향해서는 곤란한 이유이다. 의회가 조직화하고 그런 조직화된 힘을 빌어 정책심의에 나서는 궁극적인 목표는 의회가 소속되어 있는 사회공동체의 정치적 역동성을 반영하고 촉진하며 나아가 어떤 합의점을 찾자는 것이며 그것이 궁극으로는 공공선에 합치하기를 기대한다. 기계론적 생산성이나 능율성만을 제고하는 경우 이런 요구에 부응하지 못할 것은 당연한 일이다.

여기에 더해 정보사회에서는 사회공동체 내외의 상호작용이 심화되면서 그동안 사회적 관계 규명의 기본 틀로 작용해 온 이분법적 시각이 더 이상 적실성을 갖기 어렵게 되었다. 기존의 경계개념을 넘어 총합적 관점에서 접근해야 한다는 인식론 차원의 반성과 문제 제기는(McIntyre-Mills, 2000: 8) 의회를 다루는 데에 있어서도 핵심적 관점이 되어야 마땅하다. 의회의 사회공동체적 단면과 조직체적 단면은 상호작용적 관점에서 파악해야 하며 이 둘을 서로 분리해서 이해하는 경우 적실성 높은 이해력을 유지하기 어렵다.

이런 총합적 관점에서 볼 때 국회의원의 대표기능과 심의기능은 모두 채무자 개념(debtor concept of representation)과 가장 잘 상합하게 된다. 국회의원은 의회의 사회공동체적인 단면에서 비롯되는 대리인 개념이나 조직체적 단면에서 비롯되는 수탁자 개념 가운데 어느 한 곳을 고집하거나 지향할 것이 아니라, 오로지 국민의 정치적인 요구를 소화하고자 하는 동기와 의지를 유지하는 한 어느 쪽의 입장이나 전략을 취하느냐의 문제는 그리 중요하지 않게 된다는 의미이다. 오히려 대리인 개념과 수탁자 개념을 그때그때의 상황에 따라 적의 조정하여 배합하는 것이 보다 효과이고 당위적이라는 뜻이다.

따라서 입법 과정의 투입과 환류 단계를 중심으로 하는 대표과정에 심의성을 보충하고, 전환 단계를 중심으로 하는 심의과정에 대표성을 보충해야 한다는 일은 의회민주주의의 본래적인 과제이기도 한 셈이다. 그런데 대표과정에 심의성을 보충한다는 것은 대의 과정의 본래적인 요소인 대표성을 확보하는 것 외에 심의성을 추가하자는 것임으로 대표성 확보를 위해 필요한 사회공동체와 의회 간의 연계성 내지는 참여성을 보장하는 것 외에 그 연계 내지는 참여 과정에서 활발한 숙의가 일어나도록 해야 한다는 의미이다. 반면에 심의과정에 대표성을 보충하자는 의미는 심의과정에서 보다 다양한 의견이 개진되도록 하자는 것이기 때문에 최소한 심의과정이 보다 다양하고 광범위한 대상 영역을 다루거나, 보다 많은 심의시간을 허용하고, 누구나 제한받거나 차별받지 않고 의견을 개진할 수 있도록 숙의 과정의 공정성과 자율성이 보장되어야 할 것은 당연한 이치이다.

이를 기준으로 국회 대표과정의 연계성, 참여성, 숙의성 정도 그리고 심의과정의 심의대상 영역, 시간·공간, 공정성, 자율성 정도를 평가하고, 이를 토대로 개혁수요를 진단해 본 결과는 다음과 같다.

III. 국회 대표과정의 심의성 제고 전략

입법 과정에서의 대표성은 주로 사회공동체와 국회를 연결하는 과정에서 구체화하는 것임으로 여기에서는 이를 투입단계와 환류단계로 나누어 검토하고자 한다.

1. 투입단계

1) 대의 과정의 연계성 강화

구조적인 측면에서 볼 때 현재의 국회 입법 과정은 사실상 그의 출발점이라고 할 수 있는 사회공동체와의 연결 장치가 단절되어 있다고 하여도 과언이 아니다. 다양한 이유가 있었기는 하지만 현재의 정당법에 의하면 국회의원은 자신의 출신 지역구에 지구당을 둘 수가 없다. 그러나 현실적으로는 지역주민의 정치적 요구를 결집하고 의견을 청취하는 등 지역사회와 의사소통해야 할 수요가 상존하기 때문에 비공식적으로는 당원협의회를 구성해서 운영하고 있다. 그러나 이런 비공식적인 기구는 사실상 국회의원 개인의 사적인 의사소통 통로로 활용되는 데는 유리할지 모르지만 공적 기구로서의 책임성이나 균형성을 유지하기는 어렵다.

무엇보다도 다루는 사회정책과제에 대한 공적 간여가 어려워진다는 점은 매우 본질인 문제이다. 따라서 당원협의회 대신 정당의 지구당을 둘 수 있도록 정당법을 개정할 필요가 있다. 지구당을 복원하는 경우 운영비용이 과다하게 든다거나 지역주민의 지나친 청탁으로 인해 지역정책과정이 포획된다거나 하는 문제는 지구당을 설치하는 데 따르는 본질 문제가 아니다. 이렇게 지역주민과의 공식적인 연계 장치 내지는 의사소통 통로를 확대, 강화해야 한다는 측면에서는 국회의원 지역구 사무실을 국가 기구화하여 국회의 지역 파견소 개념으로 운영하는 과제도 검토해 볼 필요가 있다. 다양한 사회정책과제가 여과 없이 국회의 정책심의과정으로 전달되기 전에 지역사무소를 통해 결집되고 숙의될 수 있는 기회를 제공하자는 의도이다. 이는 미국 연방의회의 사례에서 교훈을 얻을 수 있다.

사실 대의민주주의하에서 국회의원만으로는 국가에 대한 국민의 의견 전달이 충실히 이루어지기 어렵다는 점에 대한 인식은 이미 고전적인 대의정치론에서도 제기되었다. 다원주의 이론에 기초한 로비스트제도 도입 논의가 그것이다. 대리인으로서의 국회의원이 지니는 입법 과정에 대한 수문장 역할을 감안하고, 그에 따르는 폐해를 극복하는 것은 물론이며 시민의 입법 과정에 대한 접근성을 높이자는 취지에서 이익집단을 중심으로 하는 다원주의 체제가 개발되었다. 우리의 경우도 로비스트 제도를 양성화하는 경우 국민과의 연계기능 강화에 기여할 수 있을 것으로 기대된다. 이점은 특히 우리의 경우 국회의원 스스로가 로비스트 기능을 수행하는 사례가 적지 않다는 점을 감안할 때 매우 시급한 과제로 평가된다. 국회의원 스스로가 로비스트로 활동하는 경우 입법 과정이 사적 이익이나 개별 이해관계에 의해 포획되면서 균형적인 숙의 자체를 어렵게 할 것이기 때문이다. 따라서 음성적인 로비활동을 양성화하여 상이한 이해당사자들 사이에서 견제와 균형이 가능하게 하는 것은 물론이고 입법 과정의 투명성과 개방성을 제고하여 공적 유익이나 공공선과의 합치성 정도를 높이자는 것이다.

지금과 같은 개인후원회 제도는 자칫 입법 과정을 사적 연고 관계의 총화로 전환시키거나 촉구할 위험성이 적지 않다. 우리가 지원하거나 결속하고자 하는 것은 사적 연고 관계의 네트워크가 아니라 정책적 이해관계의 조정과 조율을 위한 연결망이며 이 과정에서 다양한 양식의 소통과 숙의가 이루어져 조정과 타협이 가능해야 하고 보다 타당성 높은 정책 대안 개발에 기여할 수 있어야 한다. 그런 점에서 현재의 국회의원 개인을 후원하기 한 제도보다는 특정 정책을 지지하거나 반대하기 위한 정책후원회의 양식으로 제도 전환을 서둘러야 한다. 이는 미국의 정치활동원회(political action committee)를 타산지석으로 삼을만한 일이다. 국민 누구나가 어떤 정책의 지지나 반대를 위해 지지표를 동원하거나 정치자금을 거출하거나 지원할 수 있도록 하자는 것이다. 이는 현재의 개인후원회 제도가 결과적으로는 지연, 학연, 혈연과 같은 1차 집단 중심의 네트워크 형성과 사적 이해관계 중심의 연결망 구축을 지향하는 것과는 대조되는 결과를 유도하게 될 것으로 기대된다.

2) 시민참여의 직접성 확대

그러나 이렇게 단순히 국회의원과 지역 사회공동체를 연결하는 것만으로는 입법 과정에서 심의성을 동반하는 대표성을 진작하기가 쉽지 않다. 무엇보다도 대리인으로서의 국회의원에 대한 사회적 불신과 정치적 비난의 정도가 높기 때문이다. 바로 이런 정치적 대리인에 대한 신뢰 철회와 전환과정에 대한 비용지출 요인을 감소하기 위한 대안으로는 흔히 국민투표제, 국민 창안제, 국민발안제, 등이 제안된다. 우리의 경우도 검토해 볼 만한 일이다. 그러나 이런 제도를 도입할 경우 유형 II의 한계에 빠지지 말라는 법이 없다. 이런 점을 감안하여 이들 제도를 도입하여 대표과정에 한 시민참여의 공간과 기회를 넓히기는 하되 그럴 경우 발생할 개연성이 높은 국회의 심의성 저하 문제에 해서도 대처해야 한다.

국민투표제, 국민 창안제, 국민발안제 등의 도입을 통해 국민의 의사를 국회에 직접 전달하는 것 자체만으로는 능사가 아니며, 그 과정에서 보다 다양한 회합과 포럼이 열려 국민들 사이에서 여하히 숙의 활동이 활성화되고, 그 결과 학습과 성찰에 따른 인식의 변화와 선호의 변동이 확산될 수 있느냐가 제도 도입 성공의 관건이다. 그리고 그런 국민들로 하여금 여하히 국민 대표성을 균형 있게 담보하도록 할 것인가도 제도 도입과정에서 유의해야 할 과제이다. 토론의 활성화나 전문가와 일반 시민 간의 의견교환이 체계적으로 보장되지 않는 가운데 국민투표가 이루어진다면 제도도입에 따른 소기의 성과가 발현된다고 보기 어렵다. 따라서 국민투표과정을 여하히 숙의형 시민참여 양식으로 전환할 것인가가 숙제이다. 국민 창안이나 국민발안의 경우도 같다. 특히 온라인상의 서명 발의를 통해 진행되는 경우 체계적으로 배제되는 "정보 소외" 계층에 대한 배려를 여하히 구체화하여 대표성 왜곡에 따르는 문제점을 보완할 것인가도 문제다.

이렇게 대표과정에서의 시민참여를 활성화하기 위한 방안 가운데 하나로는 전자 장치를 활용한 정책 포럼을 웹사이트상에서 활성화하거나 다양한 양식의 시민사회단체를 연결하여 체계적으로 시민사회의 의견과 대안을 경청하는 문제도 고려해 볼 만한 일이다. 영국의 스코틀랜드 의회가 입법정보 및 자문 사이트(Parliamentary Information and Advisory Service)를 개설해서 운영하고 있다는 사실은 유의해 볼 만한 일이다. 스코틀랜드의회의 경우 1,000여 개의 스코틀랜드 내외에서 활동하는 시민사회단체를 망라하는 네트워크를 구축했으며, 웹상의 정책정보 포럼을 운영함으로써 제2의 시민참여 공간을 확장하여 제공하고 있다. 여기에서 생산되는 정보는 이를 관련 위원회에 송부하여 입법정보로 활용하도록 연계하고 있다(박재창, 2003: 100-101).

3) 숙의형 시민참여 제도의 도입

그러나 이런 양식의 시민참여 통로가 활성화된다고 하더라도 다양하게 여러 시민의 의견을 수렴한다거나 집합적 선호와 전문가의 판단을 균형 있게 반영하지 못한다는 한계가 내재되어 있다. 시민참여형 숙의 제도가 되기에는 스스로 한계를 지닌다는 의미이다. 바로 이런 과제로 인해 대의 과정에서 유형 II의 모순이나 한계에 빠지는 문제를 극복하고자 한 것이 바로 정부를 상대로 하는 다양한 양식의 협의제 민주주의형 의사결정 모형이다. 이를 국회와 시민사회 내지는 사회공동체 사이를 연결하기 위한 통로로 구축하는 경우 대표성과 숙의성을 동시에 제고하는 효과를 기해 볼 수 있을 것이다.

흔히 행정적 거버넌스의 한 양식으로 운영되는 시민참여형 숙의 모델 가운데 대표적인 것으로는 아메리카 스픽스(AmericaSpeaks)의 21세기 마을회의(21st Century Town Hall Meeting) 제도, 숙의민주주의 여론연구소(Center for Deliberative Polling)의 숙의형 여론조사(Deliberative Polling), 제퍼슨 연구소(Jefferson Center)가 진행하는 시민배심원(Citizen Jury)제도, 전국 샤레트 연구소(National Charrette Institute)의 역동적 기획 샤레트(Dynamic Planning Charrette), 전국정책과제 포럼연구소(National Issues Forums Institute)의 전국정책과제 포럼(National Issues Forum), 등을 들 수 있다(박재창, 2008: 110-111).

이들은 모두 1) 사회공동체 구성원의 집합적 선호가 무엇인지를 체계적으로 파악하기 위해 회합의 참여자를 인구사회학적 특성에 따라 순비례적으로 표집함으로써 제시되는 견해의 편향성을 극복하고 균형적인 대표성을 확보하고자 하며, 2) 단순히 사회공동체 구성원의 집합 의사가 무엇인지만을 취합하자는 것이 아니라 전문가의 식견과 판단을 교차적으로 반영하여 정치적 합리성과 경제적 합리성을 균형 있게 반영함으로써 균형 민주주의의 원리를 구하고, 3) 어느 한쪽의 일방적인 정보전달이나 설득이 아니라 쌍방향적인 대화를 통해 정보의 균형 있는 교류가 이루어져 상호 학습의 효과가 발생하도록 하며, 4) 논의의 결과를 관련 정부 기관이 수용하여 공적 권위를 갖도록 한다는 데에 공통적인 특징이 있다.

이런 점들을 감안하여 국회의 각 상임위원회가 주요쟁점 사안에 대해서는 숙의형 시민참여 회합을 조직하고 이를 위원회 심의과정에 반영하도록 하는 제도를 고안해 볼 수 있을 것이다. 그럴 경우 다양한 한계를 이미 노정하고 있는 공청회 제도의 유지를 고집해야 할 이유는 없게 된다. 다만 이와 유사한 것으로 최근 국회가 "미디어발전국민원회"를 구성하여 운영한 바 있으나, 이는 일반 시민의 참여를 배제한 체 해당 분야의 전문가와 국회의원만으로 구성하여 국민 대표성 제고에 대한 고려가 없었을 뿐만 아니라 구성원 선정에서의 객관성이나 비례성의 원칙이 지켜지지 않았고 심의 결과에 대한 공적 권위를 부여하지도 않아 구속력이 취약하다는 한계를 지녔다. 보다 엄밀히 말한다면 시민참여형 숙의 장치라기보다는 전문가 포럼 정도에 해당되는 것이었다. 그러나 적어도 국회가 국회의원 이외의 인사를 동등한 구성원으로 승인하는 위원회를 구축하고 국회와 국회 외부 환경과의 연대와 소통을 시도했다는 점에서 그 의의는 적지 않다.

2. 환류 단계

정책 산출이 의회에 의해서 이루어진 후 이를 어떻게 처리하느냐의 문제에 대해서는 지금까지 크게 주목하지 않았던 것이 사실이다. 그러나 산출된 정책은 환류 단계를 거쳐 입법 과정에 대한 재투입자원으로 작용하는 만큼 투입단계 이상의 의의를 지닌다. 그런 점에서 정책 산출의 결과가 여하히 집행되고 그 결과가 입법 의도를 충족시키느냐의 여부를 감시, 평가하는 시민참여형 거버스 체제가 구축된다면 입법 과정의 대표성과 심의성 진작에 기여하는 바가 적지 않을 것이다.

1) 대의 과정의 연계성 강화

국회의 경우 정책 산출물에 대한 환류 단계에서 사회공동체와 국회를 연결하는 장치로는 이미 진정청원제도가 마련되어 있다. 그러나 그 운영 실적이 매우 미미한 수준에 머물러 있어 사실상 존재하지 않는 것과 같다. 이는 무엇보다도 진정이나 청원의 제출이 국회의원의 소개 없이는 진행될 수 없도록 되어 있기 때문이다. 그러나 진정이나 청원이 그의 본질 면에서 볼 때 국회의원에 의한 입법 활동 결과를 불신하거나 그의 집행과정에 문제가 있어 새로운 입법이나 법률개정이 필요하다는 점을 상정하는 것이라는 사실을 감안해 보면 국회의원의 소개가 있어야만 진정이나 청원이 개시된다는 것은 모순적인 장치임에 틀림없다. 실제로 바로 이런 소개제도로 인해 청원으로서의 타당성이 없거나 청원의 성립요건이 충족되지 않는 것을 소개하거나, 소개의 지연으로 인해 청원의 의미가 희석되고 있으며, 소개되는 경우에도 사실조사 없이 국회의원이 간여하거나 소개 이후에도 이를 관철하려는 국회의원의 의지가 부족한 데에서 발생하는 문제가 적지 않다. 무엇보다도 국민의 입장에서 보면 대리인 체제에게 국정을 위임한 데에서 비롯되는 문제를 해소하기 위해 다시 대리인에 의존해야 문제의 제기 자체가 가능하다는 점에서 구조적 모순이 아닐 수 없다.

따라서 진정과 청원이 환류 단계에서 실질적으로 사회공동체와의 연계 장치로 작동하도록 하기 위해서는 운영의 주도권을 국회의원으로부터 청원인 개개인에게 돌려주는 일이 급선무이다. 이런 점에서는 영국이나 독일에서 청원위원회를 운영하여 국회의원의 소개 없이 국민 각자가 의회를 상대로 직접 청원할 수 있게 한 점에

유의할 필요가 있다. 이럴 경우 보다 적극적인 환류 단계에서의 시민참여가 이루어지면서 국회 입법 과정의 대표성 제고에 기여할 수 있게 된다.

2) 시민참여의 직접성 증대

환류 단계에서의 시민참여를 보다 직접화 하고자 하는 것으로는 국민소환제를 들 수 있다. 원래 국회의원을 뽑아 국회로 보내는 일은 일종의 계약 체결과 같다. 임기 동안 시민의 대표로써 성실히 자기 역할을 수행한다는 약속을 전제로 시민으로 하여금 자신의 참정권을 국회의원에게 위임하도록 한 것이 대의민주주의의 기본정신이다. 그렇기 때문에 오늘날 우리가 목격하고 있는 바와 같이 국회의원이 자신의 대리인 역할을 성실히 수행하지 않는다면 비록 임기 만료 이전이라도 그와의 계약을 파기하고 새로운 계약 대상자를 찾는다는 것은 무나도 당연한 일이다. 그러나 잦은 계약 파기에 따른 정치적 불안정과 대리인 교체에 따른 의회의 심의성 단절에 대한 우려가 없는 것은 아니다. 유형 II의 모순이 작동할 개연성이 높다는 말이다.

이 점을 고려하여 국민소환제에는 몇 가지 제한 장치를 두는 것이 보통이다. 우선 자신이 선출한 국회의원만을 소환할 수 있도록 한다. 아무리 어떤 국회의원의 정치 행태가 분노를 자아낼 정도라고 하더라도 그 국회의원이 자신의 지역구를 대표하지 않고 그렇기 때문에 그 국회의원의 당선에 간여할 수 있는 직접적인 권한을 갖고 있지 않다면 그 국회의원의 소환에 나설 수 없도록 한다. 국회의원 개개인만을 소환의 대상으로 삼지 그들에 의해서 구성되는 정당이나 정부를 소환하고자 하지는 않는다. 일시에 여러 국회의원을 상대로 여러 지역의 주민이 연대해서 퇴출 운동에 나서는 일도 허용되지 않는다. 불량 국회의원에 의해서 야기되는 대표성 왜곡과 무능을 막기 위해 불가피하게 이 제도를 채택하기는 하지만 이 제도의 운영 자체가 심의성의 단절이나 왜곡을 가져와서는 안 된다고 보기 때문이다. 그러니까 정권 퇴진이나 다수당 교체와 같이 대대적으로 정치권을 개편하고자 하는 국민소환은 처음부터 있을 수 없는 일이다.

그러나 그럼에도 불구하고 선거에서 패배한 정당이나 후보자가 이 제도를 악용할 소지가 아주 없는 것은 아니다. 그렇지만 국민소환 과정에서 지난 총선 때 패배했던 정당이나 후보자가 단순히 자기 정당이나 자신에 대한 지지만으로 국민소환을 발의하는 데 필요한 청원인 수를 확보하기란 쉽지 않은 일이다. 일단 국민소환을 위한 청원이 가능하게 되었다면 거기에는 현역 국회의원에 대한 일반 유권자들의 배척 의사가 실려 있다고 보아야 옳다. 보다 중요한 것은 이 제도가 소환 자체에 목적을 두고 있다기보다는 현역 의원에 대해 보다 강력히 경고하고 주의를 환기시키고자 하는 예방적 의의가 크다는 점에 유의할 필요가 있다.

3) 숙의형 시민참여 제도의 도입

이렇게 국민소환제는 그의 본질적 특성상 소환과정에서의 시민참여가 숙의의 양식을 띄게 되거나 전문가적인 판단을 수용하거나 투입하는 데 있어 기본적으로 제한적이라는 한계를 지닌다. 광범위하게 숙의를 확대하지 않도록 스스로를 차단하는 성격을 지녔다. 바로 이런 점을 감안한 환류 단계에서의 숙의형 시민참여 제도로는 옴부즈만을 들 수 있다. 옴부즈만에는 실로 다양한 양식과 제도가 채택되고 있으나, 그 가운데에서도 의회 소속의 옴부즈만은 입법 의도가 행정과정에서 제대로 반영되고 있는지 여부를 확인하고 그에 따라 다양한 양식의 시정조치를 구하자는 것임으로 입법 산출물에 대한 시민참여형 환류 장치인 셈이다(김상묵 외, 2009: 100). 이 과정에서 옴부즈만은 민원인이 필요로 하는 고충 관련 정보를 제공하거나, 다양한 양식의 자문이나 권고 서비스를 제공하고, 보다 효과적으로 조언하거나 지원해줄 사람이나 기관을 찾아 연결시켜주기도 하며, 관련 과제에 대해 설명하고, 고충이나 갈등을 조정하여 해결하거나, 관련 과제에 대한 사회적인 경각심을 제고하기도 한다(Anderson, 1997: 7). 그러나 그렇다고 해서 옴부즈만이 권위적으로 어떤 문제를 결정함으로써 종국적으로 해결하자는 것은 아니다. 의회 소속의 옴부즈만은 의회를 대리하여 행정당국자와 민원인 사이의 대화와 교류를 권고함으로써 민원의 소지를 해소하고자 하는 데에 특징이 있다.

바로 이 점에서 볼 때 옴부즈만은 환류 단계에서의 국민 요구를 반영하고자 하는 것이지만 동시에 관련자들 간의 숙의를 촉진하고 조장하자는 것이며 바로 그 점에 본질적인 특성이 있다. 특히 숙의 과정이 요구하는 전문가 집단이나 지식의 공유라는 점에서 보면 옴부즈만은 처음부터 그의 존재 이유 가운데 하나를 바로 이런 중립적인 정보제공자의 역할에 두고 있음을 알 수 있다. 따라서 옴부즈만은 환류 단계에서 국민의 의사를 반영하고자 한다는 점에서 대표성을 신장하는 것이기도 하지만 동시에 숙의성을 진작시키기도 하는 이중적인 의의를 지니는 장치다.

Ⅳ. 국회 심의과정의 대표성 제고 전략[3]

국회의 안건심의과정은 본회의 단계와 상임위원회 단계로 대별된다. 안건의 심의가 유형 III의 모순에 빠지지 않으려면 심의과정 자체의 대표성을 여하히 보장할 것인가가 관건이라는 점은 이미 밝힌 바와 같다. 그런데 대표성이란 결국 균형 있는 대표를 의미하는 것임으로 소수자 보호의 문제로 치환되는 성질을 지녔다.

1. 본회의 운영단계

1) 심의 대상영역의 확대

보다 다양한 의견을 입법 과정에 투사함으로써 심의과정에서의 대표성을 제고하기 해서는 우선 국회가 다루는 심의대상 과제의 영역 자체를 확대하는 근본적인 변화가 있어야 한다. 국회는 입법권을 정부와 공유하고 예산편성권을 정부에 넘겨주고 단지 심의권만을 행사하는 형편이다. 이런 상황하에서는 국회가 사회 모든 영역에 대해 주도적인 심의를 진행할 수 없고, 그렇기 때문에 제한된 영역에서의 의견이나 이해관계의 조율만을 다루게 된다. 이럴 경우 국회 심의과정에서의 대표성 확대에는 처음부터 기본적인 제한이 있을 수밖에 없으며, 국회가 다루는 사회정책과제가 그의 본래적인

3) 박재창(2004)을 주로 참조했다.

성격상 서로 수평적으로 연계되어 있다는 점을 감안해 볼 때 국회의 심의기능을 단절시키거나 근본부터 왜곡시키는 주요 원인이 되어있다. 따라서 국회가 입법권을 독점하고 예산편성권을 행사할 수 있도록 개혁하는 근본적인 변화가 있어야 보다 확장된 대표권 행사가 가능할 것이다.

2) 심의 시간·공간의 확보

다양한 의견이 심의과정에 반영되어 대표성이 발현되기 위해서는 확장된 심의대상 영역이 제공된다고 하더라도 이를 심의할 수 있는 시간·공간이 충분히 제공되어야 한다. 그런 점에서 우선 고려해야 할 과제는 상시 국회 제도의 도입이다. 의회가 소인의회(amateurish legislature)로부터 상설 전문의회로 전환되어야 의회의 심의성이 강화된다는 것은 두말할 필요도 없다. 그러나 국회는 아직도 정기회와 임시회로 구분하는 회기제를 도입하고 있어 사실상 홀수 달에는 국회가 휴지 상태에 들어가는 실정이다. 이는 보다 다양한 의견이 입법 과정에 반영되도록 하기 위한 방안으로서도 극복되어야 할 과제이다.

상시 국회 제도가 도입된다고 하더라도 실제 안건의 처리 과정에서 충분한 심의시간이 보장되지 않는다면 다양한 의견의 제시가 불가능한 일이다. 이 점을 감안하여 독회제도를 부활할 필요가 있다. 국회는 원래 제5대 국회까지 독회제를 운영해 왔으나 제6대 국회에 들어서면서 상임위원회 중심주의로 전환하는 과정에서 폐지한 바 있다. 그러나 오늘날에 있어서는 상임 위원회 중심주의가 사실상 소위원회중심주의로 전환하면서 지나치게 능률성 중심주의가 강조되고 있으며, 본회의 운영상에서 야기되는 지나친 지체나 비능률 문제를 극복하기 위한 수단으로는 전원위원회 제도가 이미 재도입 되어있다. 그런 만큼 독회제를 도입한다고 하더라도 지나치게 비능률이라고 할 수는 없다.

날치기 통과라는 파행적인 심사 행태가 조속한 법안 처리를 기도하기 때문이라는 점에서 보면, 독회제도의 부활을 통해 의안을 조속히 상정하고자 하는 욕구 자체를 사실상 원천 봉쇄하는 효과를 낳을 수도 있다. 이 점에서 볼 때 제1 독회는 본회의에 대한 보고로 대신하더라도 제2 독회는 상임위원회 심사단계의 필수과정으로 법제화하여 축조심사 등을 생략할 수 없게 하고 본회의에서의 제3 독회를 통해 심사가 완료되도록 하는 방안을 모색해 볼 수 있다. 이는 3독회 제도가 지나치게 의안의 심사과정을 지연시키게 된다는 견해를 수용하면서도 본회의 보고 체계상의 미비점을 보완하고 위원회 심사과정에 대한 다양한 주체의 의견 투입이 가능하도록 해 보자는 것이다.

3) 심의과정의 공정성 보장

심의과정에서의 대표성이 보장되기 위해서는 다양한 의견의 제시가 가능해야 하고, 이는 당연히 이를 보장하는 의사규칙이 있을 때 가능해진다. 국회 운영의 근간이 되는 국회법을 존중하지 않거나 그의 운영 정신에 합의하지 않는 여·야당이 운영하는 국회는 엄격한 의미에서 이미 국회라고 할 수 없다. 그렇기 때문에 선진국에서는 국회의원 당선 이후 최초로 원이 구성되면 제일 먼저 하는 일이 의사규칙에 대한 원내 정파 간의 합의를 도출하는 작업이다. 아무리 지난 회차의 의회에서 활용되던 의사규칙이 이미 있다고 하더라도 새로운 원이 구성되면 그 원을 구성하는 사람들의 동의와 승인에 의해 새로운 의사규칙을 정하지 않고서는 의사규칙의 권위와 정당성을 담보할 수 없고, 의사규칙이 그 의회 구성원의 마음으로부터 존중되지 않는다면 그들에 의한 정치적 합의의 도출은 공염불과 같다고 보기 때문이다.

그러나 국회에는 정교하고 체계적인 양식에 의해 정리된 별도의 의사규칙 자체가 마련되어 있지 않다. 일부가 국회법에 포함되어 있거나 부분적으로 일부 규칙이 제정되어 있을 뿐이다. 따라서 국회법에서는 국회 구성의 기본 원리에 대한 것만을 다루도록 하고, 여타의 국회 운영에 대한 일체의 규칙은 이를 따로 별도의 정치하고 정교한 규범으로 제정하여 이를 매 회차의 국회 구성 때마다 수정하고 새로 승인, 채택하는 전통을 세워나가야 한다. 국회법과 의사규칙을 따로 구분하는 이유는 의사규칙은 국회법과 달리 그 개정이 보다 더 유연하게 이루어져야 하겠기 때문이다.

나아가서는 아직 규칙으로 제정하지 않고 규범이나 선례에 따라 모호하게 처리하고 있는 것 가운데 국회 운영에 매우 중요한 의미를 동반하도록 되어 있는 것들은 이를 의사규칙에 담아 체계적으로 정리할 필요가 있다. 안건 심의과정에서 갈등과 대립이 격화하는 주요 원인의 하나가 바로 그런 대립과 갈등을 조타해 나갈 수 있는 정교한 규칙이 마련되어 있지 않다는 데에서 비롯되는 사례가 적지 않다.

이런 의사규칙이 마련된다고 하더라도 이를 엄격하게 집행하거나 미진한 부분에 대해서는 이를 직권으로 평결하거나 제재할 수 있는 선의의 사회자 내지는 중립적 지도자가 있어야 할 것은 물론이다. 이런 의미에서 국회의장의 중립성 보장과 권위의 신장은 필수적 과제이다. 이를 위해서는 국회의장이 회의를 주재하는 본회의장이 여당과 야당 사이의 이견을 중재하는 장소가 아니라 국회의장이 결정한 것에 대한 여당과 야당의 이견을 소화해 나가는 과정이라고 이해할 필요가 있다. 국회의장을 대립적 이해관계의 중재자라기보다는 제3의 심판자이며 의회 그 자체라고 보자는 것이다. 그렇기 때문에 본회의장에서 발언할 때 의원들이 서로를 상대로 의견을 개진하지 않고 국회의장을 상대로 각자의 의견을 피력하는 것이 오히려 자연스러운 현상이기도 하다.

이렇게 국회의장의 중립성을 강화하는 것은 물론 국회의장에게 의사상의 분쟁에 대한 법규 해석권, 선례 선정권은 물론이고 미쳐 법으로 정해지지 않은 부분에 대한 최종 결정권을 부여하고 이를 명문화해서 국회의장에 대한 국회의원의 복종과 순응을 유인하는 외에, 의사 조정권 자체의 강화를 통한 의사 분쟁 해결 의지를 높힐 필요가 있다. 이런 점에서 볼 때 현재 국회의장의 임기를 2년으로 제한하는 것은 적절치 않다. 임기를 국회의원과 같이 4년으로 연장하는 한편, 국회의장의 정치적 중립성에 대한 소수당의 확신을 담보할 필요가 있다. 그렇지 않을 경우 오히려 새로운 갈등과 대립을 조장할 소지가 크다. 그런 만큼 우선 국회의장 선출에 대한 정파 간 조정을 배재하고 철저히 의원 자유투표를 통해 국회의장을 선출하여 소수당의 승인을 확보할 필요가 있다. 실제 국회의장이 강화된 의사 조정권을 특정 정파 편향적으로 행사하는 경우 국회는 오히려 더 큰 갈등에 빠질 우려가 있다.

같은 관점에서 제기되는 과제 가운데 하나는 입법 지원조직의 정치적 중립성 확보에 대한 제도적 장치의 마련에 둔감하다는 점이다. 입법 지원조직이 제공하는 정보나 서비스가 정파 간 이해관계에 따라 조작되거나 특정 정파에 우선순위를 두어 지원업무를 수행하는 경우 그로 인한 심의과정의 왜곡과 함께 지원업무 자체의 정당성 여부를 의심하게 될 것은 자명한 이치이다. 입법 지원조직에 대한 충원권을 정파적 이해다툼이나 전리품 분배처럼 다루는 현재의 관행은 적극 시정되어야 한다.

4) 심의환경의 자율성 조성

국회는 현재 소속정당에 의한 통제와 교섭단체에 의한 관리라는 이중적인 구속 속에 놓인 국회의원들로 구성되어 있다. 이 가운데 소속 정당에 의한 통제는 정당 내부의 민주화를 통해 해결할 문제이지만, 교섭단체를 통한 관리는 사실상 소속정당에 의한 통제와 다를 것이 없다는 측면에서 중복적 장치로 이해된다. 특히 교섭단체의 구성기준을 어디에 두느냐에 따라 원내 운영과정에 대한 참여의 여부가 결정되고 있어 안건 심의과정의 다양성 제고라는 측면에서 보면 계속 존치해 두어야 할 이유가 없는 제도이다. 사실상 교섭단체 제도는 운영위원회의 역할과도 중복된다. 보다 원활한 국회의 운영과 의원 개개인의 자유로운 원내 활동을 보장하기 해서도 원내 교섭단체 제도는 폐지되어야 옳다.

보다 자유로운 원내 활동을 국회의원에게 보장하기 해서는 국회의원 면책특권 위원회의 구성과 운영도 검토해 보아야 할 과제이다. 안건의 심의과정에서 보다 다양한 의견이 제시되도록 하기 해서는 국회의원이 어떠한 의회 외적인 요인에 의해서도 구속되는 일이 없도록 그의 발언 자유를 철저히 보장해 주어야 한다. 이를 위해 국회의원에게는 면책특권이 부여되어 있다. 그러나 이의 오용과 남용에 대한 우려가 제기되면서 국회의원의 면책특권을 제한하자는 주장도 제기되어 있다. 그러나 국회의원의 면책특권이 제한되는 경우 원내 토론의 자유가 훼손될 것은 무나도 뻔한 일이다. 영국에서는 원외에서 행해진 명예훼손을 원내 발언을 증거 삼아 기소할 수 없게 하고 있으며, 심지어 허위나 사술의 의도를 가지고 행해진 원내 발언에 해서도 정직하고 사려 깊은 발언과 아무런 차이를 두지 않고 이를 보호한다.

이 모두가 의회 외부 특히 다른 국가기관의 압력으로부터 의회의 독립성과 권위를 지키기 한 것임은 물론이다. 그러나 그렇다고 해서 국회의원의 면책특권이 언제나 존중되어야 한다는 것은 아니다. 국회의원의 면책특권 행사가 재판의 공정한 진행에 영향을 주게 되거나 국익의 보호에 결정적인 해를 끼치게 되는 경우에는 당연히 제한되어야 마땅한 일이다. 개인의 프라이버시나 명예 또는 재산을 침해하는 일이 있어도 안될 것은 물론이다. 면책특권이 보호하고자 하는 의회민주주의의 목표가 바로 개인의 자유와 인권을 보장하려는 데에 있기 때문이다. 이를 감안하여 국회 내에 면책특권 관리기구를 설치 운영하자는 것이다.

2. 상임위원회 운영단계

1) 심의 대상영역의 확대

상임위원회 제도는 분업의 원리에 따라 국정과제를 구분해서 다루자는 것임으로 제도 자체가 대표성의 원리를 침해하는 본원적인 한계를 지니고 있다. 이를 보완하기 위한 방안으로 복수 상임위원회 제도와 관련 위원회 회부제도를 도입해서 운영할 필요가 있다. 현재도 운영위원회, 정보위원회, 여성위원회 등에 부분적으로 복수 상임위원회 제도가 도입되어 있기는 하지만 이를 전면적으로 도입하여 보다 다양한 의견이 위원회 운영과정에 반영되도록 하자는 것이다. 관련 위원회 회부제도도 현재와 같이 상임위원회 소속 행정부처 관련 안건인지의 여부를 중심으로 기계인 안건 배정이 이루어지는 경우에는 다양한 관점에서의 심의를 필요로 하는 과제에 대해 충분한 다양성 보장이 어렵게 되는 한계가 있다. 이를 보완하기 위한 방법으로 안건을 복수 위원회에 배정하거나 분할 배정하거나 또는 순차 배정할 수 있도록 하여 보다 다양한 관점과 정보가 심의과정에 반영되도록 하자는 것이다.

안건의 배정권에 대해서도 현재는 해당 행정부 소속 관할 사무별로 기계적인 배정을 하고 다만 소속 위원회가 불명할 경우에만 국회의장이 관장하도록 하여 일원주의적인 관리를 하고 있으나, 이를 운영위원회에 맡겨 보다 다양한 시각과 관점에서 배정 자체를 논의할 수 있도록 할 필요가 있다.

유사한 이치로 소위원회 제도의 전반적인 검토와 개혁도 요청된다. 현재의 소위원회는 사실상 상임위원회 중심주의의 핵심적인 기재로 자리 잡으면서 소위원회에서 심의된 결과가 상임원회에 보고되고 그 결과가 다시 본회의를 통해 채택되는 과정을 밟고 있어 실제로는 소위원회에서의 안건 심의가 국회 통과 여부를 결정짓는 핵심 요소가 되어있다. 그러나 소위원회의 위원정수가 지나치게 작은 데다가 그나마 소수의 인원만 출석하여도 운영되고 있으며, 심지어는 간담회 형식의 비공식적인 회의를 통해 안건의 실질심사가 이루어지는 것도 다반사이다. 이럴 경우 소위원회가 다루는 과제의 대상 영역이 지나치게 협소하고 실제 참여하는 의원의 수가 너무 적어 다양한 의견의 투입이 어려울 것은 물론이다. 이런 점을 고려하여 소위원회의 위원정수를 확대하거나 복수 소위원회 제도를 도입하고 아니면 상위임원회 제도의 개편을 통해 상임위원회의 위원 정수를 현재보다 확대하는 문제도 함께 검토해야 할 과제이다.

2) 심의 시간·공간의 확보

현재의 상임위원회 제도 아래에서도 보다 다양한 의견이 제시되고 그 결과 대표성이 확대 반영되기 위해서는 토론과 대화의 기회가 지금보다는 훨씬 더 확장되어야 한다. 그만큼 국회가 상임위원회 중심주의를 표방하고 있으면서도 그 운영의 실제에 있어서는 위원회 단계의 안건심의를 형해화하고 있다는 의미이기도 하다. 원래 위원회 단계의 심의과정에서는 안건 심의의 신중성과 다양한 의견의 수렴을 위해 축조심사와 찬반 토론이 규정되어 있다. 그렇지만 이들은 사실상 잘 지켜지지 않고 있다. 재정법률이나 전면 개정법률의 경우를 제외하고는 축조심사를 위원회의 의결로 생략할 수 있기 때문이다. 그런데 국회의 입법 과정은 단순히 법안을 가결 통과시켜 법률을 만들어 내는 데에만 목적을 두는 것이 아니다. 그 과정을 통해서 다양한 이해 당사자들이나 대립적 이해관계에 있는 이들의 이견이 조정되고 통합되어서 하나의 정치 질서를 창출해내는 데에 궁극인 목표가 있다. 따라서 법안심사의 중핵이라고 할 수 있는 위원회 심의 단계에서 법안의 내용을 조목조목 따져 밝히고 합의를 구하는 절차나 과정이 전제되어야 한다는 것은 당위에 속한다. 그런 점에서 모든 안건에 대해 축조심사와 찬반 토론이 이루어지도록 강제 규정할 필요가 있다.

심의 시간·공간을 확보하기 해서는 회의 시간 자체를 불필요한 일로 유용하는 현상도 시정해야 한다. 위원회가 소집되고도 행정부 현황 보고 따위로 회의 시간을 낭비하는 경우 사실상 안건심의를 위한 시간·공간이 줄어들게 된다. 업무 진행의 순서를 합리화한다는 점에서도 행정부 현황에 대한 자료는 회의 개회 이전에 의원의 필요에 따라 배포되고 보좌진의 검토를 거쳐 회의 과정에서 활용되도록 개선해야 한다. 지금처럼 회의 시간을 할애해서 행정부 현황을 청취하는 것은 시간의 낭비일 뿐만 아니라 효과적인 정보 공유의 수단이 아니다. 오히려 불필요한 정보의 제공을 통해서 필요 정보의 수집과 분석 기회를 차단하는 일이라고까지 평가할 수 있다. 따라서 위원회 회의 석상에서 이루어지는 기관별 현황보고는 이를 폐지하고 회의전 자료 제출을 통해 보완하도록 해야 한다.

3) 심의과정의 공정성 보장

의사규칙이 어떤 기관의 대외적 독자성과 대내적 자율성을 상징하는 징표이자 도구라는 점에서는 상임위원회 운영을 위한 의사규칙도 따로 규정하여 상임위원회 중심주의의 의의를 명백히 할 필요가 있다. 특히 상임위원회 각자의 독자성을 인정한다는 점에서는 각각의 상임위원회가 독자적인 의사규칙을 수립하고 관리하도록 해야 한다. 모든 회의체는 그 회의체의 구 성원이 자신들의 필요에 따라 고안하고 승인하는 의사규칙에 따라 운영될 때 회의체 운영의 정통성과 효율성이 담보된다는 점에서도 이런 관행의 수립은 시급한 과제이다. 같은 맥락에서 처음 위원회가 구성되면 그 회차의 위원회를 관리하게 될 의사규칙을 그 회차 위원회 구성원들이 심의하고 개정하여 위원회 의사규칙의 정통성을 높이도록 하는 절차와 배려도 요구된다. 이런 의사규칙의 관리와 집행을 위해서는 상임위원회 위원장의 지도력과 독립성, 공정성이 확보되어야 할 것은 물론이다. 그러나 현재는 임기가 2년으로 너무 짧고 지나치게 정치적 흥정에 따라 위원회 위원장을 배정하고 있어 위원회 자체에 대한 충성심을 담보하기가 어려운 실정이다. 임기를 국회의원 임기와 같이 4년으로 연장하고 위원장 선임을 철저히 해당 위원회 의 자율 결정에 맡기도록 해야 한다.

4) 심의과정의 자율성 조성

상임위원회의 운영 자체가 지금보다는 훨씬 더 분권적인 양식에 의해 이루어지도록 개선할 필요가 있다. 이를 해서는 위원장의 권한과 지위를 보 다 더 강화해 주어야 하며, 다양한 임시위원회 내지는 특별위원회를 구성해서 운영하도록 하는 정책적 판단이 있어야 한다. 특히 법제사법위원회를 사법위원회로 개편하는 한편 "법률의 자구와 체제"에 관한 심사는 법제실의 조력을 통해 해결하는 방안을 강구할 필요가 있다. 이는 사실상 법제사법위원회가 다른 위원회의 활동에 대한 간여와 통제를 허용하는 빌미가 되고 있기 때문이며, 업무처리 과정에서도 병목현상을 가져와 입법 과정의 지체를 낳는 주요 원인 가운데 하나이기 때문이다. 이런 노력들을 통해 원내 권력 관계의 다핵화 내지는 분권화를 지향하고자 하는 것도 물론이다. 이런 점에서 보면 현재 각 위원회의 위원 임기가 2년인 것도 문제이다. 임기를 4년으로 하여 각 위원회의 기관계속성과 위원회에 대한 분권적 귀속성을 높여야 할 것이다. 위원장이 관리할 수 있는 위원회 운영경비의 확대, 지원 인력의 강화, 위원회 운영에 대한 외부 영향력 개입 축소 등도 같은 이치로 검토되어야 할 과제이다.

V. 결론

지금까지 우리는 국회의 개혁수요를 진단하는 데 있어 지나치게 기계론적 접근 시각에 의존해 왔다는 한계가 있음을 반성할 필요가 있다. 국회의 개혁과제는 사실 국회 내부의 문제이기 이전에 국회 외부 환경과의 연계과정에 그 원인을 두고 있는 경우가 부분이기 때문이다. 그러나 그렇다고 해서 꼭 권력 구조적인 측면에서 접근하자는 것은 아니다. 관리론적인 접근을 강조하는 경우에도 이를 해석하거나 이해하는 데 있어 환경론적인 접근 시각의 도입이 필요하다는 점을 강조하고자 한다.

또한 국회 개혁과정에서 제기되기 마련인 대표성과 심의성 또는 민주성과 생산성 간의 균형 유지 문제는 결국 이들 사이의 균형을 어디에서 유지하고자 하느냐의 문제로 치환된다. 그런데 지금까지는 보다 생산성 내지는 경제성 제고에 초점이 맞추어져 있었다. 정보화 사회로 들어서면서 사회적 관계의 변화 속도나 범위가 확장되면서 보다 더 빠르거나 경제적인 양식으 로 의사결정하는 일에 주목해야 한다는 주장이 있을지 모르지만, 국회가 정치적 기구이고 그의 기관 존립 근거가 보다 다양한 이견을 조정 통합하는 데 있다는 점을 환기해보면 오히려 지금보다는 훨씬 더 느린 속도로 기관 운영에 나서야 한다. 그동안 국회가 너무 속도성 일변도로 운영되어 왔다는 의미이다. 정보사회의 도래는 오히려 바로 이런 느린 운영을 보장해 주 는 주변장치 내지는 환경 조건으로 작동함으로써 보다 광범위한 범주를 포괄 가능케 하는 적극적 요소로 이해되어야 옳다.

그런 점에서 국회가 국회의 기관 경계 영역을 벗어나 사회공동체 내지는 시민사회로 보다 더 접근하려는 노력을 경주해야 할 것은 물론이다. 기관 내부의 의사결정권을 국회 내부의 일원적인 질서로 집적하려 할 것이 아니라 보다 분권적으로 의사결정의 중추를 분산하고 이를 다시 연합하거나 연결함으로써 결과적인 총합 질서를 창출할 수 있도록 입법 과정에 대해 네트 워크적인 시각과 관점을 도입할 것이 요구된다. 의회는 본래 사회공동체에서 발현하여 상설 조직체로까지 진화되었지만, 이제는 오히려 그 진화된 조직구조로부터 벗어나 어떻게 사회공동체로 다시 회귀할 수 있을 것인가가 문제의 핵심이라고 보아지기 때문이다.

이는 “대표의 실패”가 일상화하는 정보화 사회에서 환원 민주주의를 지향하는 일이 불가피한 일이라고 판단하기 때문일 뿐만 아니라, 이미 국회가 당면하고 있는 과제들이 단순히 국회 내부의 과제나 요인에 근거하는 것으로만은 판단되지 않기 때문이다. 그런 점에서 국회는 전통적인 양식의 의회 운영상의 정상화를 경험하기도 전에 고전적인 양식의 의회 운영이 안고 있는 본원적인 한계에 대한 물음에도 답해야 하는 이중의 과제를 안고 있는 셈이다. 그러나 이를 다른 한편에서 보면 아직 어느 누구도 그 대안적 의회 운영 양식의 전범이 무엇인가에 대해 해답을 내놓기는 어렵다는 점에서 의회 운영의 후발국이라고 할 수 있는 우리에게는 새로운 도전이자 기회이기도 한 것이다.

그런 점에서 시민참여형 정치 거버넌스 체제의 구축을 위해 실험적 도전을 시도하는 일은 불가피한 일이다. 그에 부응하는 조직 내재적 과제들을 조정 또는 개편해야 할 것도 물론이다. 그러나 입법 과정에서의 시민참여 증대는 그것 자체가 해답은 아니다. 무엇보다도 국회에서의 의사결정은 단순히 시민적 요구를 추수하는 데에 끝나는 것이 아니라 전문가적인 판단이나 평가를 균형있게 반영하여 집합적 선호가 공공선을 지향하거나 윤리적 정당성을 확보하는 일에도 유의해야 하기 때문이다. 그러나 그렇다고 해서 대리인 체제의 실패에 대한 기관 개혁적인 반성이 없어도 된다는 말은 당연히 아니다.

따라서 남겨지는 과제에는 입법 과정에 대한 시민참여의 공간을 확대하면서도 참여의 윤리성을 담보하는 문제, 참여의 불균형을 시정하는 과제, 시민의 비전문가적인 판단을 보완하는 숙제 등이 있다. 또한 시민참여형 입법 과정으로 전환한다고 하더라도 이를 위한 주변장치로서의 환경 조건 개선에 대한 숙의가 있어야 할 것이다. 입법정보의 공개와 공유, 지나치게 특수이익을 관철하고자 하는 경우에 대한 대응조치, 관련 정보의 조작이나 허위사실의 유포가 시민참여를 위태롭게 하는 일에 대한 방어 장치의 개발 등이 앞으로 개선해야 할 과제이다.

이런 문제들에 대한 해답은 궁극적으로 어떤 시민이 참여하고자 하는 것인가에 있다. 그런 점에서 보다 "교양 있는 시민", 보다 "적극적인 시민"을 필요로 하는 것은 분명하다. 그렇다면 그런 시민은 어떻게 확보 가능하게 되는가? 궁극적인 해답은 사회자본의 축적에서 찾아질 수밖에 없다. 이를 위해서는 당연히 민주시민 교육의 실시만큼 시급한 과제가 따로 없다. 국회 의 개혁은 이제 단순히 국회 내부의 과제가 아니라 사회 총체적인 차원에서 접근하지 않고서는 해결하기 어려운 과제이기도 한 것이다.

그러나 반대로 이런 국회 외부 환경적인 요인의 변화는 국회 내부의 안건 심의과정에 대한 변화와의 연동을 주문하기 마련이다. 국회 외부 환경이 환원 민주주의에 대한 요구를 강화하고 있다는 사실은 원내 안건 심의과정도 보다 수평적이고 분권적인 운영양식으로 전환해야 한다는 점을 강조하고 있음에 다름 아니다. 그러나 단순히 분권 구조의 형성에 그치는 것이 아니라 그런 분권적 관계가 다시 정치적 지도력의 정립을 통해 통합되거나 신질서를 구축할 수 있게 되어야 한다. 의회의 궁극적인 목표는 사회적 합의의 창출에 있는 것이기 때문이다. 이를 위해 선의의 중립적 지도력이 창출되어야 할 것은 두말할 나위도 없다.

무엇보다도 원내 안건심의 과정에서도 경계를 넘는 협업체제의 구축을 통해 보다 종합적인 관점에서 개혁수요를 진단하거나 대안을 개발하려는 시각이 도입되어야 하겠다. 원내 안건 심의과정이 지향하는 심의성 진작은 대표성 강화와도 동행해야 한다. 보다 종합적인 접근이 필요한 이유이다. 국민의 집합적 선호를 따르는 일과 전문가의 판단을 수용하는 문제도 어느 접점에서 균형을 유지해야 하는지에 대해서는 선험적 결론이 정립되어 있을 수 없다. 그런 만큼 이들 모두를 아우르는 총합적 관점에서 개혁수요를 진단하고 평가해야 마땅하며 이를 위해서는 다양한 차원에서의 숙의가 활성화되어야 할 것은 물론이다.

그런데 여기에서 제시하고자 했던 국회 개혁수요 진단작업은 기본적으로 기능론적 접근 시각에 기초한 것이라는 한계를 지닌다. 그런 만큼 여기에서 제시하거나 제안한 개혁과제들이 개혁대상 과제의 전부도 아니며, 그렇다고 해서 개혁 대안 가운데 어느 것이 보다 더 중요하다거나 우선해야 한다는 식의 개혁 경중을 가리기도 어렵게 되어있다. 다만 제시되거나 제안한 과제들이 국회가 검토해보아야 할 여러 개혁과제 가운데 하나라는 점을 밝히고자 했을 뿐이다. 이 가운데 어떤 것을 채택하거나 또는 외면할 것인지의 여부는 전적으로 국회의원들이 감당해야 할 몫이다.

제9장
지방의회 의원의 질적 평가 활동

오수길

I. 문제제기

지방자치제도를 부활한지 20년이 넘었고, 민선 지방자치 6기에 이르는 현재에도 지방의회의 전문성에 대해서는 많은 문제가 제기되고 있지만(김명환·박기관, 2001; 박기관, 2005; 최봉기, 2005; 강상원·최병대, 2010; 김진윤·이정훈, 2010; 신원득, 2010; 김미현·정명은, 2014), 실제로 어떤 전문성에 대해 어떻게 지원할 것인가에 대해서는 좀 더 구체적인 논의를 진행할 필요성이 있다. 이럴 경우 지방의회 무용론과 제도적 보완론 사이에서 실로 다양한 대안들을 좀 더 적극적으로 고안하고 또 시도해 볼 수 있을 것이다.

가령 최봉기(2005)는 전문성 제약 요인을 자치제도의 문제, 행태적 문제, 정치사회적 문제로 구분하고 직무 관련 학습 부족이나 연구 기피와 같은 문제를 다뤘다. 강상원·최병대(2010)는 의회의 인사권 독립, 의원 보좌관제, 교육 훈련, 입법정책 기능 강화 등 지방의회 의정활동 활성화를 위한 집단 간 인식 비교에 초점을 두어 논의를 전개했다. 윤주명(2003)은 지역사회에 대한 일반정보의 수집이나 지역 현안 및 집행정책에 대한 여론 청취, 지역 현안에 대한 해결 방안 모색 등에 도움이 되도록 NGO와의 연계 체제를 구축하는 일이 긴요하다고 보았다.

지방의회에 대한 연구 경향을 분석한 김귀영(2011)에 따르면, 220편의 논문 가운데 조직구성이나 운영활동 등 내부 요소에 대한 연구가 70%(159편)를 넘고, 제도나 관계 등 외부 환경에 관한 연구가 30% 정도(61%)를 차지한다는 것이다. 전반적으로 입법활동이나(박노수, 2010) 입법기능(송광태, 2012), 의정비용과 생산성의 관계(김미현·정명은, 2014)에 초점을 맞추기도 하고, 의원의 연수에 대해 다루기도 하지만(하정봉·최봉기, 2007; 박천오·이춘해·서우선, 2008; 허훈, 2010), 전반적인 의정활동 자체를 정량·정성적으로 평가하는 연구가 많은 편이다(송광태, 2003; 강인호 외, 2010; 김진윤·이정훈, 2010; 최창수, 2010). 다수의 연구에서는 지방의원의 개별적인 역량만으로는 한계가 있으므로 법·제도의 정비나 지방의회 운영을 제고하기 위한 제도 개선의 필요성이 지적되고 있다.

방법론적으로는 조례의 제정과 개폐 등 의안의 처리 건수, 예산 심의 기간, 지역 민원의 처리 정도, 감사 지적건 수, 시정 질의건 수 등 의정활동을 정량적으로 측정하는 것이 이론적·실제적으로 기여하는 바가 적지 않다. 그러나 이러한 활동을 제도적으로 뒷받침하는 것 외에도 지방의회 의원의 의정활동 가운데 지방정부에 대한 지방의회 의원의 평가 활동 자체를 개선, 발전시킬 수 있는 대안을 모색해보자는 것이 이 장(章)이 다루고자 하는 문제의식의 출발점이다. 입법활동, 예산심의, 집행부에 대한 감시·감독 등의 기능 가운데 지방의회가 지방정부의 업무를 평가하는 성격의 기능을 찾아, 지방의회 의원이 정책평가자로써 역할을 수행하는 데 필요한 도움을 주고자 하는 것이다.

일반적으로 지방정부에 대한 평가는 정성평가와 정량평가로 구분해 볼 수 있다. 성과를 계량화하여 측정하는 일이 가능한 경우 정량평가를 수행하는 한편, 평가자의 전문적 역량을 바탕으로 통찰력을 가지고 정성평가를 수행할 수도 있다. 하지만 공공부문의 성과라는 것은 상당 부분 계량화하여 측정하기가 쉽지 않은 경우가 많아 평가자의 전문적 식견에 의한 질적 평가를 추진하는 경우가 많다. 그러므로 평가자로 하여금 질적 평가의 중요성과 평가 방법에 관해 성찰해볼 수 있는 기회를 만들어주자는 것이 중요한 과제로 제기된다.

지방의회는 지방정부의 각종 자료를 통해서 또는 지역주민들의 의견을 바탕으로 지방의회의 본회의나 상임위원회에서 지방정부의 업무 전반에 대한 질의 또는 행정사무에 대한 감사를 통해 지방정부에 대한 평가를 수행하는 것이 보통이다. 이러한 질의나 행정사무의 감사 과정에서 지방의회 의원의 통찰력이 발휘될 것은 물론이다. 이러한 평가기능 자체가 평가자로써의 지방의회 의원이 지니는 전문적인 식견과 통찰력을 반영하는 것이기에 질의나 행정사무 감사에서 지방의회 의원이 질적 평가를 수행한다는 사실을 환기시키는 것 자체만으로도 큰 의의가 있을 것으로 기대한다.

개인의 철학과 편의(bias)가 평가 방법의 선택에 영향을 미치고, 시간과 비용에 한계가 있으며, 평가자의 능력 자체도 중요하기에 적절한 연구 방법을 선택하는 일은 쉽지는 않은 과제이다(Patton, 1987: 170). 하지만 제도적 틀을 갖추는 것과 병행하여 다양한 방법론을 제시해줄 필요가 있다. Robert et al(2011)이 지적하는 바와 같이 오랫동안 내려오는 매뉴얼이나 문화적 전통이 취약한 사회에서는 지방의회 의원 개인이 의정활동에서 활용하는 방법론적 규정과 뒷받침이 중요하게 된다.

이런 점을 감안하여 이 장(章)에서는 평가기능 수행자로써의 지방의회 의원의 의정활동에 주목하여 질적 평가의 중요성, 그리고 질적 평가의 도입과 활용 방안을 제시하고자 하는 데에 우선적인 목적을 두고 있다. 지방의회와 지방의회 의원의 역할 제고를 위한 법·제도의 정비와 더불어 지방의회 의원의 평가(자) 역할에 대한 인식, 특히 질적 평가 방법의 이해와 질적 평가자로써의 역할 제고에 초점을 맞추는 경우 궁극적으로는 지방의회 의원의 의정활동을 개선, 발전시키는 데에 기여할 것은 두말할 나위도 없다.

이를 위해 서울시 의회를 대상으로 서울시 업무에 대한 서울시 의회의 평가 관련 기능을 도출하고 그 수행과정을 분석하고자 한다. 그리고 이런 기능을 수행할 때 활용할 수 있는 질적 평가 방법을 제안해 보고자 한다. 이를 위해 관련 문헌과 서울시 의회의 본회의, 상임위원회, 행정사무감사 회의록 등을 분석하였고, 이 가운데 전형적인 내용을 추출하여 제시하였다. 또한 실제 서울시 의회의 운영에 대한 이해와 회의록 등의 해석을 위해 전·현직 서울시 의회 의원, 그리고 전문위원들과의 인터뷰를 병행하였다.

II. 지방의회의 평가기능과 질적 평가의 논리

1. 지방의회의 주요 기능과 질적 평가자로써의 지방의회 의원

지방의회의 기능으로는 일반적으로 자치입법기능, 예산심의기능, 대표기능, 집행부에 대한 감시·감독 기관으로서의 기능 등을 들 수 있다. 자치입법기능은 지방자치법 제39조 1항 제1호에 따른 지방자치단체의 조례를 제정하는 입법기관으로써의 기능이다. 지방의회 의원은 주민의 의사를 수렴하여 조례안을 발의하거나 지자체장이 제출한 조례안을 심의하면서 주민의 의사를 바탕으로 수정하여 의결할 수 있다. 예산심의기능은 예산심의와 그에 따른 의결 활동을 말하는 것으로서 정책의 우선순위 결정을 통해 집행부를 통제할 수 있는 수단이 된다. 대표기능은 주민의 의견을 조정하고 통합하며 정책결정과 집행과정에 주민의 의사를 전달하는 등 더 많은 주민의 의견 투입 기회를 확대하는 것이라고 할 수 있다. 그리고 집행부에 대한 감시·감독 기관으로서의 기능은 지방자치법 제125조 1항에 명시된 감사권, 조사권, 답변요구권, 서류제출요구권 등을 행사하는 것을 말한다(한국입법학회, 2012: 18-22).

지방의회 의원은 이러한 권한을 바탕에 둔 활동 가운데 조례의 제·개정 및 폐지, 예산의 심의 및 확정, 청원의 수리와 처리, 지방정부 통제와 같은 기본적인 활동에서도 지방정부에 대한 평가역할을 수행할 수 있게 된다. 이때 의정활동을 위해 계량적인 자료를 수집하고 그에 기초해서 의정활동을 펼칠 수도 있고, 다양한 질적 자료와 이에 기초한 통찰력을 바탕으로 '질적 평가자'가 될 수도 있다.

의원의 발언, 각종 보고서 작성, 공청회, 간담회 등의 활동을 통해 질적 평가자로서의 역할을 수행한다고 볼 수 있다.

예컨대, 서울시 의회 홈페이지에 소개되어 있는 서울시 의회 의원의 발언만 해도 시정질문, 5분자유발언, 의사진행발언, 신상발언 등으로 구분할 수 있다. 시정을 대상으로 집행부에 질문하는 시정질문, 본회의 개의 동안 5분 이내로 자유롭게 발언하는 5분자유발언, 회의 진행과정에서 이의를 제기하거나 자기 의견을 개진하는 의사진행발언, 의원의 일신상에 관해 본인이 해명하는 신상발언 등은 질적 평가자로서의 역할을 수행하는 기회가 될 수 있다.[1)] 노인만(2008: 178-179)은 특히 의원의 질문권과 관련하여 답변을 요구하는 것 자체보다는 질문에 대한 답변의 과정에서 정보획득 기능, 협조 기능, 통제 기능, 갈등해소 기능, 여론화 기능, 동원 기능, 홍보 기능, 기타 길잡이 역할 등을 수행할 수 있다고 보았다. 이밖에도 "중요한 안건이나 전문지식을 요하는 안건을 심사하기 위해 이해관계자나 학식·경험이 있는 자 등으로부터 의견을 청취"하기 위해 마련되는 공청회, 그리고 "특별한 주제에 관하여 상호 격의 없이 의견을 교환하는"(진두생, 2010: 199) 간담회 역시 지방의원이 질적 평가를 수행할 수 있는 중요한 기회가 될 수 있다.

지방정부에 대한 지방의회 의원의 평가 활동과 관련하여 이는 지방자치단체장과 지방의회 의원 간의 상호작용을 중심으로 살펴볼

---

1) 민선 서울시 의회 5기 의원인 진두생(2010: 200-202)은 제안 설명, 질의 및 답변, 토론, 보고, 의사진행발언, 신상 발언, 질문, 연설, 인사 등으로 세분화하여 설명한다. 그에 따르면, 미진한 부분에 대해 다시 묻는 보충발언, 안건의 최종 결정 전 의원들이 찬반에 관한 의견을 밝히면서 설득하는 토론이 있다. 본회의에서 위원회 위원장이나 소속위원이 심사결과를 설명하는 심사보고, 정당 대표자의 대표연설, 보궐선거로 선출된 의원이 하는 인사 등도 고려해볼 수 있다.

수 있다. 이들 간의 관계는 상호 견제와 균형의 원리를 근간으로 삼는다고 할 수 있는데, 지자체장의 경우 지방의회에 대해 재의요구권(거부권), 선결처분권, 제소권(대법원), 동의권 및 의견진술권, 임시회 소집요구권 등을 통해, 반면에 지방의회는 의결권, 행정사무감사 및 조사권, 출석요구권, 서류제출요구권, 의장조례공포권 등으로 지자체장을 견제 또는 통제하게 된다. 이러한 활동 가운데 특히 행정사무감사와 조사권의 발휘 과정에서 질적 평가 활동을 수행할 수 있을 것으로 보여진다.

정책심의과정과 정책화 과정의 대응성(responsiveness)을 연구한 신원득(2002)에 따르면, 지방의회 의원이 배경 설명, 현상 진단, 문제점 적시, 대안 제시까지의 과정에서 '모범적인 질문'을 제기하면, 지방정부의 '모범적인 답변'은 77.8%까지 오르게 되지만, '의문 해소 차원의 질문'에 그치면 모범적인 답변은 32.3%에 불과하게 되고 '현장 회피적 답변'(54.8%)이나 '소극적인 답변(12.9%)'이 나오게 된다는 것이다. 지방정부에 대한 평가를 위한 자료의 준비는 계량적인 자료 외에도 의원의 생활세계에서 마주하는 다양한 질적 자료를 통해 가능하며, 이에 바탕을 둔 의원의 통찰력이 중요하다는 사실에 주목할 필요가 있다.

Glesne(2008)은 질적 연구의 내용과 절차를 설명하면서 '그곳에 가 있기', '언어에 날개를 달기', '이야기 찾아내기', '세상의 노래를 지어내기' 등의 은유를 활용한 바 있다. 이는 참여관찰이나 면담을 통한 이해 증진, 자료 분석, 언어와 표현의 문제 등을 지적한 것으로서 질적 연구자로써의 자세 또는 역할을 잘 드러낸 것이며, 유권자, 지역구, 대표성, 공익 등 지방의회 의원의 자세 또는 역할과도 잘 들어맞는 것으로 평가해 볼만한 일이다.

2. 정책평가와 질적 평가

일반적으로 정책평가란 "정책의 성과를 향상시키고자 정책형성 과정에서 설정된 정책목표에 도달하는 과정을 정책형성과 정책집행 과정으로 나눠 점검하고, 정책성과를 확인, 검토하는 정기적인 활동"(Poister et al, 1979)이라고 정의할 수 있다.

따라서 정책평가라는 말 속에는 다음과 같은 의미가 내포되어 있다(Weiss, 1998; Vedung, 1996; 박홍윤, 2012). 첫째, 정부 개입(government intervention)을 대상으로 한다. 둘째, 정부 활동을 개선하기 위한 노력이다. 셋째, 정책의 집행, 산출, 결과에 초점을 둔다. 넷째, 일정한 기준과 비교하는 활동이다. 다섯째, 체계적이고 분석적인 활동이다. 여섯째, 다학문적 지식을 요구한다. 일곱째, 정치적 과정이다.

지방정부와 관련시켜 정책평가를 생각해보면, 정책평가란 지방정부의 정책, 프로그램, 프로젝트 등을 평가하여 지방정부의 활동을 개선하고자 노력하는 활동이다. 또한 지역주민의 이해와 요구를 기준으로 비교해보는 활동이기도 하다. 그런데 "정책평가에서 사용되는 방법은 선험적인 선호보다는 항상 실제적인 이슈에 의해 만들어진다"(Greene et al, 2001). 이는 지방정부의 경우에 보다 잘 적용된다. 지방정부의 업무와 활동에 대한 평가는 정해진 논리와 체계에 따라 연역적으로 이뤄지는 데 한정되지 않고, 실제 주민들의 생활세계에서 생생한 목소리가 귀납적으로 평가에 반영될 수도 있고 또 그렇게 되어야 하기 때문이다. 그러므로 반드시 전문가들의 전문지식에 의한 정량평가에 국한되지 않으며, (특히 지역구의) 다양한 이해관계자들의 참여, 조정, 합의가 병행되는 정성평가가 강조된다. 이 과정에서 지방의회 의원은 경청자이자 현장조사 연구자이자 정치 지도자로서의 역할을 수행하는 것이다.

이러한 과정에서 질적 평가의 도움이 필요할 것은 물론이다. 질적 평가는 "프로그램 대상 집단 등에 대한 심층면접, 참여관찰, 현지조사, 문서 등의 자료원을 가지고 평가자의 경험, 지식 등에 기초해 주관적으로 평가하는 것"을 말한다(박홍윤, 2012: 369). 질적 평가는 일반화보다는 어떤 쟁점이나 현상에 대한 깊이 있는 이해에 초점을 맞추기 때문에 지방의회 의원의 의정활동에 있어 특히 유용할 수 있다.

일반적으로 양적인 변화의 의미를 알아내는 것이 정량적 평가라면 정량적인 평가는 정성적인 평가에 의해 보완될 필요가 있고(이성우, 2008; 강근복, 2009), 지방정부에 대한 지방의회 의원의 평가 역시 정량적인 자료 외에도 전문적인 경험과 통찰력에 바탕을 두고 이뤄지는 경우가 많아 질적 평가의 중요성과 관심이 더욱 높아지게 된다. 이런 점을 감안해 보면 <표 9-1>과 같이 지방의회 의원이 상정한 평가 질문을 양적 자료와 질적 자료에 비춰 어떤 질문에 어떤 자료가 적합한지를 판단해볼 수 있다.

<표 9-1> 평가 질문과 자료 선택

양적 자료에 적합한 평가 질문	질적 자료에 적합한 평가 질문
• 얼마나 많은 사람이 정책문제의 상황에 놓여 있고, 정책문제에 의해 영향을 받으며, 정책에 의해 도움을 받게 될 것인가? • 정책문제가 얼마나 만연되어 있는가? • 정책문제에 의해 어떤 집단이 가장 영향을 받고 위험에 처해 있는가? • 정책이나 프로그램이 정책문제에 어느 정도의 변화를 가져올 수 있을 것인가?	• 왜 사람들이 정책문제에 의해 영향을 받는가? • 어떻게 사람들은 정책문제의 상황에서 벗어났는가? • 정책이나 프로그램이 어떻게 작용했는가? • 정책이나 프로그램이 계획대로 집행된 이유와 집행되지 못한 이유는? • 사람들은 정책 개입에 대해 어떻게 생각하고 있고, 그것을 어떻게 개선할 수 있을 것인가?

자료: HM Treasury(2007).

질적 평가는 질적 자료를 바탕으로 수행된다. 질적 평가를 위한 질적 자료 수집 방법으로는 인터뷰, 참여관찰, 현장노트 등으로 구분할 수 있다(Patton, 2002). 인터뷰는 사람들의 경험, 인지, 의견, 느낌, 지식을 포착할 수 있다. 관찰은 인간 경험의 다양한 측면들을 현장에서 기록할 수 있다. 현장노트는 맥락을 기록하고 보존하는 방식으로 채취된 문건을 말한다.

인터뷰는 구체적인 정책과 프로그램에 관한 전문적인 대화로서 인터뷰 대상자의 생활세계에 대한 의미를 획득할 수 있다(공병혜·박순애, 2009: 77). 완전한 구경꾼과 완전한 참여자로서의 위치를 양극단으로 하여 평가의 맥락에 따라 참여와 관찰의 수준이 달라진다(Patton, 2002)는 점에서 관찰은 지역주민의 생활세계를 이해하는 데 도움이 될 수 있다. 현장노트는 참여관찰 방법을 통해 얻어질 수 있는 것으로, 일반화한 기록이 아니라 상세하고 구체적인 묘사를 바탕으로 하는 자료라는 점에서, 관찰자의 주관적 판단이 개입되어

나중에 풍부하게 평가할 수 있는 근거를 제공하게 된다.

질적 평가는 연구대상의 선정 → 조사 설계 → 자료 수집 → 자료 분석 → 자료 해석과 결과 활용이라는 일반적인 조사방법 또는 평가방법의 절차를 준용할 것이지만, 비확률 표본추출에 의한 연구대상의 선정에서 출발하여 다수의 참여를 바탕으로 한 자료 분석과 해석으로 이어지며 평가 활용자나 이해관계자를 고려하면서 이뤄지게 된다. 지방의회 의원이 지역주민과의 대면접촉이나 상호작용을 통해 자료를 수집하며 이에 근거하여 의정활동을 펼치는 것을 질적 연구이자 질적 평가라고 할 수 있다.

3. 분석의 틀

이상의 논의에 맞춰 지방의회 의원의 의정활동 가운데 실질적으로 분석적 의의가 있는 것으로는 회기 중 의원들이 사전에 지방정부에 대한 질의를 보내는 '시정질문서', 각 상임위원회에서 의원들의 질의를 기록한 '회의록', 그리고 행정사무감사 등이라 할 수 있다. 이는 질의, 공청회, 간담회, 행정사무감사, 조사 등의 의정활동 가운데 지방의회의 본회의와 상임위원회 등에서 정기적으로 기록되는 것이기에 자료 접근성이나 타당성 면에서 양호하다. 자료는 민선 5기 서울시 의회 자료를 활용하되, 여기에서의 예시가 각 의원들의 의정활동을 본격적으로 평가하는 것은 아니기에 자료의 구체적인 회기 등을 반드시 명시하지는 않았다.

서울시 의회의 경우 시정질문은 질문의 구성이나 근거제시를 통해 서울시정에 대한 평가기능을 풍부하게 할 수 있을 것으로 기대된다. 또한 실제 시정질의와 답변의 공방을 기록한 회의록의 경우 '시정질문서'의 사전 준비 여부와는 관계없이 다양한 논리와 근거 제시를 통해 서울시정에 대한 평가기능을 풍부하게 할 수 있다. 그리고 행정사무감사의 경우 각 상임위원회별로 서울시 각 실국의 업무에 대한 감사를 수행하는 것으로서 평가기능이 포함되는 것으로 볼 수 있다.

여기에서는 분석을 위해 질문요지서, 질의, 행정사무감사의 경우 상임위원회에서의 예시를 살펴보고자 하며, 예결산보고서의 경우 하나의 보고서를 예시로 제시하고자 한다. 서울시 의회 의원들의 평가기능 자체를 평가하겠다기보다는 이러한 평가 활동에 질적 평가를 도입할 수 있는 가능성을 보여주는 것으로 예시하고자 하는 것이다.[2)]

실제로는 상당수의 의원들이 질문요지서를 제출하지 않았고, 제출한 의원들의 경우에도 질문의 주제나 항목에 대해 요약해서 제출했을 뿐 어떤 취지에서 어떤 질문을 할 것이라는 자세한 내용을 갖춘 경우는 거의 찾아보기 어려웠다. 이런 점에서 여기에서 의정활동 분석을 위해 제시하는 것들은 질적 평가 방법론을 실용적으로 활용할 경우 질문요지서 작성이나 실제 질의 시 좀 더 내실 있는 평가가 가능할 것이라는 점을 알려준다. 또한 상임위원회별로도 큰 차이를 발견할 수 없었고, 다만 질문의 내용이 상임위원회의 분야별 특성을 반영하는 정도였다. '활용 가능한 방법'의 경우 실제로

2) 이 연구를 위해 주요 관련자들과의 인터뷰를 수행한 결과 전 서울시 의회 K의원(2013. 10. 18 인터뷰), L의원(2013. 10. 25 인터뷰), 현 서울시 의회 C의원(2013. 11. 01 인터뷰) 등이 이러한 분석이 가능하고 필요하며, 실제로 이런 활동 속에서 질적 평가가 가능할 수 있다고 설명해주었다.

해당 위원회의 의원들이 이러한 방법을 활용했다는 의미가 아니라 질의의 내용에 비춰볼 때, 그러한 내용을 사전에 준비, 분석하거나 질의할 때 활용할 수 있을 것으로 판단되는 방법을 예시적으로 확인해본 것이다.

이에 따라 여기에서는 각 질문요지서와 질의 활동, 예결산보고서와 행정사무감사의 각 질의들을 몇 가지 범주로 구분해볼 수 있다.

첫째, 통계적 계산이 가능한 경우이다. 이는 지방세 수입규모, 경제성장률 등 계량화가 가능한 경우를 말한다. 즉 정량평가를 통해 성과를 따져 물을 수 있는 내용이다. 자료 접근과 측정이 가능한 경우 객관적인 데이터를 바탕으로 서울시정을 평가할 수 있다.

둘째, 서울시정에 대해 시민들이 느끼는 신뢰 정도의 경우처럼 설문조사를 통해 시민들의 인식을 알아볼 수 있는 경우를 말한다. 이 경우 사전에 설계한 설문을 바탕으로 서울시정을 평가하는 것이다. 이를 위해서는 어떤 사안에 대해 어떤 대상에게 어떤 설문을 수행할 것인가가 관건이 될 것이고, 상당한 비용이 수반될 수 있다.

셋째, 버스회사 지원금 대책의 경우처럼 관련 이해당사자들의 면담을 통해 좀 더 심층적인 조사, 연구결과를 제시할 수 있는 경우이다. 이 경우 버스회사 지원금의 규모 등을 정량적으로 파악하거나 버스회사 관련자, 버스기사, 또는 서울시민을 대상으로 한 설문조사를 수행함으로서 평가 자료로 활용할 수도 있을 것이다. 하지만 면담을 통해 새로운 정보나 핵심적인 문제를 이해할 수도 있다.

넷째, 우발채무 최소화를 요구하는 경우에서처럼 '우발채무'의 기준을 설정하고 이 기준을 중심으로 성과를 측정하는 평가가 가능할 수 있다. '최소화'를 어느 선에서 인정할 것인가 하는 것이 서울시 의회 의원들의 전문적인 식견과 통찰력에 기반할 수 있지만, 그 기준점이 설정되고 일정한 범위나 범주로 평가될 수 있다면 정량평가를 가미한 질적 평가가 될 수 있다.

이 밖에 정해진 규칙을 준수하지 않는 경우와 같이 시정이나 준수를 당부하는 것을 추가할 수 있다. 이 가운데 면담을 활용할 수 있는 경우와 기준을 정해 성과를 측정하는 평가를 질적 평가라고 할 수 있다. <그림 9-1>은 이런 분석의 틀을 제시한 것이다.

<그림 9-1> 분석의 틀

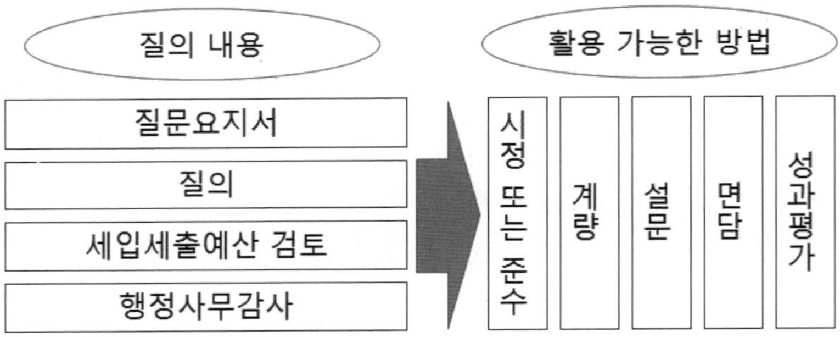

Ⅲ. 서울시 의회 의원의 평가 활동

1. 질문요지서

서울시 의회의 의정활동 중 본회의와 상임위원회 회의에서의 질의는 사전에 '질문요지서'의 형식으로 전달된다. 여기에서는 각 상임위원회별로 질문요지서 사례를 제시하여 분석하기로 한다. 이는 상임위원회별로 어느 상임위원회에서 질적 평가가 좀 더 활용도가 높을 것인지를 따지려는 것이 아니라 현재의 제8대 서울시 의회에서 무작위로 선정한 회기와 질문요지서 중에서 질적 평가의 가능성을 확인하고자 하는 것이다. <표 9-2>는 상임위원회 질문요지서의 질의 내용과 평가를 위해 활용 가능한 방법을 예시로 든 것이다.

<표 9-2> 상임위원회 질문요지서의 질의 내용과 활용 가능한 방법 예시

상임위원회	질의 내용	활용 가능한 방법				
		시정준수	계량	설문	면담	성과평가
건설위원회	• 통합대금 지급확인 시스템의 명칭과 추진 경위				○	
	• 시스템 운영 전담팀 필요 여부			○	○	
	• 시스템 사용 제도적 장치 필요 여부			○	○	
	• 타당성 조사 신뢰성 여부			○	○	
	• 당초 계획보다 연장 시 타당성 조사 미실시	○				
	• 몇 년 전 타당성 조사 B/C와 현재 B/C 비교					○
교육위원회	• 정부수반 유적사업의 내용과 필요성			○		
	• 전시관 및 운영상의 문제점			○	○	
	• 국가정체성 및 국기문란 등 범죄자의 경우	○		○		
	• 박정희 가옥 주변 공원화 문제	○		○		
	• 뉴타운 학교부지 매각관련 진행상황	○				
	• 산책로 필요성			○		
	• 버스차고지 밀집지역 해소방안			○	○	
	• SSM 및 대형마트에 대한 규제대책	○		○	○	○
도시계획관리위원회	• 시정질문 지적 사항에 대한 약속 준수 여부	○				○
	• 법정의무경비 및 경직성 경비증가에 따른 대응		○		○	○
	• 중점투자방향에 꼭 필요한 예산		○		○	○
	• 국공유지 무상양도와 관련 개선방안			○	○	
	• 관리처분업무의 효율적 관리 및 검증 제도 개선			○	○	○
	• 정비사업의 정책방향 및 업무수행 전문성 강화			○	○	○
	• 조합의 계약 및 자금관리의 조달청 의탁 여부			○	○	○
	• 대형공사, 책임감리, 일반계약의 문제 개선 방향			○	○	
	• 노후 상수관 누수사고 발생 해결 예산		○			
	• 국공립어린이집 확충에 따른 민간어린이집 피해		○	○	○	○

건설위원회의 경우 당초 계획을 변경할 경우 타당성 조사를 거쳐야 함에도 불구하고 타당성 조사를 실시하지 않았다면 이에 대해서는 시정이나 준수를 요구할 수 있을 것이다. 시스템 운영 전담팀이 필요할지, 시스템 사용을 위한 제도적 장치가 필요할지, 타당성 조사의 신뢰성을 인정할 수 있을지 등의 내용은 관련자들에 대해 설문조사를 실시하거나 면담을 통해 밝힐 수 있다. 통합대금 지급확인 시스템의 명칭이나 추진 경위에 대해서는 관련자들과의 직접적인 면담을 통해서만 알아볼 수 있을 것이다. 반면에 타당성 조사의 비교는 비율과 같은 비교의 기준점을 설정하고 그 기준에 비춰 얼마나 늘었는지 또는 줄었는지를 분석하면 평가해볼 수 있다.

교육위원회의 경우 뉴타운 학교 부지 매각 관련 진행 상황에 대해서는 매각 절차를 잘 준수하도록 요청할 수 있을 것이다. 국가 정체성 및 국기문란 등 범죄자에 대한 처리와 관련된 질의, 박정희 가옥 주변 공원화 문제의 경우 법과 규정에 맞게 적절한 조치를 취했는지를 확인할 수도 있지만, 그 정당성에 대한 판단을 설문으로 구할 수도 있다. SSM 및 대형 마트에 대한 규제대책의 경우 규정을 잘 준수하고 있는지를 확인할 수도 있고, 규제대책에 대한 인식을 설문조사를 통해 알아볼 수도 있으며, 주요 이해당사자들과의 면담을 통해 중요한 쟁점들을 도출해낼 수도 있다. 또한 규제의 목표에 비춰 일정한 기준을 설정해두고 기준치와의 비교를 통해 성과를 평가할 수도 있다. 정부수반 유적사업의 내용과 필요성, 전시관 및 운영상의 문제점, 산책로의 필요성, 버스차고지 밀집지역 해소방안 등에 대해서는 전반적으로 시민들에 대한 설문조사를 통해 확인해볼 수 있다. 이 가운데 전시관 설치 및 운영상의 문제점이나 버스차고지 밀집 지역 해소방안의 경우 주요 이해당사자들과의 면담을 통해 쟁점을 이끌어낼 수도 있을 것이다.

도시계획관리위원회의 경우 시정 질문 지적 사항에 대한 약속 준수 여부는 시정이나 준수를 촉구하는 것으로 질의할 수 있다. 단지 약속 준수를 촉구하는 것을 넘어 이행률 같은 성과평가를 시도해 볼 수도 있다. 노후 상수관 누수 사고 발생 해결 예산의 경우 예산 확보 정도나 B/C 분석과 같은 정량적인 평가를 시도해볼 수 있다. 법정의무 경비 및 경직성 경비증가에 따른 대응이나 중점 투자 방향에 꼭 필요한 예산의 경우 범주별 증감을 계량화하여 평가하거나 일정한 기준을 설정하여 성과를 평가할 수도 있다. 국공유지 무상양도와 관련한 개선방안이나 대형공사, 책임감리, 일반계약의 문제를 개선하는 방향의 설정 과제에 대해서는 시민 또는 주요 이해관계자 등을 대상으로 한 설문조사를 통해서나 면담을 통해 해답을 얻어낼 수 있다. 관리처분업무의 효율적 관리 및 검증 제도 개선, 정비사업의 정책 방향 및 업무수행 전문성 강화, 조합의 계약 및 자금관리에 대한 조달청 위탁 여부 등은 설문이나 면담 외에도 효율성이나 전문성 강화 등에 대한 일정한 기준을 설정하고 성과를 평가할 수 있을 것이다. 국공립어린이집 확충에 따른 민간어린이집 피해의 경우 피해 규모를 정량적으로 평가하는 것, 관련자들에 대한 설문이나 면담, 국공립어린이집과 민간어린이집 간의 균형성 또는 정책 방향에 비춘 성과평가 등을 시도해볼 수 있다.

이상에서 살펴본 바와 같이 각 위원회별로 다양한 쟁점이 존재함에도 질의의 근거로 활용할 방법으로는 시정 또는 준수 여부, 계량분석, 설문, 면담, 성과평가 등이 활용될 수 있다. 그런데 대부분의 경우 질문 요지만 키워드를 중심으로 간략하게 정리하고 있어 실제 시정 질문 시에는 질적 자료를 바탕으로 하기 보다는 전적으로 의원 개인의 전문적인 식견과 통찰력에 의존하는 경우가 많았다.

시정 조치 또는 준수 여부는 다음과 같은 내용에서 찾아볼 수 있다. 물론 서울시가 반드시 미혼모에 대한 통계를 갖추고 있어야 한다는 규정이 존재하지 않을 수도 있지만, 시정 운영의 기초 자료로서 갖출 필요가 있음을 역설한 것이다.

> 미혼모에 대한 현황자료가 있습니까? 미혼모 지원정책을 마련하려면 통계부터 있어야 하는데 아직도 우리나라에 미혼모에 대한 정확한 통계자료조차 없는 점은 큰 문제입니다. - ○○상임위원회 ○○○의원의 질문요지서

정량적인 자료를 바탕으로 계량 분석을 수행할 수 있음을 보여주는 내용은 다음과 같은 질의에서 찾아볼 수 있다. 2002년 대비 6배나 증가한 2007년도 미혼모의 아동 양육 희망자 비율을 지적하면서 자기 의견을 말하고 있는 것이다. 물론 이러한 주장은 의원 스스로 새로이 설계하여 수행한 설문 자료를 바탕으로 이뤄질 수도 있을 것이다. 여기에서는 이미 존재하는 정량적인 자료를 활용한 것이다.

> 미혼모자 지원시설인 애란원 자료에 따르면 2007년 애란원에 머무는 미혼모의 81.4%가 아동 양육을 원하고 있습니다. 이는 2002년(15%)에 비해 약 6배 가까이 증가한 것으로 나타났습니다. 이런 이유가 어디에 있다고 생각하십니까? - ○○상임위원

회 ○○○의원의 질문요지서

다음과 같은 질문은 심층면담을 통해 이뤄지는 질적 평가의 예시라 할 수 있다. 즉 오랫동안 미혼모를 지원하는 일에 헌신해왔던 대표적인 인사를 만나 심층면담을 수행함으로써 미혼모 지원 사업 관련 현황의 심각성을 전달하고 있다.

> 며칠 전 한국미혼모 지원네트워크라는 조직의 대표를 만날 수 있었습니다. 그분은 미국인이었습니다. 그분과 이야기를 나누며 왜 한국 미혼모 지원을 위한 일에 헌신하고 있는지 알게 되면서 심한 부끄러움을 느꼈습니다. 그분은 20년 전 한국 아동을 입양하였고, 그 아이가 주는 기쁨과 보람으로 미국 내에 입양지원단체를 만들어 입양 전도사로 활동하던 중 한국을 방문하여 미혼모 시설을 방문하고 그곳에 있는 10대, 20대의 미혼모들을 만나면서 지금은 미국 내에서 입양지원네트워크가 아니라 한국미혼모지원네트워크를 조직하여 한국의 미혼모를 지원하고 있다는 말씀을 들을 수 있었습니다. - ○○상임위원회 ○○○의원의 질문요지서

다음과 같은 질문은 엄격한 정량평가를 수행할 수는 없지만 경제수준을 기준으로 하여 일정한 비교대상과의 비교를 통해 문제의 심각성을 질적으로 평가할 수 있음을 보여주는 사례라고 하겠다.

> 미국의 경우 미혼모 중 70% 이상이 스스로 아이를 양육하고 스

웨덴의 경우 95%의 미혼모가 양육을 결정하는 것과 견주어 한국의 미혼모는 스스로 양육하는 비율이 30%도 안 된다는 것은 한국의 경제 수준에 비추어 정상적이지 않다는 말씀을 들을 수 있었습니다. - ○○상임위원회 ○○○의원의 질문요지서

2. 질의

여기에서는 서울시 의회 상임위원회에서 의원들이 실제 질의하는 과정에서 질적 자료를 준비하여 질적 평가를 수행할 수 있다는 가능성을 예시하고자 한다. 질의한 의원의 질의 자체를 평가할 수는 없지만, 질의 내용을 통해 질적 자료가 뒷받침되는 평가가 이뤄질 수도 있음을 이해하는 데 도움이 될 수 있다.[3)]

다음과 같은 질의는 지역구민과의 면담 또는 간담회 결과를 활용하여 질의 과정에서 질적 평가를 수행할 수 있는 가능성을 보여준 사례라고 할 수 있다. "사람들이 …… 저를 만나면 얘기를 많이 해서"라는 주장의 근거를 좀 더 질적 자료를 갖춰 제시할 수 있다면, 질적 평가로서의 의의를 살릴 수 있을 것이다.

결론부터 말씀을 드리면 거기를 이용하는 사람들이 굉장히 많이 있는데 장기간 동안 2개 차로를 600m 건설하는데 6년이 걸리면, 3년이면 거의 물리적으로 가능하죠. 그런데 3년 정도 걸릴

3) 의원들의 실제 질의 내용은 개인적인 의견일 수도, 이해관계에 의한 의견일 수도, 소속 정당의 당론일 수도, 지역구민의 의견일 수도, 공익이나 공공성을 고려한 의견일 수도 있다(2013. 10. 18 전 서울시 의회 K의원과의 인터뷰).

것을 4년도 아니고 5년도 아니고 6년씩 걸리면 그 주변에 있는 사람들은 정말 짜증나는 것을 벗어나서 화가 날 정도로 저를 만나면 얘기를 많이 해서 정말 이게 왜 이렇게 됐는지. - 제245회 서울특별시의회(임시회) 건설위원회회의록 제2호(2013. 2. 27)

다음과 같은 질의에서도 심층적인 인터뷰나 관찰기록 등을 통해 '다 아는 얘기'를 좀 더 효과적으로 전달할 수 있음을 알 수 있다. 의원들의 질의가 평소의 전문적인 식견과 통찰력에 근거한 것이지만, 질적 평가로서의 의의를 싣는다면 훨씬 설득력 있고 권위 있는 질의가 될 수 있을 것이다.

○○○ 위원 지금 강남이나 양천 쪽의 학교 환경이 강북, 성북보다 더 좋은 것은 알고 계시지요?

교육행정국장 ○○○ 네.

○○○ 위원 그런데 그렇게 이전해야 되겠습니까?

교육행정국장 ○○○ 이것은 일반계 고등학교가 아니고 특성화고 관광디자인고등학교입니다. ○○○ 위원 아니, 그러니까 뭐 어떤 학교든.

교육행정국장 ○○○ 그래서…….

○○○ 위원 평균적으로 어때요? 그러니까 양천이나 강남, 서초가 성북, 강북보다 학교 환경이 좋습니까, 열악합니까?

교육행정국장 ○○○ 학교 환경은…….

○○○ 위원 교육 뭐 학교 전체적으로.

교육행정국장 ○○○ 전체적으로 봐서는 저희는 뭐 그렇게 큰 차이는 없다고 봅니다.

○○○ 위원 큰 차이가 없어요?

교육행정국장 ○○○ 네.

○○○ 위원 확실해요?

교육행정국장 ○○○ 네, 그렇습니다.

○○○ 위원 그 대답에 대해 책임질 수 있어요?

교육행정국장 ○○○ 어떤 점에서 큰 차이가 있다고 보십니까?

○○○ 위원 그러면 어떤 점에서 차이가 없다는 얘기입니까?

교육행정국장 ○○○ 시설이라든가 이런 면에서는…….

○○○ 위원 학교가 무슨 시설 갖고만 합니까? 다 여러 가지……. 하여간 그런 것은 초등학생한테 물어봐도 다 아는 얘기이기 때문에 굳이 제가 답을 들으려고 하지 않겠습니다.

- 제246회 서울특별시의회(임시회) 교육위원회회의록 제2호 (2013. 4. 22)

다음 질의는 적절한 관찰과 사례연구에 기반한 질적 평가가 가능할 수 있음을 보여주는 예시라 할 수 있다. 해외 사례와의 비교를 통해 제도적 장치의 미비를 지적하는 질적 평가를 수행한 것이다. 효과적인 사례연구는 생생한 관찰 역할을 수행할 수 있고, 중요한 문헌 자료가 될 수도 있다.

지난 7월 우리가 국외비교시찰을 가서 노르웨이 오슬로 소방재난본부를 방문해서 2시간 동안 질의응답을 했는데 본 위원의 질문이 이런 것이었어요. 지난번 정례회 때 제가 질의했던 고양이를 구하려다가 순직한 소방관이 국립묘지에 안장을 하지 못하고 이런 관련 건으로 해서 참 안타까운 사연이 있었다, 나중에 국회에서 법이 개정되어서 안장이 됐지만, 이것을 염두에 두고 제가 질문을 했어요. 당신네들은 순직한 경우에 국립묘지에 가느냐고 여쭤봤을 때 답변은 누구나 다 시립묘지에 간다는 겁니다. 그러면 노르웨이는 소방재난본부에서 지금까지 화재와 관련돼서 몇 명 정도 순직을 했느냐, 그런데 한 명도 없답니다. 1945년 이후에 순직한 소방관이 한 명도 없다고 그래요. 그 이유가 위험한데 왜 들어가느냐는 얘기지요.

우리 같은 경우는 제가 화재현장에 출동은 안 했지만 화재가 나게 되면 건물이 거의 붕괴 직전이고 잔불 정리한다고 또 들어가고 아마 이런 것 같아요. 그러다 보니까 사고가 추가적으로 나는 것 같은데, 그리고 직제가 우리하고는 좀 다릅디다. 그런데 우리는 지금 경찰관은 출동을 안 하지요? 체계가 달라서, 119하고 112 나눠져 있기 때문에 소방관들이 현장에 가서 화재도 진압하고 인명구조도 하는 두 가지 역할을 동시에 하는데 노르웨이에서는 그렇지 않답니다. 경찰이 따로 출동을 하는 거예요, 체계상. 같이 가서 구조를 한다는 거예요. 그 임무는 경찰이 하는 것이지 소방관이 하는 역할이 아니라는 얘기예요. 어떻게 보면 눈여겨볼 만한 제도더라고요. 그리고 대우 또한 상당히 좋아요.

- 제248회 서울특별시의회(임시회) 도시안전위원회회의록 제3호(2013. 9. 4)

다음과 같은 질의는 질적 자료의 종류가 다양할 수 있음을 보여주는 사례라 할 수 있다. 여기에서는 콘텐츠로서의 영상자료 자체를 지적한 것이지만, 영상자료가 지역의 다양한 현안들을 생생하게 보여줄 수 있는 질적 자료로 활용되어 질적 평가에 도움을 줄 수도 있다.

> ○○○ 위원　관장님, 화면 그러니까 영상자료요 이것도 충분히 가치가 있지 않나요?
> 서울역사박물관장　○○○　영상자료요?　아, 물론입니다.
> ○○○ 위원　박물관이다 보니까요 실은 유물을 이렇게 죽 전시를 하고 그게 저희가 고정적으로 가지고 있는 박물관의 모습이잖아요. 제가 왜 이 말씀을 드리느냐 하면 이렇게 죽 자료 체크를 좀 하다 보니까 올해 부산 국제영화제에 출품 준비하고 있는 작품 중에 혹시 들어보셨는지 모르지만 럭키서울이라는 형식의 영화가 나가는데요 혹시 최은희라는 여배우가 나왔던 사랑방 손님과 어머니라는 영화 보셨어요?
> 서울역사박물관장　○○○　네, 봤습니다.
> ○○○ 위원　저는 깜짝 놀랐어요. 저는 그 배경이 서울이라고는 상상을 못 했거든요. 아마 국내에서 나온 상당수의 영화들이 서울에서 촬영을 해가면서 과거, 현재 어떤 서울의 주택이라든가 거리라든가 건물이라든가 이런 변화들이 영화 속에 다 녹아 있잖아요. 만들 때마다 다른 모습을 보일 것 같은데 영상자료원이나 이런 쪽에 축적되어 있는 그런 자료들을 우리가 스토리텔링을 집어넣어서 편집화 시켜낼 수는 없을까요?
> - 제247회 서울특별시의회(정례회)문화체육관광위원회회의록

제2호(2013. 7. 2)

다음 질문은 사회복지 종사자들의 처우가 열악함을 지적하는 것이다. '열악함'을 증명할 수 있는 자료로는 급여 수준에 대한 정량적인 자료를 제시하는 방법을 활용할 수 있었을 것이다. 또는 유사한 직종이나 해외 사례와의 비교를 통해 정량평가를 가미한 질적 평가를 수행하는 방식으로 질의를 수행할 수도 있었다. 그런데 이러한 자료에 대한 접근이 물리적으로 역부족이었을 경우에는 '열악함'을 실감할 수 있는 몇 가지 인터뷰 자료나 사례를 제시함으로써 질적 평가를 대신할 수도 있다.

> ○○○ 위원　제가 쉼터를 몇 군데 한번 가봤었어요. 방문을 해 봤는데 굉장히 열악하더라고요.
>
> 여성가족정책실장 ○○○　그렇습니다.
>
> ○○○ 위원　열악하고…….
>
> 여성가족정책실장 ○○○　종사자들 처우도…….
>
> ○○○ 위원　그리고 종사자들도 지금 실질적으로 관장이나 센터장이나 사회복지사 두 사람이 하는 곳이 굉장히 많고, 그래서 여기에 한 분이 거의 상주를 하고 계시잖아요?
>
> 여성가족정책실장 ○○○　네.
>
> ○○○ 위원　그런 부분이 있는데 보니까 여기도 열악하기 때문에 운영비하고 인건비가 분리가 안 돼 있는 그런 상태더라고요. 그런데 그것을 어떻게 지금 생각을 하고 계시는지?
>
> - 제248회 서울특별시의회(임시회) 보건복지위원회회의록 제1

호(2013. 9. 2)

다음의 질문은 이미 조사된 정량적인 자료를 자치구별로 비교하여 자원회수시설 가동률이 낮은 이유를 질의하는 것이다. 이 경우 서울시행정부의 답변으로 이해가 된 상황이지만, 가동률을 상중하 그룹으로 나눠 각 그룹의 특징을 판단한다거나 가동률에 대해 몇몇 구의 담당자들과 심층면담을 수행하였다면 훨씬 효과적인 질적 평가를 수행할 수 있었을 것으로 볼 수 있다.

> ○○○ 위원　그리고 자원회수시설 노원구가 가동률이 77%인데 다른 구는 강남은 93%, 양천, 마포는 86%, 85%인데 노원구는 왜 이렇게 낮습니까?
> 기후환경본부장 ○○○ 시설 자체가 설계할 때 설계기준하고 발열량하고 차이 때문에 좀 가동률이 낮은 것으로 되어있는데요. 시설개선을 하려면 상당히 많은 돈이 들어가고 해서 그런 부분들이 앞으로 개선이 되면 가동률을 높일 수 있을 것 같습니다.
> ○○○ 위원　시설개선만 하면 문제없다는 말이죠?
> 기후환경본부장 ○○○　네.
> ○○○ 위원　혹시 주민들이 반대해서 가동률이 낮나 이렇게 생각했죠.
> 기후환경본부장 ○○○　그렇지 않습니다.
> ○○○ 위원　알겠습니다. 이상입니다.
> - 제245회 서울특별시의회(임시회)환경수자원위원회회의록 제3호(2013. 2. 28)

이상에서 살펴본 바와 같이 각 상임위원회의 실제 질의 과정에서도 시정이나 준수 요구에서부터 설문이나 면담 자료가 근거로 활용되기도 하고, 실제 기준에 따른 성과 평가의 가능성을 확인할 수 있다. 또한 의원 개인의 판단이 아니라 설문, 면담, 성과 평가에 근거한 질적 평가가 뒷받침된다면 양질의 의정활동이 이뤄질 수 있다는 가능성도 확인할 수 있다.

3. 세입세출 예산 검토

여기에서는 서울시립미술관의 2012년 결산 검토보고서 중 검토의견 일부를 예시로 하여 세입세출예산 검토 과정의 평가 활동을 소개한다. 이러한 검토의견은 세입과 세출에 대한 정량적인 자료를 바탕으로 이뤄지기 때문에 좀 더 구체적이긴 하지만, 정성적인 판단을 바탕으로 좀 더 체계적인 방식의 검토의견을 제시할 수도 있을 것이다.

- 세입예산현액은 12억 8,568만원으로 예산액과 동일하고, 징수결정액 9억 2,938만원(72.3%)에서 8억 9,859만원(96.7%)이 수납되어, 미수납액은 3,079만원(3.3%)임.
- 세입예산현액과 징수결정액을 비교하여 3억 5,630만원이 감소된 것은 예정되었던 『한국-브라질 이민 50주년 기념 특별전』이 취소되어 입장료 수익이 감소하였기 때문임.
  - 동 전시가 취소된 것은 주관기획사인 (주)지엔티컬처가 MBC(문화방송)의 공동주최와 투자가 이루어지지 않아 전

시를 포기한 것임. 이로 인하여 서울시립미술관은 공공미술관으로서의 신뢰를 크게 손상하였을 뿐 아니라 대관료(관람료) 감소 등의 경제적 손실을 입었음.

- 이에 대하여 서울시립미술관은 손해배상청구소송을 제기하여 진행 중에 있으며(『한국-브라질 이민 50주년 기념 특별전』 소송진행 현황은 별첨자료 참조요망) 이러한 일이 재발되지 않도록 하기 위해서는 특별전을 주관하는 기획사에 대한 신뢰도와 재무상태를 사전에 확인하는 것이 필요할 것임.

• 세입내용은 입장료 수입 3억 5,235만원, 주차장 수입 1억 9,696만원, 공유재산 임대료 수입 1억 9,134만원, 대관료 수입 1억 2,959만원, 전년도 수익금 5,075만원 등임.

4. 행정사무감사

행정사무감사의 경우 질문요지서와 시정질의의 성격이 섞여 있는 것으로 볼 수 있다.[4] 즉 질문요지서와 같이 질의 내용을 미리 준비하면서도 실제 질의에 대한 답변에 대응할 필요가 있기 때문이다. 그럼에도 다음과 같은 몇몇 상임위원회의 행정사무감사의 질의 내용을 분석한 결과 앞서 살펴보았던 질문요지서와 같이 시정 또는 준수, 계량 분석, 설문, 면담, 일정한 기준을 설정한 성과평가 등으로 평가를 준비하는 데 활용이 가능할 수 있음을 알 수 있다.

<표 9-3>은 행정자치위원회 행정사무감사 질의의 예시이다. 이

4) 전 서울시 의회 L의원(2013. 10. 25), 현 서울시 의회 C의원(2013. 11. 1)과의 인터뷰

가운데 조례안이 부결된 것을 명기하지 않았다는 것이 자료의 왜곡이라고 지적한 것은 정해진 규정이나 절차에 대한 시정이나 준수를 요구한 것이다. 용역 관련 수탁기관 선정 문제의 경우 주요 관계자들과의 면담을 통해 문제를 드러낼 수 있다. 마을공동체 사업이나 마을안전망 구축 사업의 경우 설문이나 면담을 통해 문제의식이나 만족도 등을 나타낼 수 있다. 마을공동체 사업의 지역별 편중 문제는 추가적으로 계량화도 가능할 것이다. 마을공동체 사업 관련 자치구 인센티브 평가가 모호한 문제, 시민 주거문화 개선 사업의 추진 경우 주요 이해관계자들과의 면담을 통해 핵심 쟁점을 도출해내는 방식으로 질의를 준비할 수 있다. 갈등조정 실적이나 주민참여예산제의 예산 증액 방식의 경우 핵심 쟁점 도출을 위한 면담도 가능하고 일정한 기준을 세워 성과평가도 가능할 것이다.

<표 9-3> 행정사무감사에서 활용 가능한 평가 방법 예시

질의 내용	활용 가능한 방법				
	시정 준수	계량	설문	면담	성과 평가
조례안이 부결된 것을 명기하지 않는 등 자료왜곡	○				
용역 최종보고가 나오기 전 사전에 수탁기관 선정				○	
마을공동체와 관련 없는 사업이 많음			○	○	
마을공동체 주민제안 사업의 지역별 편중 조정		○	○	○	
집회건수 대비 갈등조정 실적이 저조				○	○
마을안전망 구축사업의 특정 동 선정 방식 재고			○	○	
마을공동체 사업 관련 자치구 인센티브 평가 모호				○	
주민참여예산제가 자치구 예산 증액 방식은 문제				○	○
시민 주거문화 개선 사업의 중점 추진				○	

IV. 질적 평가의 활용과 도입 방안

1. 질적 평가 활용 방안

서울시 의회 의원들은 다양한 의정활동을 통해 자신의 전문가적인 식견과 통찰력을 발휘한다. 그러나 실제로는 의원들의 식견과 통찰력이 충분히 축적될 만큼 오랜 의정활동 경험이 없는 경우, 질적 자료의 수집이나 분석 자체도 훈련이 필요하다는 사실 등으로 인해 질적 평가자로서의 역할을 수행하는 데에 한계가 있는 의원도 있을 수 있다. 하지만 효과적으로 질적 자료를 제시함으로써 질적 평가자로서의 역할을 수행할 수는 있을 것이다.

1) 평가의견의 체계화

질의나 감사 과정에서 평가의견을 체계적으로 제시하는 것은 질적 평가의 의의에 매우 부합한 일이다. 다양한 근거를 가지고 체계적으로 질의를 구성할 수 있다면, 그것 자체로 전문적 평가의견이 될 수 있다. 다음은 '기후변화 대책 추진'과 관련한 평가의견의 예시이다.

- 기후변화대응 종합기본계획 수립·발표 및 기후변화대책기본법 입법예고 실시
  - 산업계·시민단체 등 이해관계자 의견 수렴, 기후변화대책 워크샵 2회, 공청회, 민간전문가 회의(5회), 기후산업 관련 전문가 회의(4회), 시민단체·산업계 대상 간담회 및 설명회

10여회 등 개최

- 관계부처와의 유기적 협조 및 조정 역할 수행(국무총리실장 주재 관계부처 차관회의(3회), 기후변화대책조정협의회(2회)를 개최). 종합기본계획 확정에 따른 부처별 세부이행계획 마련
- 또한 G8 기후변화 확대정상회의, 주요경제국 회의 개최, 각종 국제회의 참석 및 협상전략을 지원하고, 기후변화 대책 관련 법·제도 기반 마련
- 기후변화에 대응 홍보영상물 제작 및 보급(568개 배포)을 통해 기후변화에 대한 국민의식 전환에 기여
- 정책형성단계에서 이해관계 집단의 여론 수렴(학계·산업계·시민단체 등 각계각층 의견수렴을 통한 워크숍, 공청회 개최) 및 관련 절차 준수 정도를 나타내는 민주성이, 정책집행단계에서는 기관장의 전략성과 수용성이 우수

• 문제해결을 위한 적절한 정책수단 포함 및 정책추진 시 투입된 사회·경제적 비용을 감안한 정책효과 분석 노력 등이 필요
  - 기후변화대응 비전과 목표를 종합적·체계적으로 달성하기 위해 종합기본계획을 마련한 노력이 돋보이나, 계획내용에 문제해결을 위한 보다 적절한 정책수단 정립 노력이 필요
  - 기후변화대응 관련 투입된 비용을 포함하는 정책효과 분석 노력이 필요. 이에 본 과제의 핵심성과를 아우르는 정책영향을 감안한 성과지표의 설정·개발이 필요
  - 향후 지속적인 관심과 일관성 있는 추진노력이 요구되며, 관련 기관과의 범정부적 협력체제 구축 등의

☞ 평가결과 동 과제는 정책형성단계의 적합성이 상대적으로 낮은 것으로 나타남. 한편 정책형성단계의 민주성과 정책집행단계의 전략성·수용성 그리고 정책성과단계의 효과성·대응성이 우수하게 평가

- 정부업무평가위원회 내부자료 중에서 요약

기본적으로 관련 자료나 활동을 나열하는 것으로, 객관적인 자료나 활동을 바탕으로 그 우수성이나 미흡함을 평가할 수 있다. 그런 다음 기대했던 자료나 활동의 부재에 대해 지적하거나 추가적으로 필요한 사항을 요구하는 것이다. 마지막으로, 구체적인 평점 방식의 평가를 내리며 대안을 제시한다.

2) 평가항목의 세분화

질적 평가를 용이하게 하면서도 신뢰성을 좀 더 부여할 수 있는 방법 가운데 하나는 평가항목을 세분화하고 평가지표를 설정하는 것이다. 이때 평가항목의 세분화를 위해서는 상임위원회 내 또는 의원 간의 합의를 거쳐, 나아가 관련 분야 전문가들과의 논의를 거쳐 평가지표를 확정하여 여기에 대한 평가를 수행하고 질의할 수 있다.

<표 9-4>는 정책과정별로 나누어서 평가 질문을 수행하는 것이다. 이렇게 하면 좀 더 체계적으로 평가를 수행할 수 있고, 각 단계별로 잘된 점 또는 미흡한 점, 간과한 점 등을 생각해볼 수 있게 된다. 또한 <표 9-5>와 같이 정책이나 프로그램에 대해 몇 가지 평가지표를 설정하여 평가를 수행할 수도 있다. 나아가 각 평가지표별

<표 9-4> 정책과정별 평가 질문 예시

단계	평가 질문
사업계획 단계	사업 목적이 명확하고 타당한가? 사업의 구성 및 추진 방식이 적절한가? 다른 사업과 불필요한 유사·중복이 없게 사업이 설계되었는가?
성과계획 단계	성과지표가 사업 목적과 명확한 연계성을 가지고 있는가? 성과지표의 목표치가 합리적으로 설정되어 있는가?
집행 단계	사업이 계획대로 집행되었는가? 사업 추진 실태를 정기적으로 모니터링하고 개선하고 있는가?
결과 단계	계획된 성과가 양적으로 달성되었는가? 사업 성과가 질적으로 우수한가? 객관적이고 종합적인 성과분석을 실시했으며, 분석 결과 사업이 효과적으로 수행되었는가? 평가 결과를 사업계획·방식의 보완/변경 등에 활용했는가?

자료: 기획재정부(2009).

<표 9-5> 평가지표에 의한 평가 질문 예시

평가지표	내용	질문
타당성	개입 목적이 해결하고자 하는 문제나 이슈와 연계되는 정도	프로그램에 대한 요구가 있었는가?
효과성	목표의 달성 정도	프로그램이 자격증 취득에 기여했는가?
효율성	적당한 비용으로 바람직한 효과를 달성할 수 있는 정도	프로그램의 비용이 적절했는가?
영향력	장기적인 목표 달성 정도	자격증 취득이 취업에 영향을 주었는가?
지속가능성	다른 경제, 사회, 환경정책에 대한 적극적, 부정적인 효과가 극대화 또는 극소화된 정도	프로그램이 정착되었는가?

자료: 박홍윤(2012: 322, 328) 응용.

로 몇 가지 산식이나 질적 자료의 범주별 점수 부여 등을 혼합하는 것도 평가의 객관성을 확보하는 데 도움이 될 수 있다.

3) 스코어 카드의 도식화

평가 대상에 대해 일정한 기준을 적용할 때, 등급을 매기는 기준을 도식화함으로써 이해하기 쉽게 하면서도 질적 수준에 대한 근거를 명확히 전달할 수 있다는 점에서 스코어 카드를 도식화하는 방안을 모색할 수 있다. 표나 그림, 사진이나 영상과 같은 도식화는 시각적인 척도를 제공하면서 서면 척도보다 더 정확할 수도 있다. 이러한 스코어 카드를 활용하는 경우 서울시 의회 의원들이 보다 효과적으로 질적 평가를 수행할 수 있을 것이다. 가령 도로의 상태나 청결 상태에 대해 일반적으로 양호하거나 미흡하다는 방식으로 전달할 내용에 대해, 누구라도 그림을 보면 쉽게 동의할 수 있는 형태로 기준을 설정함으로서 보다 효과적으로 그 상태를 전달할 수 있는 것이다.

2. 질적 평가의 도입 방안

질적 평가를 활용하기 위해서는 많은 시간과 비용이 소요되는 만큼 이와 관련하여 국회 입법조사처나 예산정책처 같은 전문 평가기관이 필요할 수도 있는데, 그 이전까지는 탐색적인 연구가 필요한 분야, 큰 쟁점으로 부각되고 있는 분야, 갈등이 첨예하게 진행될 것으로 예상되는 분야, 중장기적인 연구가 필요한 분야 등에서 몇 가지를 선정하여 실험적인 질적 평가를 연구, 수행해볼 필요가 있다.

최근까지도 지방의회 의원의 의정활동에 대한 평가는 의원들의 발언횟수나 의안발의 건수 위주로 수행되는 경우가 대다수이다. 그러나 지금까지 살펴본 바대로 의원들의 의정활동에 대한 평가 자체가 질적 평가로 이뤄져야 하고, 또한 그것이 가능함을 알 수 있었다. 즉, 의원들의 의정활동이 실제로는 행정부를 견제하고 감시하는 기능이 크게 한 축을 차지하고 있음에도 불구하고 의원들의 활동을 계량화할 수 있는 부분에 한정하여 평가해 왔다. 의원들의 실제 의정활동 중에서 행정부를 평가하기 위해 얼마나 충실하게 자료를 수집하고, 실제적인 자료를 바탕으로 평가 활동을 수행하고 있는지에 대한 평가가 제대로 이뤄질 필요가 있는 것이다.

V. 결론 및 정책적 제언

여기에서는 지방자치단체에 대한 지방의회의 평가기능이 성공적으로 수행되기 위해서는 지방의회 의원들의 경험과 통찰력에 바탕을 둔 정성적인 판단이 중요하다는 관점에서 이러한 정성적인 판단의 수행을 질적 평가 방법론의 차원에서 뒷받침해줄 필요성이 있다는 문제의식에서부터 논의를 전개하고 있다. 이에 따라 지방의회 의원들이 지방자치단체 업무를 평가할 때 활용할 수 있는 질적 평가 방법론을 제공하는 데에 일차적인 목적을 두고자 하였다. 서울시 의회의 경우 서울시정에 대한 평가기능을 수행하는 것으로는 '질문요지서', 상임위원회에서의 실제적 '질의', 그리고 예결산보고서와 행정사무감사 등이 분석적 의미를 갖고 있었고, 분석 결과 질적 자료의 수집을 바탕으로 한 질적 평가를 수행할 여지와 가능성이 높다는 것을 알 수 있었다.

질적 평가는 연구대상의 선정, 조사 설계, 자료 수집, 자료의 분석, 자료의 해석 및 결과 활용이라는 절차를 거쳐 수행된다. 이러한 과정을 거쳐 국내외적으로 다양한 질적 평가와 질적 평가에 관한 연구가 수행되어왔다. 하지만 지방의회의 경우 필요한 자원이나 전문성의 확보가 어렵고 사후적인 행정부 감시 기능에 국한되는 경우가 많아 질적 평가를 도입하기가 쉽지 않다. 그럼에도 불구하고 지방의회 의원이 지자체에 관련 자료를 요구할 때나 각종 안건의 심사 및 처리를 위해 현장을 시찰할 때 질적 평가를 실험적으로 시도해볼 필요가 있다. 나아가 주요 현안에 대해 의도적으로 질적 평가 실험에 나서볼 필요가 있다. 이는 점차 늘고 있는 다양한 갈등과 점차 복잡해지는 주민들 사이의 이해와 요구를 확인하고 반영하는 데에 도움이 크기 때문이다.

중장기적으로는 평가의 문제를 투입 또는 산출 위주로 생각하는 관행에서 벗어나 주민들의 생활세계를 이해하는 방식의 하나로 관련 업무를 수행할 수 있도록 관련자들에 대해 체계적인 교육을 실시할 필요가 있다. 또한 관련 전문가들과 함께 주요 현안을 선정하여 사전적 또는 사후적으로 질적 연구와 질적 평가 방법론을 실험적으로 적용해볼 필요도 있다. 그리고 전문가들의 도움을 받아 주민들과 함께 직접 질적 평가를 설계하여 주민들 스스로 참여적 질적 평가를 수행해볼 수 있게 하는 것도 대안 가운데 하나이다.

나아가 지방의회는 물론이고 지방자치단체 공무원 전반에도 질적 평가와 관련된 교육을 실시할 필요가 있으며, 지방의회에는 질적 평가를 위한 연구 수행 인력과 예산을 좀 더 할당할 필요가 있다. 또한 의원들의 의정활동 가이드 북을 현장에 기반하는 질적 평가를 충실히 담아 만들 필요도 있다. 향후 지방의회와 지방의원의 역할을 강화하기 위한 차원에서 정책평가 방법론에 대한 논의가 보다 더 확산되고, 이를 토대로 지역주민의 대표라는 사회적인 입장과 소속 정당원의 입장 사이에서 균형과 조화를 이루는 문제에 대한 논의도 활발해지기를 기대한다.

참고문헌

제1장 문제 정의와 정책변동

김명환·안혁근. (2006). 대상집단에 대한 사회적 인식의 전환에 따른 정책변화 : 성매매특별법을 대상으로. 「한국행정학보」, 40(4): 469-490.

Bachrach, Peter and Baratz, Morton S. (1963). Decisions and Non-decisions : An Analytical Framework. *American Political Science Review,* 57: 641-651.

Baumgartner, Frank R. (1994). Attention, Boundary Effects, and Large Scale Policy Change in Air Transportation Policy. In D. A. Rochefort and R. W. Cobb. (eds.). *The Politics of Problem Definition, Sharing the Policy Agenda.* Lawrence: University Press of Kansas. 50-66.

_____. and Jones Bryan D. (1993). *Agendas and Instability in American Politics.* Chicago: The University of Chicago Press.

Bennett, Colin J. and Howlett, Michael. (1992). The Lessons of Learning: Reconciling Theories of Policy Learning and Policy Change. *Policy*

Sciences, 25(2): 275-295.

Berger, Peter and Luckmann, Thomas. (1992). *La Construction de la Réalité Sociale*, Paris: Métaillé(éd. orig. 1966).

Blumer Herbert. (1971). Social Problems as Collective Behaviour. *Social Problems*, 18: 298-306.

Bourdieu, Pierre. (1982). Les Rites D'institution." *Actes de la Recherche en Sciences Sociales*, 43: 58-63.

Cobb, Roger W. and Elder Charles D. (1983). *Participation in American Politics: The Dynamics of Agenda-building*. Baltimore: Johns Hopkins University Press.

______. and Howard, Ross Marc. (1997). *Cultural Strategies of Agenda Denial Avoidance, Attack, and Redefinition*. Lawrence: University Press of Kensas.

______., Ross Jennie-Keith and Ross Marc H. (1976). Agenda Setting as a Comparative Political Process. *American Political Science Review*, 71: 126-138.

Bosso, Christopher J. (1994). The Contextual Bases of Problem Definition. In D. A. Rochefort and R. W. Cobb. (eds.). *The Politics of Problem Definition, Sharing the Policy Agenda*. Lawrence: University Press of Kansas.

Edelman, Murray. (1988). *Constructing the Political Spectacle*. Chicago: University of Chicago Press.

______. (1977). *Political Language: Words That Succeed and Policies That Fail*. Orlando San Diego: New York.

Favre, Pierre. (1992). L'émergence des Problèmes Dans le Champ Politique." *Sida et Politique : Les Premiers Affrontements (1981-1987)*, 5-37. Paris: L'Harmattan.

Gaxie, Daniel and Lehningue, Patrick. (1984). *Enjeux Municipaux: La Constitution des Enjeux Politiques dans une E'lection Mmunicipale*,

Paris: PUF.

Got, Claude. (1988). *Rapport sur le SIDA : 23 août-3 octobre 1988*, Paris: Flammarion.

Gusfield, Joseph R. (1981). *The Culture of Public Problems: Drinking, Driving and the Symbolic Order.* Chicago: The University of Chicago Press.

Haas, Peter M. (1992). Introduction: Epistemic Communities and International Policy Coordination. *International Organization,* 46(1): 1-35.

Hall, Peter. (1993). Policy Paradigms, Social Learning and the State. The Case of Economic Policymaking in Britain. *Comparative Politics,* 25(3): 275-296.

Heclo Hugh. (1974). *Modern Social Politics in Britain and Sweden: From Relief to Income Maintenance.* New Haven, Co: Yale University Press.

Hogwood, Brian W. and Peters, Guy B. (1983). *Policy Dynamics*. London; Wheatsheat Books.

______. and Grunn, Lewis A. (1984). *Policy Analysis for the Real World.* Oxford, UK: Oxford University Press.

Ingraham, Helen and Schneider, Anne. (1991). The Choice of Target Populations. *Administration & Society,* 23(3): 333-356.

Kingdon, Joseph. (1984). *Agendas, Alternatives and Public Policies*, 2nd ed. NY: Harper Collins College Publishers(original ed. 1984).

Krasner, Stephen D. (1984). Approaches to the State: Alternative Conceptions and Historical Dynamics. *Comparative Politics,* 16: 223-246.

Lasswell, Harold and Kaplan, Abraham. (1970). *Power and Society.* New Haven: Yale University Press.

Lindblom, Charles E. (1979). Still Muddling, Not Yet Through. *Public*

Administration Review, 39(6): 79-88.

_____. (1959). The Science of Muddling Through. *Public Administration Review,* 19(2): 79-88.

Litfin, Karen T. (1994). *Ozone Discourses: Science and Politics in Global Environmental Cooperation.* NY: Columbia University Press.

Lowi Theodore J. (1972). Four Systems of Policy, Politics, and Choice. *Public Administration Review,* 32(4): 677-717.

North, Douglas C. (1990). *Institutions, Institutional Changes and Economic Performance : Political Economy of Institutions and Decisions.* Cambridge: Cambridge University Press

Plein, Christopher L. (1997). Agenda Setting, Problem Definition and Policy Studies. *Policy Studies Journal,* 22(4): 701-704.

Portz, John. (1996). Plant Closings, Community Definitions and the Local Responses. In D. A. Rochefort and R. W. Cobb. (eds.). *The Politics of Problem Definition, Sharing the Policy Agenda.* Lawrence: University Press of Kansas. 32-49.

Rochefort, D. A. and Cobb, R. W. (eds.). (1996). *The Politics of Problem Definition, Sharing the Policy Agenda.* Lawrence: University Press of Kansas.

_____. (1994). *The Politics of Problem Definition : Shaping the Policy Agenda.* Lawrence: University Press of Kansas.

Sabatier, Paul A. and Jenkins-Smith, Hank C. (1993). *Policy Change and Learning: An Advocacy Coalition Approach*, Boulder, Colo.: Westview Press.

Schattschneider Elmer E. (1960). *The Sovereign People: A Realist View of Democracy in America.* IL: The Drayden Press.

Schütz, Alfred. (1987). *Le Chercheur et le Quotidien: Phénoménologie des Sciences Sociales.* Paris: Méridiens-Klincksieck.

Setbon, Michel. (1993). Politique de Santé et Information: L'affaire du Sang

Contaminé. *La Recherche,* 24(254).

Spector, Malcom and Kitsuse, John I. (1974). Social Problems. *Social Problems,* 21: 145-158.

Steffen, Monika. (1995). *Les Politiques Publiques Face au Défi du Sida. Comparaison Internationale dans Quatre Pays Européens : France, Grande-Bretagne, Allemagne, Italie,* Grenoble: CERAT.

Stone, Deborah. (1989).Causal Stories and the Formation of Policy Agenda. *Political Science Quarterly,* 104: 281-300.

______. (1988). *Policy Paradox and Political Reason.* Boston: Little Brown.

Weiss, Janet A. (1989). The Powers of Problem Definition: The Case of Government Paperwork. *Policy Sciences,* 22: 97-121.

Wildavsky, Aaron. B. (1979). *Speaking Truth to Power.* Boston: Little Brown.

Wilsford, David. (1994). Path Dependency or Why History Makes It Difficult But Not Impossible to Reform Health Care Systems in a Big Way. *Journal of Public Policy,* 14(3): 251-283.

제2장 행정문화와 순응적 침묵

강제상·고대유. (2014a). 한국적 조직침묵의 개념과 측정도구 검증. 「한국인사행정학회보」, 13(1): 141-159.

______. (2014b). 공공조직 내 침묵현상이 이직의도에 미치는 영향에 대한 경험적 연구. 「한국행정연구」, 23(2): 243-274.

______. (2014c). 공공조직문화가 조직침묵에 미치는 영향. 「한국행정학보」, 48(2): 1-25.

고대유. (2014). 조직문화 인식이 조직침묵에 미치는 영향-해양경찰조직을 중심으로. 경희대학교 박사학위 논문.

______.·강제상·김광구. (2015a). 공공조직의 침묵현상이 이직의도에 미치는 영향: 조직냉소주의를 통한 자기효능감의 조절된 매개효과를 중심으

로. 「한국행정학보」, 49(1): 1-28.

______. (2015b). 조직공정성과 조직시민행동의 관계에 대한 조직침묵의 매개효과 분석. 「한국행정연구」, 24(1): 223-261.

______.·김영곤·강제상. (2015). 해양경비안전 조직의 문화가 이직의도에 미치는 영향-친사회적 침묵의 매개효과 검증. 「경찰학 연구」, 15(1): 215-244.

곽원준·유재원·신호철·이진복. (2014). 부하의 친사회적 침묵에 미치는 카리스마적 리더십의 영향-부하 성숙도의 조절효과를 중심으로. 「중소기업연구」, 36(2): 265-284.

김태룡. (2012). 「한국행정론」. 서울: 대영문화사.

박종철. (2013). 호텔종사원의 상사의 리더십에 따른 침묵현상이 조직몰입. 이직의도에 미치는 영향. 「한국 관광연구저널」, 27(2): 235-255.

박천오. (2008). 행정문화: 연구의 한계와 과제. 「정부학 연구」, 14(2): 215-240.

신규희·이종학·이수범. (2012). 호텔·외식업체 종사원의 조직침묵이 직무만족과 조직몰입에 미치는 영향: 조직냉소주의의 매개효과 검증. 「호텔경영학연구」, 21(4): 133-152.

유민봉·심형인·안병일·최윤정. (2012). 한국 조직에 적합한 주인의식의 개념과 측정도구 개발: 공공기관의 구성원을 대상으로. 「한국행정학보」, 46(1): 207-238.

정현선·하현경·박동건. (2010). 조직침묵이 이직의도에 미치는 영향: 조직 냉소주의를 통한 자기효능감의 매개된 조절효과. 「한국심리학회지」, 23(1): 89-104.

황인경·박지원. (2008). 조직 내 침묵 현상. 「LG Business Insight」.

Anderson, J. and Gerbing, D. (1988). Structural Equation Modeling in Practice: A Review and Recommended Two-step Approach. *Psychological Bulletin,* 103: 411-423

Benson, J. (1998). Developing a Strong Program of Construct Validation: A Test Anxiety Example. *Educational Measurement: Issues and*

Practice, 17(1): 10-17.

Brinsfield, C. T. (2013). Employee Silence Motives: Investigation of Dimensionality and Development of Measures. *Journal of Organizational Behavior,* 34(5): 671-697.

Cheng, B.S. & Jiang, D.Y. (2000). Supervisory Loyalty in Chinese Business Senter Prises: The Relative Effects of Emicand Imposed-etic Constructs on Employee Effectiveness. *Indigenous Psychological Research in Chinese Societies.* 14: 65–414(in Chinese).

Fornell, C. & Larcker, D. (1981). Evaluating Structural Equation Models with Unobservable Variables and Measurement Error. *Journal of Marketing Research,* 18(1): 39-50.

Hensley, R. (1999). A Review of Operations Management Studies Using Scale Development Techniques. *Journal of Operations Management,* 17: 343-358.

Hirshman, Albert O. (1970). *Exit, Voice, and Loyalty.* Cambridge. Mass.: Harvard University Press.

Knoll, M. and van Dick, R. (2013). Do I Hear the Whistle…? A First Attempt to Measure Four Forms of Employee Silence and Their Correlates. *Journal of Business Ethics,* 113(2): 349-362.

Mojtaba Nik Aeen, Reihaneh Zarei and Hasan Zarei Matin. (2014). Do the Organizational Rumors Emphasize the Influence of Organizational Silence over Organizational Commitment?, *Journal of Social Issues & Humanities.* 2(1): 88-93.

Morrison, E. W. and Milliken, F. J. (2000). Organizational Silence: a Barrier to Change and Development in a Pluralistic World. *Academy of Management Review,* 25: 706-725.

Mowday, R. T., Steers, R. M. and Porter, L. W. (1979). The Measurement of Organizational Commitment. *Journal of Vocational Behavior,* 14(2): 224-247.

Pinder, C. C. and Harlos, K. P. (2001). Employee Silence: Quiescence and Acpuiescence as Response to Perceived Injustice. *Research in Personnel and Human Resources Management,* 20: 331-369.

Spector, P. (1992). *Summated Rating Scale Construction: An Introduction.* Newbury Park, CA: Sage.

Vakola, M. and Bouradas, D. (2005). Antecedents and Consequences of Organisational Silence: an Empirical Investigation. *Employee Relations,* 27(5): 441-458.

Van Dyne, L., Ang, S. and Botero, I. C. (2003). Conceptualizing Employee Silence and Employee Voice as Multidimensional Constructs. *Journal of Management Studies,* 40(6): 1359-1392.

Wang, Y. D. and Hsieh, H. H. (2013). Organizational Ethical Climate, Perceived Organizational Support, and Employee Silence: A Cross-level Investigation. *Human Relations,* 66(6): 783-802.

Whiteside, D. B. and Barclay, L. J. (2013). Echoes of Silence: Employee Silence as a Mediator Between Overall Justice and Employee Outcomes. *Journal of Ethics,* 116(2): 251-266.

<English Translation of the Korean References>

Chung, Hyun-Sun., Ha, Hun-Kyung and Park, Dong-Gun. (2010). The Influence of Organizational Silence on Turnover Intention: Mediated Moderating Effect of Self-Efficacy through Organizational Cynicism. *Korean Journal of Industrial and Organizational Psychology,* 23(1): 89-104.

Go, Dae-Yoo. (2014). The Effects of Public Organizational Culture on Organizational Silence: Focusing on the Korean Coast Guard . KHU University doctorate thesis.

______., Kang, Je-Sang., Kim, and Kwang-Koo (2015a). A Study on the Effects of Public Organizational Silence on Turnover Intention:

Moderated Mediating Effect of Self-efficacy through Organizational Cynicism. *Korean Public Administration Review,* 49(1): 1-28.

______. (2015b). A Study on the Impact of Organizational Justice on Organizational Citizenship Behaviour: The Mediating Effect of Organizational Silence. *The Korean Journal of Public Administration,* 24(1): 223-261.

______., Kim Young-Gon and Kang, Je-Sang. (2015). The Influence of Organizational Culture on Turnover Intention in Korea Coast Guard. *The Journal of Police Science,* 15(1): 215-244.

Hoang, In-Kyeong. and Park, Ji-Won (2008). Organizational Silence. *LG Business Insight.*

Kang, Je-Sang. and Go, Dea-Yoo. (2014a). Definition of Korean Organizational Silence and Verification of the Survey Tool. *Korean Public Personnel Administration Review,* 13(1): 141-159.

______. (2014b). An Empirical Study on the Effects of Public Organizational Silence on Turnover Intention-Focusing on the Korean Coast Guard. *The Korean Journal of Public Administration,* 23(2): 243-274.

______. (2014c). The Effects of Public Organizational Culture on Organizational Silence: Focusing on the Korean Coast Guard. *Korean Public Administration Review,* 48(2): 1-25.

Kim, Tae-Rong. (2012). *Korean Administration.* Seoul: DaeYoung.

Kwak, Won-Jun., Yoo, Jae-Won., Shin, Ho-Chul. and Lee, Jin-Bok. (2014). Charismatic Leadership Process to Influence Follower Prosocial Silence: Moderating Role of Follower Maturity. *Journal of SME,* 36(2): 265-284.

Park, Chun-Oh. (2008). Administrative Culture: The Limitations and Problems of its Study. *Journal of Governmental Studies,* 14(2): 215-240.

Park, Jong-Chul. (2013). The Effects on the Hotel Employees' Silence Influence to Organizational Commitment and Turnover Intention Based on Senior Leadership. *International Journal of Tourism and Hospitality Research,* 27(2): 235-255.

Shin, Q-Hee–Lee., Jong-Hak Lee. and Soo-Bum. (2012). The Effect of Organizational Silence of Hotel and Foodservice Employees on Job Satisfaction and Organizational Commitment: Focusing on the Mediating Effect of Organizational Cynicism. *Korean Journal of Hospitality and Tourism,* 21(4): 133-152.

You, Min-Bong., Shim, Hyung-in., Ahn, Byeong-Il, and Choi, Yun-Jeong. (2012). Conceptualizing Owner's Spirit and Developing a Valid Measurement Instrument Relevant to Korean Public Institutions. *Korean Public Administration Review,* 46(1): 207-238.

제3장 도시정치의 지배구조

강경태·이상봉. (2004). 부산사례. 박대식(편). 「한국 지역사회 엘리트: 특성과 구조」. 서울: 도서출판 오름. 237-260.

강문희·박재욱. (2006). 도시의 지배구조와 통치양식: 이론모형의 한국적 적실성 탐색. 「21세기정치학회보」, 16(3): 1-33.

강명구. (1997). 지방자치와 도시정치: 행위자 중심적 해석을 위한 시론적 연구. 「한국정치학회보」, 31(3): 109-128.

김광식. (1998). 지역정치 공간으로서의 서울. 「정치비평」, 4: 36-58.

김상태·최정진. (2004). 대전사례. 박대식(편). 「한국 지역사회 엘리트: 특성과 구조」. 서울: 도서출판 오름. 129-155.

김순은. (1997). 부산광역시정부의 정책결정 과정과 구조. 「지방정부연구」, 창간호: 99-119.

김영민·임경환. (2004). 인천사례. 박대식(편). 「한국 지역사회 엘리트: 특성과 구조」. 서울: 도서출판 오름. 35-56.

김익식·장연수. (2004). 수원사례. 박대식(편). 「한국 지역사회 엘리트: 특성과 구조」. 서울: 도서출판 오름. 59-82.

김종명. (2002). 엘리트 이론의 변천과 발전: 이론적 논쟁과 그 함축. 「국제정치연구」, 5(2): 1-21.

김태룡·안희정. (2004). 춘천사례. 박대식(편). 「한국 지역사회 엘리트: 특성과 구조」. 서울: 도서출판 오름. 83-104.

박기관. (2004). 지역사회권력구조와 지방정치의 역동성: 원주시 시청사 건립을 둘러싼 행위자들의 영향을 중심으로. 「지방정부연구」, 8(1): 29-51.

박대식. (2004). 지역사회권력구조 이론과 한국에 대한 적실성 모색. 「사회과학연구」(충남 대학교 사회과학연구소), 15: 103-119.

_____(편). (2004). 「한국 지역사회 엘리트: 특성과 구조」. 서울: 도서출판 오름.

_____·최진혁. (2004). 전국 비교분석. 박대식(편). 「한국 지역사회 엘리트: 특성과 구조」. 서울: 도서출판 오름. 261-286.

박재욱. (2004). 도시 거버넌스와 통치엘리트: 시민의식조사를 중심으로. 「21세기정치학회보」, 14(1): 1-22.

박종민·배병룡·유재원·최승범·최흥석. (2001). 한국의 지방민주주의와 도시정치문화. 「한국정치학회보」, 35(1): 191-209.

_____. (1999). 한국 지방정치의 특징. 「한국정치학회보」, 33(2): 123-139.

박종민. (2000a). 성남시 사례. 박종민(편). 「한국의 지방정치와 도시권력구조」. 287-340.

_____. (2000b). 집단이론, 후견주의 및 도시의 리더십. 「한국행정학보」, 34(3): 189-204.

_____(편). (2000). 「한국의 지방정치와 도시권력구조」. 서울: 나남출판사.

_____·신수경. (2001). 지방정치에서 정당의 역할과 한계. 「정부학연구」, 7(1): 143-171.

_____·최승범·신수경. (2001). 지방사회의 정치균열의 기초: 부동산 이익. 「한국정책학회보」, 10(2): 269-288.

배병룡. (2000). 진주시 사례. 박종민(편). 「한국의 지방정치와 도시권력구조」.

107-170.

배응환 (2006). 지방정치엘리트(지방의원)의 배경연구: 대전광역시를 중심으로. 「행정논총」, 44(3): 33-64.

소순창·유재원. (2005). 로컬 거버넌스로의 짧은 여행과 새로운 여정: 정책과정의 행위자 네트워크를 중심으로. 「한국사회와 행정연구」, 15(4): 299-319.

손준영. (1996). 한국지역사회 엘리트구조의 유형과 응집성: 대구지역을 중심으로. 경북대학교 정치학과 박사학위 논문.

신진. (2006a). 한국 중소도시의 실세 엘리트 분석. 「대한정치학회보」, 14(2): 327-349.

______. (2006b). 한국 중소도시에 있어서의 Elite 구조분석: 공주시 사례를 중심으로. 「한국동북아논총」, 40: 387-407.

심익섭·손경희. (2000). 지방정부의 정책결정구조와 지방의회의 역할: 경상북도의회의 조례제정사례를 중심으로. 「한국지방자치학회보」, 12(3): 107-128.

유재원. (2003). 지방관료제에 대한 외부행위자들의 영향력 분석. 유재원. 「한국지방정치론: 이론과 실제」. 서울: 박영사 . 128-152.

______. (2000). 청주시 사례. 박종민(편). 「한국의 지방정치와 도시권력구조」. 39-105.

______.·소순창. (2005). 정부인가 거버넌스인가? 계층제인가 네트워크인가?. 「한국행정학보」, 39(1): 41-63.

이강로·오관석. (2004). 박대식(편). 「한국 지역사회 엘리트: 특성과 구조」. 서울: 도서출판 오름. 157-184.

이달곤·강은숙. (2001). 한국 지방정치의 실증연구에 관한 비판적 고찰. 「한국행정논총」, 39(2): 175-202.

이선향. (2005). 폐광지역의 사회변동과 지역엘리트 형성의 정치적 역동성: 고한·사북지역 을 중심으로. 「비교문화연구」, 11(1): 49-80.

이승종. (1998). 민선자치단체장 리더십의 영향요인. 「한국행정학보」, 32(1): 147-161.

이해영·윤여상. (2004). 대구사례. 박대식(편). 「한국 지역사회 엘리트: 특성과 구조」. 서울: 도서출판 오름. 213-236.

정영태. (1998). 인천의 권력구조와 정치과정. 「정치비평」, 4 : 71-105.

주낙영. (2002). 지방정부 정책과정의 다원화 경향: 경상북도의 정책형성사례를 중심으로. 「한국행정논집」, 14(2): 467-494.

지병문·지충남. (2004). 광주사례. 박대식(편). 「한국 지역사회 엘리트: 특성과 구조」. 서울: 도서출판 오름. 185-212.

지충남·유병선. (2005). 연결망 분석(Network Analysis)을 통한 정책집행과정의 엘리트 연 구: 순천시 사례를 중심으로. 「한국정책학회보」, 14(1): 97-120.

최승범. (2002). 지방사회 불균형의 정치경제: 체계적 권력과 전통적 유대. 「한국행정학보」, 36(2): 85-108.

______. (2000). 평택시 사례. 박종민(편). 「한국의 지방정치와 도시권력구조」: 235-286.

______. (1999). 성장과 안정의 정치경제: 평택시의 레짐정치. 「정부학연구」, 5(1).

최진혁·라미경. (2004). 청주사례. 박대식(편). 「한국 지역사회 엘리트: 특성과 구조」. 서울: 도서출판 오름. 105-128.

최흥석. (2000). 부천시 사례. 박종민(편). 「한국의 지방정치와 도시권력구조」. 171-234.

______. (1999). 강한 제도하의 많은 정치: 부천시 사례를 중심으로 본 지방정부의 정책형성. 「정부학연구」, 5(1).

홍덕률. (1997). 지역사회의 지배구조에 대한 실증연구: 대구, 광주, 인천을 중심으로. 「경제와 사회」, 34(여름) : 137-168.

Bachrach, P. and Morton S. Baratz. (1962). Two Faces of Power. *American Political Science Review,* 57(4): 947-952.

Gerring, John. (2004). What Is a Case Study and What Is It Good for? *American Political Science Review,* 98(2): 341-354.

Stone, Clarence N. (1989). Regime Politics : *Governing Atlanta, 1946-1988.* Lawrence, KS: University Press of Kansas.

_____. (1980). Systemic Power in Community Decision Making. *American Political Science Review,* 74(4): 978-990.

제4장 공론화와 사회적 합의형성

김대영. (2004). 공론화를 위한 정치평론의 두 전략: 비판전략과 매개전략. 「한국정치학회보」, 38(2): 117-141.

김정인. (2017). 공론화에 대한 이론적 논의와 적용. 한국행정학회 동계학술대회 발표논문.

김학린·이강원. (2017). 갈등해결과 공론화 활용방안: 신고리 5·6호기 공론화위원회의 경험과 성찰을 중심으로. 한국갈등학회 공론화 기획세미나 발표자료.

김환석. (2010). 과학기술 민주화의 이론과 실천: 시민참여를 중심으로. 「경제와 사회」, 85: 12-39.

문태현. (2015b). 「사용후핵연료 관리방안에 대한 공론조사 결과 요약」.

_____. (2015c). 「주제별 의견수렴 결과 요약」.

_____. (2015d). 「사용후핵연료 국민인식조사」. 한국리서치

_____. (2014). 「사용후핵연료 공론화 실행계획」.

_____. (2010). 심의민주주의적 정책결정의 논리와 한계. 「한국행정논집」, 22(3): 629-650.

사용후핵연료 공론화위원회. (2015a). 「사용후핵연료 관리에 대한 권고안」.

사용후핵연료 공론화 TF. (2008). 「사용후핵연료 공론화를 위한 권고보고서」.

산업통상자원부. (2016). 고준위방사성폐기물 관리 기본계획(안).

신고리 5·6호기 공론화위원회. (2017a). 「숙의와 경청, 그 여정의 기록: 신고리 5·6호기 공론화 백서」.

_____. (2017b). 「신고리 5·6호기 공론화 시민참여형조사 보고서」.

신고리 5·6호기 공론화 검증위원회. (2017). 「신고리 5·6호기 공론화 검증위원회 검증 보고서」.

유재국. (2017). 「사용후핵연료 관리 정책의 쟁점과 과제」. 국회입법조사처 현안보고서.

윤경준·안형기. (2004). 심의민주주의적 의사결정의 효과성: 지방의제 21 작성을 중심으로. 「한국행정학보」, 38(2): 149-165.

이민웅. (2005). 숙의민주주의 4차원과 언론 역할. 「한국언론회보」, 49(6): 342-372.

이영희. (2017). 위험기술의 사회적 관리를 향하여?: 사용후핵연료 공론화위원회 활동의 평 가. 「시민사회와 NGO」, 15(1): 153-184.

이헌석. (2014). 바람직한 사용후핵연료 공론화를 위한 시민사회의 제언. 「정부의 사용후 핵연료 공론화, 제대로 되고 있나?」. 국회-시민사회 토론회 자료집.

은재호. (2017). 국가공론위원회 설립 및 운영방안. 한국행정연구원 이슈페이퍼 통권 56호.

_____. (2009). 참여적 의사결정기법의 제약요인 연구. 「한국정책학회보」, 18(2): 97-128.

정규호. (2007). 정책갈등의 참여적 해결을 위한 합의형성적 접근의 의미와 과제: 한탄강댐 건설을 둘러싼 갈등을 중심으로. 「한국정책학회보」, 16(2): 91-118.

정정화. (2015). 공공갈등에 대한 국민의식과 정부의 대응방식: 위험시설 입지갈등을 중심 으로". 서울행정학회 춘계학술대회 발표논문.

_____. (2012). 공공갈등 예방을 위한 제도적 접근: 공공토론제도의 도입을 중심으로. 「한국정책연구」, 12(2): 311-336.

_____. (2011a). 공공갈등과 합의형성: 심의민주주의 방식의 적용과 한계. 「한국행정논집」, 23(2): 577-604.

_____. (2011b). 한국사회의 갈등구조와 공공갈등: 국책사업 갈등사례를 중심으로. 「한국사회와 행정연구」, 22(3): 1-27.

지속가능발전위원회(편). (2005). 「공공갈등관리의 이론과 기법」(상). 서울: 논형.

참여연대시민과학센터(편). (2002). 「과학기술·환경·시민참여」. 서울: 한울아카데미.

채종헌. (2017). 「공론화 절차 활성화를 통한 정책수용성 제고 및 사회통합 증진에 관한 연구」. 한국행정연구원 연구보고서.

채종헌·정지범. (2010). 「고준위 방사성 폐기물 처리시설 정책의 공론화와 갈등예방에 관 한 연구」. 한국행정연구원 연구보고서.

홍두승. (2016). 사용후핵연료 공론화의 평가와 과제. 제820회 「정책&지식」포럼.

Benhabib, S. (1996). Toward a Deliberative Model of Democratic Legitimacy. In S. Benhabib. (ed.). *Democracy and Difference: Contesting the Boundaries of the Political.* Princeton, NJ: Princeton University Press.

Cohen, J. (1997). Deliberation and Democratic Legitimacy. In J. Bohman and W. Rehg. (eds.). *Deliberative Democracy: Essays on Reason and Politics.* Cambridge, MA: MIT Press.

Dryzek, John S. (2000). *Deliberative Democracy and Beyond: Liberals, Critics, Contestations.* Oxford: Oxford University Press.

Elster, Jon. (1998). Introduction. In Jon Elster. (ed.). *Deliberative Democracy.* Cambridge: Cambridge University Press.

Fishkin, J. S. (2009). *When the People Speak: Deliberative Democracy and Public Consultation.* New York, NY: Oxford University Press.

Fung, Archon and Wright, Erik O. (2001). Deepening Democracy: Institutional Innovations in Empowered Participatory Governance. *Politics & Society,* 29(1): 5-41.

Gutmann, Amy and Thompson, Dennis. (2004). *Why Deliberative Democracy?* Princeton, NJ: Princeton University Press.

______. (2002). Deliberative Democracy Beyond Process. *Journal of Political Philosophy,* 10(2): 153-174.

_____. (1996). *Democracy and Disagreement.* Cambridge, MA: Harvard University Press.

Rawls, John. (1997). The Idea of Public Reason Revisited. *University of Chicago Law Review,* 94.

Rosen, Jay. (1992). Politics, Vision and the Press: Toward a Public Agenda for Journalism. In Rosen, Jay and Taylor, Paul. *The New News v. the Old News: the Press and Politics in the 1990s.* USA: the Twentieth Century Fund, Inc.

Smith, G. (2003). *Deliberation Democracy and the Environment.* London: Routledge.

Stokes, Susan C. (1998). Pathologies of Deliberation. In Jon Elster. (ed.). *Deliberative Democracy.* Cambridge: Cambridge University Press.

Weeks, Edward C. (2000). The Practice of Deliberative Democracy: Results from Four Large-Scale Trials. *Public Administration Review,* 60(4): 360-372.

Young, I. (2000). *Inclusion and Democracy.* Oxford: Oxford University Press.

_____. (1996). Communication and the Other: Beyond Deliberative Democracy. In S. Benhabib. (ed.). *Democracy and Difference: Contesting the Boundaries of Political.* Princeton. NJ: Princeton University Press.

제5장 메타거버넌스의 운영 실제

경상남도. (2016a). 「2016년 행복홀씨 입양사업 추진계획」. 경상남도 내부자료. 2016.

_____. (2016b). 「2016입양사업현황」. 경상남도 내부자료. 2016.

_____. (2016c). 「KBS 진주방송국 '생방송 진주는 지금' 전화 인터뷰 개요」. 경상남도 내부자료. 2016.

_____. (2016d). 「행복홀씨 입양사업 인터뷰 자료」. 경상남도 내부자료. 2016.

서울시. (2016a). 「깨끗한 서울 구현을 위한 2016 가로 청결도 향상대책」. 서울시 내부자료. 2016. 4.

_____. (2016b). 「골목길 청결도 향상 특별대책 지원계획」. 서울시 내부자료. 2016.7.

행정자치부. (2016). 행복홀씨 입양사업 전국적인 확산. 내부자료.

_____. (2015a). 보도자료 "내가 사는 마을, 내 손으로 직접 가꿔요: 행자부·지자체, 행복홀씨 입양사업 추진. 2015.07.20.

Adopt A Highway Maintenance Corporation. www.adoptahighway.com

Bell, Stephen and Alex Park. (2006). The Problematic Metagovernance of Network: Water Reform in New South Wales. *Journal of Publc Policy,* 26(1): 63-83.

Christopoulos, Stamatios, Balazs Horvath and Michael Kull. (2012). Advancing the Governance of Cross-Sectoral Policies for Sustainable Development: a Metagovernance Perspective. *Public Administration and Development,* 32: 305-323.

Fawcett, Paul. (2012). Metagovernance and the State: How Government and Governance Coexist. A Paper presented at International Political Science Association Conference Madrid for Panel on Governance, Metagovernance and the State.

Jessop, Bob. (2003). *Governance and Metagovernance: On Reflexivity, Requisite Variety, and Requisite Irony* published by the Department of Sociology, Lancaster University, Lancaster LA1 4YN, UK, at http://www.comp.lancs.ac.uk/sociology/papers/Jessop-Govrnance-Metagovernance.pdf.

Kooiman, Jan and Svein Jentoft. (2009). Meta-Governance: Values, Norms and Principles, and the Making of Hard Choices. *Public Administration,* 87(4): 818-836.

Meuleman, Louis. (2010). The Cultural Dimenson of Metagovernance: Why Governance Doctrines May Fail. *Public Organization Review,* 10: 49-70.

_____. and Ingeborg Niestroy. (2015). Common but Differentiated Governance: a Metagovernance Approach to Make the SDGs Work. *Sustainability,* 7: 12295-12321.

Rittel, Horst w. J. and Melvin M. Webber. (1973). Dilemmas in General Theory of Planning. *Policy Sciences,* 4: 155-169.

Sørensen, Eva. (2005). Metagovernance: the Changing Role of Politicians in Processes of Democratic Governance. *American Review of Public Administration,* 36(1): 98-114.

_____. and Jacob Torfing. (2009). Making Governance Networks Effective and Democratic Through Metagovernance. *Public Administration,* 87(2): 234-258.

_____. and Peter Triantafillou. (2009). The Politics of Self-Governance: an Introduction. In Eva Sørensen and Peter Triantafillou. (eds.). *The Politics of Self-Governance.* NY: Routledge.

Stevens, Vida and Koen Verhoest. (2015). Theorizing on the Metagovernance of Collaborative Policy Innovations. A Paper for the 2015 ICPP Conference in Milan, T02P07.

Temmerman, Caroline, Rynck, Filip De Rynck and Joris Voets. (2015). Opening the Black Box of Metagovernance: The Roles of Central Government in Local Mutilevel Networks-the Case of the Local Job Centers in Flanders. *International Review of Public Administration,* 20(3): 227-242.

Texas Department of Transportation. http://www.txdot.gov/inside-txdot/get-involved/volunteer/adopt-a-highway.htm

Triantafillou, Peter. (2007). Governing the Formation and Mobilization of Governance Networks. In Eva Sørensen and Jacob Torfing. (eds.).

Theories of Democratic Network Governance. London: Palgrave MacMillan.

VTrans. (2016). Evalution of Adopt a Park and Ride Programs & Adopt a Highway Program. Final Report.

Whitehead, Mark. (2003). 'In the Shadow of Hierarchy': Meta-Governance, Policy Reform and Urban Regeneration in the West Midlands. *Area,* 35(1): 6-14.

제6장 좋은 거버넌스와 제4세대 정부

권기헌. (2019). 「정책학의 지혜」. 서울: 박영사.

______. (2018a). 「정책학 콘서트」. 서울: 박영사.

______. (2018b). 「정책학의 향연」. 서울: 박영사.

______. (2017a). 「정부혁명4.0」. 서울: 행복에너지.

______. (2017b). 「정부혁명 4.0: 따뜻한 공동체, 스마트한 국가」. 서울: 행복에너지.

______. (2014a). 「행정학강의」. 서울: 박영사.

______. (2014b). 「정책학강의」. 서울: 박영사.

______. (2014c). 「비정상의 정상화」. 서울: 행복에너지.

______. (2014d). 「행정학 콘서트」. 서울: 박영사.

______. (2012). 「정의로운 국가란 무엇인가」. 서울: 박영사.

권기헌 외. (2015a). 「정부 3.0을 통한 공공가치 실현방안 연구」. 행정자치부 정책연구보고서

______. (2015b). 「정부3.0 실현을 위한 지식관리 방안 연구」. 산업통상자원부 정책연구보고서

김태룡. (2007). 「행정이론」. 서울: 대영문화사.

우양호. (2008). 공공서비스 관리이론의 한국적 적실성에 관한 비교연구 : 신공공관리론과 신공공서비스론을 중심으로. 「지방정부연구」, 12(2): 249-273.

Aristigueta, M. P. (1999). *Managing for Results in State Government.* Greenwood Publishing Group.

Baum, C. H. and Di Mario, A. (2000). Gartner's Four Phases of e-Government Model. Gartner Group.

DeLeon, Peter. (1997). *Democracy and the Policy Sciences.* State University of New York Press.

Deloitte. (2011). Citizen Centric Service, Changing the Way Government Does Business. Santiago, Chile.

Denhardt, R. B. and J. V. Denhardt. (2007). *The New Public Service: Serving, Not Steering(Hardcover/Expanded Edition).* ME Sharpe.

_____. (2003a). *The New Public Service: Serving, Not Steering(Paperback).* ME Sharpe.

_____. (2003b). The New Public Service : an Approach to Reform. 「한국행정학보」. 8(1): 3-10.

_____. (2000). The New Public Service: Serving Rather than Steering. *Public Administration Review,* 60(6): 549-559.

_____. and J. E. Gray. (1998). Targeting Community Development in Orange County, Florida. *National Civic Review,* 87(3): 227-236.

Gartner Group. (2010). Open Government Maturity Model. Gartner Group.

Johnston, V. R. (1996). The Entrepreneurial Management Transformation: From Privatization, Reinventing, and Reengineering, to Franchising, Efficiency, and Entrepreneurial Ethics. *Policy Studies Journal,* 24(3): 439-443.

Kelly, G., Mulgan, G. and Muers, S. (2002). Creating Public Value: An Analytical Framework for Public Service Reform. London: Strategy Unit, Cabinet Office.

Keohane, R. O. and Nye Jr, J. S. (1998). Power and Interdependence in the Information Age. *Foreign Affairs,* 81-94.

King, C. S., Feltey, K. M. and B. O. N. Susel. (1998). The Question of

Participation: Toward Authentic Public Participation in Public Administration. *Public Administration Review*, 317-326.

Moore, M. H. (1995). *Creating Public Value: Strategic Management in Government*. Boston, MA: Harvard University Press.

Peters, Guy B. (1996). *The Future of Governing: Four Emerging Models*. Lawrence: University Press of Kansas.

World Economic Forum(Global Agenda Council). (2012). Future of Government-Fast and Curious. World Economic Forum, REF 280812.

제7장 정책 혁신가와 정책 중개자

국가법령정보센터. 「국회법」 http://www.law.go.kr/법령/동물보호법

국가법령정보센터. 「동물보호법」 http://www.law.go.kr/법령/동물보호법

농림축산검역본부. (2016). <2016년 동물보호복지 실태조사>.

농림축산검역본부. (2015). <2015년 동물보호에 대한 국민인식조사>.

가상준. (2012). 18대 국회 상임위원회 전반기와 후반기 비교 연구. 「한국정당학회보」, 11(1): 5-30.

강은숙. (2002). 정책변동의 정책네트워크이론적 분석-그린벨트정책을 중심으로. 「한국사회와 행정연구」, 13(1): 103-125.

강석봉·주철안. (2008). 의원발의 교육 법률안 증가와 그 영향요인 분석. 「교육행정학연구」, 26(4): 293-317

강성구. (2016). 동물원법 입법과정에서 이해당사자간 상호작용과 협상. 「환경정책」, 24(4): 43-68.

곽기영. (2014). 「소셜네트워크분석」. 서울: 도서출판 청람.

김경식·장미란. (2014). 17 18대 국회의원의 체육법안 공동발의와 법안가결에 관한 사회연결망 분석. 한국스포츠사회학회. 27(2): 1-26

김상배. (2007). 동물보호론을 둘러싼 쟁점들. 「철학과 현실」, 98-109.

김성준·하선권. (2015). 규제 로그롤링?-의원발의 규제법률안의 네트워크 분석. 「규제연구」, 24(2). 57-89

김수진. (2004). 동물관련법제의 개선방안 연구. 한국법제연구원

______. (2006). 동물보호법개정논의에 즈음한 비교법적 고찰. 「행정법연구」, 15: 299-317.

김순양. (2006). 보건의료정책형성과정의 동태성:옹호연합모형(ACF)을 통한 의료보험 통합 일원화 논쟁의 해석. 「한국정책학보」, 15(3):4-8.

______. (2009). 옹호연합모형(ACF)을 통한 양성평등 정책형성과정의 동태적 분석: 호주제폐지논쟁 사례를 중심으로. 「사회복지정책」, 36(4)

______. (2010). 보건의료 정책과정에서의 옹호연합(Advocacy Coalition)의 형성과 작동-의약분석 및 의료보험통합 논쟁 사례의 비교·분석-. 「한국정책학회보」, 19(2)

김영종. (2010). 사회정책결정과정에 있어서 정책옹호연합의 형성과 붕괴. 「한국정책과학학회보」, 14(2): 1-22.

______. (2014). 정책옹호연합에 있어서 정책중개자의 유형과 역할. 「국가정책연구」, 28(4): 215-241

김용희·정규진·서인석. (2014). 행위자간 네트워크를 활용한 Minzberg의 조직성장경로모형과 조직진단에 관한 연구. 「정책분석평가학회보」, 24(3): 99-133

김인자·박형준. (2017). 과학기술 규제정책의 정책변동과 정책네트워크 역동성 분석: 생명윤리 및 안전에 관한 법률 재개정과정을 중심으로. 「정책분석평가학회보」, 27(1):155-197

______. (2016). 단절균형모형을 통한 생명공학정책 국가 R&D 예산지출 변동요인 연구: 줄기세표연구개발 예산 단절과 변동양태를 중심으로 . 「한국정책학회보」, 25(2): 217-244

______. (2011) 과학기술 규제정책의 형성과 변동 과정분석. 「한국정책학회보」, 20(1):111-150

목광수. (2013). 윌 킴리카의 동물권 정치론에 대한 비판적 고찰. 「철학」, 117: 173-204.

민기채·김영미. (2012). 한국 복지정치의 연결망 분석: 18대 국회의 사회보험 입법을 중심으로. 「사회보장연구」, 28(1): 23-51

박상운. (2015). 의원의 입법 활동에 영향을 미치는 요인 분석-제17대~19대 국회 전반기 기획재정위원회 소관 의원 발의 법안을 중심으로. 「사회과학연구」, 23(1)

박용성·김대규. (2010). 정책옹호연합(ACF)모형을 활용한 정책변동 분석: 소수자로서 장애인 노동권과 고용정책 사례를 중심으로. 「한국공공관리학보」, 24(4): 101-133.

박용성·최정우. (2011). 정책옹호연합모형(Advocacy Coalition Framework)에 있어서 중책중개자(policy broker)의 유형과 역할에 대한 연구: 세종시 정책사례를 중심으로. 「행정논총」, 49(2): 103-125

박용성·정해동. (2010). 지방상수도 민영화정책 변동과정에 관한 연구. 「지방정부연구」, 14(4): 211-232.

박정기. (2010). 동물의 법적 지위에 관한 연구. 「법학연구」, 51(3): 25-53.

박찬운. (2010). 동물보호와 동물복지론-유럽 상황을 중심으로-. 「법조」, 640

서인석·윤병섭·조일형. (2014). 국회입법과정에서 공동발의 네트워크의 구조와 존속: 성폭력방지법안에 대한 구조변수와 ERGM의 적용. 「한국행정연구」, 23(1): 65-90

서인석·조일형. (2014). 한국의 정책중개자는 누구인가. 「한국행정학보」, 48(3): 227-256.

서인석·이동규·박형준. (2010) 국회의원의 상임위원회 정책결정 행태요인에 관한 연구: 수자원 예산심의에 관한 국회 상임위원회 의사록 분석을 중심으로. 「한국행정연구」, 19(1):79-100

오수길. (2006). 정책 혁신가의 제약과 대응: 공무원 선택적 복지제도의 형성과정을 중심으로. 「정책분석평가학회보」, 16(2): 109-137.

오승규. (2015). 프랑스법상 동물의 지위에 관한 검토. 「법과 정책연구」, 15(4): 1359-1377

유정호·김민길·조민효. (2017). 한국적 맥락에서 옹호연합모형의 적합성에 관한 연구-외국인 고용허가제 도입과정을 중심으로-. 「한국정책학회보」,

26(2): 259-293

윤권수·양성관. (2015). 정책옹호연합모형을 적용한 국립대학 법인화 정책변동 과정 분석-서울대학교 법인화 중심으로-. 「교육행정학연구」, 33(3): 427-456

윤수진. (2006). 동물보호를 위한 공법적 규제에 관한 검토. 「환경법연구」, 28(3): 219-264

______. (2008). 환경보호에 있어서의 동물보호 및 생명체로서의 동물보호에 관한 검토. 「환경법연구」, 30(3): 517-546

윤익준. (2016). 동물의 지위에 대한 법정책적 담론-현행법상 동물의 보호와 동물복지를 중심으로-. 「법과 정책연구」, 16(1): 37-65

윤철홍. (2011). 동물의 법적 지위에 관한 입법론적 고찰. 「민사법학」, (56), 399-435.

염유식. (2007). 일반논단: 16 대 국회 보건복지위원회의 법안 가결에 관한 연결망 분석-의원들의 중개자 역할 (brokerage) 이 법안 가결여부에 미치는 영향. 「법과사회」, 32:159-184.

이동규·우창빈·김대영·김영형. (2013). 옹호연합모형(Advocacy Coalition Framework)을 적용한 정책과정 연구–온라인 게임 서비스 접근성 규제에 관한 셧다운제 제도 도입(청소년 보호법 개정) 과정을 중심으로. 「한국정책학회보」, 22(3): 31-70.

이병규. (2009). 중개자 역할의 유지 매커니즘: 17대 국회 법안발의 연결망 분석을 통하여. 「한국사회학회 사회학대회 논문집」, pp.1085-1104

이병규·염유식. (2009). 17대 국회의원들간 공동발의 연결망 형성에 대한 매커니즘 분석. 「현대사회와 문화」, 29:33-60.

______. (2012). 중개 위치 점유의 증가와 감소에 관한 연구. 「한국사회학」, 46(4): 137-175.

이준석·김은경. (2014). 콘텐츠산업에 대한 국회발의안 내용 분석: 정책도구 논의를 중심으로. 「정책분석평가학회보」, 24(4): 189-226.

이재무. (2016). 한국 개혁정책의 도입 과정 분석을 통한 복합적 정책변동모형 검증: 로스쿨 정책과 노동개혁정책을 중심으로. 「행정논총」, 54(1):

139-177

이지연·조현주·윤지원. (2014). 제18대, 19대 대표발의안을 중심으로 본 국회의원 및 상임위원회의 입법활동에 대한 네트워크 분석. 「디지털융복합연구」, 12(2): 11-25

이현우. (2011). 국회 상임위원회의 법안 공동발의 연결망 분석. 「방송통신연구」, 99-131

장덕진. (2011). 17대 국회의 정책 네트워크 연구. 「한국정당학회보」, 10(2). 157-187.

장지호. (2003). 김대중 정부의 대기업 구조조정정책 연구: 역사적 제도주의의 적용. 「한국정책학회보」, 12(2): 89-111

전성욱. (2014). 기초연금법 입법과정 분석: kingdon의 다중흐름모형을 중심으로. 「정책분석평가학회보」, 24(4): 119-151.

전수영. (2016). 생명보호-거버넌스관점에서 동물보호법의 문제점분석을 통한 합리화방안모색. 「홍익법학」, 17(3): 393-421

전진석. (2003). 의약분업 정책변화에 대한 연구: 정책옹호연합모형을 적용하여. 「한국정책학회보」, 12(2): 59-87.

______. (2014). 정책옹호연합모형을 적용한 논문에 대한 분석 -국내 학술지 게재 논문을 중심으로. 「한국사회와 행정연구」, 25(2): 1-28.

정문석. (2013). 동물의 도덕적 지위와 법적 지위에 관한 고찰. 「법이론실무연구」, 1(2): 195-219.

정세희·정진경. (2012). 옹호연합모형(ACF)을 통해 본 기업형 수퍼마켓(SSM) 규제정책변동 분석. 「한국공공관리학보」, 26(1): 23-52.

정희옥·박명아·김진주. (2016). 19대 국회의 다문화가족 관련 법안 분석. 「한국정당학회보」, 15(3), 61-91.

주지예·박형준·신현영 (2017). 다중흐름 모형의 확장을 통한 정책집행방식 연구: 정치흐름과 문제 적합성을 중심으로. 「현대사회와 행정」, 27(1):101-128

진호현·이윤철. (2011). 선박관리산업발전법안의 분석과 개선방안에 관한 연구. 「해양안전학회지」, 17(3): 245-255

채성준. (2016). 정책흐름모형을 적용한 테러방지법 입법사례 분석. 「국가정보연구」, 9(1): 7-50

최윤희·김기영. (2015). A도서관 직영전화의 정책형성과정 분석: 정책옹호연합모형을 중심으로. 「정보관리학회지」, 32(3): 295-316

최은영·지현정. (2008). 정책옹호연합모형에서의 정책중개자의 역할에 관한 비판적 검토. 「한국행정학회 2008년도 하계학술대회 발표논문집」, 99-120.

차진아. (2008). 논설: 입법의 의의와 기능에 부합하는 입법절차형성의 방향. 「인권과 정의」, 382: 101-122

하승수. (2016). 특별기고문: 최근의 입법동향과 정당 정책공약으로 본 우리나라 동물보호의 운동의 전망과 과제. 「환경과 법」, 17: 85-100

하혜영·이정진. (2011). 지방의회 조례안 분석을 통한 자치입법 활동에 대한 연구. 「정책분석평가학회보」, 21(4): 227-250.

함태성. (2015). 우리나라 동물보호법제의 문제점과 개선방안에 관한 고찰. 「이화여자대학교 법학논집」, 19(4): 403-431

Bratt, Duane. (2013). Clarifying the Policy Broker in the Advocacy Coalition Framework. Presented at International Conference on Public Policy Grenoble, France. 1-23.

Capano, G. and Galanti, M. T. (2015). Brokers, Entrepreneurs, and Leaders in Policy Dynamics: From Individual Actors to Types of Agency. Paper presented at the ECPR, Montreal

Christopoulos, D. C. and Ingold, K. (2014). Extraordinary Agent in Policymaking: Differentiating Political Entrepreneurs from Policy Brokers. *The European Political Science Review, in press.*

Christopoulos, Dimitrios, and Kariin Ingold. (2011). Distinguishing between Political Brokerage and Political Entrepreneurship. *Procedia Social and Behavioral Sciences*, 10: 36-42

Christopher M. Weible, Paul A. Sabatier, and Kelly McQueen. (2009).

Themes and Variations: Taking Stock of the Advocacy Coalition Framework. *The Policy Studies Journal*, 132.

Crow, Deserai Anderson. (2010). Policy Entrepreneurs, Issue Experts, and Water Rights Policy Change in Colorado. *Review of Policy Research*, 27(3): 299-315.

Giddens, Anthony. (1984). *The Constitution of Society.* Cambridge: Polity Press.

Gaziano, J., Liesen, L. and Lewis, J. (2008). Developing Animal Right Legislation: A Political Strategy for a Social Movement. *Illinois Political Science Review*, 12, 56-73.

Gould, R. V. and R. M. Fernandez. (1989). Structures of Mediation: A Formal Approach to Brokerag in Transaction Networks. *Sociological Methodology*, 89-126.

Ingram, Helen, Anne L. Schneider and Peter DeLeon. (2007). Social Construction and Policy Design. In Sabatier, Paul A. (ed.). *Theories of the Policy Process*. Westview Press. 93-126.

Ingold, K. and Christopoulos, D. C. (2015). The Networks of Political Entrepreneurs:A Case Study of Swiss Climate Policy. In I. Narbutaité Aflaki, E. Petridou and Miles, L. (eds.). *Entrepreneurship in the Polis: Understanding Political Entrepreneurship*. Burlington, VT: Ashgate. 17-30.

Ingold, Karin and Varone, Frédéric. (2012). Treating Policy Brokers Seriously: Evidence from the Climate Policy. *Journal of Public Administration Research and Theory*, 319-346.

Kymlicka, Will and Donaldson, Sue. (2011). *Zoopolis: A Political Theory of Animal Rights*. Oxford University Press.

Kingdon, John W.(1995). *Agendas, Alternatives, and Public Policies*, 2nd ed. Boston: Little, Brown & Company.

Leifeld, Philip. (2013). Reconceptualizing Major Policy Change in the

Advocacy Coalition Framework: A Discourse Network Analysis of German Pension Politics. *The Policy Studies Journal*, 41(1): 169-198.

Hauser, Mark D., Cushman, Fiery and Kamen, Matthew. (2006). *People, Property, Or Pets?* Purdue University Press.

Meijerink, S. and D. Huitema. (2010). Policy Entrepreneurs and Change Strategies: Lessons from Sixteen Case Studies of Water Transitions Around the Globe. *Ecology and Society*, 15(2): 21.

M. Mintrom. (1997). Policy Entrepreneurs and the Diffusion of Innovation. *American Journal of Political Science*, 41(3): 738-770.

M. Mintrom. (2000). *Policy Entrepreneurs and School Choice*. Washington, DC: Georgetown University Press.

M. Mintrom. and P. Norman. (2009). Policy Entrepreneurship and Policy Change. *The Policy Studies Journal*, 37(4): 649-667.

Parsons, W. (2003). *Public Policy: An Introduction to the Theory and Practice of Policy Analysis*. Cheltenham, UK: Edward Elgar.

Rawls, John. (1999). *A Theory of Justice*. Cambridge, MA: Harvard University Press. Revised edition.

Regan, Tom, (2004), *The Case for Animal Rights* (2nd Edition). University of California Press.

Sabatier, P. A. (1993). Chapter 2 - Policy Change over a Decade or More In Sabatier, P. A. and Jenkin-Smith, H. C. (eds.). *Policy Change and Learning: an Advocacy Coalition Approach*. Oxford, UK: Westview Press. 13-39.

Sabatier, P. A. and Zafonte, M. (2004). Are Bureauicrats and Scientists Members of Advocacy Coalition? Evidence from an Intergovernmental Water Policy Subsystem. In Sabatier, P. A. (ed.). *An Advocacy Coalition Lens on Environmental Policy*, under review.

Singer, Peter. (1975). *Animal Liberation: A New Ethics for Our Treatment of Animals*. Random House.

Smuts, Barbar. (1999). Reflections. In Coetzee, J. M. (ed.). *The Lives of Animals*. Princeton: Princeton University Press. 107-120.

Thomas, Elizabeth Marshall. (1993). *The Hidden Life of Dogs*. Boston: Houghton Mifflin.

______. (2009). *The Hidden Life of Deer: Lessons from the Natural World*. NY: Harper Collins.

Weible, Christopher M., Paul A. Sabatier, and Kelly McQueen. (2009). Themes and Variations: Taking Stock of the Advocacy Coalition Framework. *Policy Studies Journal*, 37 (1): 121–40.

Zahariadis, N. (2003), *Ambiguity and Choice in Public Policy: Political Decision Making in Modern Democracies*. Washington, DC: Georgetown University Press.

Zahariadis, N. (2007). The Multiple Streams Framework: Structure, Limitations, Prospects. In Sabatier, P. A. (ed.). *Theories of the Policy Process*, 2nd edition. CO: Westview Press. 65-92.

Zahariadis, N. (2014). Ambiguity and Multiple Streams. In Sabatier, P. A. (ed.). *Theories of the Policy Process*, CO: Westview Press. 25–58.

제8장 입법과정의 개혁수요 진단

김상묵·이창원·한승환. (2009). 정책과정과 시민참여. 박재창 외. 「시민참여와 거버넌스」. 서울: 오름.

김주성. (2008). 심의민주주의인가, 참여민주주의인가? 「한국정치학회보」, 42(4).

박재창. (2008). 행정학에서의 정치와 행정: 회고와 전망. 「한국행정학보」, 42(4): 95-115.

______. (2004). 「한국의회개혁론」. 서울: 오름.

______. (2003). 「한국의회정치론」. 서울: 오름.

박준. (2009). 「한국의 사회갈등과 경제적 비용」. 삼성경제연구소.

버나드 마넹, 곽준혁 옮김. (2007). 「선거는 민주적인가」. 서울: 후마니스타. 44.

임혁백. (2000). 「세계화 시대의 민주주의」. 서울: 나남.

Anderson, Stanley. (1997). Disaggregating the Ombudsman: Towards a Pure Theory of Conflict Resolution. <http://www.ombuds.uci.edu/JOURNALS/1993/disaggregating.html>

Farrand, Max. (1911). The Records of the Federal Convention of 1787. In Sustain, Cass R. (1993). *The Partial Constitution*. Cambridge. MA: Harvard University Press. 22. 에서 재인용.

McIntyre-Mills, Janet J. (2000). *Global Citizenship and Social Movements: Creating Transcultural Webs of Meaning for the New Millennium*. Amsterdam, Netherland: Harwood Academic Publishers.

Roussaue, J. J. (1961). *The Social Contract*. New York, NY: Hafner Publishing.

Sustein, Cass R. (1993). *The Partial Constitution*. Cambridge: Harvard University Press. 17-39.

제9장 지방의회 의원의 질적 평가 활동

강근복. (2009). 정책분석 및 평가에서의 양적·질적 연구의 혼합. 「정책분석평가학회보」, 19(4): 43-67.

강상원·최병대. (2010). 지방의회의 의정활동 활성화 방안에 대한 인식비교: 지방의원과 공무원 집단의 차이를 중심으로. 「한국지방자치학회보」, 22(1): 5-27.

강인호·백형배·이계만·김창남. (2010). 광주광역시의회의 의정활동 평가: 제4·5대를 중심으로. 「한국지방자치학회보」, 22(3): 201-218.

공병혜·박순애. (2009). 질적 연구 인터뷰에 대한 철학적 배경. 「질적연구」, 10(2): 77-85.

권영주. (2009). 지방의회 의정활동의 시계열적 평가: 서울시 의회(제3대-제6대)를 중심으로. 「한국지방자치학회보」, 21(3): 5-32.

기획재정부. (2009). 「2009년도 재정사업 자율평가보고서」.

김귀영. (2011). 지방의회 연구경향과 연구의제에 관한 고찰. 「한국행정학보」, 45(2): 83-114.

김명환·박기관. (2001). 지방의회 의정활동의 평가 및 강화방안: 광명시 지방의회의 사례를 중심으로. 「도시행정학보」, 14(2): 43-65.

김미현·정명은. (2014). 지방의회 의정비와 생산성의 관계 분석: 정책견제와 입법기능을 중심으로. 「한국지방자치학회보」, 26(1): 1-21.

김진윤·이정훈. (2010). 지방의회 의정기능의 현황과 과제. 「정치·정보연구」, 13(2): 71-96.

노인만. (2008). 지방의회 의정활동 평가: 질문권을 중심으로. 한국정부학회 하계학술 대회 발표논문.

박기관. (2005). 지방의회 의정활동의 성과평가와 과제: 원주시 각 의회의 비교를 중심으로. 「한국지방자치학회 학술대회 발표논문집」, 311-338.

박노수. (2010). 서울특별시의회 입법활동에의 영향요인 연구: 의원집단과 지원인력 집단의 인식을 중심으로. 「한국지방자치학회보」, 22(2): 169-192.

박종관·유준석. (2005). 지방의회 의정활동의 평가: 천안시의회를 중심으로. 「한국지방자치학회보」, 17(4): 67-88.

박천오·이춘해·서우선. (2008). 지방의원 연수 실태 분석 및 개선방안: 국회의정연수원 연수를 중심으로. 「한국지방자치학회보」, 20(1): 157-176.

박홍윤. (2012). 「정책평가론: 실제와 사례」. 서울: 대영문화사.

송광태. (2012). 광역지방의회의 입법기능 실태분석: 7·8·9대 경상남도의회의 조례안 내용분석을 중심으로. 「한국지방자치학회보」, 24(2): 121-145.

______. (2003). 지방의회 운용의 경험적 고찰을 통해 본 지방의회의 기능강화 방안: 지방의회의 조직을 중심으로. 「한국지방자치학회보」, 15(3): 23-54.

신원득. (2010). 「지방의회의 의정지표 개발에 관한 연구」. 수원: 경기개발연구원.

_____. (2002). 「지방의회의 산출성 제고방안 연구」. 수원: 경기개발연구원.

유광호·박기관. (2005). 지방의회 의정활동의 성과평가에 관한 연구: 원주시 역대 의회의 비교를 중심으로. 「한국지방자치학회보」, 17(2): 23-43.

윤주명. (2003). 지방의회와 비정부조직(NGO)간의 연계에 관한 실증적 연구. 「한국지방자치학회보」, 15(2): 33-57.

이성우. (2008). 후기 실증주의와 질적 연구방법의 정책분석평가연구에의 적용가능성. 「정책분석평가학회보」, 18(4): 15-42.

진두생. (2010). 「지방의회론」. 파주: 한국학술정보.

최봉기. (2005). 한국 지방의회의원의 전문성 제고방안. 「한국지방자치학회보」, 17(1): 5-25.

최창수. (2010). 기초의회의원의 시간사용에 관한 탐색적 연구: 개인·제도·정치적 특성과의 관계를 중심으로. 「한국지방자치학회보」, 22(4): 173-193.

하정봉·최봉기. (2007). 지방의원 국내연수제도의 실태분석과 개선방안. 「한국지방자치학회보」, 19(2): 5-27.

한국입법학회. (2012). 「서울시 의회 행정입법 통제 필요성과 강화방안에 대한 연구」. 서울: 서울특별시의회.

허훈. (2010). 지방의원 전문성 향상을 위한 연수실태와 발전방안. 「한국지방자치학회보」, 22(2): 149-168.

Glesne, Corrine. (2006). *Becoming Qualitative Researchers: An Introduction.* (3rd ed.). Boston, MA: Allyn & Bacon.

Greene, J. G., L. Benjamin and L. Goodyear. (2001). The Merits of Mixing Methods in Evaluation. *Evaluation*, 7(1): 25-44.

HM Treasury. (2007). Guidance Notes on Policy Evaluation.

Patton, Michael Quinn. (1987). *How to Use Qualitative Methods in Evaluation*. Newbury Park, CA: Sage Publications.

Patton, M. Q. (2002). *Qualitative Research and Evaluation Methods.* (3rd ed.). Thousand Oaks, CA: Sage Publications, Inc.

Poister, T. H., J. C. McDavid. & A. H. Magoun. (1979). *Applied Program Evaluation in Local Government.* NY: Lexington Books.

Robert, Henry M. Ⅲ., Daniel H Honelmann, Thomas J. Balch, Daniel E. Seabold and Shmuel Gerber. (2011). *Robert's Rules of Order,* Newly Revised(11th ed.). Cambridge, MA: Da Capo Press.

Vedung, E. (1996). *Public Policy and Program Evaluation.* New Brunwick, NJ: Transaction Publishers.

Weiss, C. H. (1998). *Evaluation.* (2nd ed.). NJ: Prentice Hall.

일러두기

이 책은 필진의 아래 글을 전제 또는 발췌, 수정, 보완하는 가운데 완성되었음을 밝힌다.

서문

박재창. (2019). 진화형 민주주의와 민주시민교육. 민주화기념사업회 주관 「민주시민교육의 현황과 과제」 세미나 기조 발제문.

제1장 문제 정의와 정책변동

은재호. (2017). 문제 정의(problem definition)가 정책변동에 미치는 영향: 프랑스 AIDS 정책을 중심으로. 「한국정치학회보」, 41(4): 243-264.

제2장 행정문화와 순응적 침묵

고대유·강제상. (2017). 한국의 행정문화를 적용한 침묵 현상의 개념화와 측정도구 개발: 순응적 침묵을 중심으로. 「한국행정학보」, 51(4): 29~55.

* 2015년 한국정책학회 하계학술대회 발표 자료를 발전시켜 게재된 연구임.

제3장 도시정치의 지배구조

강문희. (2010). 한국 도시정치의 지배구조: 국내 사례연구를 통한 조각 그림 맞추기. 「한국지방자치학회보」, 22(4): 5-28.

제4장 공론화와 사회적 합의형성

정정화. (2018). 공론화를 통한 사회적 합의형성의 성공조건. 「한국정책과학학회보」, 22(1): 101-124.

* 2015년 정부(교육부)의 재원으로 한국연구재단의 지원을 받아 수행된 연구임(NRF-2015S1A5 A2A01013985)

* 2016년 강원대학교 대학회계 학술연구조성비로 연구하였음(관리번호-620160090)

제5장 메타거버넌스의 운영 실제

조성한. (2016). 정부입양사업에서의 메타거버넌스 비교연구. 「현대사회와 행정」, 26(4): 169-193.

제6장 좋은 거버넌스와 제4세대 정부

권기헌. (2018). 좋은 거버넌스란 무엇인가? 새로운 행정학의 개념탐색을 위한 전제 분석과 제4세대 정부모형의 구현 조건을 중심으로. 「국정관리연구」, 13(1): 1-27.

제7장 정책 혁신가와 정책 중개자

주지예·박형준. (2017). 동물보호 정책과정에서 정책 혁신가와 정책중개자 탐색적 연구: 의원입법 공동발의 연결망 중심성과 중개자 분석을 중심으로. 「정책분석평가학회보」, 27(3): 57-96.

* 2016년 정부(교육부)의 재원으로 한국연구재단의 지원을 받아 수행된 연구임(NRF – 2016S1A3 A2924832).

제8장 입법과정의 개혁수요 진단

박재창. (2018). 제11장 국회 개혁과 정치적 거버넌스. 「한국의 거버넌스」. 서울: 도서출판 휴인. 561-612.

_____. (2009). 국회 입법과정의 개혁수요 진단: 대표성과 심의성을 중심으로. 「국가정책연구」, 23(3): 5-38.

* 국회입법조사처 주최, 제헌 61주년 기념학술회. 「헌정 61년, 국회발 방향과 과제」. 국회 도서관 강당. 2009.07.14에서 발표한 후, 수정, 보완했음.

* 숙명여자학교 2009년도 교비연구비에 의해 수행되었음.

제9장 지방의회 의원의 질적 평가 활동

이성우·곽병훈·이창언·오수길. (2015). 지방의원의 질적 평가 활동 가능성 탐색 – 서울 시의회를 사례로. 「한국비교정부학보」, 19(1): 247-270.

* 서울특별시의회 정책과제인 「서울시 의회 기능강화를 위한 질적 평가 도입 및 활용에 관한 연구」(2013)의 내용 일부를 발전시켜 연구진 4인의 이름으로 게재되었음.

집필진 소개

강문희(한국방송통신대학교 사회과학대학 행정학과 교수)

한국외국어대학교 행정학과 졸업, 한국외국어대학교 대학원 행정학 석사, 미국 Univ. of Delaware 정치학 박사

국방부 갈등관리심의위원회 위원장, 한국정책과학학회 회장, 부산대학교 행정학과 부교수

저서 및 논문: "지방의회의장단 선출과정의 유형과 영향요인의 탐색"(2018), 「지방자치행정론」(2016, 공저), 「지방정부간 갈등과 협력: 이론과 실제」(2005, 공저) 외

강제상(경희대학교 행정학과 교수)

한양대학교 행정학과 졸업, New York University Wagner Graduate School of Public Service 박사

한국행정학회 회장, 한국정치행정연구회 회장, 공직인사혁신위원회 위원

저서 및 논문: 「조직론」(2019, 공저), 「조직행태론」(2018, 공저), 「기획론」(2017, 공저) 외

고대유(대진대학교 행정학과 조교수)

경희대학교 행정학과 졸업, 경희대학교 대학원 행정학 석사, 행정학 박사

서울연구원 안전환경연구실 초빙부연구위원, 성균관대학교 거버넌스연구센터 선임연구원

저서 및 논문: 「빅데이터 시대의 계량행정론」(2019, 공저), "공공조직의 침묵현상이 이직의도에 미치는 영향"(2015, 공저), "공공조직의 문화가 조직침묵에 미치는 영향"(2014, 공저).

권기헌(성균관대학교 행정학과, 국정전문대학원 교수)

한국외국어대학 행정학과 졸업, 서울대학교 행정대학원 행정학 석사, 하버드대 John F, Kennedy School of Government 정책학 박사

한국정책학회 회장, 국무총리 정부업무평가위원, 성균관대학교 국정전문대학원장

저서 및 논문: 「정책학의 지혜」(2019), 「행정학 강의」(2014), 「행정학 콘서트」(2013) 외

박재창(한국외대 L&D학부 석좌교수)

한국외국어대학 정치외교학과 졸업, 한국외국어대학 대학원 정치학 석사, 미국 뉴욕주립대학교 행정학 박사

한국행정학회 회장, 한국NGO학회 회장, 아세아태평양YMCA연맹 회장

저서 및 논문: 「옴부즈만 : 제4부」(2019), 「한국의 국정개혁」(2017), 「한국의회행정론」(1995) 외

박형준(성균관대 행정학과, 국정전문대학원 교수)

연세대학교 행정학과 졸업, 연세대학교 대학원 행정학 석사, Florida State University Askew School 행정학 박사

성균관대 국정평가 연구소 소장, 2009 미국행정학회(ASPA) 학회지(PAR) 최우수 학술논문상 (William E. Mosher and Frederick C. Mosher Award) 수상, 한국정책학회 연구위원장, 세계행정학회 (International Institutes of Administrative Science) 연구위원회(Programme and Research Committee Members) 위원

저서 및 논문: 「2017 대통령의 성공조건」 (2017. 공저), "The Dynamics of an Interorganizational Emergency Management Network: Interdependent and Independent Risk Hypotheses(2019, 공저), “Do Political Similarities Facilitate Interlocal Collaboration?”(2018, 공저), “Institutional Collective Action and Economic Development Joint Venture”(2009, 공저) 외

오수길(고려사이버대학교 창의공학부 교수)

성균관대학교 행정학과 졸업, 성균관대학교 대학원 행정학 석사, 행정학 박사

한국환경사회학회 부회장, 환경부 중앙환경정책위원회 위원, 서울시 지속가능발전위원회 위원

저서 및 논문: 「로컬 거버넌스의 성공모델」(2018, 공저), 「우리의 지속가능한 도시」(2017, 공저), Interdisciplinary Perspectives on Public Affairs & Qualitative Research(2016, 편저)

은재호(한국행정연구원 부원장 / 선임연구위원)

한국외국어대학 정치학 학사, 프랑스 파리 10대학 (Nanterre) 정치사회학 석사, 프랑스 고등사범학교 (ENS-Cachan) 정치학(정책학) 박사

카이스트 문술미래전략대학원 겸직교수, 한국갈등학회 회장, 프랑스 파리 1대학(소르본느) 경영대학원 초빙교수

저서 및 논문: “한국 행정학 60년: 사회분야 연구동향”(2016), Collaborative Governance in US and Korea(2010, 공저), 「국가 거버넌스 연구」(2010), “Sida et Action Publique : Une Analyse Definitionnelle du Changement de Politiques en France 1982-1994"(2009) 외

정정화(강원대 공공행정학과 교수)

한국외국어대학 법학과 졸업, 서울대학교 행정대학원 행정학 석사, 행정학 박사

사용후핵연료 관리정책 재검토위원장, 행정안전부 정부혁신추진협의회 위원, 한국지방자치학회 회장

저서 및 논문: 「행정」(2015, 공저), 「현대사회와 NGO」(2013, 공저), 「지방자치론」(2012, 공저) 외

조성한(중앙대학교 공공인재학부 교수)

연세대학교 행정학과 졸업, 시카고 대학교 대학원 사회정책 박사

한국 조직학회 회장, 한국행정연구원 수석연구원

저서 및 논문: "역대 정부조직개편 재고: 합목적성과 정치적 상징"(2018, 공저). "정부도구론적 관점에서 본 행정학의 토착화"(2012). 「사회복지 정책론」(2006, 공저) 외

주지예(서울대학교 지능정보사회 정책연구센터 전임연구원)

성균관대학교 교육학과, 행정학과 졸업, 성균관대학교 국정전문대학원 행정학 박사

성균관대 국정평가 연구소 연구원, 한국정책학회 미래인재양성특별위원회 이사, 미국행정학회(ASPA) Junior Asia Scholarship Award (Second Runner-up) 수상, 한국국제교류재단-성균관대 글로벌 e스쿨사업 코디네이터

저서 및 논문: "동물보호 정책변동 과정의 시민참여 정책 환류 기제 연구: 자원효과와 해석 효과를 중심으로"(2019, 공저), "동물보호 입법 네트워크에서 정책중개자와 정책 혁신가에 대한 탐색적 연구"(2017, 공저), "다중 흐름 모형의 확장을 통한 정책집행방식 연구: 정치 흐름과 문제 적합성을 중심으로"(2017, 공저)

엮은이 소개

박재창

한국외국어대학교 석좌교수(현)

숙명여자대학교 명예교수(현)

숙명여자대학교 정법대학장

미국 뉴욕주립대학교 행정학 박사(의회행정 전공)

(사)한국미래정부연구회 이사장(현)

독일 자유베를린 대학교 훔볼트재단 연구교수

미국 버클리 대학교 정부학연구소 풀브라이트 교수

일본 동지사 대학교 정책과학대학원 객원교수

태국 창마이 라찻팟 대학교 방문교수

미국 메릴랜드 대학교 방문교수

한국 행정학회 회장
한국 NGO학회 회장
한국 국제지역학회 회장
한국 정치행정연구회 회장
미국 정치학회 의회연구원

대통령 소속 지방이양추진위원회 (국무총리) 공동 위원장
국무총리실 시민사회발전위원회 위원
부패방지위원회 교육홍보정책자문위원장
국민고충처리위원회 명예 옴부즈만
KOICA 대표 청렴 옴부즈만

아시아 태평양 YMCA 연맹 회장
공선협 집행위원장
시민사회 포럼 대표
지방자치발전실천포럼 공동대표
민주시민교육거버넌스 대표

<주요저서>
[옴부즈만 : 제4부](2019), [한국의 거버넌스](2018, 증보판), [한국의 헌법개정](2018, 편저), [한국의 시대정신](2017), [한국의 국정개혁](2017), [한국YMCA운동의 전략 II](2017), [한국YMCA운동의 진로 I](2016), [Global Alternative Tourism Network](ed.)(2015), [New Governance: Issues and Challenges](2015), [정치쇄신 4.0](2014), [거버넌스 시대의 국정개조](2012), [Responses to the Globalizing World](2012), [지방분권과 한국시민사회](2012, 편저), [Global Citizenship and Social Movements](ed.)(2011), [지구화 시대의 한국시민사회](2011, 편저), [한국의 거버넌스](2010), [한국민주주의와 시민사회](2010, 편저), [국가와 시민](2009), [위기의 한국시민사회](2009, 편저), [시민참여와 거버넌스](2009, 공저), [지구시민권과 지구 거버넌스](2009, 편저), [민주시민교육의

전략과 과제](2007, 공편), [지구시민사회와 한국 NGO](2006), [분권과 개혁](2005, 공편), [한국의회윤리론](2005), [한국의회개혁론](2004), [한국의회정치론](2003), [한국전자의회론](2003), [혼돈의 시대, 개혁의 논리](2001), [정부와 NGO](2000, 편저), [이렇게 바꿔야 나라가 산다], (1998), [한국의회행정론](1995), [정보사회와 정치과정](1993, 편저), [오늘의 정치, 내일의 정치](1992), [까마귀 우는 곳에 백로가 가야한다](1991), [열린 세상, 막힌 정치](1991), [의회와 민중](1989), [Legislative Staff in Korea](1986) 외.

한 국 의
정치·행정

초판 인쇄	2019년 10월 16일
초판 발행	2019년 10월 23일

엮은이	박재창
발행인	김인철
총괄 · 기획	가정준 Director, University Knowledge Press
편집장	신선호 Executive Knowledge Contents Creator
기획 · 물류	이현진 Planning Expert
사전 · 도서편집	정준희 Contents Creator
전자책 · 도서편집	장혜린 Contents Creator
도서편집	이병철 Contents Creator
	이근영 Contents Creator
재무관리	강현주 Managing Creator
발행처	한국외국어대학교 지식출판콘텐츠원 02450 서울특별시 동대문구 이문로 107 전화 02)2173-2493~7 팩스 02)2173-3363 홈페이지 http://press.hufs.ac.kr 전자우편 press@hufs.ac.kr 출판등록 제6-6호(1969. 4. 30)
디자인 · 편집	(주)이환디앤비 02)2254-4301
인쇄 · 제본	네오프린텍 02)718-3111

ISBN 979-11-5901-611-0 94340 정가 30,000원
ISBN 979-11-5901-613-4 (세트)

*잘못된 책은 교환하여 드립니다.

HUiNE은 한국외국어대학교 지식출판원의 어학도서, 사회과학도서, 지역학 도서 Sub Brand이다. 한국외대의 영문명인 HUFS, 현명한 국제전문가 양성(International +Intelligent)의 의미를 담고 있으며, 휴인(携引)의 뜻인 '이끌다, 끌고 나가다'라는 의미처럼 출판계를 이끄는 리더로서, 혁신의 이미지를 담고 있다.

한 국 의
정치·행정